DELIUS

seit 1722

Stephanie Tilly

DELIUS

seit 1722

wbg Academic

Danksagung

Das Buchprojekt wurde durch die Gesellschaft für Unternehmensgeschichte betreut. Einen wichtigen Ausgangspunkt stellte die Vorstudie von Michael Bermejo-Wenzel mit versierten Quellenrecherchen dar, dafür sei an dieser Stelle nachdrücklich gedankt. Besonderer Dank gebührt Friedrich Wilhelm Delius, Rudolf Delius, Karl Heinz Herwig, Wilfried Stamm, Dieter Wittland und Eckhardt von Barnekow dafür, als Zeitzeugen ihre Eindrücke und Erinnerungen zu teilen. Zudem möchte ich meinem Vater Richard Hugh Tilly sowie Harald Wixforth, Andrea Schneider-Braunberger und Stefanie van de Kerkhof für aufschlussreiche Gespräche und Hinweise zur textilen Wirtschafts- und Unternehmensgeschichte herzlich danken. Christiane Sieg danke ich für ihre Unterstützung im Bildarchiv.

Stephanie Tilly

Die Deutsche Nationalbibliothek verzeichnet diese Publikation
in der Deutschen Nationalbibliografie; detaillierte bibliografische
Daten sind im Internet über http://dnb.d-nb.de abrufbar.

wbg Academic ist ein Imprint der wbg.

Die Herausgabe des Werkes wurde durch die Vereinsmitglieder der wbg ermöglicht.
In Zusammenarbeit mit der Gesellschaft für Unternehmensgeschichte
Layout, Satz: Arnold & Domnick, Leipzig
Gedruckt auf säurefreiem und alterungsbeständigem Papier
Printed in the EU

Besuchen Sie uns im Internet: www.wbg-wissenverbindet.de

ISBN 978-3-534-27579-3

Elektronisch ist folgende Ausgabe erhältlich:
eBook (PDF): ISBN 978-3-534-27580-9

INHALT

EINLEITUNG:

300 JAHRE KOMPETENZ IN STOFFEN – DELIUS WORLD OF TEXTILES SINCE 1722

Außenansicht Geschäftshaus von C. A. Delius & Söhne, Goldstraße in Bielefeld

„Wo kämen wir denn hin, wenn wir alle hundert Jahre feiern würden", soll der damalige Firmenteilhaber Wolf Delius gesagt haben, als es darum ging, erste Vorbereitungen für das 200-jährige Jubiläum zu treffen. Inzwischen gehört die Firma Delius, deren Vorgeschichte bis ins Jahr 1722 zurückreicht, zu den 25 ältesten Familienunternehmen Deutschlands.

Trotz der hohen Präsenz von langlebigen Familienunternehmen in der deutschen Unternehmenslandschaft ist das 300-jährige Jubiläum ein bemerkenswerter Anlass, denn nur wenige Firmen können ihre Historie über eine so lange Zeitspanne zurückverfolgen.[1] Dies gilt umso mehr für die Textilindustrie: Die Branche hat in der zweiten Hälfte des 20. Jahrhunderts einen ausgeprägten Schrumpfungsprozess durchlaufen, im Zuge dessen ein Großteil der Textilfirmen

aus dem Markt austrat oder sich gezwungen sah, die Fertigungsaktivitäten vollständig an andere Standorte zu verlagern. Registrierte das statistische Bundesamt Ende der 1950er-Jahre noch über 4.000 Textilhersteller in Deutschland, so war ihre Zahl im früheren Bundesgebiet 2020 auf 556 gesunken.[2] Im Unterschied zu diesem Trend ist die Bielefelder Delius-Gruppe mit ihrer Tochtergesellschaft Delcotex weiterhin vor Ort auch als produzierendes Unternehmen vertreten. Das wirft Fragen auf: Mit welchen Strategien begegnete die Firma den Herausforderungen des textilindustriellen Strukturwandels? Wie konnte es dem Textilunternehmen Delius gelingen, sich im Wettbewerb zu behaupten, während zahlreiche Betriebe angesichts des fordernden Marktumfelds von der Bildfläche verschwanden?

Die Anfänge der wirtschaftlichen Aktivitäten von Delius reichen bis in die Frühphase der Textilindustrie hinein. Auf die Leinenhandlung von Johann Caspar Delius im frühen 18. Jahrhundert folgte die 1787 gegründete Firma E. A. Delius, die das Handelsgeschäft mit handgewebten Leinenstoffen intensivierte, bis das Unternehmen in den 1840er-Jahren – während der tiefen Krise der Ravensberger Leinenfertigung – die Seidenfabrikation im Verlagssystem begann und seit der Jahrhundertmitte auch Leinen im Verlag produzierte. Seit 1887 startete man mit der Nachfolgefirma C. A. Delius & Söhne eine mechanisierte Seidenproduktion in der Fabrik, baute sie bis zu den 1920er-Jahren mit weiteren Produktionsstandorten aus, um in der Phase zwischen den beiden Weltkriegen auch Kunstseide auf breiter Basis zu verarbeiten.

Über lange Zeiträume stellte sich die Firmenentwicklung dabei als eine Wachstumsgeschichte dar. Zugleich umfasst die Zeitspanne seit den ersten kaufmännischen Aktivitäten von Johann Caspar Delius markante politische Zäsuren sowie tiefgreifende wirtschaftliche Umbrüche und Transformationsphasen, sodass der erfolgreiche Fortbestand des Unternehmens im Zeitverlauf notwendigerweise die Fähigkeit zur Veränderung voraussetzte. Immer wieder mussten sich die Geschäftsleitungen des Unternehmens auf neue Rahmenbedingungen einstellen, sich an veränderte Strukturen anpassen, mit neuen Produkten auf am Markt entstehende Bedürfnisse reagieren und dabei auch die eigenen Organisationen und Routinen verändern. Eine Kontinuitätslinie in diesem langfristigen unternehmensgeschichtlichen Prozess bildet die Organisationsform als Familienunternehmen im engeren Sinne: Die Bielefelder Firmengruppe Delius gehört bis heute Nachkommen der Gründerfamilie. Darüber hinaus führten – bis in die jüngste Vergangenheit hinein – Angehörige der Familie Delius als Firmenteilhaber auch die Geschäfte des Unternehmens.[3] Dies ist ebenfalls ein bemerkenswerter Umstand, da der Bezugsrahmen Familie einerseits zwar langfristige Perspektiven aufzeigt, andererseits jedoch auch nicht ohne Weiteres auf so ausgeprägte

Geschäftshaus von C. A. Delius & Söhne, Innenansicht Treppe

Langlebigkeit hinwirkt – vor allem nicht, wie in diesem Fall, über zehn Generationen. Vielmehr kann der Familienbezug eigene Risiken und Konfliktpotenziale bergen, die im Zeitverlauf immer wieder austariert werden müssen.[4]

Die folgende Darstellung nimmt die Entwicklung des Unternehmens Delius von den Anfängen bis zur Gegenwart in den Blick. Wie sah der spezifische Weg der Firma C. A. Delius & Söhne und ihrer Vorläuferfirmen vom frühen 18. Jahrhundert bis in die Gegenwart aus? Wie konnte das Unternehmen die jeweiligen Herausforderungen bewältigen? Ausgehend von dieser Frage zeichnet das Buch in vier Großkapiteln zentrale Abschnitte der Firmengeschichte nach. Der Aufstieg und Niedergang der Textilindustrie in Deutschland bildet dabei den Hintergrund für die Retrospektive. Das erste Kapitel fasst die frühe Entwicklung der Firma vom frühen 18. Jahrhundert bis zur Etablierung der Seidenfabrik am Vorabend des Ersten Weltkrieges zusammen, wobei der Fokus auf ausgewählten Wendepunkten der Firmenhistorie liegt. Demgegenüber rückt der zweite Abschnitt die wechselvollen Jahre zwischen dem Ersten Weltkrieg und dem Ende des Zweiten Weltkrieges in den Vordergrund. Das Unternehmen expandierte weiter – stark ausgelastet auch mit rüstungswirtschaftlichen Aufträgen – und beschäftigte phasenweise mehr als 2.000 Mitarbeitende. Kapitel 3 und 4 führen an die Geschichte des Unternehmens nach 1945 heran. Der Boom im Zuge des textilen Wirtschaftswunders ging mit einer zunehmenden Präsenz auf den Exportmärkten einher. Die grundlegende Neuorientierung im Zeichen des globalen Strukturwandels der Textilindustrie ist Gegenstand des vierten Kapitels.

Die Darstellung stützt sich auf Quellen und Materialien aus dem Unternehmensarchiv, ergänzend zieht sie Dokumente aus öffentlichen Archiven, vor allem dem Bundesarchiv sowie dem Landesarchiv Nordrhein-Westfalen heran. Für die frühe Phase ist die Dissertation von Hans Schmidt aus den 1920er-Jahren eine unverzichtbare Grundlage.[5] Gleichwohl gibt es für einige Zusammenhänge nicht lösbare Datenprobleme, sodass nicht alle Aspekte, die spannend wären, umfassend geklärt werden können. Teile der Entwicklung bleiben dann – wenn Geschäftszahlen oder interne Unterlagen völlig fehlen – notgedrungen eine „Blackbox".

„Wir wollen, dass unsere Stoffe Bestand haben", sagt die Firma Delius. Im Laufe ihrer langen Geschichte hat die Firma Delius viele Krisen, mitunter auch existenzbedrohende Phasen überwunden. Dies mag auch Zufällen oder günstigen Fügungen zuzuschreiben sein – oder hat es etwas mit ihrer langen Geschichte selbst zu tun, mit den historisch gewachsenen Strukturen? Freilich kann es nicht immer eine eindeutige Antwort geben, aber die langfristige Rückschau bietet Stoff, um dem weiter nachzuspüren – ein Stoff von Delius.

1.

„VOM LEINEN ZUR SEIDE“: DIE FRÜHZEIT DES UNTERNEHMENS UND DER AUFSTIEG ZUM SEIDENFABRIKANTEN (1722–1914)

1.1. DIE URSPRÜNGE: JOHANN CASPAR DELIUS UND DIE ANFÄNGE IM LEINENGEWERBE 1722–1787

Die Anfangsjahre der Firma Delius reichen bis in die erste Hälfte des 18. Jahrhunderts zurück. Der erste Angehörige der Familie Delius, der sich als Kaufmann in Bielefeld niederließ, war der im Jahr 1693 geborene Johann Caspar Delius. Er hatte etwas Geld geerbt und verließ als 20-Jähriger das heimatliche Gut Berenkämpen bei Vlotho, das inzwischen sein älterer Bruder bewirtschaftete. Nach ein paar Jahren in Versmold und Umgebung zog Johann Caspar 1722 nach Bielefeld – Hauptort der Grafschaft Ravensberg, der zu diesem Zeitpunkt etwa 3.000 Einwohner zählte. Seine Mutter stammte aus der alteingesessenen Bielefelder Familie Meinders und unterstützte ihren Sohn bei seiner Idee, dort im Leinenhandel aktiv zu werden.

Das Ravensberger Land war durch den Anbau von Flachs geprägt, der hier gut gedieh. Leinen war das wichtigste Produkt der Umgebung. Die Flachsspinnerei galt als „Füllarbeit" der ländlichen Bevölkerung neben den landwirtschaftlichen Aufgaben, während die Landweber ihr Garn meist von benachbarten Flachsspinnern, umherziehenden Garnhändlern oder auf dem Garnmarkt in Herford besorgten. Nur wenige verwebten ihr selbst gesponnenes Garn.[6]

Für den Handel liefen die Fäden jedoch in der Stadt zusammen. In Bielefeld hatten gerade einige Kaufleute – beispielsweise die Familien von Laer und Bertelsmann – Fuß gefasst und nutzten städtische Privilegien, um ihre Handelsbeziehungen weit über die Region hinaus auszubauen. 1722 konnte auch der 29-jährige Johann Caspar Delius mit einem Grundkapital aus der eigenen Erbschaft und dem Vermögen seiner Frau sein Geschäft erfolgreich starten. Von seinem Schwiegervater hatte Johann Caspar Delius ein Haus in der Bielefelder Siekerstraße (Nr. 12) geerbt. Im Laufe der nächsten Jahre erwarb er weitere Häuser und Grundstücke hinzu, was seine Kapitalstärke signalisierte und vor Ort als „Realkredit" für die Kapitalbeschaffung nützlich war.

Mitte des 18. Jahrhunderts gab es in Bielefeld etwa 20 Leinenhandlungen. Das Geschäft von Johann Caspar Delius spezialisierte sich auf feine Leinengewebe und war 1756, gemessen am Wert des jährlichen Einkaufs, das sechstgrößte vor Ort.

Eine wichtige Grundlage für den Handel mit Leinenstoffen in der Region hatte der brandenburgisch-preußische Kurfürst Friedrich Wilhelm im Jahr 1678 mit einer neuen „Leggeordnung" geschaffen.[7] Demnach mussten gewebte Leinenstoffe, die für den Handel bestimmt waren, in kurfürstlichen Prüfeinrichtungen, den sogenannten „Leggen", kontrolliert werden, um Qualität und einheitliche Maße zu garantieren. Nur tadellose Webstücke erhielten den kurfürstlichen Leggestempel als Gütesiegel, während minderwertige Stoffe zerschnitten wurden. Dabei gab es für die einfachen, gröberen Löwendlinnen-Stoffe und Feinleinen unterschiedliche Einrichtungen. In der Leggeanstalt in Bielefeld prüften die Leggebeamten die feinen Leinenstoffe, die nur über die städtischen Kaufleute in Bielefeld und Herford verkauft wurden.[8] „Aller Handel und Verkauf wird den Kaufleuten in den Städten vorbehalten, das Leineweben aber in und außer den Städten jedermann freigegeben", hieß es im ersten Paragrafen der revidierten Leggeordnung vom 10. Dezember 1678.[9] Dabei war Feinleinen lange Zeit der weitaus wichtigere Exportartikel aus regionaler Produktion.

Die Legge sollte die Kaufleute vor minderwertiger Ware und die Weber vor einer zu niedrigen Entlohnung für ihr Qualitätsprodukt schützen und mit dem kurfürstlichen Gütesiegel den Export des ravensbergischen Leinens stärken.[10] Für die Kaufleute besaß dieses Prinzip eine Reihe von Vorteilen. Sie konnten die Qualitätsstandards der von ihnen gehandelten Ware sichern, ohne Personal für die aufwendigen Kontrollen zu beschäftigten. Die Kaufleute sagten den Webern einen Preis für die Rohware zu, schrieben ihr Kürzel und den Preis auf den Stoff, übernahmen die Gebühren für die Legge, um die sich die Weber anschließend selbst kümmerten. Ausgezahlt wurde der Kaufpreis erst nach vollzogener amtlicher Kontrolle.[11] Auch die Weiterverarbeitung konnte nur nach der Prüfung erfolgen, denn nur mit dem Leggestempel versehene Webstücke wurden überhaupt zum Bleichen angenommen. Der Stempel bürge für den guten Ruf des Ravensberger Leinens auf den ausländischen Märkten und fördere den Export, betonten die Kaufleute bis in die 1840er-Jahre hinein – gleichwohl wies dieses Argument, wie der Wirtschaftshistoriker Clemens Wischermann schildert, schon seit dem ausgehenden 18. Jahrhundert in die Irre, da der Stempel – wie Weber und Kaufleute

Der „Bielefelder Leineweber" – Seidengewebe von Delius

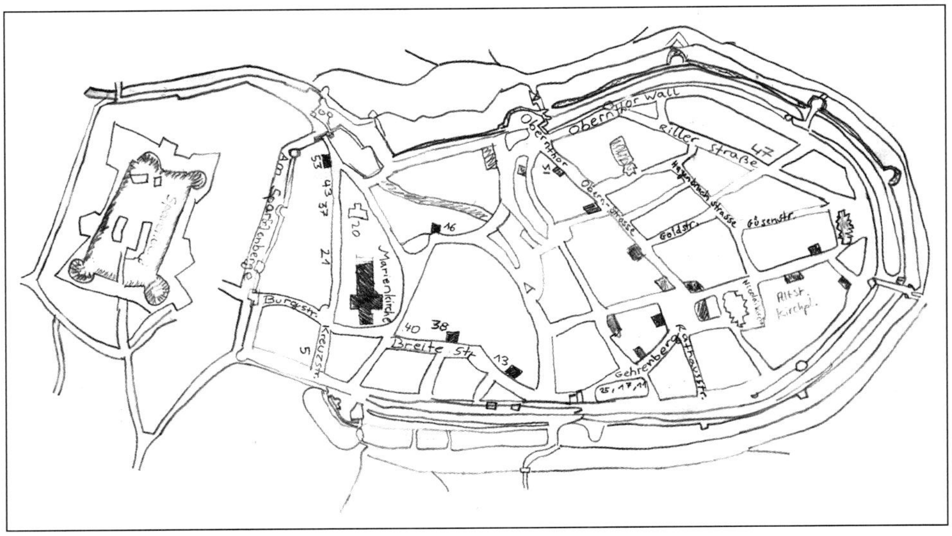

Plan für die Stadt Bielefeld um 1790

wussten – nach dem Bleichen verschwand und überhaupt nicht mehr zu lesen war. Für den Außenhandel spielte das aufgestempelte Gütesiegel also zumindest im späten 18. Jahrhundert keine Rolle mehr[12], hier war es die Produktqualität, die den Markt sicherte, während das Leggen als Instrument der Qualitätssicherung für die Kaufleute in ihrer Beziehung zu den Webern zentral blieb.[13]

Häufig hatten die Leinenhändler auch eine Kolonialwarenhandlung, bei der die Weber nach vollzogenem Handel direkt von ihren Erlösen einkauften. So führte beispielsweise der älteste Sohn von Johann Caspar Delius, Daniel Adolf, seit 1755 eine „Kram- und Leinenhandlung“, die er von seinem Schwiegervater übernommen hatte.[14] Auch die anderen Söhne von Johann Caspar waren in der Leinenbranche tätig. Daniel Adolfs jüngerer Bruder, Carl Albrecht Delius, stieg in den Garnhandel ein und setzte in der Garnfabrikation wichtige Impulse.

Nach dem Tod von Johann Caspar Delius im Jahr 1756 fiel seine Leinenhandelsfirma an den jüngsten Sohn, Ernst Friedrich, der mit gerade einmal 19 Jahren noch zu jung war, um das Unternehmen alleine zu leiten, weshalb seine Mutter vorerst die Geschäfte führte. Durch die Verbindung mit kapitalstarken Partnern rückte Ernst Friedrich Delius in den 1780er-Jahren mit seiner Firma auf die dritte Stelle der Bielefelder Leinenhändler vor.[15] Verhandelt wurde in den Kontoren der Bielefelder Leinenhändler meist auf Plattdeutsch. Für die von Ernst Friedrich in zweiter Generation geführte Firma Delius bürgerte sich alsbald der Name „Ernstchen“ ein.[16] Ernst Friedrich setzte sich vor Ort für die Interessen der Kaufleute ein, stand der Kaufmannsgilde vor und leitete eine Privatbleiche.

Darüber hinaus engagierte er sich für städtische Aufgaben: 1783 wurde er Stadtkämmerer und übernahm 1788 das Amt des Stadtdirektors. 1794 gab er die Leinenhandlung auf und übergab die restlichen Warenbestände an seinen Bruder Daniel Adolf.[17]

Mit dem Vermögenshintergrund, den der „Gründervater" Johann Caspar Delius bereits vor seinem Start als Kaufmann mitbrachte, hatte er seine Handelsaktivitäten überhaupt erst beginnen können. Angesichts einer langen Zeitspanne zwischen Ankauf und Verkauf erforderte das Engagement im Leinenhandel erhebliche Liquidität. Obwohl der Händler dem Weber das Leinen sofort bar bezahlen musste, verstrichen bis zur Verbuchung seines Gewinns nicht selten ein bis zwei Jahre. Die Ware musste noch gebleicht, in ein Sortiment aufgenommen, verpackt und dann – mit „Landkarren" oder auswärtigen Fuhrleuten – zu den Handelsplätzen transportiert werden. Beim Verkauf räumten die Händler den Kunden oft Kredite ein, die erst nach Monaten fällig wurden.[18] Diese lange Zeitspanne barg auch Risiken. Bei falscher Lagerung konnte die Ware beispielsweise fleckig werden und damit erheblich an Wert verlieren.

Der Radius für den Leinenhandel ging bereits im 18. Jahrhundert weit über die Region hinaus. Die Kaufleute aus Bielefeld setzten Ravensberger Leinwand an wichtigen Messestädten wie Frankfurt a. M., Braunschweig, Leipzig und Cassel ab und belieferten zentrale Handelsknotenpunkte für andere Regionen wie Hamburg, Bremen, Lübeck, Berlin, Königsberg und Stettin. Darüber hinaus fanden Leinen aus Bielefeld auch in entfernteren Destinationen ihre Abnehmer, so z.B. in Dänemark, Norwegen, Schweden, Russland und in den estländischen Seestädten. Als um 1780 die Zölle stiegen, nahm der Export in östliche Gebiete ab, während die Vereinigten Staaten und um 1800 Frankreich, Belgien, England, Spanien, Italien und die Balkanhalbinsel als Absatzgebiete hinzukamen.[19]

Oft waren es die Firmeninhaber selbst, die die Messen und Handelsstädte bereisten, später übernahmen diese Aufgaben auch Angestellte oder Provisionsreisende. Um in entferntere Gebiete zu exportieren, brauchte man „Mittelspersonen". Für die Firma Delius erwies sich dabei das weit gespannte Netzwerk der Familie als vorteilhaft, da man sich z.B. Ende des 18. Jahrhunderts auf Verwandte in Südspanien und Amerika stützen konnte.

Zwischen 1770 und 1850 schwankte die Zahl der Bielefelder Leinenhandelsfirmen von 30 bis 54. Zahlreiche Neugründungen aus dem Jahr 1799 waren bis 1806 wieder verschwunden. Im Hinblick auf die Kapitalbeschaffung, die überregionalen Geschäfts- und Handelsbeziehungen sowie den Informationsaustausch besaßen Familienunternehmen, die die geschäftlichen Beziehungen mit verwandtschaftlichen Bindungen stärken konnten, unschätzbare Vorteile.[20]

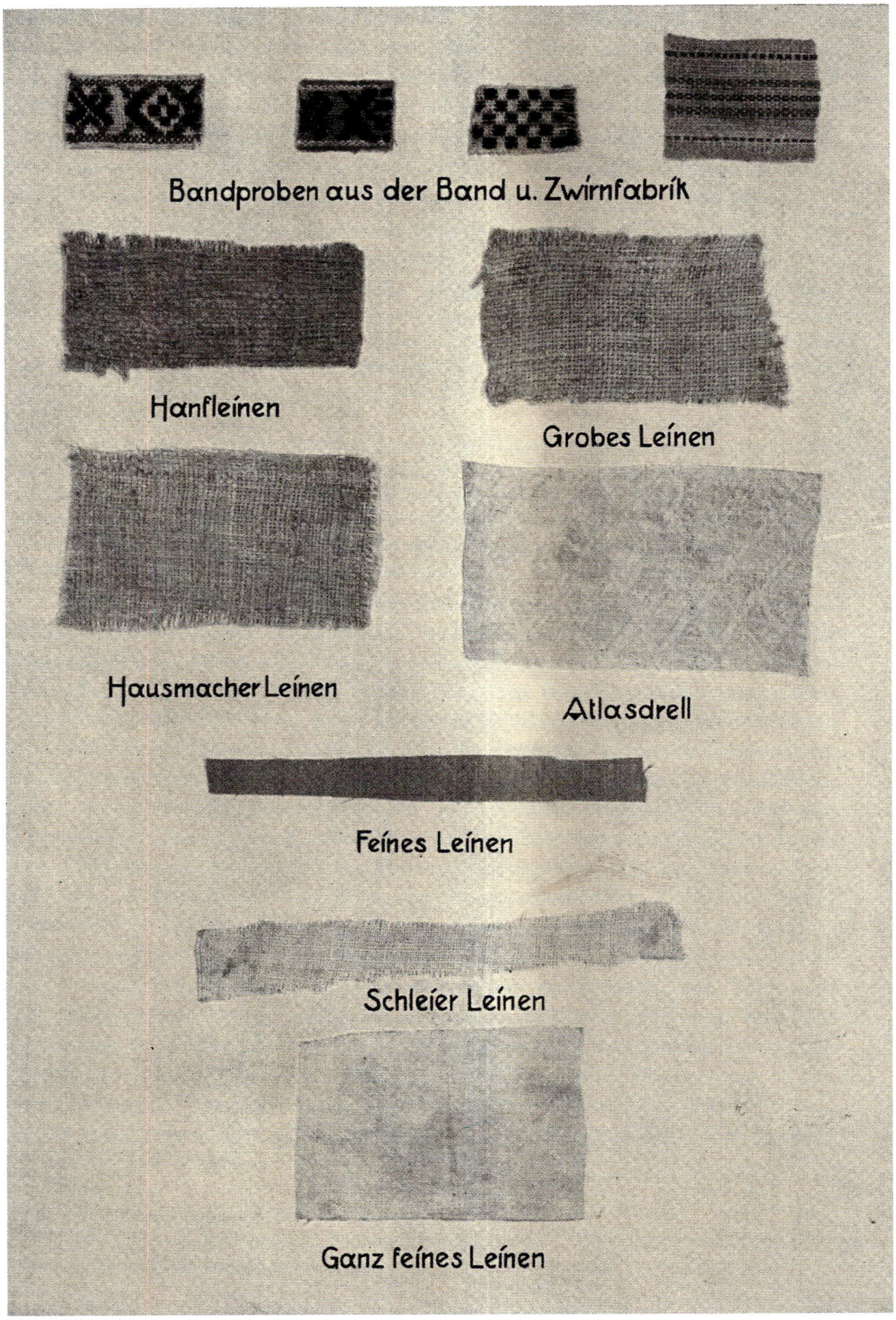

Qualitätsmuster von Delius

1.2. VON DER LEINEN- ZUR SEIDENMANUFAKTUR: E. A. DELIUS & SÖHNE 1787–1887

Am 1. Januar 1787 eröffnete Ernst August Delius, der Sohn von Daniel Adolf Delius, in der Güsenstraße Nr. 7 eine Leinenhandlung mit einem Eigenkapital von 6.000 Talern.[21] Mit der Imitation von einer in Irland gängigen Appretur konnte er, unterstützt von seinem Familiennetzwerk, Absatzerfolge in Amerika erzielen.

Angesichts der Reihe von kriegerischen Auseinandersetzungen, die sich nach der Französischen Revolution in Europa entfalteten, geriet der Bielefelder Leinenhandel in eine Krise, die auch Ernst August traf. „Es ist heuer eine böse gefährliche Zeit“, schrieb ihm sein Schwager Hagedorn aus Hamburg im September 1799. „So etwas ist mir in meiner Praxis noch nicht vorgekommen. Es ist kein Wechsel zu diskontieren. [...] Seit zwei Zahltagen war das Geld so rar, wie ich es noch nicht erlebte. In London sind schon sechs Häuser gebrochen. Ich bitte Dich dringend, mich jetzt mit Rimessen nach Möglichkeit zu unterstützen.“[22]

Mit dem Frieden von Lunéville kam 1801 auch der Bielefelder Leinenhandel wieder in ein ruhigeres Fahrwasser. Als Napoleon im Jahr 1806 mit der Kontinentalsperre für den weitgehend unter französischem Einfluss stehenden Kontinent den Handel mit Großbritannien untersagte, blühte der Bielefelder Leinenhandel auf. Unter dem Schutz der Wirtschaftsblockade konnten die Bielefelder mit ihrem Angebot die ausbleibende englische Ware ersetzen und ihren Absatz ausbauen, vor allem in Frankreich. Aber auch auf holländischen, Schweizer und skandinavischen Märkten hatten die Bielefelder Leinenhändler nun eine dominierende Rolle.[23] Gleichwohl veränderten sich die Rahmenbedingungen der Geschäfte mit den politischen Wandlungen rasch. So durchschnitt angesichts der 1810/11 durch Abtretungen an Frankreich veränderten Landesgrenzen beispielsweise nun eine Zollgrenze das Ravensberger Gebiet.[24] Die Jöllenbecker Weber mussten in dieser Phase ihre Garne im Raum Paderborn und Fulda zukaufen.[25]

Zudem geriet die Firma von Ernst August Delius vorübergehend in Liquiditätsnöte, während es anderen Leinenhändlern vor Ort noch recht gut ging. Ein gescheitertes spekulatives Investment auf Zucker sowie säumige Zahlungen für Lieferungen sorgten um 1809 für Verluste und verdichteten sich ungünstig mit dem Zusammenbruch des Bielefelder Bankhauses von Laer, das Ernst August Delius bis dahin großzügig mit Krediten versorgt hatte. Um die Liquiditätssituation zu verbessern, wollte Delius nun mit günstigen Preisen auf den Messen Präsenz zeigen. In einem Brief an seinen Sohn Gustav formulierte er dabei auch,

Stadtansicht von Bielefeld um 1850, Seidengewebe von Delius

wie wichtig ihm der dauerhafte Bestand seines Unternehmens war: „Wir müssen ein gutes Etablissement für euch viele Kinder schaffen und deshalb opfere ich jetzt auch, damit wir auf etwas Sicheres fußen können".[26]

Nachdem er die Engpässe auch im Verbund mit einem neuen Kompagnon, seinem Neffen C. F. Gante, nicht hatte überwinden können, musste Ernst August Delius im Februar 1813 mit seinen Gläubigern einen „Akkord" schließen.[27] Dabei kam es ihm zugute, dass sich dieser Kreis aus Versmolder Verwandten und Freunden aus Bielefeld zusammensetzte. Ernst August verzichtete auf eine Erbschaft aus Versmold, während sich die Gläubiger im Gegenzug bereit erklärten, sich mit einem Viertel ihrer Forderungen zufriedenzugeben.[28]

Nach dem Ende des Krieges 1813 blieb das Geschäft zunächst ruhig. Auf den Textilmärkten waren nun englische Halbleinenstoffe populär, in denen die inzwischen in Europa vermehrt verfügbare Baumwolle verarbeitet war, sodass die Nachfrage nach reinem Leinen zurückhaltend blieb. Seit dem Schuldenschnitt setzte Ernst August Delius weniger auf Fremdkapital und stärker auf einen kleinen, sicheren Kundenkreis.

Bis zum Jahr 1820 zogen die Umsätze seines Handelsgeschäfts wieder auf 30.000 Taler an. Auch Ernst August Delius investierte seine Gewinne aus der Geschäftstätigkeit in Immobilien vor Ort. 1818 besaß er vier Häuser in der

Hofansicht des Geschäftshauses in der Güsenstraße, Bielefeld

Güsenstraße.[29] Sein Sohn Gottfried beendete 1824 seine Lehre und arbeitete im väterlichen Handelsgeschäft mit. Der ältere Sohn, Gustav Delius, hatte bereits im Jahr 1818 Lucie von Laer – die Tochter des „Leinenkönigs" Friedrich von Laer – geheiratet, was die beiden Kaufmannsfamilien Delius und von Laer nun auch verwandtschaftlich zusammenführte. Wenig später trat Gustav Delius als Teilhaber in das Handelshaus A. F. von Laer & Söhne ein und erwarb in dieser Position einen „geldwerten Ruf".[30]

Tabelle: Bilanz der Leinenhandlung E. A. Delius für das Geschäftsjahr 1825/26, (in Talern)[31]

Aktiva		Passiva	
Mobilien und Immobilien	9.000	**Eigenkapital**	21.000
Warenlager	25.560	**fremde Einlagen und Kreditoren**	49.925
Wechsel, Devisen	1.172	**nicht bezahlte Bleichlöhne**	1.400
Ausgeliehene Gelder	3.000	**Reingewinn**	6.090
Sonstige Debitoren	33.491		
Dubiosa	4.000		
Summe	**78.415**	**Summe**	**78.415**

Die Firma E. A. Delius & Söhne 1827–1845

Seit 1827 hieß die Firma E. A. Delius & Söhne, da nun auch Gustav und Gottfried Delius als Teilhaber in das Unternehmen eintraten. Zudem beteiligte sich nun Arnold Friedrich von Laer – der Bruder von Gustavs Schwiegervater – mit immer höheren Einlagen. Durch diese Umstrukturierungen wuchs das Eigenkapital beträchtlich und erreichte bis zu den frühen 1830er-Jahren mehr als 200.000 Taler. E. A. Delius & Söhne erzielte 1828 einen Jahresumsatz von 80.000 Talern, 1833 sogar von 220.000 Talern und stellte damit die größte Leinenhandelsfirma vor Ort dar.[32] In der Firmengeschichte von Delius galten die Jahre 1827–1840 als Phase „des größten Aufschwungs". Zu den Exporterfolgen dieser Phase hatten der Abbau der amerikanischen Einfuhrzölle 1830 sowie das Ende einer Choleraepidemie in Frankreich im Jahr 1832 entscheidend beigetragen.[33] Bei Transaktionen mit den Hansestädten sowie nach Westeuropa und Amerika erwies sich das von Verwandten betriebene Bankhaus Frederic und Everhard Delius in Bremen als wichtige Stütze.[34]

1837 machte die Firma Delius als eine der ersten Unternehmen in der Region Versuche mit der Heimweberei auf eigene Kosten – also mit einem Verlagssystem, bei dem sich Delius die Rohstoffe besorgte und gegen Entgelt verweben ließ. Der Anfang erschien vielversprechend: „Wir können keine Ware hübscher und besser kaufen als unsere eigenen Leinen", schrieb Gustav Delius an seinen Bruder im Juni 1838.[35] Nach kurzer Zeit musste man den Versuch jedoch wieder aufgeben, da man die mit diesem Organisationsprinzip einhergehenden Qualitäts- und Kontrollprobleme noch nicht hatte lösen können.[36]

Zugleich gewannen immer deutlicher in dieser Phase Krisensymptome im Leinengewerbe an Kontur. Die zunehmende Mechanisierung der Textilherstellung in England brachte preiswerte Massenartikel auf den Markt, mit denen die traditionell gefertigten Erzeugnisse nun konkurrieren mussten. Vor dem Hintergrund des raschen Bevölkerungsanstiegs stieg die Zahl der Heimgewerbetreibenden, was auf die Einkünfte der Heimarbeitenden drückte und die Frage aufwarf, wie zeitgemäß diese Form der Textilproduktion und die damit verbundenen Arbeitsverhältnisse waren.[37]

Die Krise der 1840er-Jahre

Im Laufe der 1840er-Jahre spitzte sich die krisenhafte Lage zu. Missernten ließen nicht nur Nahrungsmittel knapp werden und die Agrarpreise in die Höhe schnellen, sondern beeinträchtigten auch die Rohstoffversorgung, da der Flachs in mehreren Jahren missriet.[38] Preisgünstiges Maschinengarn eroberte die Märkte, sodass die Absatzmöglichkeiten und Einkünfte der Spinner wegbrachen. Auch die Weber der mittleren und feinen Leinensorten litten unter dem Preisverfall angesichts der in großen Stückzahlen auf den Markt strömenden Gewebe aus industrieller Fertigung. Vor allem in den nördlich von Bielefeld gelegenen Dörfern und in der Senne wurde die Notsituation sehr drückend.[39] Tausende Familien seien bereits gänzlich verarmt und „zur Fortsetzung ihres Gewerbes nicht mehr imstande", berichtete Gustav Delius im Oktober 1843 nach Berlin.[40] Demgegenüber hielt er die Lage der Kaufleute nach wie vor für vergleichsweise gut: „Der Kaufmann aber leidet dabei am wenigsten und sucht sich durchzuschlagen."[41]

Wie andere Handelshäuser hatte sich die Firma Delius seit einigen Jahren verstärkt um diejenigen Absatzmärkte bemüht, auf denen die britischen Produkte noch nicht so stark präsent waren. Aufgrund besonderer zollpolitischer Bestimmungen lieferte E. A. Delius & Söhne Anfang der 1840er-Jahre vor allem nach Russland.[42] Zudem hoffte man auf Geschäfte in China und in einer deutsch-belgischen Kolonie in Guatemala. „Man muss das Glück jetzt in der Ferne suchen; in der Nähe ist nichts mehr zu finden", schrieb Gustavs Sohn Hermann Delius an seinen Onkel Gottfried im Juni 1843.

Mit diesen Strategien ließen sich erforderliche Anpassungen jedoch allenfalls hinauszögern. Die industriellen Herstellungsmethoden verkürzten die Zeit zwischen Produktvollendung und Verkauf erheblich und ermöglichten es den englischen Wettbewerbern, ihr Kapital weitaus schneller umzuschlagen als die Bielefelder und auf diese Weise Kostenvorteile zu realisieren.[43]

Die Anfänge der Seidenindustrie

Sein Vater Gustav sei „ganz trostlos über das Geschäft", bilanzierte Hermann Delius 1843. Auch das anschließende Geschäftsjahr 1844 empfand man als „riesig still".[44] Zum 1. Februar 1844 trat Hermann Delius mit beinahe 25 Jahren als Teilhaber in die Firma E. A. Delius & Söhne ein, nachdem er schon eine Weile wichtige Handelsplätze im Auftrag der Firma bereist hatte. Einige Monate später schilderte Gottfried Delius, Mitinhaber der Firma, in einem Brief aus Leipzig eine Idee, die die weitere Entwicklung des Unternehmens grundlegend verändern sollte: Seine Leipziger Geschäftsfreunde hatten ihn auf den Gedanken gebracht, dass man auch in Bielefeld rentabel Seidenstoffe produzieren könne, so wie sie am Niederrhein gefertigt würden.[45]

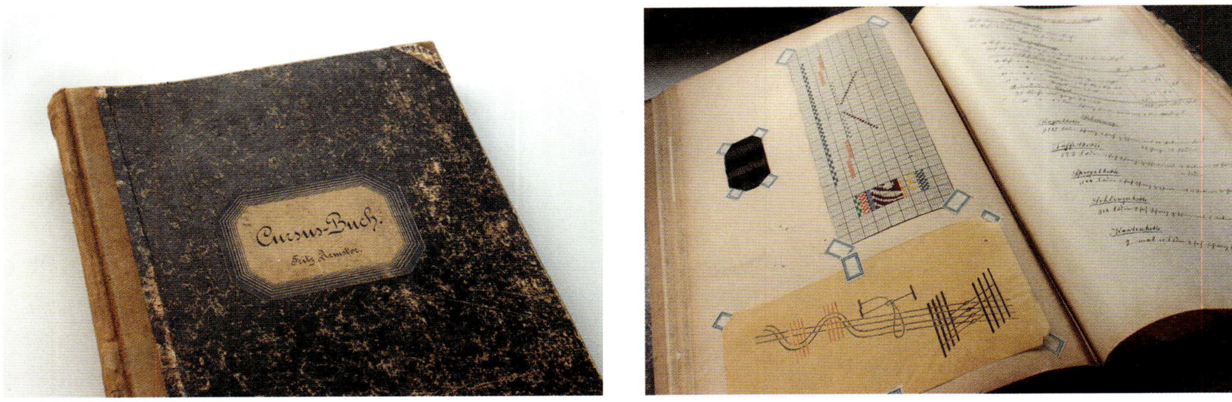

Historisches „Cursus-Buch“ mit Hinweisen zur Webtechnik

Für den Standort sprach, dass geeignete Arbeitskräfte vorhanden waren, die angesichts der Notlage auch die Bereitschaft mitbrachten, auf die Seidenweberei umzusatteln. Für diese beschäftigungslosen Weber könne man nun Verdienstmöglichkeiten schaffen.[46] Die Seidenherstellung musste jedoch aus Sicht der Unternehmer in vielerlei Hinsicht anders organisiert werden als die Leinenfabrikation, auch wenn man das dezentrale, heimgewerbliche Prinzip grundsätzlich beibehielt. Zum einen waren die Rohstoffe teuer und nicht vor Ort verfügbar, was eine zentrale Beschaffung des Seidengarns nahelegte. Zum anderen mussten die Weber die Technik der Seidenweberei erlernen, darüber hinaus unterlag der Luxusartikel Seide rasch wechselnden Moden, was das vertriebliche Risiko erhöhte. Vor diesem Hintergrund startete E. A. Delius & Söhne im Juli 1845 die ersten Schritte für die Seidenherstellung mit einem Verlagssystem. Rohstoffbeschaffung und Vertrieb erfolgten zentral durch den Verleger, E. A. Delius & Söhne, während die eigentliche Fertigung in Heimarbeit durch die Weber erfolgte. Aus Krefeld hatte die Firma E. A. Delius & Söhne einen Seidenwebermeister für drei Jahre verpflichtet, der im Geschäftshaus in der Güsenstraße zunächst 30 Seidenweber anlernte und Vorrüstungsarbeiten durchführte. Ein anderer, in Krefeld abgeworbener Webmeister begutachtete die Produktionsfortschritte in den Wohnungen der Weber. Den Webstuhl erhielten die Seidenweber von der Firma, aber zahlten ihn nach und nach vom Lohn ab. Mit einem Tagesverdienst von durchschnittlich 10–15 Silbergroschen waren die Verdienstmöglichkeiten besser als in der Leinenindustrie. Mit der Aufnahme des Seidengeschäfts werde der Gegend „eine große Wohlthat gezeigt“, fand die Handelskammer 1849.[47]

Die preußische Regierung förderte den Aufbau einer Seidenindustrie im Ravensberger Land auch durch die Bereitstellung von Sachmitteln: Sie schaffte beispielsweise für E. A. Delius & Söhne Maschinen zum Appretieren der Seidenstoffe an, die später in den Besitz eines Leinenappreteurs übergingen, der sich dann nach und nach auf die Ausrüstung von Seidenstoffen spezialisierte.[48]

Zugleich arbeitete sich Carl Albrecht Delius, der Sohn von Firmenteilhaber Gottfried Delius, in die Grundlagen der Seidenfabrikation ein, besuchte Gewerbe- und Webschulen in Krefeld, Zürich und Lyon und reiste zu Unternehmen, die Seidengewebe herstellten. Um Produktionserfahrungen zu sammeln, startete die Firma mit einfachen, schwarzen Geweben – Krawattenstoffen, Taffeten und Satin.

Die Seidenfabrikation, die die Familie Delius auch mit geliehenem Kapital aus dem Verwandtschaftskreis auf den Weg gebracht hatte, lief insgesamt recht gut an. Nach Verlusten im ersten Geschäftsjahr konnte man schon 1847 hohe Abschreibungen für die Maschinen tätigen und positive Ergebnisse verbuchen. Mit dem Anschluss der Stadt Bielefeld an die Cöln-Mindener Eisenbahn im selben Jahr rückten die Absatzmärkte und Rohstoffquellen näher an den Produktionsstandort heran.[49]

Die Umstellung auf das neue Produkt wurde hauptsächlich von der neuen Generation begleitet, vor allem Carl Albrecht, während sich die Seniorchefs, Gustav und Gottfried Delius, allmählich zurückzogen. Carl Albrecht trat am 1. März 1854 als Teilhaber in die Firma ein. Er heiratete Caroline Tiemann, eine Tochter einer wohlhabenden Bielefelder Familie.

Grafik: Reingewinne E. A. Delius & Söhne 1829–1853 (in Talern)[50]

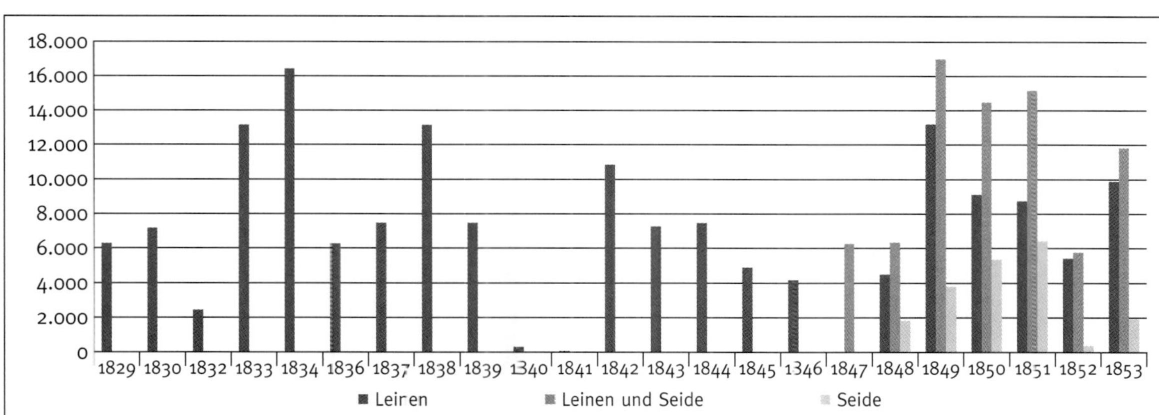

Nun besaß die Firma E. A. Delius & Söhne zwei Standbeine, was einerseits neue Herausforderungen an die Organisation und die Unternehmensführung stellte, andererseits einen Risikoausgleich ermöglichte, denn beide Geschäftszweige unterlagen durchaus unterschiedlichen Einflüssen auf ihren jeweiligen Märkten.

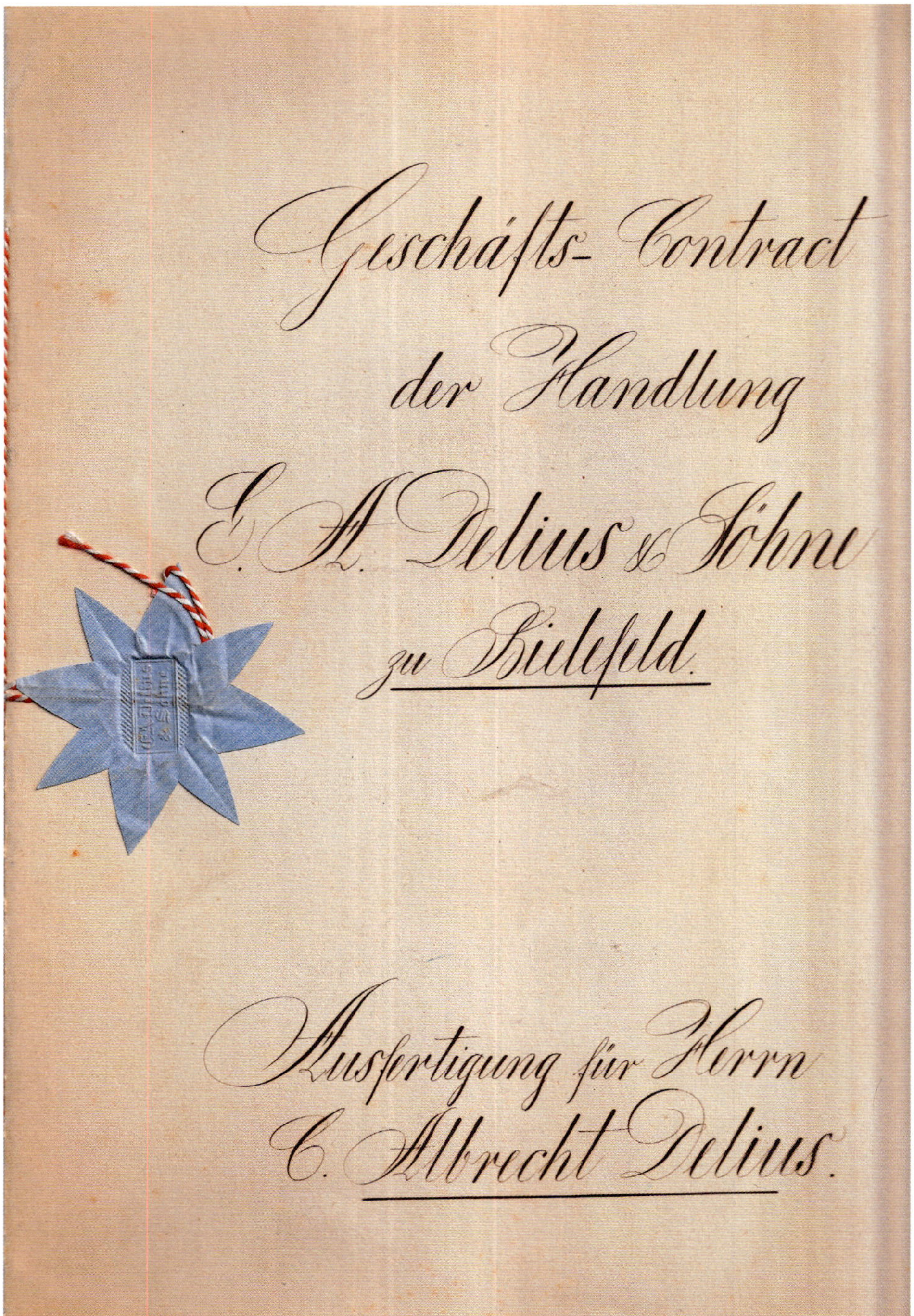

Geschäfts-Contract
der Handlung
E. A. Delius & Söhne
zu Bielefeld.

Ausfertigung für Herrn
C. Albrecht Delius.

Geschäftskontrakt von 1856, Deckblatt

Dabei steckte der Leinenzweig in einem grundlegenden Umbruch, da sich die traditionelle Produktionsweise nicht mehr rechnete. Auch E. A. Delius & Söhne handelten zunehmend mit Leinengeweben, die aus Maschinengarn gewebt waren.

Um 1856 waren die beiden Bereiche Leinen und Seide innerhalb der Firma in etwa gleich stark. Seit den frühen 1850er-Jahren stützte sich E. A. Delius & Söhne auch im Geschäftsfeld Leinen hauptsächlich auf ein Verlagssystem. Nach anfänglichen Qualitätsproblemen liefen um die Jahrhundertmitte einige Hundert Webstühle für Delius, während die Firma bereits seit 1852 auch als *Leinen- und Seidenmanufaktur E. A. Delius & Söhne* firmierte. Die Einlage von Laers schrumpfte in der Phase nach 1856 bis auf null, und auch Fremdkapital wurde nach und nach abgebaut.[51]

Schon 1844 hatte sich Hermann Delius für eine grundlegende Neuausrichtung des Bielefelder Leinengewerbes eingesetzt und dabei vor allem an eine Maschinenspinnerei vor Ort gedacht. Man bräuchte eine Spinnerei, die mindestens genauso groß sein sollte wie die größte in Irland.[52] Es dauerte jedoch bis 1854, bis seine ersten Initiativen erneut Schubkraft entfalteten, da sie mit einer vorübergehenden konjunkturellen Erholung weniger dringend erschienen und in den Hintergrund gerückt waren.[53] Nun aber herrschte Konsens darüber, dass man es nicht mit konjunkturellen, sondern strukturellen Problemen zu tun hatte, denen die Investoren mit zukunftsfähigen Technologien begegnen wollten.

Proteste gegen die Einführung der Maschinenspinnerei

Die Mechanisierungsinitiativen, die die Wirtschaftsbürger vor Ort vorantrieben, lösten bei der ländlichen Textilarbeiterschaft existenzielle Ängste aus. Am 15. Januar 1850 ging ein anonymer Brief bei Gustav Delius ein: *„Lieber Herr Delius! Ich finde mich genöthigt, Ihnen den geheimen Entschluß mehrer Weber und Spinner mitzutheilen. Weil ich denke, Sie könen sich bessern und die Sache nachlassen. Die Weber und Spinner in den Gemeinden Schildesche, Jöllenbeck und Enger und wer weiß noch mehr haben sich vereinbart, [...] Sie Entweder Todt zu schießen oder ganz mörderlich zu behandeln [...] Wenn Sie in kurzen nicht anfangen, und befördern unser Handspinnerei und lassen Maschienerei nach, denn denken Sie sich einmahl, wenn die Spinnerei aufhört, wo sollen die Armen Leute von leben, den Sie könen gut sagen Sie haben Geld und gut genug, [...]. [...] Bitte besinnen Sie sich doch, sonst bleibt kein Stein auf dem andern und Sie können es auch niemals vor Gott nicht verantworten. Ich rahte Sie und alle die, die Maschienen haben wollen, laßt davon ab. Enger, den 15ten Januar 1850. Ein guter Freund N. N.“*[54]

Zusammen mit Freunden und Kaufleuten aus der Gegend trieb Hermann Delius – unterstützt vom Viersener Seidenfabrikanten Diergardt und dem Berliner Kaufmann von Carl – die Gründung einer Aktiengesellschaft für eine Maschinenspinnerei mit etwa 20.000 Spindeln voran. Als die Grundlagen standen, vereinbarte ein Konsortium aus Bielefelder Kaufleuten unter Führung von Hermann Delius im November 1854 die Gründung der Ravensberger Spinnerei AG mit einem angestrebten Grundkapital von 2 Millionen Talern, wovon eine Million sofort emittiert werden sollte. Vorsitzender des Verwaltungsrates wurde Hermann Delius. Die Firma E. A. Delius & Söhne hielt eine Beteiligung, die als „beträchtlich“ galt. Anfang 1857 nahm die Spinnerei mit 3.500 Spindeln ihren Betrieb auf. Mit 1.900 Beschäftigten im Jahr 1862 avancierte sie binnen Kurzem zu einem der größten produzierenden Unternehmen in Bielefeld.

Als in Folge des amerikanischen Sezessionskrieges die Baumwolleinfuhren Anfang der 1860er-Jahre stockten, setzte eine Blütephase für den Absatz von Bielefelder Leinen ein, was auch dem Delius'schen Leinengeschäft Schwung verlieh und Erfolge wie in den frühen 1830er-Jahren bescherte.[55] Auf der Londoner Industrieausstellung 1861 ging eine Medaille an die Firma Delius für Rohleinen und zugeschnittene Stücke. Das Geschäftsjahr 1862 war sodann Höhe- und Wendepunkt zugleich, denn in den folgenden Jahren sollte der Leinenabsatz wieder zurückgehen, um etwa 20 Jahre später schließlich ganz an Bedeutung zu verlieren.[56]

Einstweilen gab die gute Leinenkonjunktur der frühen 1860er-Jahre jedoch den Anstoß für den Teilhaber Hermann Delius, ein anderes Projekt voranzutreiben, mit dem die Bielefelder der Konkurrenz durch englische, mechanisch gewebte Stoffe entgegentreten wollten. Derselbe Interessentenkreis, der die Aktienspinnerei initiiert hatte, erließ im Jahr 1862 den Gründungsaufruf für eine Gesellschaft für mechanische Weberei mit einem Aktienkapital von 600.000 Talern. Das neue Unternehmen sollte in direkter Nachbarschaft zur Aktienspinnerei entstehen und ihr Garn von dort beziehen. Am 8. Februar 1864 konnte die AG für mechanische Weberei den Betrieb aufnehmen.[57] Ende 1865 arbeiteten dort etwa 400 Arbeitskräfte an über 280 mechanischen Webstühlen, bis zum Ende der 1880er-Jahre wuchs die Weberei auf 941 Arbeitskräfte und rund 900 Webstühle.[58] Der Absatz der gefertigten Leinen erfolgte zunächst über Bielefelder Leinenhändler, vor allem E. A. Delius & Söhne. Nach und nach ging die mechanische Weberei von der Fabrikation feiner und mittlerer Leinensorten auch zur Fertigung von Halbleinen, Drellen und Wattierstoffen über.

Mit dem Sinken der Baumwollpreise schwand die Wettbewerbsfähigkeit von Reinleinenstoffen, insbesondere aus vorindustrieller Handweberei, immer mehr. Das Standbein Leinen bei E. A. Delius & Söhne lief mithin nunmehr allenfalls „mittelmäßig“, was der Seniorchef Gustav Delius jedoch auch auf das starke Engagement von Hermann für Projekte jenseits der Firma zurückführte: Dieser hätte sich fremden Interessen in einer Weise gewidmet, dass das Firmengeschäft darunter leiden müsste. „Niemand kann zween Herren“ dienen, schrieb er an seinen Bruder Gottfried Anfang 1872.[59]

Neben seiner Tätigkeit für das Familienunternehmen E. A. Delius & Söhne engagierte sich Hermann Delius für vielfältige wirtschaftspolitische Belange. Abgesehen von seinen unternehmerischen Initiativen für die Mechanisierung der Leinenproduktion in Bielefeld setzte er sich für eine Reform des Zollvereins ein und trieb den Ausbau des örtlichen Eisenbahnnetzes voran – seit 1841 unterstützte die Firma E. A. Delius & Söhne die Rheinische Eisenbahngesellschaft dabei, indem sie Aktienzeichnungen vermittelte, um die rheinische Eisenbahn bis zur Landesgrenze bei Minden weiterzuführen. Seit Ende der 1850er-Jahre kämpfte er für die Aufhebung des Leggezwanges, die 1869 erreicht wurde. Die Legge – die in der Frühphase wichtige Impulse für die vorindustrielle Wirtschaftstätigkeit gesetzt hatte – erwies sich nunmehr als veraltete, wachstumshemmende Einrichtung. 1868 gehörte Hermann Delius zu den Gründern der Ravensberger Volksbank, von 1859 bis 1874 saß er der Bielefelder Handelskammer vor, wurde aber wegen einer Wende seiner zollpolitischen Ansichten abgewählt – inzwischen trat er für das Bismarck'sche Schutzzollsystem ein.[60]

Im Laufe der 1870er-Jahre fuhr die Leinen- und Seidenmanufaktur E. A. Delius & Söhne ihre Leinenproduktion weiter zurück und baute ihre Seidenfertigung aus. Dabei orientierte man sich – schon von Beginn an – im Hinblick auf die Rohstoffbezüge, Produkte, Ausrüstung und Kundschaft – am Vorbild der Krefelder Produzenten, die eine lange Tradition in der Seidenfertigung besaßen. Anfang der 1870er-Jahre gab es in Krefeld circa 33.000 Seidenwebstühle, während in Bielefeld etwa 1.000 Seidenwebstühle liefen.[61] Mit kreativen Lösungen konnte Delius phasenweise rasch am Markt Präsenz zeigen, indem man gelegentlich auch populäre Dessins und Farbgebungen modisch führender Wettbewerber auf dem Weltmarkt imitierte.[62] Ende der 1870er-Jahre habe ein „Aufschwung der Delius'schen Seidenproduktion zu noch nicht erreichter Größe" begonnen, hieß es in einer Firmenchronik. Dazu trug der englische Markt bei, wo eine rege Nachfrage nach Seidenstoffen von Delius herrschte. Um die Geschäftsbeziehungen in London und Paris kümmerte sich seit 1878 Carl Albrechts Sohn Paul Delius, der 1881 als Teilhaber aufgenommen worden war.

„*King of the Siciliennes*" – mit einer zufälligen Produktinnovation auf dem Londoner Markt

In den 1880er-Jahren reüssierte die Firma Delius auf dem Londoner Markt mit einer innovativen Produktentwicklung, die aus einem Zufall heraus entstanden war. Es handelte sich um den Artikel „Sicilienne", einen halbseidenen, gerippten Mantelstoff mit einer hochwertigen Färbung nach Barmer Art. Die Besonderheit des Stoffs lag in der Appretur, mit der es gelungen war, den Moiré-Look zu entfernen, mit dem das Gewebe normalerweise vom Webstuhl kam. Der dienstälteste Prokurist – seit 1863 bei der Firma[63] – erinnerte sich, wie es dazu gekommen war: Die zuständigen Delius-Mitarbeiter hätten den Stoff nach der Veredelung begutachtet, aber diesen an den Appreteur zurückgehen lassen, weil sie nicht mit dem Ergebnis zufrieden waren. Auch beim nächsten Versuch war der Moiréeinschlag noch etwas zu sehen, sodass die Ware erneut Retour ging. Daraufhin erklärte der Appreteur, es gäbe noch eine Option, aber dieses Mittel habe er nicht gewagt anzuwenden, weil er befürchtete, die Ware würde verdorben. Man könnte noch probieren, „die Ware zu quetschen". Trotz der Bedenken wurde diese Technik versucht – und führte „zu vollem Erfolg". In dieser Phase soll Paul Delius in Londoner Kreisen daraufhin den Spitznamen „King of the Siciliennes" geführt haben.[64]

1883 war das Leinengeschäft „nicht mehr zu halten" und Ende der 1880er-Jahre machte es nur mehr rund 2 Prozent der gesamten Fertigung aus.[65] Als zweites Standbein neben der Seide fungierte nun die Fabrikation von Plüsch, die sowohl Leinen- als auch Seidenweber in kurzer Zeit erlernen konnten. E. A. Delius & Söhne setzte 1883 200 Plüschwebstühle in Betrieb, bis 1887 waren es 320. Delius-Plüsch ging zunächst hauptsächlich nach Nordamerika, England und Holland. Mitte der 1880er-Jahre machte die Firma etwa 1,652 Millionen Mark Umsatz mit Seidenartikeln und 0,444 Millionen Mark mit Plüsch.[66]

1.3. DAS UNTERNEHMEN C. A. DELIUS & SÖHNE 1887–1914

In den ausgehenden 1880er-Jahren stellte sich die Frage nach einer Mechanisierung der Produktion immer drängender. Auch für diesen Schritt bot die Krefelder Seidenindustrie, die Anfang der 1880er-Jahre bereits mit mechanischen Webstühlen arbeitete, das zentrale Vorbild.[67] Zudem gab es ein erfolgreiches Beispiel in unmittelbarer Nachbarschaft: 1881 hatte der zweitgrößte Seidenfabrikant vor Ort, die Firma der Brüder Josef und Eduard Wertheimer, entscheidende organisatorische und technologische Innovationen vorangebracht und eine mechanisierte Seidenweberei errichtet.[68] Die Seidenbranche galt tendenziell – im Vergleich zu anderen Industrien – als Nachzüglerin in Sachen Mechanisierung, da erst vergleichsweise spät technische Lösungen bereitstanden, um den empfindlichen Rohstoff mechanisch einwandfrei verarbeiten und dabei auch auf rasch wechselnde Moden reagieren zu können.

Bei der Firma Delius hemmten in dieser Phase zudem persönliche Gründe die Investition in neue Maschinen. Inzwischen lag die Teilhaberschaft an der Firma E. A. Delius & Söhne bei der fünften und sechsten Generation, denn neben Carl

Informationsblatt zur Aufteilung des Unternehmens E. A. Delius & Söhne

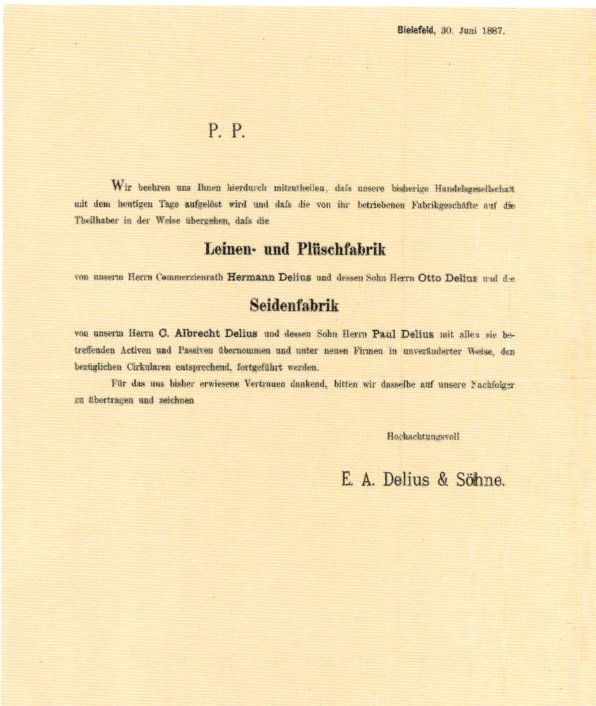

Bielefeld, 30. Juni 1887.

P. P.

Wir beehren uns Ihnen hierdurch mitzutheilen, dafs unsere bisherige Handelsgesellschaft mit dem heutigen Tage aufgelöst wird und dafs die von ihr betriebenen Fabrikgeschäfte auf die Theilhaber in der Weise übergehen, dafs die

Leinen- und Plüschfabrik

von unserm Herrn Commerzienrath **Hermann Delius** und dessen Sohn Herrn **Otto Delius** und die

Seidenfabrik

von unserm Herrn **C. Albrecht Delius** und dessen Sohn Herrn **Paul Delius** mit allen sie betreffenden Activen und Passiven übernommen und unter neuen Firmen in unveränderter Weise, den bezüglichen Cirkularen entsprechend, fortgeführt werden.

Für das uns bisher erwiesene Vertrauen dankend, bitten wir dasselbe auf unsere Nachfolger zu übertragen und zeichnen

Hochachtungsvoll

E. A. Delius & Söhne.

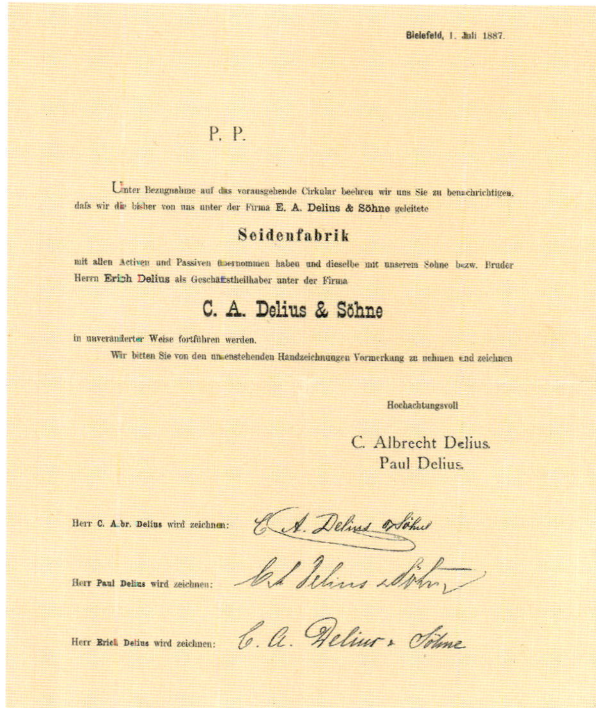

Bielefeld, 1. Juli 1887.

P. P.

Unter Bezugnahme auf das vorausgehende Cirkular beehren wir uns Sie zu benachrichtigen, dafs wir die bisher von uns unter der Firma **E. A. Delius & Söhne** geleitete

Seidenfabrik

mit allen Activen und Passiven übernommen haben und dieselbe mit unserem Sohne bezw. Bruder Herrn **Erich Delius** als Geschäftstheilhaber unter der Firma

C. A. Delius & Söhne

in unveränderter Weise fortführen werden.

Wir bitten Sie von den untenstehenden Handzeichnungen Vormerkung zu nehmen und zeichnen

Hochachtungsvoll

C. Albrecht Delius.
Paul Delius.

Herr **C. Albr. Delius** wird zeichnen: C. A. Delius & Söhne

Herr **Paul Delius** wird zeichnen: C. A. Delius & Söhne

Herr **Erich Delius** wird zeichnen: C. A. Delius & Söhne

Albrecht, Hermann und Paul Delius führte auch Otto Delius – Hermanns Sohn – seit 1873 als Teilhaber die Geschäfte mit, während Gustav Delius 1872 verstorben und Gottfried 1876 aus der Firma ausgeschieden waren.

Beide in der Firma vertretenen Familienstämme nahmen jedoch unterschiedliche Standpunkte ein, wie die Zukunft zu gestalten sei. Während Carl Albrecht Delius und seine Söhne Paul und Erich eine Seidenfabrik planten, lehnte Hermann dieses Projekt ab. Schließlich verständigten sich beide Stämme der Familie darauf, das Unternehmen zu teilen. Hermann gründete mit seinem Sohn Otto die Firma Delius & Sohn, die sich auf die Fertigung von Plüsch und Leinen konzentrierte, während Carl Albrecht gemeinsam mit seinen Söhnen Paul und Erich den Seidenzweig fortführte und die Seidenweberei C. A. Delius & Söhne errichtete.[69]

Die Mechanisierung der Seidenproduktion

Kurz vor dem offiziellen Vollzug der Trennung der beiden Geschäftsbereiche begannen im Jahr 1886 die Bauarbeiten für die neue Fertigungshalle. In der Großen Kurfürstenstraße in Bielefeld – logistisch gut gelegen in der Nähe des Güterbahnhofs – entstand ein Fabrikbau, der mechanischen Seidenwebstühlen sowie Vorbereitungsmaschinen Platz bieten sollte.

Weberei in der Kurfürstenstraße, Bielefeld

Weberei in der Kurfürstenstraße, Bielefeld

Die Arbeit am mechanischen Seidenwebstuhl war körperlich leichter als die Handweberei, jedoch in vergleichbarer Zeit zu erlernen. Einen Großteil der Belegschaft der neuen Seidenfabrik stellten – wie bereits zum Teil früher in der Handweberei – Frauen und Mädchen aus Bielefeld und der näheren Umgebung. Teilweise hatten die neuen Mitarbeitenden bereits vorher in der Handweberei gearbeitet, teils beschäftigte die Firma nun auch Arbeitskräfte, die zuvor in der AG für mechanische Weberei gearbeitet hatten, als Meister und Vorarbeiter weiter. Für viele der Handweber aus dem früheren Seidenverlag war der Anfahrtsweg zur neuen Fabrik nun jedoch viel zu weit – daher lief auch die dezentrale Handweberei in Heimarbeit zunächst in gewohnter Weise weiter und umfasste im Jahr 1893 mit beinahe 1.000 Stühlen einen beträchtlichen Umfang.[70]

Eine zweite Fabrik wurde 1894 im Bielefelder Vorort Jöllenbeck errichtet und ging im Folgejahr mit 300 Webstühlen in Betrieb. Bei der Standortwahl orientierte sich die Firma am vorhandenen Arbeitskräftepotenzial. Wenngleich nur ein Bruchteil der Handweber aus Jöllenbeck die Heimarbeit aufgeben wollte, zeigten doch ihre Kinder Interesse daran, in der Fabrik zu arbeiten. 1902 baute Delius das Jöllenbecker Werk auf 550 Webstühle aus, die zunächst über Transmissionsriemen von einer Dampfmaschine angetrieben wurden. Nach einer Modernisierung im Jahr 1904 diente die Dampfmaschine nur noch für den Antrieb der Generatoren.[71]

Mit dem Übergang zum Fabriksystem konnte die Firma C. A. Delius & Söhne ein weitaus höheres Produktionstempo realisieren: Eine Maschine schaffte doppelt so viel Schuss pro Minute wie ein Handweber und bewältigte auch komplexe, schwere Jacquardstoffe. Zudem erzwang das Fabriksystem eine Kontinuität in den Arbeitszeiten und ließ die saisonale Einbindung der

Arbeitskräfte in die Landwirtschaft zurücktreten. Mithin brachte die Hinwendung zum Fabriksystem einen schwierigen Umstellungsprozess für die ländliche Erwerbsbevölkerung mit sich, die nun ihre unabhängige Arbeitsweise aufgab. Die Löhne in Jöllenbeck waren niedriger als in Bielefeld, gleichwohl verdiente man in der dortigen Fabrik besser als die Heuerlinge vor Ort.[72] Die Fluktuation der Arbeitnehmer war sehr gering – weniger als 1 Prozent der Belegschaft verließ innerhalb eines Jahres den Delius-Betrieb in Jöllenbeck, um einer anderen Beschäftigung nachzugehen. Die Bindung der Arbeitskräfte an das Unternehmen Delius wurde mit betrieblichen Sozialmaßnahmen unterstützt: Schon mit dem Übergang zum Verlagssystem hatte man für die Weber – als eine der ersten Firmen in Bielefeld – eine Krankenkasse eingerichtet, die den Arbeitern im Krankheitsfall ärztliche Hilfe anbot und bei Unglücks- und Sterbefällen Unterstützungsleistungen zahlte. Mit den Fabrikgründungen in Bielefeld und Jöllenbeck folgten weitere Kassen für die jeweiligen Betriebe, die später zu einer einzigen Kasse für das gesamte Unternehmen zusammengeführt wurden.[73] Eine weitere, mit 50.000 Mark ausgestattete Unterstützungskasse für Angestellte und Arbeiter entstand im März 1904.

Die niedrigen Abwanderungsraten sprechen für eine starke Verbundenheit der Weberinnen und Weber mit ihrem Unternehmen, zumal auch der Arbeitsmarkt in Bielefeld erreichbar war, seitdem Jöllenbeck 1902 mit der Kleinbahn einen Eisenbahnanschluss nach Bielefeld erhalten hatte und sämtliche Jöllenbecker Betriebe nun mit den Bielefelder Metallbetrieben um Arbeitskräfte konkurrierten.[74] Dennoch kam es gelegentlich zu Arbeitskonflikten: Beispielsweise trat die Belegschaft – inzwischen auf 800 Personen angewachsen – in den Streik, nachdem die Geschäftsleitung im Jöllenbecker Betrieb 1911 einige Führer des Christlichen Textilarbeiterverbandes entlassen hatte.[75]

Die zunehmende Anbindung von Jöllenbeck an Bielefeld dünnte das verfügbare Potenzial an Arbeitskräften

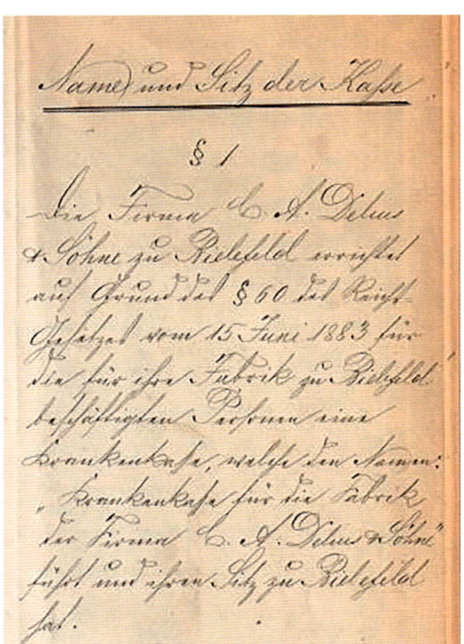
Name und Sitz der Kasse

§ 1

Die Firma C. A. Delius & Söhne zu Bielefeld errichtet auf Grund des § 60 des Reichsgesetzes vom 15. Juni 1883 für die in ihrer Fabrik zu Bielefeld beschäftigten Personen eine Krankenkasse, welche den Namen: „Krankenkasse für die Fabrik der Firma C. A. Delius & Söhne" führt und ihren Sitz zu Bielefeld hat.

Auszug aus den Statuten der Krankenkasse, 1887

Die Meister der Firma C. A. Delius & Söhne, Jöllenbeck, um 1900

nichtsdestotrotz so weit aus, dass sich die Delius-Geschäftsleitung 1908 für das Örtchen Werther entschied, um eine eigene Winderei mit Windemaschinen zum Aufspulen der Seide zu errichten.[76] Ein neuer Betrieb für Handweberei entstand 1913 in Augustdorf in Lippe. Erneut sprachen arbeitsmarktpolitische Erwägungen für die Standortwahl: Interessierte Arbeitskräfte waren hier reichlich vorhanden, während die Löhne im Vergleich zu Bielefeld niedrig ausfielen.[77] Auch nach dem Übergang zur mechanischen Seidenweberei gab es Artikelqualitäten, die nur auf dem Handstuhl hergestellt werden konnten – und dafür schuf der Augustdorfer Betrieb nun die nötige Struktur, um weiterhin Handweber auszubilden.[78]

1913 wurde das Jöllenbecker Werk um einen dreistöckigen Hochbau erweitert. Bis zum Vorabend des Ersten Weltkrieges waren im Delius-Werk in Jöllenbeck rund 1.000 Arbeitskräfte beschäftigt.[79] Insgesamt arbeiteten bei Delius vor dem ersten Weltkrieg etwa 1.300 Beschäftigte.[80]

Mit Halbseide und Krawattenstoffen auf dem englischen Markt

1913/14 setzte die Firma C. A. Delius & Söhne etwa 6,75 Millionen Mark mit Seidenartikeln um.[81] Im Delius-Produktprogramm war ein Mischgewebe aus Seide und Baumwolle besonders beliebt. Dabei fanden halbseidene Futterstoffe

C. A. Delius & Söhne, Weberei in Jöllenbeck

vor allem auf dem englischen Markt regen Absatz. Zudem lieferte C. A. Delius & Söhne stückgefärbten, halbseidenen Satin in erheblichen Mengen an eine Unterrock-Konfektion in London.[82] England galt auch als ein wichtiger Absatzmarkt für Krawattenstoffe von Delius. An Delius-Ware wäre man in jenen Jahren am Londoner Markt kaum vorbeigekommen, betonte ein Firmenchronist und untermauerte mit einer Anekdote, wie weit man sich dort bereits etabliert hatte. Ein aus London zurückgekehrter Bielefelder habe seinen Freunden ein Dutzend Krawatten verschiedener Musterung präsentiert und bedauert, dass derlei nicht in Deutschland gefertigt würde. Einer der zufällig anwesenden Delius-Teilhaber habe ihm jedoch leicht beweisen können, dass zehn der vorgelegten Krawatten aus Delius-Seide hergestellt seien.[83]

In den Jahrzehnten vom ausgehenden 19. Jahrhundert bis zum Ersten Weltkrieg war eine Reihe von Weichenstellungen erfolgt, die nicht nur einen grundlegenden Wandel in der Geschäftstätigkeit und in der Betriebsorganisation vollzogen, sondern auch einen erheblichen Wachstumsprozess einleiteten: Während der Umsatz mit Seidenstoffen aus der Handweberei um 1878 etwa

250.000 Mark betrug, so war der Seidenumsatz im Geschäftsjahr 1913/14 etwa 27 Mal so hoch. Mit zwei modernen Fabriken für die mechanische Seidenweberei, der Handweberei sowie einer Verkaufsfiliale in Berlin hatte die Firma Delius von 1887 bis zum Vorabend des Ersten Weltkriegs eine neue Ausgangsbasis geschaffen, um ihre Textilproduktion im Verlauf der folgenden Jahrzehnte weiter auszubauen.

2.

HERAUSFORDERUNGEN FÜR UNTERNEHMEN UND FAMILIE (1914–1945)

2.1. C. A. DELIUS & SÖHNE ZWISCHEN KRIEG UND KRISE (1914–1933)

Im Ersten Weltkrieg

Mit Beginn des Ersten Weltkrieges veränderten sich die Rahmenbedingungen in Wirtschaft und Gesellschaft in einschneidender Weise. Wie viele Industriezweige war auch die deutsche Textilindustrie auf den Import von Rohstoffen angewiesen, den die Wirtschaftsblockade nun unterbrach.[84] Von den rund 1.200 Webstühlen, über die C. A. Delius & Söhne um 1914 verfügte, fertigten etwa 800 Stühle Stoffe für den Absatz im Ausland, vor allem auf dem englischen Markt.[85] Diese Aufträge brachen nun weg.[86] Ein Teil der Textilindustrie lag angesichts der mit dem Kriegszustand einhergehenden Strukturveränderungen nunmehr still.

Dass die „Fäden zum Ausland abgeschnitten" waren, wie es ein zeitgenössischer Experte mit einer branchentypischen Redewendung ausdrückte, wirkte sich bei den Seidenfabrikanten etwas zeitverzögert aus.[87] Sie bezogen ihre Seidengarne zum Teil aus Italien und Südfrankreich, kauften jedoch auch über Schweizer Handelsfirmen ein.[88] Nach dem Kriegseintritt Italiens 1915 und dem Schweizer Ausfuhrverbot für Seide ab 1917 spitzten sich die Engpässe im Rohstoffbereich auch in der Seidenindustrie merklich zu.[89]

Unmittelbar spürbar waren die Folgen der Mobilmachung im Personalwesen. Arbeitskräfte wurden zu den Waffen gerufen oder meldeten sich freiwillig zum Kriegsdienst – im August 1914 waren in Deutschland über 2 Millionen, bis 1915 rund 4 Millionen Männer eingezogen.[90] „Viele der besten Angestellten und Arbeiter" seien „am ersten Mobilmachungstage zu den Fahnen" geeilt, vermerkte eine Firmenchronik von Delius einige Jahre nach Kriegsende.[91]

Johann Daniel Delius im Ersten Weltkrieg
Wenige Monate nach Kriegsbeginn schrieb der junge Rekrut Johann Daniel Delius aus seinem Quartier im nordfranzösischen Bailleul einen Brief an seine Eltern, in dem er vom Stellungskampf im Schützengraben berichtete. Zwei Drittel seiner Schwadron waren bei dem Gefecht gegen englische Infanterie gefallen. Eindringlich schilderte Johann Daniel die Schrapnellfeuer, Granateneinschläge und den Einsatz von Maschinengewehren auf beiden Seiten und Verwundungen seiner Kameraden. „Schrecklich war's", resümierte er. „Wer herausgekommen ist, hat Glück gehabt; unheimlich pfiff es um uns rum."[92]

Um 1915 waren die Arbeitsmärkte in den Industrieregionen leergefegt. Arbeitskräfte aus den hauptsächlich für zivile Bedarfe produzierenden Branchen wanderten in die kriegswichtigen Industrien ab. Die Seidenindustrie zählte zu den sogenannten Friedensbranchen, da sie Stoffe fertigte, die überwiegend zu Luxusartikeln verarbeitet wurden.[93] Auch für C. A. Delius & Söhne gab es zu Beginn des Krieges nur geringe Aussichten auf lohnende Heeresaufträge. Angesichts der Baumwollknappheit galt es zunächst, die Fertigung von halbseidenen Stoffen auf das Weben von reiner Seide umzustellen. Dafür mussten die Weberinnen und Weber neue Arbeitsschritte erlernen. Als sich die Engpässe in der zweiten Kriegshälfte zuspitzten, verarbeitete C. A. Delius & Söhne auch Papiergarne. Inzwischen kam dieses Ersatzgarn, manchmal gemischt mit anderen Spinnfasern, für militärischen und zivilen Bedarf zum Einsatz, z. B. für Sandsackstoffe, Polsterbezüge oder Arbeiteranzüge.[94] Für die Unternehmensleitung bei Delius stand im Vordergrund, dass die Webstühle liefen und sie die Belegschaft in der Firma halten konnte.[95]

Hoffentlich kommen die Franzosen nicht
hin, anzunehmen ists nicht.- Ein anderer Offizier erhielt einen Schuss
durch beide Backenknochen, (nicht sehr schlimm.) Ausser den Offizieren
haben wir fast alle Verwundeten zurücklassen müssen. Einer der beiden,mir
lieben gefallenen Einjährigen, sah mich noch so flehend an, ich sollte ihn
mit zurücknehmen, aber der lag zu weit vorne; er war auch zu schwer ver-
letzt.- Solche schreckliche Momente, herzzerreissende flehende Blicke ver-
gisst man niemals im Leben.- Aber man konnte nicht mehr helfen.- Wie viel
tot, wie viel verwundet oder vielleicht versprengt sind, weiss ich nicht.
Jedenfalls fehlen bei uns in der Schwadron 17 Mann. 7 hat man aus den Lini
en zurückgetragen.- Die anderen Schwadronen, Husaren, Artillerie und Infan
terie haben alle zusammen nur ca 25 Mann verloren, darunter ein Rittmeister
3 Offiziere. Der Feind muss mächtige Verluste bei dem Sturm gehabt haben,
denn er hat sich bald wieder zurückgezogen.- Heute steht unsere Brigade
weit hinten in Reserve. Vor uns ist neu eingetroffene Infanterie. Es
kommt noch ganz bedeutend mehr nach. Dann haben wir wieder Ruhe.- Wer von
unserer Schwadron wieder herausgekommen ist, hat Glück gehabt; unheimlich
pfiff es um uns rum;- wir hatten uns etwas zurückgezogen. Der Feind ist
nur wenig nachgekommen, greift scheinbar aber nicht mehr an.- Mir geht es
gesundheitlich ausgezeichnet. Grüsst bitte Ernsts Frau. Ein Offizier woll
te ihr schreiben; ich habe keine Zeit heute mehr. Ihr könnt ihr bitte auch
berichten. Jedenfalls ist kein Grund zur Besorgnis vorhanden.

Auszug aus einem Brief von Johann Daniel Delius an seine Eltern am 14. Oktober 1914.

Carl Albrecht Delius

Paul Delius

Aus Sicht der Kriegswirtschaftsplaner sollten die Arbeitskräfte in kriegswichtigen Industrien gebündelt werden. In einigen Bereichen der Textilindustrie sei vor dem Hintergrund des Rohstoffmangels ein „ungesundes" Verhältnis zwischen Arbeiterzahl und Herstellungsmenge entstanden, konstatierte ein Zeitgenosse.[96] Mit dem Hindenburgprogramm und dem Hilfsdienstgesetz wollte die politische Führung sämtliche Ressourcen und Arbeitskräfte für die Kriegswirtschaft mobilisieren und in die Engpassbereiche lenken. Für Delius liefen die Bestimmungen darauf hinaus, den Betrieb weiter einzuschränken und 150 Arbeiterinnen an andere Unternehmen abzugeben. Gleichwohl produzierte auch C. A. Delius & Söhne für den Heeresbedarf. In Jöllenbeck fertigte die Firma Delius Ballonstoffe aus reiner Seide sowie kunstseidene Stoffe für Kartuschenbeutel, also Beutel, die die Pulverladung enthielten.[97]

Im Zuge der Reorganisation der Kriegswirtschaft erhielt auch die Seidenindustrie eine eigenständige Bewirtschaftungsstelle. Die im August 1917 gegründete Seidenverwertungsgesellschaft mbH, deren Gesellschafterkreis auch acht Vertreter der Seidenweber-Industrie angehörten, sorgte für die Beschaffung und Bewirtschaftung von Natur- und Kunstseide und vermittelte zudem Aufträge für Seidenspinnstoffe.[98] Ab Mai 1918 nutzte sie das Delius-Werk in Bielefeld, um dort Seidengarne aufzubereiten und zu verweben. „Die Firma hat dadurch wenigstens erreicht, daß der Betrieb in Bielefeld während des Winters 1918/19 geheizt wurde und daß circa 120 Arbeiterinnen dort Beschäftigung fanden, die dadurch der Seidenindustrie nicht entfremdet und damit dem Betriebe erhalten wurden", erläuterte ein Firmenchronist im Rückblick.[99] Während des Krieges lag der Betrieb in Werther still, und das dortige Fabrikgebäude diente als Stapelplatz für Getreide und phasenweise als Kaserne. Die Weberei in Augustdorf arbeitete eingeschränkt weiter.[100]

Clara Delius

Seit dem Frühjahr 1914 war Herbert Delius mit Clara Kisker verheiratet, der jüngsten Tochter des Spirituosenfabrikanten Eduard Kisker aus Halle. Die junge Fabrikantengattin zog sich nicht mit familiären Aufgaben zurück, sondern setzte sich für öffentliche Aufgaben ein. Wie der Historiker Bernd Wagner in einer biografischen Skizze schildert, begann Clara Delius bereits im Ersten Weltkrieg, sich vor Ort für gesellschaftliche Belange zu engagieren. So sah sie nach den Familien der Delius-Arbeitskräfte, die zum Kriegsdienst einberufen waren. Darüber hinaus führte sie die Geschäfte des Johannislazaretts und arbeitete im Roten Kreuz und im Vaterländischen Frauenverein mit. Seit dem Kriegswinter 1916/17 hatte sich der Mangel an Nahrungsmitteln dramatisch zugespitzt, vor allem für die städtische Bevölkerung, deren Not immer drückender wurde. Der von Clara Delius kurz nach dem Krieg gegründete landwirtschaftliche Hausfrauenverein verschrieb sich der Aufgabe, auf dem Land Lebensmittel zu beschaffen und in der Stadt zu verteilen. „Und nicht selten stand Clara Delius selbst hinter einem am Rathaus aufgestellten Ladentisch und verkaufte Lebensmittel", so Wagner.[101] Nach 1919 wirkte sie an der Gründung der Bielefelder DVP – der nationalliberalen Deutschen Volkspartei – mit und übernahm in den 1920er-Jahren als unbesoldete Stadträtin im Magistrat der Stadt Bielefeld eine Reihe von kommunalpolitischen Aufgaben.[102]

Schon im März 1915 war Carl Albrecht Delius, der älteste Teilhaber und Stammvater der Firma C. A. Delius & Söhne, im Alter von 88 Jahren verstorben. Die Geschäftsführung der Seidenweberei lag in den Händen seines Sohns, des Kommerzienrats Paul Delius, der innerhalb der Bielefelder Unternehmerschaft bestens vernetzt war. Er hatte seit einigen Jahren der Bielefelder Handelskammer als Vizepräsident vorgestanden und war im August 1914 zu ihrem Präsidenten berufen worden.[103]

Seine Aufgaben in verschiedenen Interessenverbänden der deutschen Seidenindustrie übergab Paul Delius im Jahr 1915 an seinen ältesten Sohn Herbert Delius. Der designierte Juniorchef von C. A. Delius & Söhne, seit 1912 Teilhaber der Firma, wirkte zunächst vor allem im Verein deutscher Seidenwebereien sowie im Verband der deutschen Seidenstoff-Fabrikanten mit und baute nach Kriegsende sein Engagement in lokalen und branchenbezogenen Wirtschaftsverbänden weiter aus.[104]

Verbandswesen in der Seidenindustrie
Seit dem letzten Drittel des 19. Jahrhundert war in der deutschen Wirtschaft eine Kartellbewegung entstanden, die in vielen Branchen eine firmenübergreifende Kooperation hervorbrachte. Nach dem Ersten Weltkrieg stieg die Zahl der Kartelle merklich an – auf 1.539 im Jahr 1925.[105] In zeitgenössischer Sicht überwog bis zum Zweiten Weltkrieg eine positive Sicht auf solche Zusammenschlüsse, die den Firmen Schutz vor Konjunkturschwankungen und Absatzkrisen bieten konnten.[106] Die Seidenindustrie galt bereits vor dem Weltkrieg als die am besten organisierte Teilsparte der Textilindustrie. Daher kamen die kriegswirtschaftlichen Impulse zur Organisationsbildung, die es in einigen Branchen gab, hier kaum zum Tragen.[107] Der bereits 1910 gegründete Spitzenverband, der „Verein deutscher Seidenwebereien" in Krefeld, führte sechs Verbände zusammen, darunter den „Verband der Seidenstoffabrikanten" in Krefeld, der 1905 als Konditionenverband entstanden war und die Interessen von 70 Firmen vertrat. Dieser Verband handelte in Exklusivverträgen mit großen Abnehmergruppen – wie z. B. Warenhäusern, Einzelhändlern oder Mantelkonfektionären – die Verkaufsbedingungen des Geschäfts mit Seidenstoffen aus. Die organisierten Hersteller hatten also bereits in den 1910er-Jahren eine einheitliche Festlegung der Konditionen erreicht. Zudem gab es einheitliche Preisregelungen bei einigen Spezialgeweben, z. B. bei Krawatten- oder Schirmstoffen. Angesichts der Vielfalt der Seidenweberei-Artikel hatten sich bei den Preisen die kartellierten Strukturen jedoch nicht überall durchgesetzt.[108] Neue Organisationen bildete die Branche während des Krieges auf der Handelsebene, so z. B. die Rohseidenvereinigung Krefeld und als Zusammenschluss verschiedener Regionalorganisationen der Verband des deutschen Rohseidenhandels in Berlin.[109]

Vom Krieg zum Frieden

Die Umstellung auf die Friedensverhältnisse nach mehr als vier Jahren Krieg und regulierter Wirtschaft brachte neue Aufgaben mit sich. In der zweiten Kriegshälfte hatte sich die Versorgung mit Nahrungsmitteln und Brennstoffen drastisch verschlechtert und die Notlage für die erschöpfte Bevölkerung in der Heimat zugespitzt. Mit der Demobilisierung des Heeres kehrten Hunderttausende von Kriegsteilnehmern zurück, die ihre Arbeitsplätze wieder einnehmen wollten.[110]

Das Kaiserreich war untergegangen. Vor dem Hintergrund der revolutionären Unruhen gewann bei den Unternehmern – so auch in der westfälischen Textilindustrie – vorübergehend die Sorge vor Sozialisierungsmaßnahmen an Kontur. „Eine genügende Kohlenbelieferung der Flachsröstanstalten dürfte dem Bolschewismus wirksamer entgegenarbeiten als Maschinengewehre", fanden z. B. Vertreter der Flachsspinnereien in einem Verbandsrundschreiben.[111] Die westfälischen Textilarbeiter galten gleichwohl als „gemäßigt". Der Regierungs-

Privatkontor C. A. Delius & Söhne

präsident von Minden glaubte, Ostwestfalen sei „vielleicht der ruhigste Bezirk des ganzen Staates“. Hier war ein Großteil der Textilbeschäftigten in christlichen Gewerkschaften organisiert, mit Ausnahme von Bielefeld, wo die freien Gewerkschaften mehr Gewicht besaßen und die Lage als „unruhiger“ eingeschätzt wurde.[112] Angesichts anwachsender Arbeitslosigkeit und steigender Lebensmittelpreise blieb die Lage angespannt.[113] Die Versorgung mit Nahrungsmitteln entwickelte sich so katastrophal, dass es im Juni 1919 auf dem Bielefelder Wochenmarkt zu Enteignungen von Händlern kam.[114]

Noch einige Monate nach Kriegsende stockte die Rohstoffzufuhr in der Textilindustrie, und die Beschäftigung in der westfälischen Textilindustrie war verhalten.[115] „Nicht die Preisfrage war es, welche die Textilindustrie einstweilen vor eine Krisis führte, sondern lediglich die Materialfrage“, erläuterte eine zeitgenössische Analyse zur Bielefelder Textilindustrie.[116] Um auch Textilbetriebe, die während des Krieges stilllagen, so schnell wie möglich wieder in Betrieb nehmen zu können und Arbeitsplätze für heimkehrende Kriegsteilnehmer einzurichten, verordneten die Demobilmachungsstellen den Webereien zunächst das „Einstuhlsystem“, das pro Webstuhl nur einen Weber vorsah.[117]

Auch bei C. A. Delius & Söhne standen die Webstühle phasenweise still. So musste beispielsweise zwischen August und Oktober 1919 der Jöllenbecker Fabrikbetrieb für einige Wochen ruhen – „wegen Rohstoffmangels“, hieß es in den Geschäftsnotizen des Privatkontors.[118] Einen Gewinn erwirtschaftete das Unternehmen im Geschäftsjahr 1919/20 nicht.[119] Im Laufe des Jahres 1919 fielen allmählich einige Beschränkungen der Umstellungsphase weg. Weber durften wieder mehrere Webstühle bedienen, und auch die Akkordarbeit, die vorübergehend zugunsten des Zeitlohns an Bedeutung verloren hatte, nahm wieder zu.[120]

Nach dem Untergang des Kaiserreichs und der Revolution von 1918/19 gewann eine neue Arbeits- und Sozialordnung an Kontur, die seitens vieler Unternehmer mit Skepsis betrachtet wurde. So hegten die Arbeitgeber der Bielefelder Textilindustrie bezüglich des neu eingeführten Achtstundentages weiterhin Vorbehalte. In den Tarifverhandlungen der Folgezeit wirkten sie auf eine längere Wochenarbeitszeit hin.[121]

Seit 1920 war es in größeren Betrieben auch gesetzlich vorgeschrieben, Betriebsräte einzurichten. Bei C. A. Delius & Söhne konnte man an die bestehenden Arbeiterausschüsse anknüpfen. Deren Mitglieder waren im ausgehenden 19. Jahrhundert zu einem Drittel vom Unternehmen bestellt und zu zwei Dritteln von der Belegschaft gewählt worden, hatten sich um Belange der Arbeiterschaft gekümmert und konnten an den Wohlfahrtseinrichtungen der Firma mitwirken.[122]

„Einen Handwagen Papiergeld von der Reichsbank“ – C. A. Delius & Söhne in der Inflation

Während des Krieges hatte die Währung – angesichts einer hohen ungedeckten Staatsschuld – erheblich an Wert verloren. Auch nach Kriegsende schritt die Geldentwertung weiter voran. Die Preise erreichten bei Kriegsende mehr als das Dreifache des Vorkriegsstandes und stiegen weiter, da eine grundlegende Sanierung der Staatsfinanzen und die Wiederanbindung der Mark an den Goldstandard ausblieben.[123]

Zeitweise sorgte die Geldentwertung für belebende Konjunkturimpulse. Kapital war leicht zu bekommen, sodass beispielsweise in der Bielefelder Wäscheindustrie ein regelrechter Gründungsboom einsetzte und neue Betriebe „wie Pilze aus dem Boden schossen“.[124]

Die schnelle Abwertung der Mark gab Rückenwind bei der Wiedererschließung der Exportmärkte, was man auch bei C. A. Delius & Söhne bemerkte. Sie verschaffte den deutschen Exporteuren vorübergehend einen Währungsvorteil auf ausländischen Märkten, sodass sie ihre Waren günstiger anbieten konnten als die Konkurrenz. Die Grundlage dieser „Augenblickswirtschaft“[125], wie es zeitgenössisch hieß, schwand jedoch, als die Abweichung zwischen Binnenwert und Außenwert der Währung zusammenschmolz.[126] Mit steigendem Inflationstempo wurden monetäre Transaktionen zunehmend komplizierter. „Während der Inflationszeit wurde in Deutschland in der Textilindustrie nur verkauft und offeriert in Schweizer Franken (für das ausländische Rohmaterial) und in Mark (für die deutschen Löhne)“, notierte ein Abteilungsleiter von Delius im Rückblick.[127]

C. A. Delius & Söhne und der Generalstreik von 1920
Im März 1920 erschütterte ein Putschversuch die junge Republik. Republikfeindliche Kreise rund um General Walther von Lüttwitz und Wolfgang Kapp hatten versucht, die Regierung in Berlin zu stürzen. Als es gelang, den Putsch abzuwehren, wuchs das Vertrauen in die junge Weimarer Republik, was auch die Wirtschaft stützte: Binnen- und Außenwert der Mark blieben für etwa ein Jahr lang recht stabil, obwohl die Geldmenge weiterhin stieg.[128] Auf die Märzereignisse in Berlin reagierte die Belegschaft bei Delius – wie im Betriebstagebuch von C. A. Delius & Söhne notiert – in unterschiedlicher Weise. An dem Generalstreik, den die Reichskanzlei – im Namen des Reichspräsidenten und der SPD-Fraktion – am 13. März ausrief, habe sich die Weberei in der Großen Kurfürstenstraße vier Tage lang beteiligt, die Weberei in Jöllenbeck zwei Tage, während die kaufmännischen Angestellten in beiden Betrieben und in der Güsenstraße weiterarbeiteten.[129] Die Geschäftsführung von C. A. Delius & Söhne blieb, wie weite Teile des konservativen Bürgertums, dem Kaiserreich verbunden und stand dem Aufstieg der Sozialdemokratie und dem jungen demokratischen Staat mit Skepsis gegenüber. Ihre Angestellten teilten diese Haltung oder sahen davon ab, Solidaritätsbekundungen zur Republik an ihrem Arbeitsplatz zum Ausdruck zu bringen.

Um Devisen zu erwirtschaften, übernahm die deutsche Textilindustrie auch zunehmend Lohnfertigungen oder Lohnveredelungsaufträge für das Ausland, während die Löhne weiterhin in Papiermark gezahlt wurden.[130] Im Mai 1921 legte die Firma Delius ihre üblichen Sätze für Geschenke an Firmenjubilare auf das Fünffache fest, im Dezember 1921 auf das Zehnfache.[131] Mit dem Übergang zur galoppierenden Inflation im Sommer 1922 und zur Hyperinflation im Jahr 1923 stieg der Bedarf an Zahlungsmitteln rapide an. Man habe „einen ganzen Handwagen Papiergeld von der Reichsbank“ für Lohn- oder Gehaltsvorauszahlungen holen müssen, schilderte der frühere Kassenleiter von Delius rückblickend.[132] Das Gehalt eines Delius-Abteilungsleiters betrug im Dezember 1922 158.000 Mark monatlich, im September 1923 bereits 6 Millionen Mark. Ein Brot kostete im November 1923 10 Millionen Mark. Die Stadt Bielefeld und ihre Stadt-Sparkasse emittierten gigantische Summen an Notgeld, zum Teil sogar auf Leinen oder

Geschäftshaus von C. A. Delius & Söhne in der Güsenstraße, Bielefeld

Seide gedruckt. Der damalige Stadt-Sparkassendirektor bezifferte den Umfang emittierten Geldersatzes im Dezember 1923 auf etwa 60 Billiarden Mark.[133] Den Zusammenbruch der Mark konnte die Ausgabe von Geldersatz allenfalls verzögern – im Herbst 1923 war die Währung völlig zerrüttet. Zu den Verlierern der Inflation gehörten diejenigen, deren Einkünfte in Markbeträgen festgeschrieben waren, während Schuldner – wie beispielsweise auch die Kommune Bielefeld – ihre Kredite leicht ablösen konnten.[134]

Für die westfälische Textilindustrie fiel die Bilanz zwiespältig aus. „Zu den Gewinnern der Inflation gehörte die westfälische Textilindustrie sicher nicht", bilanzierte der Historiker Karlheinz Wiegmann. Einerseits konnte die Branche phasenweise gute Geschäftsergebnisse erzielen und im Schutz der Inflation Exportbeziehungen vorübergehend wieder aufbauen. Zukunftsweisende Weichenstellungen erfolgten jedoch nicht.[135]

Auf Basis der verfügbaren Quellen lassen sich leider keine detaillierten Aussagen darüber treffen, in welchem Ausmaß die Firma C. A. Delius & Söhne inflationsbedingte Substanzverluste hinnehmen musste. Der Teilhaber Herbert Delius schätzte das Betriebsvermögen des Unternehmens C. A. Delius & Söhne im

Frühjahr 1924 auf rund 2,88 Millionen Goldmark.[136] Die Einlagen der betrieblichen Sozialeinrichtungen waren durch die Inflation vollständig vernichtet. So mussten beispielsweise die 1917 gegründete Ruhegehaltskasse für Angestellte sowie die Unterstützungskasse für Angestellte und Arbeiter nach der Währungsreform wieder aufgestockt werden.[137] Auch größere Investitionen in den Werken und im Verwaltungsgebäude erfolgten erst wieder in stabilen Währungsverhältnissen.

Unruhige Märkte in den 1920er-Jahren

Mit der Einführung der Rentenmark im November 1923 und der Reichsmark im August 1924 kehrten wieder stabile Verhältnisse im Geldwesen ein. Zugleich traten Probleme, die beispielsweise in überalterten Anlagen oder Fehlinvestitionen bestanden, in den Unternehmen nun umso deutlicher zutage. Einige Bielefelder Traditionsunternehmen – wie z. B. die Spinnerei Vorwärts und die Ravensberger Spinnerei – hatten nach der Stabilisierung mit strukturellen Problemen zu kämpfen.[138] Im Zuge der Stabilisierungskrise um 1925 häuften sich auch in der ostwestfälischen Textilindustrie Betriebsstilllegungen und Konkurse.[139]

Das wirtschaftliche Umfeld war herausfordernd für die Unternehmen – hohe Zinsen erschwerten es den Firmen, Kredite für Investitionen zu beschaffen, während Handelspartner wie Großbritannien und die USA ihre Märkte zunehmend mit protektionistischen Maßnahmen abschotteten.[140]

Auf dem europäischen Markt nahmen die französischen Seidenweber eine führende Rolle ein, während die deutsche Seidenindustrie im Hinblick auf den Wertanteil an der europäischen Produktion auf Platz zwei rangierte.[141] Erst im Zuge der Hochkonjunktur von 1927 erreichte die deutsche Textilindustrie wieder in etwa ihr Produktionsniveau der Vorkriegszeit.[142] Die Seidenindustrie konnte in der ersten Hälfte der 1920er-Jahre ihre Ausfuhr steigern und nach einem überwundenen Dämpfer 1925 im Geschäftsjahr 1927 positive Geschäftsergebnisse erzielen.[143] Laut statistischem Jahrbuch stieg die Zahl der Seidenwebereien in Deutschland zwischen 1925 und 1928 von 321 auf 354, während die Anzahl der in den Seidenwebereien beschäftigten Personen 1928 rund 48.000 betrug, bei etwa der gleichen Menge an Webstühlen.[144]

Die Jahre zwischen der Währungsreform von 1923/24 und der Weltwirtschaftskrise gegen Ende der 1920er-Jahre sind oft als „Goldene Jahre" etikettiert worden, jedoch basierte die wirtschaftliche Belebung auf fragilen Voraussetzungen und blieb von konjunkturellen Einbrüchen durchsetzt.[145] Auch die Seidenindustriellen hatten sich nach wie vor mit schwankenden Marktverhältnissen auseinanderzusetzen.

In den Rationalisierungsdebatten, die in Unternehmerkreisen angesichts der wirtschaftlichen Rahmenbedingungen in der zweiten Hälfte der 1920er-Jahre zunehmend an Fahrt gewannen, äußerten sich manche Textilunternehmer skeptisch, was die Rationalisierungsoptionen für die Textilindustrie betraf – die „Modeschwankungen" würden „entrationalisierend" wirken, fand etwa ein Repräsentant der Fachgruppe Textilindustrie des Reichsverbandes der deutschen Industrie.[146] Der Firmenteilhaber Herbert Delius sah die Optionen für eine technische Rationalisierung Mitte der 1920er-Jahre in den eigenen Werken vorläufig ausgereizt und legte daher den Fokus auf Mitarbeiterfragen.[147]

Bei der Firma Delius waren Mitte der 1920er-Jahre wieder über 1.000 mechanische Webstühle und 150 Handstühle im Einsatz – damit hatte sie mehr als die Hälfte aller Webstühle im Kammerbezirk Bielefeld in Betrieb. Mit rund 1.200 Beschäftigten war Delius das größte Textilunternehmen im Bezirk. Um 1925 konnte die Firma wieder einen Umsatz von rund einer Million Reichsmark im Monat erwirtschaften und ging daran, die Webkapazitäten weiter auszubauen.[148] Angesichts der Begrenztheit des Binnenmarktes müsse die Bielefelder Seidenindustrie wieder an ihr altes Exportniveau anknüpfen, empfahl ein Firmenchronist im Jahr 1926 und schätzte dies auf etwa 40 Prozent der Produktion.[149] Vor allem mit ihren Spezialsorten und Krawattenstoffen besaß die Firma Delius ein Portfolio, das international auf lebhaftes Interesse stieß.

„Es gibt keine alten Damen mehr ..." – Siegeszug der Kunstseide

Für den neuen Massenbedarf war reine Naturseide nicht der passende Rohstoff. Die früher beliebten schwarzen Seidenstoffe für feine Damenschürzen fanden kaum noch Abnehmer. „Es gibt keine alten Damen mehr", klagte Prokurist Kipp, der zu diesem Zeitpunkt bereits seit über 60 Jahren bei Delius beschäftigt war – noch weitere 10 Jahre sollten folgen. Er hatte in den 1860er-Jahren als Lehrling begonnen und den Wandel der Kundenpräferenzen im Laufe seines Berufslebens selbst miterlebt.[150] Als die Firma Delius ihre ersten Versuche mit kunstseidenen Garnen machte, kam es zunächst noch recht häufig zu fehlerhaften Webstücken, weil die Fadenstärke noch sehr ungleich war. Bald aber gab es qualitative Fortschritte im Garn und seiner Verarbeitung, und im Frühjahr 1925 verwiesen rapide steigende Umsätze, vor allem mit Mantelstoffen, auf das Wachstumspotenzial der kunstseidenen Gewebe.[151] Zunächst mischte man das Synthesegarn mit Naturseide, später gehörten auch reine Synthetikgewebe ins Verarbeitungsprogramm.[152]

Moiréstoff von C. A. Delius & Söhne

In der zweiten Hälfte der 1920er-Jahre sanken die Preise für Seide und Kunstseide erheblich. Während sich der Preis für Kunstseide von 1926 bis 1931 etwa halbiert hatte, fielen die Seidenpreise noch rasanter und lagen 1933 nur noch bei rund 20 Prozent ihres früheren Niveaus. Absolut gesehen blieb Kunstseide mit einem Kilopreis von rund fünf Reichsmark erheblich günstiger als reine Seide.[153] Dies schuf die Basis, um mit neuen Produkten und ihren Varianten neue Kundengruppen zu erschließen. Die Produktpalette der Firma Delius reichte von Rips- und Satingeweben für Blusen über Mantel-, Krawatten- und Schirmstoffe zu Lampenschirm-Japons und Stoffen für die Puppen- und Lederwarenindustrie. Der Garnverbrauch an Kunstseide stieg bei Delius seit Mitte der 1920er-Jahre bis zu den frühen 1930er-Jahren auf das Sechsfache an.[154]

1926 hatte Delius einen Ottomanes-Stoff entwickelt – ein Gewebe mit Viskosekette und Baumwollschuss – der ab 1927 „Rekordumsätze" brachte. „Es hatte den Anschein, dass wir zu der Zeit die einzigen auf dem internationalen Markt waren, die die richtige Ware grosszügig und schnell liefern konnten", erinnerte sich ein Delius-Abteilungsleiter. Zudem fertigte Delius gestreifte Herren-Morgenrockstoffe und avancierte in diesem Segment – gemeinsam mit der Krefelder Verseidag – zum größten Anbieter.[155] Mit der Fertigung dieses

Sortiments konnten die schmalen Webstühle, die in früheren Jahren oft nicht ausgelastet waren, das ganze Jahr hindurch laufen.[156]

Mit dem Übergang zur Kunstseide gerieten auch die eingespielten textilwirtschaftlichen Zulieferbeziehungen vor Ort auf dem Prüfstand. Die kunstseidenen Garnstränge brauchten einen speziellen Färbeprozess, den zu diesem Zeitpunkt einige Unternehmen in Elberfeld und Krefeld besser beherrschten als die Färber, die in der näheren Umgebung von Delius ihren Standort hatten. Um Transportwege möglichst kurz zu halten, regte Delius ein Krefelder Unternehmen an, in Bielefeld eine Garnfärberei aufzubauen und beteiligte sich an dieser Gründung. Gleichwohl blieb diese Initiative stecken, denn die Bielefelder Webereien beauftragten weiterhin Stückfärbereien für ihre fertigen Gewebe, sodass das neue Unternehmen bald wieder die Pforten schließen musste und Delius in der Folgezeit eine engere Geschäftsbeziehung zur Bleich- und Appreturanstalt Windel in Windelsbleiche knüpfte.[157]

Topseller „Moiré galosch“
„In der Zeit hatte Abt. 7 eine Moiré-Qualität entwickelt, die sich in der Etui-Branche sehr gut einführte“, schrieb der Abteilungsleiter Anton Ramrath in seinem Rückblick auf die 1920er-Jahre. „Ausserdem kam später Moire galosch“.[158]
Die Fertigung des besonderen Antik-Looks dieses Stoffs war aufwendig: „Er wurde schon in der Weberei vorbereitet mit einem Baum [...], der mit [...] dicken [...] Lederknöpfen besetzt war. Über diese Knöpfe lief die fertige Ware vor dem Auflaufen auf den Warenbaum, und so wurde die Ware auf dem Stuhl schon vortraffiert. Hierdurch entstand dann in der Moirage das Ochsenauge. Dieses Dessin ließ sich in der Moirage mit der Hand, wie es bei den anderen Moiré-Arten geschieht, nicht traffieren. [...] Die Knopfbäume konnte man fertig kaufen. Später hat [...] der Betriebsleiter der Kurfürstenstraße sie im Betrieb selbst herstellen lassen.“[159]
Später war der charakteristische Moiré-Look vor allem bei Dekorations- und Vorhangstoffen beliebt. Deko-Stoffe mit Moiré-Muster gehörten in den 1980er-Jahren zu den populärsten Exportartikeln von Delius.

Ein neues Werk in Spenge

Dass sie für die Zukunft auf Wachstum setzte, untermauerte die Firma mit dem Ausbau ihrer produktiven Kapazitäten am neuen Standort Spenge bei Herford. 1926 weihte die Firma Delius dort den Werksneubau ein. Ursprünglich hatte die Geschäftsleitung erwogen, im Nachbarort Enger zu bauen, sich dann aber für Spenge entschieden – in einem internen Rückblick heißt es, die Gemeinde-

C. A. Delius & Söhne, Werk Spenge

verwaltung in Enger habe sich gesträubt, den Vorschlägen der Herren Delius „in steuerlicher Hinsicht“ zuzustimmen. Die Verwaltung in Spenge hingegen begrüßte die Initiative der Firma Delius, da der Ort noch unter der Schrumpfung der Zigarrenindustrie litt, die seit Jahrzehnten nur mühsam ihre Wettbewerbsfähigkeit gegenüber der britischen oder US-amerikanischen Konkurrenz behauptete und als „Sorgenkind“ der ostwestfälischen Wirtschaft galt.[160] Der ländliche Standort bot aus Sicht der Firma Delius den Vorteil, dort nicht in dem Maße mit Unternehmen der Metallindustrie oder der Wäscheindustrie um Arbeitskräfte konkurrieren zu müssen.[161] Die Firma Delius startete 1924 vorübergehend in leer stehenden Räumlichkeiten der Bielefelder AG für mechanische Weberei und schulte Spenger Arbeitskräfte um, die früher in Heimarbeit oder in der Fabrik Zigarren gerollt hatten. Die neue Fabrik bot Platz für eine mechanische Weberei mit modernster Webstühlen sowie für ein Webereivorwerk mit Winderei, Spulerei, Schererei, Schlichterei. Hinzu kamen Baderäume, ein Speisesaal und Büroräume. Die Energieversorgung erfolgte durch die Elektrizitätswerke Minden-Ravensberg.[162] Ende der 1920er-Jahre waren in Spenge bereits rund 430 Mitarbeiterinnen und Mitarbeiter beschäftigt.[163]

Vom Boomjahr bis zur Wirtschaftskrise

Im September 1928 starb Paul Delius im Alter von 74 Jahren, „in Mitten aus rastloser Arbeit“ – bei einem Besuch der Kölner Messe „Pressa“.[164] Zu diesem Zeitpunkt hatten seine drei Söhne die Leitung bereits zu großen Teilen übernommen: Herbert betreute die Betriebe, Wolf Delius kümmerte sich um Finanzgeschäfte und den Einkauf, während Johann Daniel den Verkauf verantwortete. Da nur von Herbert Delius einige Aktenspuren überliefert sind, nimmt die folgende Darstellung vor allem auf seine Aktivitäten Bezug, während über die konkrete Tätigkeit von Wolf und Johann Daniel kaum Quellen vorliegen. Die drei Brüder traten jedoch als gleichberechtigte Teilhaber in die Firma ein und führten das Unternehmen gemeinsam. Gemäß den Erinnerungen der nachfolgenden Generation war es Johann Daniel Delius, der nach und nach in die Rolle des „primus inter pares“ der drei Teilhaber hineinwuchs, während Herbert Delius ab einem gewissen Zeitpunkt zurücktrat.

In den vergangenen Jahren hatte sich – mit der Verarbeitung von kunstseidenen Garnen – die Wettbewerbssituation auf den Absatzmärkten rasch verändert. Die Seidenwebereien waren frühzeitig in das neue Marktsegment vorgestoßen und bis 1928 die Einzigen, die Futterstoffe aus Kunstseide anboten. Dann stellten auch große Baumwollwebereien ihre Futterstoffprogramme um und zeigten mit Wucht ihre Präsenz auf dem Markt. Die Firma C. A. Delius & Söhne sah sich kurzfristig in Bedrängnis, mit den Massenangeboten der großen Wettbewerber mitzuhalten und musste nun auf Mengenangebote setzen, um ebenfalls auf Stapelbasis kalkulieren zu können. Sie steigerte die Auflagen ihrer Kunstseidenfutterproduktion und baute die Vertreterorganisation aus, um große Konfektionsplätze wie Berlin, München, Stettin, Breslau und Aschaffenburg zu bedienen und auch in der Herrenbekleidung Futterstoffartikel forciert anzubieten. Zudem richtete die Firma Delius in zentralen Knotenpunkten Auslieferungslager ein. Auf diese Weise bildete sich bis 1931 eine Absatzorganisation heraus, die den neuen Markterfordernissen entsprach. Mit einigen kunstseidenen Artikeln konnte die Firma Delius jetzt auch Kunden gewinnen, die früher nur Baumwolle verarbeitet hatten. Absatzsteigerungen bei den kunstseidenen Qualitäten glichen Rückgänge bei anderen Artikeln aus.[165]

Gegen Ende der 1920er-Jahre verlor die Textilkonjunktur, die in einigen Sparten ohnehin nur mühsam an die Vorkriegsentwicklung angeknüpft hatte, wieder an Fahrt. Im Bezirk der Industrie- und Handelskammer Bielefeld mehrten sich bereits um 1928 die Anzeichen für einen konjunkturellen Abschwung.[166] Bald darauf setzte die weltweite Wirtschaftskrise ein: Am 25. Oktober 1929

Johann Daniel Delius

Wolf Delius

erschütterte der Börsencrash an der Wall Street die Zeitgenossen und markierte den Auftakt für eine wirtschaftliche Talfahrt, die die deutsche Wirtschaft bis zum Jahr 1932 um etwa ein Viertel schrumpfen ließ.[167] Die Abwärtsspirale aus rückläufiger weltweiter Nachfrage, sinkenden Investitionen, Produktionsrückgängen und steigender Arbeitslosigkeit hatte sich im Sommer 1931 verschärft, als der Kreditsektor im Zuge der großen Bankenkrise zusammenbrach. Zuvor hatte ein Bilanzfälschungsskandal im Textilkonzern Nordwolle riskante Schwachstellen im Bankenwesen offenbart. Der Absturz der großen Kammgarnspinnerei und der Zusammenbruch ihrer Hausbank, der Danat-Bank, bildeten den Auftakt zur großen Bankenkrise, im Zuge derer viele weitere Banken und Industrieunternehmen aufgeben mussten und vom Markt verschwanden.

Reichskanzler Heinrich Brüning versuchte, die Wirtschaftskrise mit rigiden Sparmaßnahmen zu überwinden. In verschiedenen Notverordnungen wurden Gehälter, Löhne und Preise gesenkt, Steuern erhöht und staatliche Ausgaben gekürzt.

Auch die Textilunternehmen kämpften mit der Krise, beschränkten die Arbeitszeiten, legten Werke still oder gingen wieder zum Einstuhlsystem über.[168] In Bielefeld lag die Arbeitslosigkeit bei etwa 20 Prozent. Etwa ein Drittel aller Konkurse entfiel auf die Textilbranche.[169]

Die Folgen der Weltwirtschaftskrise waren bei C. A. Delius & Söhne kurzfristig sehr deutlich zu spüren. Im August 1931 beantragte C. A. Delius & Söhne

beim Gewerbeaufsichtsamt die Stilllegung für den kaufmännischen Betrieb an der Goldstraße. „Der Auftragseingang ist seit dem Zusammenbruch der Danatbank und den anschließenden Notverordnungen und Massnahmen in der Krediterteilung so stark zurückgegangen, dass wir zu weitgehenden Einschränkungen in den Fabrikbetrieben gezwungen sind", schrieb die Geschäftsleitung in ihrem Antrag. Man werde „infolgedessen nicht mehr genug Arbeit" für den kaufmännischen Betrieb haben. Auch bei Delius stand eine Senkung der Arbeitszeiten auf dem Programm: Während die Wochenarbeitszeit im August noch 51 Stunden betrug, plante man für den September eine Absenkung auf 44 Stunden. Zudem sprach die Geschäftsleitung 140 Angestellten vorsorglich die Kündigung aus. Ein Vermerk auf dem Antrag bekräftigte, dass der Angestelltenrat des Unternehmens den Antrag unterstützte. Das Werk in Jöllenbeck sei ohne Entlassungen ausgekommen, berichtete die Firma Delius im Februar 1932 an die Gewerbeaufsicht. Man habe allerdings auch in Jöllenbeck die Arbeitszeit stark reduziert. Auch im Betrieb in der Kurfürstenstraße hatte Delius 32 Arbeiterinnen und Arbeiter kurzfristig entlassen müssen. Die Firma wollte diese aber in den nächsten Tagen wieder einstellen.[170]

Im Rückblick konstatierte eine interne Notiz „chaotische Zustände auf dem deutschen Markte". Angesichts der tiefen Krise geriet auch eine Reihe von Delius-Kunden in Bedrängnis: „Die fast unübersehbar angewachsenen Zusammenbrüche in der Kundschaft" hätten „allergrößte Vorsicht in der Kreditgewährung erforderlich" gemacht, notierte ein Mitarbeiter.[171]

Im Zuge der Wirtschaftskrise sank die Zahl der Beschäftigten in der Seidenindustrie, während sich auch die Zahl der Betriebe reduzierte. Die amtliche

Historische Stoffmuster von Delius

Statistik registrierte für das Jahr 1933 nunmehr 290 Seidenwebereien mit 34.800 beschäftigten Personen, was gegenüber 1928 einem Rückgang von 20 bis 30 Prozent entsprach.[172] Der Tiefpunkt der Wirtschaftskrise war Mitte 1932 erreicht – seit der zweiten Jahreshälfte gab es eine Belebung der wirtschaftlichen Tätigkeit.[173]

Die drei Teilhaber hatten für diese Krisenphase unterschiedliche geschäftspolitische Schwerpunkte gesetzt. Herbert Delius stand für einen Ansatz des „Drauflosarbeitens“. Um die Arbeiter zu halten, sollte man Stapelware herstellen und dafür notfalls auch die Kapitalreserven angreifen. Wolf Delius trat für die Erschließung neuer Absatzmärkte und eine Ausweitung der Produktpalette ein. Johann Daniel Delius hielt es zugleich für wichtig, neue Gewebe aus verschiedenen Rohstoffen zu entwickeln.[174]

Vor diesem Hintergrund wurde das Fertigungsprogramm ausgeweitet. Mit der neu gegründeten Abteilung für Möbel- und Dekorationsstoffe legte die Firma die Basis für einen Produktbereich mit Wachstumspotenzial. Mit vier gebraucht gekauften Webstühlen startete die Firma die Produktion verschiedener Möbel- und Dekostoffe, wie z. B. einer „schweren Gobelinware“ sowie kunst- und halbseidenen Rips- und Taftstoffen. Das hauseigene Atelier stellte neue Zeichner ein, die die Delius-Kollektion um neue Dessins erweiterten. Auch preiswerte Artikel fanden sich im Programm. Die Firma stützte sich im Vertrieb der Dekostoffe auf ein Netzwerk an Vertretern in Düsseldorf, Frankfurt, Berlin sowie Süd- und Mitteldeutschland.[175]

Um 1931/32 – mitten in der Wirtschaftskrise – richtete C. A. Delius & Söhne eine Abteilung ein, die sich speziell dem Export widmen sollte und die Ausfuhraktivitäten der anderen Abteilungen übernahm. Dabei ging es auch darum, neue Märkte z. B. in Skandinavien und Süd- und Nordamerika zu erschließen.[176]

„Die Vielfalt der Produktion, die sich auf Kleider- Blusen-, Hemden-, Krawatten-, Futter-, Mantel-, Korsett-, Mieder- und Futteralstoffe erstreckte, machte eine Umgruppierung und Neubesetzung und die Einrichtung neuer Abteilungen erforderlich", hieß es in einem internen Rückblick auf diesen Zeitraum.[177]

Im Detail ist über das Krisenmanagement des Unternehmens wenig bekannt. Vieles spricht jedoch dafür, dass das Unternehmen C. A. Delius & Söhne über ein breites Fundament verfügte, um die schwierigen Rahmenbedingungen zu überwinden. Wenn es auch bei Delius zu erheblichen Einschränkungen wie z. B. Stilllegungen gekommen war, so blieben diese doch von vorübergehender Natur – entlassene Mitarbeiterinnen und Mitarbeiter waren bald darauf wieder eingestellt worden. An der Substanz des Unternehmens hatten die Krisenjahre zudem anscheinend nicht in bedenklicher Weise gezehrt, da fast alle Abteilungen ihren Jahresumsatz halten konnten.[178]

Mit diesem Ergebnis – „ohne erhebliche finanzielle Einbußen", wie der Chronist resümierte – bildete die Firma Delius eine Ausnahme in der Wirtschaft vor Ort. Zudem setzte sich das Unternehmen damit vom Branchentrend ab – die Eigenkapitalrentabilität war während der Krisenjahre in Unternehmen der deutschen Seidenindustrie erheblich gesunken.[179]

„Götter, welche Farben!"

Für ihre verschiedenen Kollektionen entwarf die Firma Delius stets neue Dessins. Jährlich kämen etwa 4- bis 5.000 Muster heraus, schätzte eine Tageszeitung. Die Generalfarbenkarte umfasste etwa 200 Farben, hinzu kamen weitere nuancierte Farbtöne. Als „Riesenschlager" und beliebter Exportartikel galt in den frühen 1930er-Jahren der Krawattenstoff „Kobra" – „die betont vornehme Note des Herrn: schwarz mit schlichten Farben." In der großen Abteilung für Kleiderstoffe war der „Modeschrei" Flamisol, ein Kreppgewebe aus Mischfasern, für Sommerkleider oder Abendkleider beliebt und in vielen Uni-Farben, aber auch mit Motiven verfügbar. Regen Absatz fand auch der „Hammerschlag", ein Taftstoff aus Kunstseide und starkem Kreppgarn, der eine wellige Oberflächenstruktur mit gehämmerter Optik aufwies. „Götter, welche Farben!", begeisterte sich ein Reporter, als er 1932 den Versand der Kleiderstoffabteilung besichtigte.[180]

2.2. MITARBEITENDE IM BLICK

Nach wie vor stellte der Betrieb in Jöllenbeck mit beinahe 700 Arbeiterinnen und Arbeitern das größte Werk dar. Von den rund 1.200 Delius-Beschäftigten im Jahr 1925 waren etwa 60 Prozent Frauen.

Tabelle: Beschäftigte der Firma C. A. Delius & Söhne

Beschäftigte der Firma C. A. Delius & Söhne im Jahr 1925[181]		davon Frauen
Kontore und Versandstellen (Angestellte)	150	20
Arbeiterinnen und Arbeiter in den Werken (inklusive Hilfsarbeiter)	1.076	
Davon		
Bielefelder Fabrik	208	193
Jöllenbeck	676	393
Spenge	92[182]	60
Augustdorf	49	37
Heimarbeiterinnen und Heimarbeiter (Bielefeld und Jöllenbeck)	51	30
Insgesamt	**1.226**	713

Siedlungen für die Belegschaft

1924 begann die Firma C. A. Delius & Söhne, Arbeitersiedlungen in Jöllenbeck zu bauen. Man habe die Wohnungsnot steuern wollen und den Arbeitern billige Gelder zum Erbauen eigener Häuser beschaffen wollen, hieß es in einer bald darauf veröffentlichten Firmenchronik.[183] In die dafür gegründete Unterstützungskasse führten Beschäftigte des Jöllenbecker Betriebes wöchentlich 50 Pfennig ihres Lohnes ab, und auch das Unternehmen zahlte denselben Betrag pro Beschäftigten als unverzinsliches Darlehen in die Kasse ein. Falls Beschäftigte die Firma verließen, erhielten sie ihre Ersparnisse zurück. Für den Bau eines eigenen Hauses konnten Delius-Mitarbeiter des Jöllenbecker Betriebs aus der Baukasse Hypotheken in Höhe von rund 4.000–5.000 Reichsmark erhalten. Ab dem zweiten Jahr wurden die Baudarlehen zu etwa 2 Prozent verzinst. Planmäßig sollten die Siedler in etwa zehn Jahren ihre Kredite ablösen.[184]

Bis 1926 wurden 17 Häuser mit 30 Wohnungen, bis 1928 30 Häuser für 56 Familien gebaut.[185] Später dehnte die Firma Delius die Bau- und Unterstützungskasse auch auf den Spenger Betrieb aus, nachdem sich auch die Spenger Belegschaft, nach anfänglicher Skepsis, einstimmig für die Unterstützungskasse ausgesprochen hatte.[186] Baugrundstücke erwarb die Firma von den ortsansässigen

Landwirten, die Ländereien in der Umgebung der Fabrik besaßen und verkaufte diese dann an bauinteressierte Mitarbeiterinnen und Mitarbeiter weiter. Zudem setzte das Unternehmen in den Siedlungsprojekten auch die tradierte Praxis der Heimarbeit weiter fort. So besaß z.B. die Siedlung „Helgoland" in Jöllenbeck um 1930 etwa zehn Hausweberstellen. Dort fertigten die Weberinnen und Weber in außerhalb des Wohnhauses angelegten Räumen als selbstständige Gewerbetreibende Webstücke für Delius in Heimarbeit. Vom Standpunkt des Arbeitsschutzes galten die frühen Jöllenbecker Siedlungen als wesentlich besser gelungen als ein späteres Projekt in Spenge, bei dem aus Kostengründen Webräume in die Häuser verlagert worden waren und damit erhebliche Lärmbelästigungen für die Familien entstanden.[187]

Ziel dieser Siedlungsbaumaßnahmen war, die Arbeitnehmerinnen und Arbeitnehmer vor Ort an das Unternehmen zu binden und ihre Abwanderung an andere Betriebe zu verhindern. Die Belegschaft in Jöllenbeck galt als besonders treu – anders als bei dem Delius-Standort in Bielefeld blieb die Quote des jährlichen Arbeiterwechsels sogar unter einem Prozent.[188] Der Siedlungsbau bildete einen Baustein in der wachstums- und zukunftsorientierten Geschäftspolitik des Unternehmens. In der sozialdemokratischen Lokalpresse wurde vor allem das Projekt in Spenge dennoch heftig kritisiert. Mit einer Kolonie von Arbeiterhäusern würde man die Beschäftigten an das Werk fesseln und ihre Freizügigkeit einengen, lautete das Argument. Die Wiederbelebung der Heimarbeit wurde als Rückfall in frühkapitalistische Abhängigkeiten interpretiert.[189]

Ausbau der Berufsausbildung

Mitte der 1920er-Jahre stellte die Firma C. A. Delius & Söhne ihr Ausbildungswesen auf eine neue Grundlage und richtete 1926 eine Lehrwerkstatt und Werkschule ein, um Facharbeiterinnen und Facharbeiter für ihre drei Betriebe in Spenge, Jöllenbeck und Bielefeld auszubilden.

Dies sah die Geschäftsleitung als eine wichtige Voraussetzung dafür an, um zu wachsen und leistungsfähiger zu werden. Dabei entsprach das systematische Nachdenken über die eigene Effizienz durchaus dem Zeitgeist: Nach der Währungsstabilisierung hatten Unternehmer und Öffentlichkeit begonnen, sich intensiv mit Fragen der Rationalisierung auseinanderzusetzen. Hier entdeckte man Ansätze, um wirtschaftliche Probleme zu überwinden.[190] Auch Delius habe – „dem allgemeinen Schrei nach Rationalisierung folgend" – die eigenen Betriebe daraufhin überprüft, wie man mit weniger Menschen einen weit höheren Umsatz erzielen könne, erläuterte der damalige Teilhaber Herbert Delius im Rückblick.[191]

Ausbildung in Spenge: Technische Erklärungen am Webstuhl (links); im Unterrichtszimmer der Werkschule, um 1933 (rechts)

Anders als in der Metallindustrie sah er in der Seidenindustrie jedoch zu diesem Zeitpunkt kaum Ansatzpunkte für arbeitssparende Technologien. Hingegen mangelte es seiner Ansicht nach an gut ausgebildeten Arbeitskräften. Das neue Ausbildungskonzept setzte auf eine dreijährige Lehrzeit, zunächst in einer separaten Lehrwerkstatt, begleitet vom Unterricht in einer betriebseigenen Werksschule. Später arbeiteten die Lehrlinge dann in den Werken mit. Ein Elternbeirat, dem auch der Betriebsratsvorsitzende angehörte, sollte die Lehrzeit begleiten. Im ersten Lehrjahr erhielten die Auszubildenden eine Erziehungsbeihilfe, danach Akkordlohn gemäß dem üblichen Tarif.[192]

Von gewerkschaftlicher Seite wurde die Initiative der Firma Delius mit Vorbehalten betrachtet. Eine vom Deutschen Textilarbeiterverband herausgegebene Studie befürwortete einerseits die fachlichen Schwerpunkte, aber bemängelte andererseits, dass Angestellte der Firma in der werkseigenen Berufsschule auch allgemeinbildende Fächer wie z. B. „Staatsbürgerkunde“ unterrichteten. Hier könnte „viel Gesinnungspflege betrieben“ werden.[193] In öffentlichen Berufsschulen waren die strukturellen Voraussetzungen anders, weil das Lehrpersonal keine enge Verbindung zum Unternehmen hatte. Man argwöhnte zudem, dass in den Erziehungszielen das Deutsche Institut für technische Arbeitsschulung (DINTA) Pate gestanden habe – jenes im Dunstkreis der Schwerindustrie entstandene arbeitswissenschaftliche Institut, dessen Studien eine betriebsgemeinschaftliche Ideologie mit antigewerkschaftlicher Stoßrichtung propagierten und das sich dem „Kampf um die Seele des Arbeiters“ verschrieben hatte.[194] Herbert Delius wies eine ideologische Nähe zurück. Der Firma gehe es um die Förderung des Individuums, nicht um die „Kollektiverziehung“. Die Ausbildungsfrage sei kein „Kampf mit den Anschauungen unserer Arbeiterschaft [...] und kein Kampf um die Seele des Arbeiters. Für uns ist die Ausbildungsfrage eine Rationalisierungsfrage“, erläuterte Herbert Delius.[195] Eine möglichst enge Bindung der

Lehrwerkstatt in Spenge, circa 1930er-Jahre

Arbeitskräfte an den Betrieb war ein wichtiges Ziel der Ausbildungsinitiative. Dabei versuchte die Firma bisweilen auch, auf die Lebenswelt des Arbeitnehmers außerhalb des Betriebs Einfluss zu nehmen. Während die frühen Lehrverträge noch festschrieben, dass sich ein Lehrling auch außerhalb der Fabrik „bescheiden und sittsam" zu betragen habe, wurde dieser Passus nach gewerkschaftlicher Kritik aufgrund verfassungsrechtlicher Bedenken in späteren Verträgen wieder herausgenommen.[196]

Für die Ausbildungsplätze bei C. A. Delius & Söhne gab es vor Ort eine rege Nachfrage, die das verfügbare Angebot erheblich überstieg – in manchem Jahr konnte von den Interessierten, die sich im Frühjahr bei der Firma vorstellten, nur jeder bzw. jede Vierte bei Delius anfangen. Gegen Ende der 1920er-Jahre wählte die Firma von etwa 300 Bewerberinnen und Bewerbern – mit psychotechnischen Eignungstests – etwa 70 Auszubildende aus.

Mit den personalpolitischen Ansätzen der 1920er-Jahre setzte die Firma Delius eine Strategie fort, die sie vor dem Ersten Weltkrieg genutzt hatte – eine paternalistische Personalpolitik, die auf eine langfristige Bindung gut ausgebildeter Stammarbeitskräfte an das Unternehmen setzte. Im Unterschied zu früher trat dabei nun stärker auch der Effizienzgedanke hinzu. Dies passte zur zeitgenössischen Rationalisierungsbewegung, die unter dem Stichwort der „sozialen Rationalisierung" soziale Maßnahmen zusammenfasste, die einen störungsfreien Betriebsablauf förderten.

Gesundheitsfürsorge im Betrieb

Auch die Gesundheitsfürsorge für die Arbeitskräfte aller Werke gehörte zu den Maßnahmen der betrieblichen Sozialpolitik, die nun ausgebaut wurden. Um den Folgen von Tuberkulose – der klassischen Weberkrankheit – entgegenzuwirken, richtete die Firma Delius gemeinsam mit der Weberei J. Wertheimer & Co. hinter dem Werk in Jöllenbeck beispielsweise eine Liegehalle ein – für Liegekuren von tuberkulosegefährdeten Mitarbeiterinnen oder Mitarbeitern. Auch Solbadekuren wurden angeboten.[197] Eine Werkfürsorgerin fungierte als Ansprechpartnerin für gesundheitliche Belange der Belegschaft, machte bei Bedarf Termine mit dem Betriebsarzt oder half, Erholungskuren zu beantragen.[198]

2.3. C. A. DELIUS & SÖHNE IM „DRITTEN REICH“

Am Nachmittag des 6. März 1933 – ein Tag nach der Reichstagswahl – wehten eine Hakenkreuzfahne und die schwarz-weiß-rote Flagge des Kaiserreichs vom Balkon des Bielefelder Rathauses. Davor formierten sich drei SA-Züge und einige Mitglieder des deutschnationalen Wehrverbands „Stahlhelm“, um die Fahne zu begrüßen.[199] Die DVP-Stadträtin Clara Delius betrat den Sitzungssaal des Magistrats und erklärte, dass sie unter einer Parteifahne nicht tagen könne, und verließ die Sitzung des Stadtrates. Es war nicht das Symbol des Kaiserreichs, das ihr Missfallen erregte, sondern die Parteifahne der NSDAP. „Endlich das heißersehnte Schwarzweißrot!“, hieß es in ihrer Stellungnahme ein paar Tage später. „Leider Gottes nicht gehißt unter dem Jubel der gesamten Bürgerschaft Bielefelds, [...], sondern es hing da oben unter Bedeckung von SS zusammen mit einer Parteifahne, entrollt von einer starken Abordnung von Parteisoldaten und nur wenigen unserer Stahlhelmer. [...] Aus einem mache ich kein Hehl: Hätten neben der schwarzweißroten Fahne Stahlhelmer gestanden als Bedeckung statt Parteisoldaten, ich wäre geblieben.“ Es dürfe „nimmermehr sein“, dass man die schwarz-weiß-rote Fahne „zu einer Parteifahne“ entwürdigt.[200] Der nationalsozialistischen Partei brachte sie in dieser Stellungnahme einerseits Respekt, andererseits Skepsis entgegen. „Eine Bewegung, die 44 % aller Deutschen zum gleichen nationalen Wollen bringt“, verdiene zwar „Hochachtung und Dank“, aber sie sei „nur dann wirklich groß, wenn sie nicht auf Parteiwirtschaft“ ausgehe.[201]

Bald darauf wurde jedoch auch in Bielefeld deutlich, dass die parlamentarische Demokratie endete und sämtliche Organisationen nach und nach „gleichgeschaltet“ wurden. SPD, KPD und Gewerkschaften wurden verboten, in Industrie und Handelskammern und Handwerkskammern leitende Funktionen von NSDAP-Mitgliedern übernommen.[202]

Einige Wochen nach der Aussage von Clara Delius bezeugte Herbert Delius in seiner Eigenschaft als Oberst der Schützengesellschaft von Bielefeld dem neuen Reichskanzler Reverenz: Bei einem neu choreografierten Schützenfest am 7. August 1933 weihte er auf dem Bielefelder Johannisberg neben einer Eiche für den Reichspräsidenten Hindenburg auch eine „Adolf-Hitler-Eiche“. Im Anschluss sangen Mitglieder des Stahlhelms, der SA und der SS das Horst-Wessel-Lied. Zuvor hatte Herbert Delius das klassische Königsschießen, der Tradition entsprechend, mit einem Ehrenschuss für das Staatsoberhaupt – Reichspräsident Hindenburg – begonnen und zusätzlich – in Abweichung von bisherigen Gepflogenheiten – auch dem neuen Reichskanzler Hitler einen Schuss gewidmet. Mit diesem Schuss traf Delius die Krone und machte damit den Reichskanzler zum Schützenkönig von Bielefeld. „Königsschuss für Adolf Hitler“, titelte die Westfälische Zeitung.[203]

Die Textilindustrie in den 1930er-Jahren

In der Textilindustrie kamen bald wirtschaftspolitische Maßnahmen zum Tragen, mit denen der Staat massiv in produktive Belange eingriff. Die Branche hing stark von Rohstoffimporten aus dem Ausland ab, die den größten Posten in der Handelsbilanz bildeten. Angesichts der Engpasslage bei Devisen sah das Wirt-

Mitarbeiter in Spenge, um 1933

Werksansicht Spenge

schaftsministerium in Nutzungsbeschränkungen für textile Rohstoffe einen geeigneten Ansatz, um knappe Devisen zu sparen. Dabei hoffte man, dass die Textilbetriebe aufgrund vorhandener Rohstoffvorräte weiterarbeiten könnten und die Maßnahmen nicht voll auf den Arbeitsmarkt durchschlagen würden.[204]

Seit März 1934 gab es staatliche Überwachungsstellen, um den Bezug ausländischer Rohstoffe für Baumwoll- und Wollprodukte zu regeln, einige Monate später auch für Seide und Kunstseide. Basierend auf verschiedenen Verordnungen – beispielsweise die „Faserstoffverordnung" von 1934 sowie das „Spinnstoffgesetz" von Ende 1935 – entstand binnen kurzer Zeit ein Geflecht aus textilwirtschaftlichen Regulierungen: Behörden konnten Textilfirmen Rohstoffkäufe im Ausland verbieten und die Beschaffung und Bevorratung von Rohstoffen im Inland limitieren. Auf dem Verordnungswege wurde versucht, auch über eine Senkung der Arbeitszeiten knappe Rohstoffe und knappe Devisen in Einklang zu bringen. Zudem sorgten Beimischzwänge für eine stärkere Nutzung von Garnen, die auf inländischen Rohstoffen basierten. Aus Zellstoffen gewonnene Kunstfasern sollten importierte Baumwolle oder Wolle weitgehend ersetzen.[205] Der Staat regulierte Verkaufspreise und den Rohmaterialverbrauch und griff lenkend in die Investitionstätigkeit der Textilindustrie ein.[206] Die Branche sei „Experimentierfeld industrieller Intervention" für das NS-Regime gewesen, bilanzierte der Wirtschaftshistoriker Gerd Höschle.[207]

Werksansicht Spenge

Gleichwohl besaßen die Textilproduzenten trotz der staatlichen Reglementierungen noch erhebliche Spielräume für die Gestaltung ihres Geschäfts. Ein wesentlicher Grund dafür waren Sonderregelungen, die Anreize schufen, um die Produktion so auszurichten, dass es zu den rüstungswirtschaftlichen Interessen des Staates passte[208]: Für staatlich erwünschte Produktionen – z. B. für die Wehrmacht oder für den Export – waren Sonderkontingente an Rohstoffen vorgesehen, was einträgliche Geschäftschancen eröffnete. Zudem konnten Textilproduzenten auf Basis von Einzelgenehmigungen ihre Investitionsvorhaben realisieren.[209]

Auch in der ostwestfälischen Textilindustrie machte sich die wirtschaftliche Belebung nach der Überwindung des Tiefpunkts 1932 bemerkbar: Zeitgenossen – so z. B. auch Vertreter der Industrie- und Handelskammer Bielefeld – führten die Besserung der wirtschaftlichen Lage auf die Machtübernahme der Nationalsozialisten zurück. Die Teilhaber der Firma Delius waren ebenfalls der Ansicht, dass die „feste zielbewusste Regierung einen Aufschwung der Wirtschaft" gebracht habe.[210] Tatsächlich aber hatte die Erholung bereits im zweiten Halbjahr 1932 begonnen, setzte sich im Frühjahr 1933 kräftig fort und wurde ab Mitte der 1930er-Jahre von der Staatskonjunktur im Zuge der forcierten Aufrüstung am Laufen gehalten.[211]

Bei C. A. Delius & Söhne lief vor allem das Inlandsgeschäft 1933 gut an, während der Export im Vergleich zum Vorjahr schrumpfte.[212]

Nunmehr standen in den Auftragsbüchern der Textilindustrie immer häufiger auch Aufträge von Behörden und Parteiorganisationen. So bestellten beispielsweise Arbeitsdienst, SA und SS in größerem Umfang Uniformen und Bekleidung. Zudem setzte der Staat mit den sogenannten „Ehestandsdarlehen" Anreize für das Heiraten, was sich in einer erhöhten Nachfrage nach Textilien für die Aussteuer niederschlug, wie man auch bei C. A. Delius & Söhne registrierte.[213]

Angesichts des steigenden Absatzes im Inland nahm die Firma Delius den Betrieb in der Fabrik in Werther wieder auf, die man zuvor vorübergehend verpachtet hatte. Dabei stand eine Erweiterung auf dem Programm, die die Betriebsfläche des Altbaus von 1912 verdoppelte. Auch die Geschäftszentrale in der Goldstraße bekam ein weiteres Gebäude. Zudem wuchs die Belegschaft deutlich. 1933/34 wurden insgesamt 200 erwerbslose Arbeitskräfte aus anderen Branchen, vor allem der Metallindustrie, umgeschult und „Unterbringungsheime" für auswärtige Arbeitskräfte eingerichtet. Insgesamt habe man bis 1934 750 Arbeitskräfte eingestellt, hieß es in einem Rückblick – das entsprach einem Anstieg von etwa 60 Prozent im Vergleich zum Stand von 1925.[214] Die Belegschaftszahlen waren vor allem in Spenge gewachsen. Dort arbeiteten Ende 1934 683 Beschäftigte.[215] Laut Firmenkartei in der Wirtschaftsgruppe Textilindustrie beschäftigte die Firma Delius im Oktober 1934 2.430 Personen, davon 2.143 Arbeiterinnen und Arbeiter, darunter 1.090 Frauen. Zur Belegschaft zählten auch 65 Heimarbeiterinnen und 42 Heimarbeiter. Von den 287 Angestellten der Firma Delius waren 57 Frauen.[216]

Leider lässt es die schüttere Quellenlage nicht zu, die Hintergründe der Expansion der Belegschaft differenziert zu analysieren. Zu berücksichtigen sind jedoch auch die Beschränkungen, die es nun im Hinblick auf die Arbeitszeiten gab. Dabei betrafen die Regulierungen durch die Faserstoffverordnung nicht das ganze Unternehmen, sondern die einzelnen Betriebe bzw. sogar die jeweiligen Gewebegruppen. Verarbeitete ein Unternehmen Seide, Kunstseide oder Zellwolle in reiner Form, durfte unbeschränkt gearbeitet werden. Wenn Gewebe aus Woll- oder Baumwollgarnen oder – wie bei vielen Delius-Produkten – Mischgewebe auf dem Programm standen, konnte die Gewerbeaufsicht den Einschichtbetrieb anordnen und den Zweischichtbetrieb auf Ausnahmen beschränken. Dies war bei Delius bei einigen Fabrikaten der Fall.[217] Inzwischen durften die Weber jedoch wieder mehr als nur einen Stuhl bedienen, sodass die Firma sukzessive in einigen Bereichen das Vierstuhlprinzip etablieren konnte.[218]

Die in Anbetracht von Devisenengpässen veränderte Rohstofflage wirkte sich in der Produktionsorganisation von Delius aus. Während die Handweberei in Augustdorf früher vor allem feine, seidene Krawattenstoffe hergestellt hatte, sollten angesichts der Seidenknappheit nun dort auch festere Möbel- und

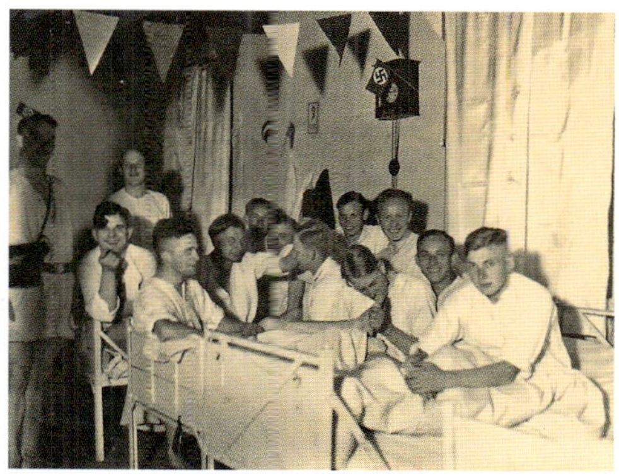

„Umschulungskurs“ zur Vorbereitung auf die Arbeit bei C. A Delius & Söhne, Spenge, 1933

Dekorationsstoffe gefertigt werden. Mit einem Handwebstuhl bedeutete es jedoch körperliche Schwerstarbeit, schwere Stoffe zu weben. Deshalb kamen für diese Produkte neue, halbmechanische Webstühle mit einem motorisierten Antrieb zum Einsatz.[219] Auf den Handwebstühlen fertigte man weiterhin Krawattenstoffe, nun aus gröberen Garnen. Dekostoffe produzierte die Firma auch in Jöllenbeck und Spenge.

Als sich nach 1934 die Nachfrage nach Textilien vorübergehend abschwächte, fertigte man auch für das Lager, um die Werke beschäftigt zu halten.[220] Bald darauf besserte sich die Auftragslage wieder. Eine interne Firmenchronik konstatiert einen „Höhepunkt" im Jahr 1936 mit bis dahin unerreichten Rekordzahlen.[221]

Mitarbeiter in Spenge, um 1933

Innenansicht, Weberei in Spenge, 1925

Auch staatliche Stellen orderten bei Delius. Es seien „reichlich Aufträge von den obersten Behörden gekommen" und „mehrere Reichsministerien [...] mit Deko- und Möbelstoffen beliefert" worden, hieß es in einem internen Rückblick.[222] So wurde z. B. die Kroll-Oper in Berlin – die seit dem Reichstagsbrand 1933 als Versammlungsort für Reichstagssitzungen diente und entsprechend umgerüstet wurde – mit Delius-Stoffen ausgestattet.[223]

Im Delius-Produktprogramm erwiesen sich das Kreppgewebe „Krepp Oriental" sowie die Futterstoffe „Ragusa", „Agora" und „Alaska" als besonders populär. Große Stoffdruckereien kamen nun als Kunden hinzu.[224] Auch ein Jacquardgewebe mit plastischem Effekt verkaufte sich auf dem Inlandsmarkt gut. Allerdings setzten die neuen Bestimmungen einen engen Rahmen für Luxusartikel – beispielsweise verboten die neuen Verordnungen Erweiterungsinvestitionen für die Fertigung von Krawattenstoffen. Stoffqualitäten im Luxussegment erfuhren keine Steigerung.[225]

Angesichts des Wachstums verfolgte die Geschäftsleitung verschiedene Ansätze, um die Fertigung weiter zu rationalisieren. Mit Zeitmessungen wollte man vorhandenen Ineffizienzen auf den Grund gehen und die Webstuhlnutzung optimieren. Zudem begann man, die Wirtschaftlichkeit der Automatenweberei zu prüfen, mietete Betriebsräume in Halle in Westfalen an und richtete hier 1937 – vermutlich als eine der ersten Webereien in Deutschland – eine Versuchsweberei für Automatenwebstühle ein.[226]

Auch das Exportgeschäft wollte die Firma weiterhin pflegen und stellte vor diesem Hintergrund 1935 einen weiteren Exportleiter ein, Josef Geks, der sich u. a. um Absatzgebiete in Nord- und Südamerika, auf dem Balkan, in Syrien und Ägypten kümmerte. Zwischen 1932 und 1938 habe sich das Exportgeschäft verdreifacht, berichtete der Leiter der Delius-Finanzabteilung im Rückblick.[227] Für ihre Dekorations- und Möbelstoffe erhielt die Firma Delius auf der Pariser Weltausstellung 1937 den ‚Grand Prix“, für die Steppdeckenstoffe eine goldene Medaille.[228] In diesem Jahr beliefen sich Gesamtumsätze der Firma – laut Angaben der Wirtschaftsgruppe Textilindustrie – auf etwa 20 Millionen Reichsmark.[229]

Der steigende Garnverbrauch spiegelte das Wachstum wider. So verarbeitete C. A. Delius & Söhne in der zweiten Hälfte der 1930er-Jahre monatlich etwa 100.000 Kilogramm Kunstseide – über 40.000 Kilogramm mehr als früher. Zudem nutzte man – den textilpolitischen Vorgaben entsprechend – weitaus mehr Rohstoffe inländischer Herkunft.

Tabelle: C. A. Delius & Söhne, monatlicher Garnverbrauch in Kilogramm[230]

	monatlicher Garnverbrauch in kg		
	1933	**1938**	**1939**
Kunstseide	59.900	103.500	90.000
Zellwolle	1.840	16.800	19.000
Naturseide	2.100	3.300	2.000
Wolle	885	500	600
Baumwollmischgarne und Baumwolle	22.800	28.000	17.000

Die nationalsozialistische Wirtschaftspolitik zielte auf eine Textilindustrie ab, die den Bedarf an Textilien im Inland decken und in der Rohstoffversorgung möglichst autark sein sollte.[231] Aus den textilen Rohstoffen stach die Seide heraus, denn sie besaß direkte rüstungspolitische Bedeutung in der Produktion von Fallschirmseide. Vor diesem Hintergrund interessierten sich nationalsozialistische Agrarideologen zunehmend für Initiativen, die den Seidenbau in Deutschland förderten.[232] So rückte die aus der Seidenbaubewegung hervorgegangene „Spinnhütte Seidenspinnerei und Weberei GmbH“ im niedersächsischen Celle in den Fokus staatlicher Förderung. Erst 1928 gegründet, hatte die Celler Spinnhütte im Jahr 1931 ihre Produktion aufgenommen und war seit 1934 darauf ausgerichtet, für das Reichsluftfahrtministerium Fallschirmseide zu fertigen. Unternehmer der Seiden- und Samtindustrie hatten bis dahin einer Kultivierung von Seidenraupen in Deutschland – aus Gründen der Wirtschaftlichkeit – meist skeptisch gegenübergestanden. Die bereits am Markt etablierten

Maulbeerbäume, vermutlich in den 1930er-Jahren auf dem Werksgelände von Delius

Seidenfabrikanten begegneten auch der Celler Spinnhütte als neuer Wettbewerberin in der Seidenbranche mit gewissen Vorbehalten.[233]

Angesichts der staatlichen Textilpolitik wollte die Firma C. A. Delius & Söhne die Behörden auf ihre eigenen Kapazitäten in der Seidenfertigung hinweisen: Im Sommer und Herbst 1935 schrieb die Geschäftsleitung von Delius an das Landespräsidium in Detmold. Man wollte der Lippischen Landesregierung in Erinnerung bringen, dass „in Minden-Ravensberg und Lippe eine Seidenindustrie existiert, die ohne Weiteres auf die Bedürfnisse des Luftfahrtministeriums umgestellt werden kann“, ohne dass „große Investierungen an Maschinen nötig sind.“ Die Seidenweberei sei ein kriegswichtiger Industriezweig, der in Lippe fest zu verankern sei, hieß es in dem Brief an den zuständigen Oberregierungsrat. Man könne mit geringen Mitteln beispielsweise die Delius-Weberei in Augustdorf zu einer „Weberei für ganzseidene Flugzeugstoffe“ herrichten. „Ein Bruchteil des Geldes, welches das Reichsluftfahrtministerium in den Celler und Peiner Betrieb gesteckt hat, würde genügen, um für eine große Anzahl Lippischer Arbeiter Verdienst und Brot zu schaffen“, führte die Firma aus. Man könnte auch den Seidenbau entwickeln, denn die für die Seidenraupenzucht notwendigen Maulbeerbäume würden in Lippe gut gedeihen.[234] Das Reichsluftfahrtministerium lehnte den Antrag der Firma Delius jedoch ab. Es genüge nicht, Seidenbau und Seidenspinnerei dem Betrieb anzugliedern. Angesichts des besonderen Fertigungsverfahrens dieses Unternehmens, vom Abspinnen des

Kokons bis zum Weber, habe bisher keine Weberei technisch an die Seidenstoffe der Celler Spinnhütte heranreichen können, schrieb der Ministerialbeamte.[235] Zudem hätte sich die Unternehmerorganisation der Seiden- und Samtindustrie noch unlängst gegen den Seidenbau ausgesprochen, lautete die knappe Antwort aus dem Reichsluftfahrtministerium.[236]

Judenverfolgung in der Textilwirtschaft

Mitte der 1930er-Jahre verstärkten sich Terror und Repressalien gegen die jüdische Bevölkerung, so auch gegen Gewerbetreibende in der Textilwirtschaft. Die Firma C. A. Delius & Söhne hatte enge Geschäftsbeziehungen zu jüdischen Großhändlern, Vertretern und Konfektionären im In- und Ausland und beobachtete diese Entwicklung daher mit Sorge. Dies brachte sie auch gegenüber den Behörden zum Ausdruck. „Wie Ihnen wahrscheinlich schon bekannt geworden ist, hat im Rheinland und auch in Frankfurt erneut ein öffentlicher Judenboykott eingesetzt", schrieb die Firma Delius an die Bielefelder Industrie- und Handelskammer im Frühjahr 1935. „Es werden […] nicht nur Flugblätter verteilt, sondern es werden Fensterscheiben der nichtarischen Geschäfte beklebt und beschmutzt, es sind auch Läden geschlossen worden und Fotografien veröffentlicht, die diejenigen Leute zeigen, die in jüdische Geschäfte gegangen sind. Kurzum, es ist eine öffentliche Beunruhigung des Publikums eingetreten. Seit einigen Tagen müssen wir feststellen, dass in diesen Gebieten eine außerordentliche Zurückhaltung unserer Abnehmer Platz gegriffen hat und dass Aufträge nur in ganz geringem Maße eingehen und Lieferungen gegebener Aufträge zurückgestellt werden. Wir machen auf die Folgen [aufmerksam], die sich nicht nur für die deutsche Wirtschaft, sondern insbesondere auch für die Arbeiter ergeben, wenn nicht diesen […] Übergriffen schnellstens Einhalt geboten wird."[237] Die Industrie- und Handelskammer leitete diese Meldung an das Regierungspräsidium weiter.

Schon im Herbst 1934 hatte sich die Firma gegenüber der Bielefelder Reichsbankstelle zu den Boykottmaßnahmen kritisch geäußert. Im Oktober 1935 lehnte die Firma es zunächst „sehr höflich" ab, der örtlichen Reichsbankstelle erneut einen Lagebericht über die Bielefelder Textilindustrie zu geben. In dem schließlich doch vorgelegten Bericht wies sie auf einen Rückgang in der Seiden- und Kunstseidenindustrie hin, dieser sei „zu 80 % begründet als Folge der Judenbekämpfung". Man habe schon im Vorjahresbericht vor den Folgen gewarnt. Der „Boykott der jüdischen Geschäftswelt" gehe „trotz aller regierungsseitigen Versicherungen" weiter. Geschäftsinhaber müssten ihre „einst bedeutenden Geschäfte veräußern", fänden aber keine kapitalstarken Käufer, die die Geschäfte fortsetzen könnten.[238] In ihren Stellungnahmen argumentierte die Firma vor allem mit ökonomischen, die eigenen Geschäftsbeziehungen unmittelbar betreffenden Erwägungen, während sie die rassistische Grundlage des verbreiteten Terrors nicht thematisierte.[239]

Bis 1938 hielt die Firma C. A. Delius & Söhne – zum Missfallen einiger Behörden – an ihren jüdischen Handelsvertretern fest. Mit einer Reihe von Briefen forderte die NSDAP-Reichszeugmeisterei München – die zentrale Beschaffungsstelle z. B. für Uniformen – 1936 die Firma immer wieder auf, die Geschäftsbeziehungen mit den „nichtarischen" Handelsvertretern zu beenden und drohte mit dem Entzug von Aufträgen.[240] Auch der Gauwirtschaftsberater Westfalen Nord erbat eine Stellungnahme. Sowohl das Zentralbüro der Deutschen Arbeitsfront (DAF) – die NS-Organisation von Arbeitnehmern und Arbeitgebern – als auch die Fachgruppe Seiden- und Samtindustrie im Verband schickten ähnliche Aufforderungen an das Unternehmen.[241]

Seit Erlass der „Nürnberger Gesetze" erhöhte ein immer dichter werdendes Geflecht an Verordnungen und Gesetzen den Druck auf jüdische Gewerbetreibende und Unternehmer, ihre Betriebe zu veräußern. Im Mai 1936 mussten auch die Brüder Paul und Eduard Wertheimer ihre Mechanische Seidenweberei – neben der Firma Delius das andere traditionsreiche seidenindustrielle Unternehmen in der Region – weit unter dem Wert verkaufen.[242] Bis zum Sommer 1938 waren in Bielefeld etwa 50 bis 70 Firmen „arisiert", bis Anfang 1939 weitere 58.[243] Es gibt keine Hinweise darauf, dass sich die Firma Delius daran vor Ort beteiligt hat. Sie erwarb jedoch 1939 in Moravská Třebová – Mährisch-Trübau – weit entfernt von ihrem Stammsitz in Bielefeld, ein Unternehmen aus vormals jüdischem Besitz.[244] Darauf ist zurückzukommen. Zudem finden sich in den Akten Unterlagen zu einem Hauskauf eines Delius-Teilhabers im Jahr 1935. Der jüdische Fabrikant Gustav Bornheim hatte im Jahr 1935 sein Haus am Albrecht-Delius-Weg Nr. 3 für 75.000 Reichsmark an Herbert Delius verkauft. Die Witwe des 1942 im Konzentrationslager Theresienstadt ermordeten Unternehmers stellte Ende 1949 einen Antrag auf Rückerstattung, weil sie und ihr Mann das Haus im Jahr 1926 zu einem höheren Preis, für 145.000 Reichsmark, erworben hatten. Herbert Delius argumentierte, die Transaktion sei bereits 1926 bei einem Grundstückstausch vorbesprochen gewesen und unabhängig von den Rahmenbedingungen des Nationalsozialismus erfolgt. Die Wiedergutmachungskammer schlug einen Vergleich vor, den beide Parteien annahmen: Gegen die Nachzahlung von 5.000 D-Mark verzichtete Bertha Bornheim im Jahr 1952 schließlich darauf, weitere Rückerstattungsansprüche geltend zu machen.[245]

Betriebsgemeinschaft im Nationalsozialismus

Mit ihren fünf Betriebsstätten und fast 2.500 Mitarbeitenden war das Unternehmen C. A. Delius & Söhne zu einem bedeutenden Arbeitgeber in der Region herangewachsen. Gemäß dem „Gesetz zur Ordnung der nationalen Arbeit“ hießen die Mitarbeiter in der neuen Betriebsordnung von 1934 nunmehr „Gefolgschaft“, die Geschäftsleitung „Betriebsführer“. Die NS-Ideologie sah für die Unternehmen das „Führerprinzip“ vor und entwarf die Zielvorstellung einer hierarchisch strukturierten, „völkischen“ Betriebsgemeinschaft, die frühere Klassengegensätze überwunden hatte und sich für die Leistungssteigerung der „nationalen Wirtschaft“ einsetzte. Die seit 1934 bestehende Werkszeitung von C. A. Delius & Söhne griff diesen Grundgedanken auf. Ausführlich berichtete eine Ausgabe beispielsweise über den ersten „Betriebsappell“ im Herbst 1934, der anlässlich des Besuchs von Robert Ley, des Leiters der „Deutschen Arbeitsfront“ (DAF), stattfand.[246]

Bei großen Unternehmen gehörten sozialpolitische Maßnahmen jedoch schon seit Langem zum Betriebsalltag dazu. Auch die Initiativen, die man bei C. A. Delius & Söhne zur Förderung der „Betriebsgemeinschaft“ in den 1930er-Jahren vorantrieb, knüpften an frühere Weichenstellungen und Traditionen an.

Seit Längerem hatte die Firma Delius Pläne für ein Ferien- und Erholungsheim gehegt, das sie schließlich in Bad Meinberg einrichtete. Das am Rande des Teutoburger Waldes gelegene „Schloss Meinberg“ bot Platz für etwa 50 Gäste und sollte für Werksangehörige von Delius und ihre Familien einen „genussreichen Ferienaufenthalt bieten“, wie Herbert Delius Ende 1938 der

Der Leiter der Deutschen Arbeitsfront (DAF), Dr. Robert Ley, bei einem Besuch der Weberei in Spenge im Jahr 1934

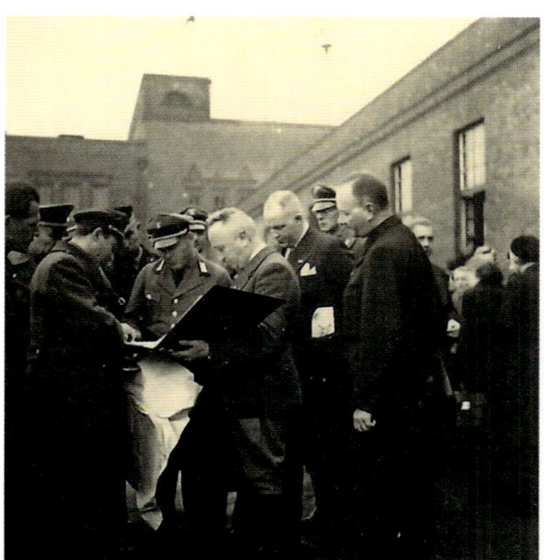

NSDAP-Kreisleitung in Detmold schilderte.[247] Die Einrichtung wurde von der Gauleitung als „Kraft durch Freude“-Betrieb anerkannt – besaß also das Siegel jener Teilorganisation der DAF, die für Arbeitnehmer Reisen- und Freizeitangebote bereitstellte. Die Delius-Betriebskrankenkasse konnte auch Kuren im dortigen Heilbad bewilligen. Mit einem günstigen Pensionssatz von zwei Reichsmark am Tag inklusive Rabattoptionen für Familien waren Aufenthalte in Bad Meinberg bald bei der Belegschaft beliebt. Das Programm bestand meist aus Frühsport, gemeinsamen Mahlzeiten und gelegentlichen Ausflügen, z. B. zu den Externsteinen. Für die Fahrten stellte die Firma Delius einen Bus bereit, der samstags nach der Arbeit über Spenge, Jöllenbeck und Bielefeld nach Bad Meinberg fuhr.[248] Herbert Delius schwärmte, wie sich die dort gebildete „Kameradschaft“ auf die Betriebe auswirke und sich „in schöner freier Natur“ eine „wirkliche Betriebsgemeinschaft“ entwickele. Sukzessive baute die Firma das Ferienheim aus.

Mitte der 1930er-Jahre reaktivierte C. A. Delius & Söhne eine andere alte Idee und richtete neue Haus-Webbetriebe ein. In Anbauten von Siedlungshäusern brachte das Unternehmen elektrisch

Postkarten mit dem Motiv „Erholungsheim der Firma C. A. Delius & Söhne in Bad Meinberg“. Von links: „Schloss“, „Villa Fuchs“, Wappen der Familie Delius

Werkscharkapelle
Schloss Meinberg

betriebene Webstühle unter und lieferte den Rohstoff für die Heimwebenden an. Beinahe 200 Webstühle liefen insgesamt in der Hochphase in den Werkssiedlungen.[249] Die Fabrikinspektoren der DAF hatten jedoch Bedenken gegenüber dieser neuen Form der Heimweberei, wie man sie um 1936 in Spenge vorfand. Solche „Fehlsiedlungen“ seien aus gesundheitlichen Gründen zu vermeiden. Moniert wurde vor allem die starke Lärmbelästigung durch die vier Webstühle.[250]

Aus den Akten geht hervor, dass die Löhne bei C. A. Delius & Söhne etwa 30 Prozent über dem Tarif lagen[251] und die Aufwendungen für Belegschaftszwecke Jahr für Jahr stiegen. 1937 wiesen die Geschäftsnotizen 100.000 Reichsmark als „Weihnachtsgeschenk“ aus, das u. a. in Sonderzahlungen für die Mitarbeiter, in Zuschüsse für Sparkassenbücher bei Geburten, in die Ausstattung der Krankenkassen und in die betriebsärztliche Versorgung floss. 1938 war dieses als „Weihnachtsgeschenk für die Gefolgschaft“ etikettierte Paket bereits auf 240.000 Reichsmark angewachsen. Nun sollten auch Werkskapellen und Werkschöre, Werksbibliotheken und der Betriebssport weiter ausgebaut und Fahrten zum Reichsparteitag der NSDAP bezuschusst werden. Zudem stiftete man Fahrten nach Bad Meinberg für „erholungsbedürftige Arbeitskameraden.“[252] Die seit 1934 bestehende Werkszeitung von C. A. Delius & Söhne beschrieb die Maßnahmen im Detail und wollte damit für den „Leistungskampf“ motivieren.[253]

Das Bauernhaus in Jöllenbeck

Seitdem die NS-Regierung mit dem Vierjahresplan ein forciertes Aufrüstungsprogramm verkündet hatte, setzte in der Wirtschaft und in der Arbeitswelt eine zunehmende Militarisierung ein, was auch im betrieblichen Alltag bei Delius greifbar wurde. Feierliche Anlässe wurden z. B. mit großen „Betriebsappellen" gewürdigt.[254]

Mittlerweile plante die Geschäftsleitung, das Werk in Jöllenbeck um ein Gebäude, das sich für Zusammenkünfte der gesamten Belegschaft eignete, zu erweitern. Idealerweise sollte der neue Bau über Luftschutzbunker verfügen und Garderoben- und anderen Funktionsräumen Platz bieten können. Angesichts der Beschränkungen, mit denen bei der Beschaffung von Baumaterialien zu rechnen war, schien ein kompletter Neubau mit Eisenbeton dafür nicht passend. Inspiriert von einem Jugendheim in der Nähe, das in einem translozierten Bauernhaus Platz gefunden hatte, dachte Herbert Delius vielmehr an Bausubstanz mit Geschichte. Ihm schwebte ein Gebäude vor, das die ländliche Umgebung und die moderne Weberei miteinander verbinden könnte.[255]

Ideal erschien ihm dafür ein im Jahr 1819 erbautes Bauernhaus, das ein Landwirt in Theesen um 1937 verkaufte. Im Sommer 1938 beantragte man bei der zuständigen Behörde die Genehmigung, um den Fachwerksteil abzubauen und auf dem Fabrikgelände von C. A. Delius & Söhne mit baulichen Erweiterungen wieder neu zu errichten.[256] Die Bauarbeiten waren 1939 im vollen Gange: Die

Bauernhaus in Jöllenbeck (links); Rohbau „Kameradschaftshaus" im Jahr 1939 (rechts)

Handwerker, die beim Umbau des Bauernhauses beschäftigt waren

Pfeiler der alten „Deele" wurden angehoben, um Raumhöhe zu gewinnen und auf diese Weise alle geplanten Räume unterzubringen. Das neue Kameradschaftshaus verfügte über einen großen Tanzsaal mit Bühne sowie u. a. eine Küche und Waschküche, ein Arztzimmer, Gästezimmer, Schulräume und Sitzungszimmer. Draußen lagen ein Tennisplatz, ein Schießstand und eine Gedenkstätte für die Gefallenen des Weltkriegs. Beim Umbau zeigten die Spruchbalken, dass einige Holzbalken schon bei einem Haus aus dem 16. Jahrhundert verwendet worden waren. Über einen Kellergang war das neu errichtete Bauernhaus mit dem Fabrikgebäude verbunden.[257] Auf dem Ostgiebel an der Schmalseite wurde eine Inschrift mit den Namen der Teilhaber angebracht: „*Einigkeit macht stark. Was Du ererbst von Deinen Vätern hast, erwirb es, um es zu besitzen. Im Jahre 1939 errichteten dieses Haus die Brüder Herbert, Wolf und Johann Daniel Delius alle drei aus Bielefeld zur Erinnerung an ihre Vorfahren den Vogt Johann Daniel Delius auf Berenkämpen geb. 1670 gest. 1707 und an seine Frau Anna Katharina Delius geb. Meinders geb. 1659 gest. 1719.*" Über der Eingangstür an der Nordseite war in zeitgenössischer Diktion die Zweckbestimmung des Baus formuliert: „*Jahrhundertelang stand dieses Haus im Dienste Ravensberger Bauern. Jetzt will es eine Stätte der Kameradschaft, Freude und Erholung sein für die Gefolgschaft C. A. Delius & Söhne*".[258]

„Nationalsozialistischer Musterbetrieb"

In vielerlei Hinsicht galten die personalpolitischen Maßnahmen in der Firma Delius zeitgenössisch als beispielhaft. Die Förderung des Gemeinschaftsgedankens durch sozialpolitische Maßnahmen passte zu den Vorstellungen der Betriebsideologen von der nationalsozialistischen Pseudogewerkschaft DAF.[259] Bereits 1937 hatte die Firma das „Leistungsabzeichen" der DAF für ihre

Feier zum 1. Mai, um 1933/34

„vorbildlichen Berufserziehungsstätten" in Bielefeld, Jöllenbeck und Spenge erhalten.[260] Am 1. Mai 1941 folgte die Auszeichnung als „nationalsozialistischer Musterbetrieb" mit der Verleihung von zwei goldenen Fahnen für die Betriebe in der Kurfürstenstraße und in Jöllenbeck. In Bielefeld wurden neben C. A. Delius & Söhne auch die Dürkoppwerke sowie die Unternehmen Seidensticker, Oetker und Mönkemöller zu nationalsozialistischen Musterbetrieben ernannt.[261] An dem Umstand, dass nur zwei Standorte ausgezeichnet worden waren, regte sich der Widerspruch des Firmenteilhabers Herbert Delius. Schon im Vorjahr hatte die Firma die Ehrung abgelehnt, weil nur ein Betrieb ausgewählt worden war, und nun betonte Herbert Delius in einem Brief an die DAF, dass die Betriebsstätten in Bielefeld, Jöllenbeck, Werther, Spenge, Augustdorf und Meinberg „unbedingt als eine Einheit anzusehen" seien. Dass sie nicht in einer Gemeinde liegen, läge daran, „dass wir [...] hinter den Arbeitskräften her gewandert sind". Er wolle nicht für „Unfrieden" in der Belegschaft sorgen, man könne ja bis nach dem Krieg mit der Auszeichnung warten.[262] Schließlich nahm man doch die Auszeichnung an, „die Ernennungen waren schon unterschrieben", bemerkte ein Firmenchronist rückblickend.[263]

Suche nach neuen Betriebsstätten

Seit Mitte der 1930er-Jahre verkaufte die Firma C. A. Delius & Söhne mehr als sie in ihren vorhandenen Werken selbst produzieren konnte. Seit 1935 vergab man größere Lohnaufträge an andere Webereien.[264] Betriebsintern hatte man die Möglichkeiten zur Leistungssteigerung weitgehend ausgeschöpft: Die

1.852 Webstühle liefen mit monatlich 32 Milliarden Schuss, was einer Auslastung der Anlagen von 130 bis 140 Prozent entsprach, wie der Teilhaber Herbert Delius errechnete.[265]

Nach der Annexion Österreichs durch das Deutsche Reich errichtete C. A. Delius & Söhne ein Verkaufskontor in Wien, das als Verteilerstelle für die Lieferung nach Österreich und in südosteuropäische Länder gedacht war.[266] Seit dem Einmarsch der deutschen Wehrmacht im sudetendeutschen Gebiet der Tschechoslowakei sondierte die Geschäftsleitung von Delius zudem verschiedene Möglichkeiten, um in dieser Region oder auch in den faktisch annektierten Gebieten in der westlichen Tschechoslowakei („Protektorat Böhmen und Mähren“) eine neue Betriebsstätte aufzubauen.[267] Dabei sprach man zunächst über die Möglichkeit, den Betrieb Eisenberger in Neurettendorf zu übernehmen, dessen Inhaber, Ingenieur Morawek, man aus früheren Zeiten kannte.[268] Morawek hatte vor längerer Zeit ein halbes Jahr in der Delius-Weberei in Jöllenbeck gearbeitet, bevor er seine eigene Firma völlig neu geordnet hatte, und bat nun die Firma Delius um Hilfe, weil er angesichts der antijüdischen Maßnahmen sein Unternehmen nicht mehr weiterführen konnte.[269] Die Firma Delius begann Verhandlungen mit der Dresdner Bank und der Böhmischen Escompte Bank, aber der Geschäftsabschluss kam nicht zustande. Später wurde der Betrieb liquidiert, und man erwarb eine Reihe von Webstühlen aus der Konkursmasse.[270]

Seit Ende 1938 entsprach der Rahmen für die Verfolgung und Entrechtung der Juden und die Unterdrückung der jüdischen Wirtschaftstätigkeit im „Sudetengau“ dem im „Altreich“.[271] Nach den Gesetzen von 1938 war es für jüdische Unternehmer kaum mehr möglich, selbstständig Kaufinteressenten zu finden, und amtliche Stellen übten zunehmenden Einfluss auf den erzwungenen Besitztransfer aus.[272] Die Behörden auf Gau- und Bezirksebene wiesen Herbert Delius auf andere nun zum Verkauf stehende Seidenwebereien hin, so u.a. auf die Firma Silvet in Mährisch-Trübau sowie auf eine Seidenweberei in Hradsko – vermutlich die mechanische Seidenweberfabrik Herzfeld & Fischl.[273] Beide Unternehmen standen auf einer Liste mit „Arisierungsobjekten“ der Dresdner Bank in Reichenberg.[274]

Zeitweise listete die Dresdner Bank die Firma C. A. Delius & Söhne – wie auch die Krefelder Verseidag – als mögliche Erwerberin für die Prager Schiel AG,[275] kam aber schließlich mit einem anderen Vorschlag auf die Geschäftsleitung von Delius zu: Die NS-Kreisleitung suchte noch eine „geeignete Firma“, um die Betriebe der Samt- und Seidenweberei AG vormals Rudolf Reichert & Söhne in Mährisch-Trübau zu übernehmen. Angesichts der anhaltenden Wirtschaftskrise und hohen Arbeitslosigkeit waren die Behörden vor Ort daran

Begrüßungsfeier in Mährisch-Trübau, vermutlich im Juli 1939

interessiert, das Unternehmen, das seit Mitte der 1930er-Jahre mit Problemen kämpfte, an diesem traditionellen Textilstandort mit seinen rund 300 Arbeitsplätzen zu erhalten.[276] Die Bilanzsumme des Unternehmens belief sich 1935 auf rund 26 Millionen Tschechische Kronen, also rund 2,3 Millionen Reichsmark, das Aktienkapital auf 15 Millionen Tschechische Kronen, was in etwa 1,3 Millionen Reichsmark entsprach.[277]

Am 15. Juni 1939 erwarb die Firma Delius schließlich die beiden Mährisch-Trübauer Betriebe der Samt- und Seidenweberei AG vormals Rudolf Reichert & Söhne. Den Märzdorfer Betrieb der Samt- und Seidenweberei hatte Delius nicht miterworben. „Wir hatten uns schon bald nach d[er] Einverleibung des Sudetenlandes m[it] d[em] Gedanken beschäftigt, der Bielefelder Fa. eine Weberei anzugliedern u[nd] kamen schließlich nach anderen vergebl[ichen] Versuchen zu diesem Objekt“, hieß es in den Geschäftsnotizen des Privatkontors von Delius.[278] Dabei habe der „renommierte Weberstamm“ vor Ort bei der Entscheidung eine wichtige Rolle gespielt, eine so weit entfernte Betriebsstätte zu eröffnen. Mit etwa 300 Mitarbeitern produzierte die Weberei bei der Übernahme Futter-, Steppdeckenstoffe und Tafte. Alle Angestellten und Arbeitskräfte wurden übernommen – dies war eine Bedingung, die die Bezirksregierung in Troppau gestellt hatte.

Die Samtwebstühle gab die Firma Delius nun ab. Der Betriebsleiter des Werkes in der Seidengasse, der sich vor Ort für die Übernahme des Werkes durch die Firma Delius eingesetzt hatte, blieb in seiner Leitungsfunktion.[279] Vor allem in diesem Werk erfolgten nun diverse Modernisierungen: So baute

Seidenwebereien in der Nowakgasse und in der Seidengasse, Moravská Třebová (Mährisch-Trübau), seit 1939 Zweigwerke C. A. Delius & Söhne

man beispielsweise den Gruppenantrieb mit der veralteten Dampfmaschine ab und stellte den Websaal auf Einzelantrieb um. Das moderner ausgestattete Werk in der Nowakgasse wurde vorläufig so belassen.[280] Hier richtete man – nach dem Spenger Vorbild – zusätzlich eine Lehrwerkstatt ein. Künftig wollte die Firma an der neuen Betriebsstätte mindestens 20 Lehrlinge im Jahr ausbilden. Im Vergleich zur übrigen Delius-Belegschaft waren die Mitarbeiter in Mährisch-Trübau deutlich älter: Während das Durchschnittsalter im Betrieb in Spenge im Jahr 1938 bei 23 Jahren, waren die Mitarbeiter in Mährisch-Trübau durchschnittlich 54 Jahre alt.[281]

Für die beiden Betriebe hatte die Firma Delius knapp 250.000 Reichsmark bezahlt. „Mit den vielen Stühlen u[nd] Vorbereit[ungs]Maschinen, grossen Ländereien" habe man das für „preiswert u[nd] nützlich erachtet", hieß es im Betriebstagebuch. Zudem machten die „großzügigen Abschreibungsmöglichkeiten" auf neue Maschinen in den sudetenländischen Betrieben die Investition attraktiv.[282] Herbert Delius erläuterte, wie man die neuen Seidenwebstuhlautomaten, die man ursprünglich für die Bielefelder Betriebe bestellt hatte, nunmehr in Mährisch-Trübau aufstellte. Damit konnte man sie umgehend abschreiben.

Spiegelte der Kaufpreis von rund 250.000 Reichsmark den Wert der erworbenen Betriebsstätten mit ihren Liegenschaften angemessen wider? Eine firmeninterne Schätzung aus dem Jahr 1943 taxierte allein die Fabrikgebäude auf über 370.000 Reichsmark, hinzu kamen noch weitläufige Grundstücke und Maschinen.[283] Nach der Übernahme wurden wertsteigernde Investitionen vorgenommen, jedoch liegt die Annahme nahe, dass der Kaufpreis unter dem Wert lag, der unter anderen Rahmenbedingungen erzielt worden wäre.[284] Wie die wirtschaftshistorische Forschung herausgearbeitet hat, ist die Bestimmung des Unternehmenswertes mit großen Unsicherheiten behaftet. Es sei „schwierig bis unmöglich", den „‚tatsächlichen' Wert eines Unternehmens zu bestimmen", erläutert der Wirtschaftshistoriker Ingo Köhler, „dies gilt für Zeiten mit einer stabilen konjunkturellen Lage und einer marktwirtschaftlichen Verfassung, mehr noch unter den Bedingungen des dirigistischen NS-Wirtschaftssystems und der politisch-ideologisch motivierten Diskriminierung von jüdischen Marktteilnehmern".[285] Im Zuge der fortschreitenden Entrechtung jüdischer Gewerbetreibender und Unternehmer durch die Nationalsozialisten „wurden die kaufmännischen Standards" bei der Aushandlung von Übernahmevereinbarungen „aber immer stärker deformiert."[286]

Rückblickend rechtfertigte Herbert Delius den Erwerb als „normale kaufmännische Transaktion".[287] Auch eine interne Firmenschrift betonte, es habe sich nicht um eine „billige Übernahme eines nichtarischen Betriebes" gehandelt. Dies hätten, so schlussfolgerte die Darstellung, auch die Wiedergutmachungs-

Weberei in Mährisch-Trübau

verfahren vor den britischen Gerichten bestätigt.[288] Tatsächlich hatte der jüdische Emigrant Johann Schur – ein Erbe des Moritz Schur, dem das Unternehmen bis 1934 gehört hatte – im Dezember 1949 beim Zentralamt für Vermögensverwaltung in Bad Nenndorf einen Anspruch auf Rückerstattung angemeldet, der letztlich zurückgewiesen wurde. Dabei hatte sich das Verfahren bis zur Mitte der 1950er-Jahre hingezogen: Zunächst lehnte das Wiedergutmachungsamt beim Landgericht Bielefeld im Mai 1952 den Antrag ab und wies einige Monate später auch den Einspruch zurück. Das Oberste Rückerstattungsgericht für die Britische Zone, das Ende 1954 als Berufungsinstanz die Entscheidung der Wiedergutmachungskammer prüfte, bestätigte im Sommer 1955 die Einschätzung und urteilte, dass der Nachkomme des früheren Firmenbesitzers keine Ansprüche an die Firma Delius geltend machen könne. Ein zentrales Argument für die Zurückweisung der Ansprüche lag dabei in der Chronologie der Ereignisse. Bereits im Jahr 1934 sei über den Nachlass des früheren Besitzers, Moritz Schur, ein Konkursverfahren eröffnet worden. Im Zuge dessen sei die Konkursmasse – einige Jahre vor der Besetzung des sogenannten Sudetengaus durch die

Nationalsozialisten – an einen Gläubigerausschuss gegangen. Der Schur-Erbe könne nicht plausibel darlegen, dass es sich dabei um eine „ungerechtfertigte Entziehung" seines Vermögens gehandelt habe.[289]

Gleichwohl ließ das Wiedergutmachungsverfahren wichtige Umstände ungeklärt. Wie war es mit der Firma weitergegangen, nachdem die Gläubiger von Schur die Firma übernommen hatten? Von wem hatte C. A. Delius & Söhne die Firma erworben?

Man habe den Kaufvertrag mit der Böhmischen Escompte Bank „als Inhaberin der Konkursmasse" abgeschlossen,[290] erklärte Herbert Delius in seinen Erinnerungen an die Zeit in Mährisch-Trübau. Auch die Tochter des langjährigen Betriebsleiters des Werkes in der Seidengasse schilderte rückblickend, dass die Böhmische Escompte Bank mit einer Wiener Firma sämtliche Aktiva und Passiva des alten Unternehmens übernommen habe.[291] Einige Namen lassen sich rekonstruieren: Einer der neuen Bevollmächtigten der Firma war seit 1936 Berthold Storfer, ein jüdischer Bankier und Finanzexperte aus Wien.[292] Nach dem Schur-Konkurs hatte das Bankhaus Berthold Storfer KG die Sanierung der Mährisch-Trübauer Samt- und Seidenweberei AG übernommen.[293] Darüber hinaus gehörte Herr Dr. Lobositz von der Böhmischen Escompte-Bank zum Gläubigerkonsortium, in dessen Besitz das Unternehmen übergegangen war.[294] Die Bank hätte so bedeutende Kredite mit den Aktien als Sicherheit gegeben, dass diese zur Eigentümerin der Firma wurde, notierte Herbert Delius dazu.[295] Als die Firma Delius die beiden Betriebe 1939 kaufte, stand die Böhmische Escompte-Bank und ihr sudetenländisches Filialnetz jedoch bereits unter dem Einfluss der Dresdner Bank.[296] Bei der Eingliederung der Filialen der Böhmischen Escompte-Bank übernahm die Dresdner Bank deren Kreditengagements an jüdische Debitoren nicht, was die Firmeninhaber zur Veräußerung ihrer Betriebe zwang.[297]

Insgesamt bildete die Akquisition der neuen Betriebsstätten von Delius ein charakteristisches Fallbeispiel der „Arisierungsaktivitäten" der Dresdner Bank und der Behörden vor Ort und stand damit im Kontext der systematischen Verdrängung von jüdischen Eigentümern im Zuge der Ostexpansion des Deutschen Reichs.[298]

Als C. A. Delius & Söhne die Betriebe kaufte, gehörten sie zwar nicht mehr dem jüdischen Konsortium – die „Arisierung" der Vermögenswerte hatte bereits stattgefunden. Wie auch andere Investoren aus dem „Altreich" profitierte man jedoch davon, dass sich die kriselnde Firma, deren Vermögenswerte man von der Bank erwarb, angesichts der veränderten politischen Vorzeichen nicht mehr hatte erholen können.

Nach einer Übergangsphase lief die Produktion in Mährisch-Trübau – nun C. A. Delius & Söhne Mährisch-Trübau – im zweiten Halbjahr 1939 wieder an.

Die Nachfrage der Konfektionsbetriebe vor Ort nach Futterstoffen, die Exportzulagen und zollpolitische Regelungen begünstigten die Absatzlage.[299] „Aufträge bekamen wir in einem Ausmaß, wie wir sie seit der Firma Reichert nicht mehr gekannt hatten und das dafür nötige Material wurde auch gleich mitgeliefert“, erinnerte sich ein früherer Angestellter im Rückblick.[300] Bei der Materialbeschaffung für Mährisch-Trübau halfen die Kontakte zum Kunstseidensyndikat. Zudem konnte die Firma C. A. Delius & Söhne bei Engpässen Rohstoffkontingente auch von Bielefeld nach Mährisch-Trübau umdirigieren.

C. A. Delius & Söhne in der Kriegswirtschaft

Mit dem Beginn des Krieges standen die beiden Werke in Mährisch-Trübau zunächst für vier Wochen still.[301] In der Firmenzentrale in Bielefeld führte vorerst Teilhaber Herbert Delius – unterstützt von seinen engsten Mitarbeitern – vorübergehend alleine die Geschäfte, da seine Brüder Johann Daniel und Wolf Delius mit Beginn der Kampfhandlungen zur Wehrmacht einberufen wurden.[302] Wolf Delius kehrte im Jahr 1942 aus dem Krieg zurück und verbrachte als Reklamierter bereits von September 1940 bis Ende Januar 1941 einige Monate in Bielefeld, während Johann Daniel Delius im September 1943 aus gesundheitlichen Gründen aus dem Kriegsdienst entlassen wurde und dann die Leitung der Fabriken übernahm.[303]

Zu Kriegsbeginn hatten die Belegschaftszahlen der Firma Delius mit 2.689 Mitarbeitern ihren neuen Höchststand erreicht.

Tabelle: Beschäftigte der Firma C. A. Delius & Söhne im Jahr 1939

	Angestellte	Arbeiter/Arbeiterinnen	Gesamt
Bielefeld, Zentrale Goldstraße	237	45	281
Kontor Berlin	16		16
Bielefeld, Weberei Kurfürstenstraße	29	381	410
Jöllenbeck	65	877	942
Spenge	53	580	633
Augustdorf	1	51	52
Werther	4	80	84
Mährisch-Trübau	35	235	270[304]
Insgesamt	**440**	**2.249**	**2.689**

Kurz vor Kriegsbeginn waren die Kapazitäten von C. A. Delius & Söhne ausgelastet.[305] Dabei verlor die Produktion für die zivile Nachfrage an Bedeutung, während Staatsaufträge stärker ins Gewicht fielen. Die Zivilproduktion machte nur noch etwa 40 Prozent aus, während man sogenannte „Luxuswaren" ohnehin nur noch für den Export oder für Reichsstellen produzierte.[306]

Ein Großteil der Produktion für die zivile Nachfrage wurde exportiert. Damit erwirtschaftete die Firma Delius wertvolle Devisen. Die „Prüfungsstelle" in Berlin, die Einfuhr und Ausfuhr von Waren kontrollierte, habe im Juni 1942 „freiwillig bestätigt", „dass wir als eine der ersten Ausfuhr-Firmen der Branche be- und anerkannt werden", hieß es in einer Notiz.[307] Ein wichtiges Drehkreuz war dabei Italien – unter dem Namen eines italienischen Exporteurs konnten Delius-Waren zeitweise bis nach Südamerika gelangen. Zudem blieb der skandinavische Markt bedeutsam. Bis 1944 fanden in Schweden aufwendige Jacquardstoffe Absatz.[308]

Im Laufe der Kriegswirtschaft ging die Zivilproduktion weiter zurück. Das Sortiment an Futterstoffen schrumpfte auf drei kunstseidene Qualitäten zusammen.[309] Die Verbraucher konnten Textilien nur noch über das Punktesystem auf dem Bezugsschein – der sogenannten „Reichskleiderkarte" – erwerben.[310] Statt Krawatten fertigte Delius mit den Jacquardstühlen jetzt einen vielseitig einsetzbaren „Krawa-Blusenstoff".[311]

Das Unternehmen C. A. Delius & Söhne galt im Frühjahr 1941 sogar als die „am stärksten beschäftigte Textilfirma im ganzen ostwestfälischen Wirtschaftsgebiet". Sie vergab Lohnaufträge im Reich und an Firmen im „Protektorat Böhmen und Mähren", um die Produktionsaufträge zu bewältigen.[312] Später kam es zur Verlagerung von kriegswichtigen Aufträgen an die beiden Werke in Mährisch-Trübau sowie an andere Webereien in der Nähe dieses neuen Standortes.[313]

Unter den Rüstungsaufträgen waren Fallschirmstoffe das wichtigste Produkt. Dabei änderten sich die Anforderungen an die Gewebe mit den eingesetzten Flugzeugtypen und Einsatzzwecken.[314] Kunstseidene Gewebe eigneten sich für Lastenfallschirme, während reinseidene Stoffe bei Personenfallschirmen zum Einsatz kamen. Auch Leuchtbombenschirme gehörten jetzt zum Fertigungsprogramm von C. A. Delius & Söhne.[315] Die Koordinierung mit Wehrstellen und Ausschüssen übernahm der für diese Gewebe zuständige Delius-Abteilungsleiter, Herr Rex, der ab 1942 zur Bearbeitung von Fallschirmfragen in einen kriegswirtschaftlichen Sonderausschuss bestellt wurde.[316]

Darüber hinaus produzierte die Firma Delius Verdunkelungsstoffe und Tarnungsstoffe sowie schwere Gewebe für die Dynamitwerke Nobel & Co. in Siegburg. Zudem gehörten Kunstseidengewebe für die Herstellung von Autoreifen zum Programm.[317]

Auch die Betriebe in Mährisch-Trübau produzierten 1944 hauptsächlich für die Luftwaffe: Luftwaffenaufträge machten dort 72 Prozent, Wehrmachtsaufträge für das Heer hingegen 17,9 Prozent der Produktion aus. Ein halbes Prozent der

Fertigung ging in den Export, während 9,6 Prozent für zivile Bedarfe gefertigt wurden. „Export und Zivilfertigungen werden nur als Mitläufer gewebt. Sie [...] werden jetzt durch die Wehrmachtsaufträge ersetzt“, stellte eine Aktennotiz für die Wirtschaftsgruppe Textilindustrie klar.[318] Neben Fallschirmstoffen wurden in Mährisch-Trübau Stoffe für Pulversäcke und Fliegeranzüge gewebt.[319]

Schon seit dem Frühjahr 1940 hatte Herbert Delius die Idee vorangetrieben, die Firma Delius auch in Wien mit einem weiteren Produktionsstandort anzusiedeln. Damit wollte er, so hieß es in einem Verbandsschreiben, die für den „sudetendeutschen Betrieb [...] seit jeher nützliche Verbindung mit dem Wiener Platz wieder herstellen“ und „durch eine eigene Erzeugung in der Ostmark fundieren“.[320] Dabei interessierte sich Herbert Delius für die Seidenweberei Max Delfiner in Wien, die in jüdischem Besitz war.[321] „Wir bemühten uns lebhaft, den Betrieb Delfiner, Wien, zu erwerben. Nach vielfachen Anstrengungen musste das Objekt doch schließlich aufgegeben werden, weil die Hermann-Göring-Werke es für sich beanspruchten“, hieß es in einem internen Rückblick.[322] Auch andere Akquisitionsbemühungen blieben stecken.[323] Für die Suche nutzte Delius seine Verbandskontakte – die Fachgruppe Seiden- und Samtindustrie betätigte sich als „Arisierungsvermittlerin“[324] und führte auch die Firma C. A. Delius & Söhne in ihren Listen.

Herbert Delius

Herbert Delius und die Ostfasergesellschaft

Herbert Delius, der schon in der ersten Kriegshälfte als Sachverständiger für textilindustrielle Fragen nach Polen und Belgien gereist war, rückte im Laufe des Krieges immer näher an das NS-Regime heran. Aufgrund seiner Erfahrungen in Mährisch-Trübau erhielt er 1942 einen Sonderauftrag der „Ostfasergesellschaft mbH“ – also derjenigen staatlichen Gesellschaft, die in den besetzten Ostgebieten beschlagnahmte Unternehmen beaufsichtigen und weiterbetreiben sollte.[325] Das Reichsministerium für besetzte Gebiete hatte im Sommer 1942 einen „Mitarbeiterstab für Transkaukasien“ zusammenstellen wollen – eine Großregion, die zu den Expansionszielen der nationalsozialistischen Raubwirtschaft gehörte. Der designierte „Generalkommissar für Aserbaidschan“, früher im Gau Westfalen-Nord tätig, sah in Herbert Delius einen geeigneten Experten für die „sehr bedeutende Seidenindustrie dieses Gebiets“. Da dieses Land noch nicht besetzt war, sollte es in dem aktuellen Auftrag darum gehen, Einblicke in die Tätigkeit der „Ostfaser“ und ihrer Tochtergesellschaft „Ostlandfaser“ zu erhalten.[326] Zu diesem Zeitpunkt hatte Herbert Delius sich bereits als persönlich haftender Gesellschafter von C. A. Delius & Söhne zurückgezogen und wurde nunmehr stiller Gesellschafter. Hintergrund waren laut Betriebstagebuch „kontraktwichtige Maßnahmen persönlicher Art“, die nicht auf die Firma zurückfallen sollten. Ein Konflikt um eine persönliche Bürgschaftsangelegenheit von Herbert Delius sollte das Unternehmen nicht belasten.[327] Als einige Jahre später die nächste Generation in das Unternehmen eintrat, wurde zuvor vertraglich festgelegt, dass persönliche Bürgschaften den Verlust der Teilhaberschaft zur Folge haben.

Während des Krieges fertigte die Firma Delius nicht nur Textilien, sondern stellte auch Betriebsräume für die Herstellung von Kriegsgerät bereit und produzierte selbst Munition. Vor allem gegen Kriegsende wurde die textile Produktion immer mehr beschränkt. Mit „Auskämmaktionen" in den Textilbetrieben versuchten lokale Arbeitsämter, weitere Arbeitskräfte für die Rüstungsindustrie freizumachen. Im Delius-Werk in der Kurfürstenstraße standen phasenweise Drehbänke, und ein Webmeister von Delius fungierte nunmehr als „Munitionsobermeister".[328] Nach und nach verpachtete man die Betriebsräume in Werther an die Bielefelder Nähmaschinenfabrik Kochs Adler, die nun Granaten und Nadellager für Gleisketten fabrizierte.[329] Angesichts zunehmender Luftangriffe schritt die „Einschleusung von Rüstungsfertigung" in die Textilindustrie in der zweiten Kriegshälfte voran. Für die Niedersachen AG übernahm die Firma Delius in Jöllenbeck eine neue Fertigung von Köpfen für Granaten und Zubehörteilen für Geschosse, zum Teil mit eigenen Arbeitskräften, zum Teil mit Arbeitskräften der Niedersachen AG. In dem Werk in Spenge übernahm die Firma Delius die Fertigbearbeitung von Geschossen für den Bochumer Verein, der die Maschinen stellte und die Arbeitskräfte anlernte. Zudem richtete der Bochumer Verein bei C. A. Delius & Söhne eine Versuchsabteilung für Munition ein.[330] Unter der Regie der Drahtseilfabrik Wolf stellten Delius-Arbeitskräfte Drahtnetze her. Auch die Phönix AG fertigte 1944 in den Räumlichkeiten von Delius. Dazu habe man sich „wegen der Erhaltung des Arbeiterstammes der Not gehorchend" entschließen müssen, hieß es in Geschäftsnotizen des Privatkontors.[331]

Kriegsbedingt war die Belegschaft bis 1944 auf 1.446 Mitarbeitende geschrumpft.[332]

Ob und in welchem Umfang die Firma C. A. Delius & Söhne Zwangsarbeiter beschäftigte, lässt sich aus den vorliegenden Akten nicht genau rekonstruieren.[333] Es erscheint plausibel, dass ein für Rüstungsaufträge produzierendes Unternehmen dieser Größenordnung in der zweiten Kriegshälfte Zwangsarbeiter einsetzte. Eine interne Chronik der Firma Delius notiert die Einstellung von ausländischen Arbeitskräften im Mai und Juni 1943, zudem habe man versucht, „beim Arbeitsamt fremde Arbeiter zu bekommen."[334] Gleichwohl mag es auch nicht zu einem größeren Einsatz gekommen sein: Wie Roman Köster für die Firma Seidensticker herausarbeitete, konkurrierten in Bielefeld die Unternehmen der Metallindustrie um die verfügbaren Zwangsarbeiter, während die Unternehmen in Bielefeld mit einem hohen Anteil an weiblichen Arbeitskräften demgegenüber meist weniger Zwangsarbeiter beschäftigten.[335]

Zerstörungen im Krieg

Seit der Kriegswende im Winter 1941/42 und dem Fortschreiten des Bombenkriegs rückten das Kriegsgeschehen und die Kampfhandlungen näher an den betrieblichen Alltag heran. „Die Kriegsnot wird jeden Tag deutlicher fühlbar“, schrieb ein Prokurist von Delius im Oktober 1943 in sein Protokoll.[336] Im nächsten Jahr erfolgten die schwersten Luftangriffe auf Bielefeld. Die Bombardements vom 30. September 1944 legten fast die ganze Altstadt in Schutt und Asche und zerstörten städtische Infrastrukturen, Wohnhäuser und Industriebetriebe. 650 Menschen starben.[337] Auch das Hauptverwaltungsgebäude der Firma Delius wurde getroffen. Das Geschäftsgebäude Güsenstraße brannte ab, die älteren Gebäude in der Goldstraße waren völlig zerstört, während die Fassade stehen blieb.

Schon im Vorjahr hatte die Firma das Fertigwarenlager nach Jöllenbeck verlagert und in dem Bauernhaus neben dem Werk Behelfsunterkünfte für ausgebombte Mitarbeiter eingerichtet.

3.

WANDEL UND WACHSTUM

3.1. VOM WIEDERAUFBAU ZUM WIRTSCHAFTSWUNDER

Kriegsende

Mit dem Einzug der US-amerikanischen Truppen am 4. April 1945 endete der Zweite Weltkrieg für Bielefeld.[338] Weite Teile der Stadt lagen in Schutt und Asche. Gemäß der amtlichen Statistik wohnten nur noch 70.000 Menschen in der Stadt.[339] Die erschöpfte Bevölkerung stand vor existenziellen Nöten und Problemen und litt unter den gravierenden Engpässen in der Versorgung mit Essen und Wohnraum.[340]

Rund 600 Delius-Mitarbeiter waren im Krieg gefallen.[341] Das Verwaltungsgebäude in der Goldstraße lag vollständig in Trümmern, aber die Werke in Spenge, Jöllenbeck und Werther hatten geringere Schäden davongetragen. Auch das Fabrikgebäude in Augustdorf blieb intakt.[342] Seit Herbst 1944 war die Verwaltung von C. A. Delius & Söhne in das Jöllenbecker Kameradschaftshaus gezogen – „vollarbeitsfähig", wie es in internen Notizen hieß, denn Akten und Dokumente, die in der Tresoranlage verwahrt wurden, hatten den großen Bombenangriff vom 30. September 1944 unbeschadet überstanden.[343]

Geschäftshaus in der Güsenstraße, Wiederaufbau

So liefen die Webstühle in Jöllenbeck und Spenge nur wenige Tage nach dem Eintreffen der US-amerikanischen Streitkräfte wieder an.[344] Mit etwa der Hälfte der früheren Kapazität hatte das Unternehmen C. A. Delius & Söhne dort wieder die Produktion aufgenommen. „Unsere Betriebe sind erhalten geblieben“, heißt es in einer Notiz an den „Sachwalter der ehemaligen Reichsstelle für Kleidung und verwandte Gebiete“. „Wir haben mit der Arbeit eine Woche nach erfolgtem Einmarsch wieder begonnen.“[345] Dafür stützte sich das Unternehmen auf je 200 Mitarbeiter, ausgesucht nach deren Bedürftigkeit. Der Vorrat an Rohmaterialien versprach die Perspektive auf einige Monate Produktion.

Die strukturellen Voraussetzungen für einen Neustart waren damit, trotz der erheblichen Zerstörungen, relativ günstig. Darüber soll an dieser Stelle das individuelle Leid und die persönliche Not nicht vergessen werden, die mit dem Krieg für die Menschen verbunden waren, so auch für die Familien der Belegschaft von Delius und für die Unternehmerfamilie selbst.

Improvisierter Beginn

Ein paar Tage nach dem Einzug der Amerikaner übernahm die britische Militärregierung die Kontrolle in Bielefeld. Die Verwaltung lag nun beim britischen Militärgouverneur, Major Douglas Mac Olive, der im Hotel Vereinshaus an der Bahnhofsstraße seinen provisorischen Amtssitz einrichtete.[346] In diesen Tagen besuchten Vertreter der Besatzungsbehörde und US-amerikanische Sachverständige die Webereibetriebe mehrmals, um sich über den Stand der Dinge zu informieren.[347] „Größere Stoffmengen wurden zunächst nicht beschlagnahmt“, lautete ein Tagebucheintrag im zentralen Firmenkontor. Gleichwohl beklagte die Geschäftsleitung einen erheblichen Materialschwund, da Plünderer ein auswärtiges Fertig- und Halbfertig-Warenlager binnen weniger Tage vollständig ausgeräumt hatten.[348] Man habe in Bielefeld gelegentlich selbst genähte Kleidung aus den naphtholroten Fallschirmstoffen gesehen, erwähnt eine interne Firmenchronik, die den Wert des verschwundenen Materials auf etwa 300.000 Reichsmark beziffert.[349] Gemäß den Angaben des Chronisten beliefen sich die Kriegsverluste insgesamt auf etwa 11 Millionen Reichsmark.[350]

Die Anfänge waren improvisiert. Trotz der vergleichsweise guten Startbedingungen dauerte es einige Zeit, bis wieder ein regelmäßiger Betrieb möglich war. In Jöllenbeck webte man zunächst Fallschirmstoffe auf Oberstoffe um, indem die Ketten eine andere Bindung erhielten.[351] Bald darauf legte die Militärregierung die Werke wieder still, denn zunächst durften im Bezirk der Industrie- und Handelskammer Bielefeld nur einige wenige Betriebe aus ausgewählten Industrie-

zweigen – z. B. aus der Nahrungsmittelbranche und der pharmazeutischen Industrie – die Produktion fortsetzen.[352] Da die Fabrikhallen der Delius-Werke als Produktionsstätte für Kriegsgerät gedient hatten, standen kurzzeitig sogar Demontagepläne im Raum, die jedoch bald in den Hintergrund traten.[353] Im Laufe des Sommers erhielten 114 Unternehmen im Kammerbezirk die Genehmigung, ihre Produktion wieder aufzunehmen.[354] Auch die Geschäftsleitung von Delius hatte die Arbeitserlaubnis erhalten und begann im August damit, die Betriebsstätten in Werther und Augustdorf wieder arbeitsfähig zu machen und den Standort Kurfürstenstraße „vorsichtig" zu vergrößern.

Nur wenige Wochen später fror die Militärregierung die Produktion bei Delius wieder ein. Die Fabriken arbeiteten zwar weiter, aber der Status „frozen" bedeutete, dass die Verfügungsgewalt über Produktion und Material nicht mehr bei der Geschäftsleitung, sondern bei der Militärregierung lag, die einen Teil der Produktion in Anspruch nahm. Bald standen lohnende „military orders" in Aussicht sowie die Freigabe der Produktion für den deutschen zivilen Sektor.[355] Tatsächlich bestellten die britischen Militärbehörden Dekorationsstoffe, Futterstoffe und Kleiderstoffe im großen Umfang – das ganze Montgomery-Palais sei mit Delius-Stoffen dekoriert worden, heißt es in einer Erinnerung zur Firmengeschichte.[356] Bei den Industriebetrieben in der britischen Zone waren die Besatzungsaufträge begehrt, denn Unternehmen, die für die „headquarters" in Bad Oeynhausen produzierten, erhielten Vorrang bei der Versorgung mit knappen Brennstoffen, Energie und Rohmaterialien. Dies war angesichts der äußerst angespannten Versorgungslage ein unschätzbarer Vorteil, wenngleich die Zuweisung von Kontingenten nicht bedeutete, dass die

Geschäftshaus in der Güsenstraße, Wiederaufbau

erforderlichen Materialien auch tatsächlich zu bekommen waren. Befreundete Garnspinnereien aus dem Münsterland halfen der Firma C. A. Delius & Söhne dabei, dringend benötigte Garnkontingente bereitzustellen. Die Anstrengungen reichten weit darüber hinaus. Zeitzeugen erinnerten sich, dass der damalige Seniorchef Wolf Delius mit einem Abteilungsleiter bis nach Helmstedt an die Zonengrenze fuhr, um Koks – und Teerrückstände herbeizuschaffen.[357] Zudem erzeugte man auch mit eigenem Firmenholz Strom. Ab Herbst 1946 beantragte man die Genehmigung von Nachtschichten für Mitarbeiterinnen, um durch Sperrzeiten verlorene Produktion wieder aufzuholen.[358]

Reguläre Marktbeziehungen existierten nicht mehr. An ihre Stelle trat die behördliche Bewirtschaftung. Güter des täglichen Bedarfs waren nur noch mit Bezugsscheinen zu erhalten. Angesichts des Mangels florierte der Schwarzmarkthandel. Mit Gütern, die regulär nicht mehr zu beschaffen waren, ließen sich horrende Preise erzielen. In der britischen Zone kostete ein Kilogramm Brot „schwarz" ungefähr 60 Reichsmark, in Zigarettenwährung sechs amerikanische oder neun französische Zigaretten. Butter oder Bohnenkaffee waren für etwa 250 bis 300 Reichsmark zu haben, ein Kilo Kartoffeln konnte für eine „Camel" den Besitzer wechseln.[359] Die Schwarzmarktpreise zeigten den gewaltigen Geldüberhang an, der sich im Zuge der Kriegsfinanzierung gebildet hatte. Die Reichsmarkwährung hatte ihre grundlegenden Geldfunktionen eingebüßt. Neben dem Handel zu Fantasiepreisen bürgerten sich Kompensationsgeschäfte ein, bei denen Ware gegen Ware getauscht wurde. Anschaulich schildern Erinnerungen, wie ein langjähriger Mitarbeiter der Delius-Verwaltung mit einer Stange Zigaretten von Herbert Delius einen Ballen Stoff erwarb, den er bei einem Polsterer gegen eine Sitzgruppe tauschte – die erste Ausstattung für das eigene Wohnzimmer.[360] Die Firma C. A. Delius lieferte Stoffreste an die Spinnereien zum Zerreißen, schaffte Glühlampen, Packpapier, Zubehör für die Webstühle im Tausch gegen Sachwerte an.[361] Die Mitarbeiter, die nicht beurlaubt waren, erhielten eine „Deputat-Entlöhnung" in Reststoffen oder anderen Naturalien, um die geringwertigen Löhne in Reichsmark aufzustocken. Man zahlte z. B. mit Fisch, Schuhsohlen oder Holz.[362]

Zerschnittene Netzwerke

Die Textilindustrie stand in den ersten Nachkriegsjahren vor herausfordernden Aufgaben. In den Westzonen war ein knappes Drittel der Webstühle und der Spindeln zerstört. 1946/47 erreichte die Produktion etwa 20 bis 25 Prozent des Vorkriegsniveaus. Die Arbeitsproduktivität war im europäischen Vergleich niedrig, was angesichts der Umstände nicht verwunderte: Die Arbeitskräfte waren

C. A. Delius & Söhne, Lager

unterernährt, mussten lebensnotwendige Güter auf dem Land beschaffen und Trümmer aufräumen.[363] Zudem hatte die Aufteilung in Besatzungszonen langjährig gewachsene Geschäftsbeziehungen zerschnitten und wirkte sich auch auf das Zuliefernetzwerk innerhalb der Textilwirtschaft aus. Einige Lieferanten, von denen C. A. Delius vor 1945 hochwertige Perlongarne bezogen hatte, saßen nun in der Sowjetischen Besatzungszone.[364] Ersatzweise verlegte sich Delius vorübergehend auf die Verarbeitung des Zellwollgarns „Cuprama" für Kleiderstoffe.[365]

„Wir beenden, beschäftigungsmäßig gesehen, den miserabelsten Winter, den die Fa. je erlebt hat", heißt es im Tagebuch des Firmenkontors über die Wintermonate 1946 bis 1947. „Lange Wochen mussten einzelne Webereien wegen Strom-Mangel teils ganz, teils tageweise schließen."[366] Einen Grund dafür sah die Geschäftsleitung in Mängeln und Willkürakten in der städtischen Verwaltung: Das Straßenverkehrsamt habe einen lang beantragten Kohlentransport nicht genehmigt und so die Probleme unnötig verschärft.[367]

Entnazifizierung

Bis August 1947 war die Unternehmensspitze von C. A. Delius & Söhne auch mit einem anderen Umstand beschäftigt – einer „höchst unrühmliche[n] Angelegenheit", wie es in den Geschäftsnotizen des Privatkontors hieß. Seit Mitte 1946 setzte sich die Geschäftsleitung mit den Besatzungsbehörden über die Frage auseinander, welche Rolle die Seniorchefs – Johann Daniel Delius, Wolf Delius und Herbert Delius – in der Zeit des Nationalsozialismus gespielt hatten.

Wie auf der Potsdamer Konferenz im Sommer 1945 bekräftigt, gehörte die Entnazifizierung zu den zentralen Zielen der alliierten Politik für Nachkriegsdeutschland.[368] Ehemalige Nazis sollten zur Rechenschaft gezogen und aus führenden Positionen in Wirtschaft und Verwaltung entfernt werden. Seit Kriegsende wurden Millionen von Deutschen auf ihre nationalsozialistische Vergangenheit überprüft. In den vier Besatzungszonen setzten die zuständigen Behörden ihr gemeinsames Ziel jedoch in unterschiedlicher Weise um. So gingen die britischen Militärbehörden dabei zurückhaltender vor als die US-amerikanischen Stellen, was zur pragmatischen, an Wiederaufbaufragen orientierten britischen Besatzungspolitik passte. Dieser vielzitierte „Pragmatismus" kam auch in einer Episode zum Ausdruck, die der Firmenchronist von C. A. Delius & Söhne schildert: Als der Seniorchef Herbert Delius im Dezember 1945 vor dem RAF Security Service vernommen worden sei, habe der vorsitzende Offizier bekräftigt, er störe sich nicht an der Bezeichnung „Musterbetrieb", man habe die Gewähr, dass die „Leiter von Musterbetrieben vertrauenswürdige Leute" wären.[369]

Einige Monate später kam das formale Verfahren in Gang, um die politische Vergangenheit der Bielefelder Textilunternehmer zu durchleuchten. Eine wichtige Grundlage für das Entnazifizierungsverfahren in den Westzonen bildete ein zwölfseitiger Fragebogen mit 132 Fragen zum persönlichen und beruflichen Werdegang.[370] Wolf Delius, Geschäftsführer und persönlich haftender Gesellschafter des Unternehmens, hatte Mitte 1946 seinen ausgefüllten Fragebogen eingereicht und daraufhin den Entlassungsbescheid erhalten. „Removal mandatory", „entlassungspflichtig" hieß es in dem „action sheet" vom November 1946. Die zuständige Behörde hatte Wolf Delius als aktives Parteimitglied eingeordnet, denn er gehörte von 1933 bis 1945 der NSDAP an und war von 1933 bis 1945 Reiter-Obersturmführer der SA.[371] Damit erfüllte er die Kriterien für eine Entlassung automatisch.[372] Sein Konto war gesperrt, nur eine „Entnahme von monatl. M. 300 + M. 50 gestattet", notierte man im Betriebstagebuch von C. A. Delius & Söhne.[373]

Gegen diesen Bescheid legte Wolf Delius im Frühjahr 1947 Berufung ein. Einige Monate später korrigierte die Behörde den Beschluss und ordnete ihn der Kategorie IV – „Mitläufer" – zu.[374] Ausschlaggebend für die Neueinschätzung war der Umstand, dass das Unternehmen C. A. Delius & Söhne bis 1938 jüdische Vertreter beschäftigt hatte und noch bis 1939 jüdische Firmen im Ausland besuchte und belieferte, obwohl mehrere NS-Behördenstellen dies angeprangert und Konsequenzen angekündigt hatten. Aus den Akten geht beispielsweise hervor, dass die Reichszeugmeisterei der NSDAP seit 1936 damit gedroht hatte, ihre Aufträge zu entziehen. Nach einigen Mahnungen teilte sie schließlich mit, C. A. Delius & Söhne von der Liste zugelassener Hersteller gestrichen zu haben.

Auch andere Stellen der nationalsozialistischen Bürokratie, z. B. die westfälische Gauleitung der NSDAP oder Abteilungen der Deutschen Arbeitsfront, hatten bis zum Jahr 1938 ähnlich lautende Beschwerden an die Geschäftsleitung von C. A. Delius & Söhne geschickt. Bereits 1934 hatte Wolf Delius auch eine Aufforderung der Außenhandelsstelle für Niedersachsen zurückgewiesen, Reden von Rudolf Heß, Stellvertreter des Führers in der NSDAP, an seine ausländischen Kunden zu verteilen. „Wir machen uns lächerlich", erklärte er.[375] Diese Schriftwechsel legten Wolf Delius und seine Brüder nun den Behörden vor.[376] Zudem benannte der Fabrikant im Berufungsverfahren zahlreiche Zeugen.[377] Damit nahm das Entnazifizierungsverfahren einen durchaus typischen Verlauf. Die Präsentation von Leumundszeugnissen aus dem privaten und beruflichen Umfeld, zeitgenössisch als „Persilscheine" etikettiert, etablierte sich zu einer gängigen Praxis. Allein im späteren Nordrhein-Westfalen fanden schätzungsweise 1,15 Millionen Zeugnisse Eingang in die Akten der Überprüften.[378] Von den über 3 Millionen Fällen in den Westzonen endeten über zwei Drittel mit einer Entlastung oder Einstellung des Verfahrens, über eine Million Erwachsene galten als Mitläufer. Als schuldig oder politisch belastet im Sinne der Kategorien I–III („Hauptschuldige"; „schuldig belastet"; „minderbelastet") wurden etwa 5 Prozent eingruppiert.[379]

Gleichwohl rekrutierten sich die Entlastungszeugen von Wolf Delius nicht nur aus den für Leumundszeugnisse üblichen Kreisen – unter den vielfältigen Erklärungen befinden sich auch Briefe, die aufgrund der persönlichen Schicksale der Schreibenden herausstechen. So erwähnt beispielsweise ein früherer jüdischer Geschäftspartner, Alfred Catts (früher Katz) eine geldliche Abfindung von Delius, die ihm bei seiner Auswanderung von Wuppertal nach Melbourne geholfen habe.[380]

Auch Herbert Delius und Johann Daniel Delius durchliefen das Entnazifizierungsverfahren. Allerdings hatte Herbert Delius sich schon vor Kriegsende aus der aktiven Geschäftsführung zurückgezogen und war nur noch stiller Teilhaber.[381] Johann Daniel Delius, Mitglied der NSDAP seit dem 1. Mai 1933 bis zum Jahr 1945, erhielt im Frühjahr 1947 einen Entlassungsbefehl, aber nach einer erfolgreichen Berufung im Juli 1947 folgte der Einreihungsbescheid als „Mitläufer". „Konten nicht gesperrt", lautete der lapidare Vermerk im Formular.[382] Auch im Verfahren von Johann Daniel Delius hatten die Entnazifizierungsgremien im Kern denselben Sachverhalt wie bei Wolf Delius geprüft, wenngleich sich Johann Daniel zum Teil auf andere Zeugen berief. Briefe von jüdischen Vertretern, die emigrieren konnten, stützten seine Aussagen.[383] Der Fall seines Bruders, Herbert Delius, weist ebenfalls starke Parallelen auf, war jedoch im Detail etwas anders gelagert. Er galt dem Entnazifizierungs-Sachverständigen als „überzeugter Nationalsozialist", denn der frühere Seniorchef war nicht nur seit dem 1. Mai

1933 Mitglied der NSDAP gewesen, sondern von 1935 bis 1939 auch förderndes Mitglied der SS, zudem hatte Herbert Delius im Laufe der Kriegswirtschaft, z.B. für seine Tätigkeit in der Ostfasergesellschaft, seine textilwirtschaftliche Expertise in den Dienst der nationalsozialistischen Expansionsziele gestellt. Nach der Berufung nahm das weitere Verfahren jedoch auch bei Herbert Delius den gleichen Verlauf wie bei seinen Brüdern – der Bescheid der Militärregierung reihte ihn als Mitläufer ein.[384]

Vorsichtige Erholung

Seit Juli 1947 wirkte eine neue Generation in der Geschäftsführung mit: Die Cousins Ernst August, Eduard und Reinhard Delius, bisher als Prokuristen für die Firma tätig, traten nun als persönlich haftende Gesellschafter in die Firma ein. Dieser Schritt erfolgte wohl früher als ursprünglich geplant – „aus verschiedenen Gründen", wie eine Notiz im Betriebstagebuch vage andeutet. Möglicherweise hatte die Unternehmerfamilie die Übernahme der Teilhaberschaft aufgrund der Vermögenssperre und der noch schwebenden Verfahren von Wolf und Johann Daniel Delius vorverlegt. Die jungen Teilhaber waren zwischen 24 und 27 Jahre alt, und ihre Gesellschafter- und Zeichnungsrechte sollten noch bis Mitte 1949 ruhen.[385]

Inzwischen belebte sich nach und nach die wirtschaftliche Tätigkeit in den Westzonen.[386] Auch das Exportgeschäft von Delius erfuhr wieder erste Impulse. Dafür waren vor allem persönliche Kontakte ausschlaggebend. Als behutsamer Auftakt gilt, firmeninternen Rückblicken zufolge, ein größerer Auftrag der Firma Tarlair Maxwell & Co. Die englisch-amerikanische Firmengruppe stellte Zellulose aus Schweden bereit, um sie durch die Webereien weiterverarbeiten zu lassen.[387]

Darüber hinaus konnte die Geschäftsleitung von Delius über diese Firma wichtige neue Kontakte knüpfen. Vermittelt durch die Tarlair Maxwell & Co. reiste der junge Mitinhaber Reinhard Delius für mehrere Monate zu Studienzwecken in die USA. Anfang 1948 besichtigten der Juniorchef und sein Exportleiter dabei die Draper Corporation in Massachusetts – ein Maschinenbauunternehmen, das eine innovative, am Markt führende Webtechnologie entwickelt hatte. Die Draper-Automaten bargen ein bemerkenswertes Rationalisierungspotenzial: Für die Bedienung von 40 Webstühlen war nur eine Arbeitskraft vorgesehen, während in Deutschland zu diesem Zeitpunkt ein Weber sechs Webstühle bediente. Angeregt durch diese Eindrücke, schaffte die Firma C. A. Delius über die Marshallplan-Administration einige Monate später 50 Automatenwebstühle an und brachte damit ihre Webereien auf den neuesten Stand.[388]

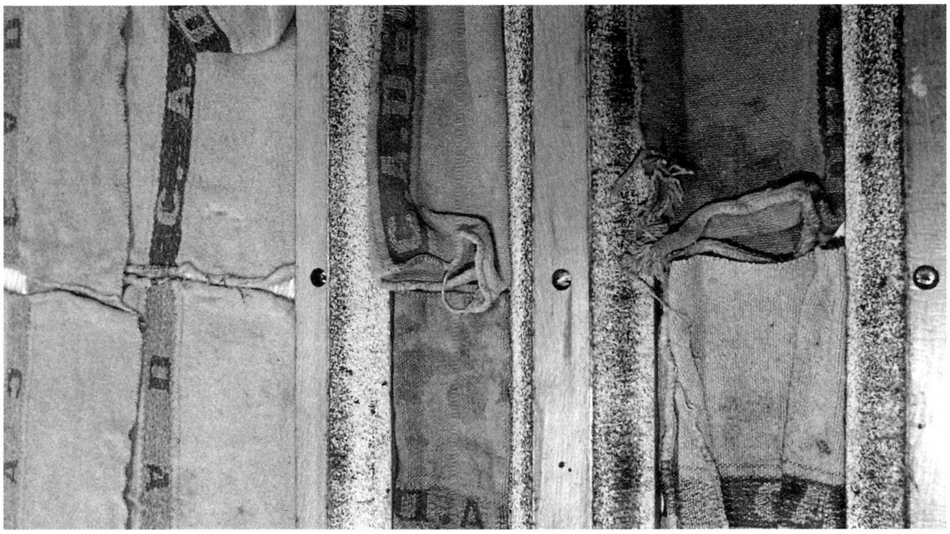

Tücher, C. A. Delius & Söhne

C. A. Delius & Söhne gehörte zu den ersten Textilunternehmen in Westdeutschland, die diese Technologie nutzten. Das bekannte Signum des Marshallplanes – „for the recovery of Europe" – findet dabei nachdrückliche Erwähnung in den Rückblicken des zeitgenössischen Firmenchronisten, der die Bedeutung der US-amerikanischen Wirtschaftshilfe unterstreicht. Schon im Sommer 1947 hatte der US-amerikanische Außenminister George Marshall das bekannte Wiederaufbauprogramm vorgestellt, das die mit den Kriegsfolgen belasteten Volkswirtschaften Europas befähigen sollte, ihr wirtschaftliches Potenzial zu erschließen. Damit setzte er ein politisches Signal, das für Aufbruchsstimmung sorgte. Über die effektive Bedeutung des Marshallplanes für die wirtschaftliche Erholung der westdeutschen Wirtschaft haben Wirtschaftshistoriker kontrovers geurteilt.[389] Als unstrittig gilt, dass über die institutionellen Mechanismen des Förderprogramms die Abhängigkeit von Dollarbeständen reduziert wurde und die Liberalisierung des Außenhandels entscheidende Impulse erfuhr.[390] Für die westdeutsche Textilindustrie waren die Baumwolllieferungen bedeutsam, die 1948 weit über die Hälfte der Marshallplan-Importe ausmachten.[391]

Währungsreform und Stabilisierung

Bis zur Mitte des Jahres 1948 stieg die Produktion bei C. A. Delius & Söhne nach und nach an.[392] Seit über einem Jahr arbeitete die Verwaltung von C. A. Delius

Dessins, 1950er-Jahre

& Söhne wieder in ihrem traditionellen Geschäftshaus an der Goldstraße, das man „nach unendlichen Mühen“ wieder hergerichtet hatte.[393] Auch die Verkaufsabteilungen waren vom Ausweichlager in das Stammhaus zurückgekehrt.[394]

Bis zum Beginn des Jahres 1948 gab es also schon eine Reihe von Weichenstellungen für den Wiederaufbau des Geschäftsbetriebs. Für eine Normalisierung der wirtschaftlichen Verhältnisse und einen vitalen Aufschwung fehlten jedoch noch entscheidende Voraussetzungen – in Anbetracht der völlig funktionsunfähigen Währung und einer behördlichen Regulierung, die den Mangel wichtiger Rohstoffe nicht beseitigen konnte. Angesichts des „Festhaltens der Ware“ werde eine Geldreform „immer dringlicher“, befand die Bielefelder Industrie- und Handelskammer im Februar 1948. „Erst dann werden die jetzt [...] brach liegenden Kräfte wieder tätig werden.“[395] Nachdem sich Gerüchte über eine bald bevorstehende Währungsreform verdichteten, warteten die Bielefelder Geschäftsleute auf den „Tag X“, an dem sie ihre Waren wieder zu einer wertbeständigen Währung anbieten konnten.

Das Erfordernis eines Währungsschnitts lag auf der Hand, denn die nationalsozialistische Rüstungsfinanzierung hatte die inländische Staatsverschuldung in eine Höhe getrieben, die erheblichen Inflationsdruck verursachte. Nur die administrative Regulierung von Preisen und Mengen hatte bislang verhindert, dass die Inflation offen zutage trat.[396] US-amerikanische und deutsche Finanzexperten hatten verschiedene Konzepte erarbeitet und Kernpunkte der Reform beschlossen. Bei dem berühmten Konklave von Rothwesten, einer geheimen Zusammenkunft im Frühjahr 1948, berieten Alliierte und Sachverständige über die praktischen Fragen. Im Gewölbe der früheren Reichsbank lagerten Tausende von Kisten mit Banknoten für die neue Währung, die heimlich in den USA gedruckt worden waren. Mitte Juni trafen die ersten Überseekisten mit den druckfrischen Geldscheinen auch an der Herforder Straße ein, in der Bielefelder Filiale der ehemaligen Reichsbank. Am Tag der Währungsreform, dem 20. Juni 1948, durften die Bielefelder Bürger an den örtlichen Umtauschstellen ihre Kopfquote von 40 D-Mark eintauschen.[397] Nun löste die D-Mark die Reichsmarkwährung ab. Um eine kaufkräftige Währung zu schaffen, erloschen im Zuge der Reformgesetzgebung mehr als 93 Prozent der alten Geldbestände. Guthaben in Reichsmark schrumpften schließlich auf 6,5 Prozent ihres früheren Wertes zusammen – von 10 Reichsmark blieben 0,65 D-Mark übrig.[398]

Schon am Tag darauf füllten sich die Schaufenster der Läden wieder mit Waren, die lange Zeit nur unter größten Mühen zu beschaffen gewesen waren. Dies schien einen erfolgreichen Start der neuen Währung zu verheißen. Die Bielefelder Industrie- und Handelskammer frohlockte: „Die Arbeit hat wieder einen Sinn!“[399]

Ob die Währungsreform tatsächlich als „Geburtsstunde für das Wirtschaftswunder“ gelten kann, ist umstritten.[400] Ein wichtiges Pendant zur Währungsreform war zudem die Freigabe der Preise auf der Grundlage des „Leitsätzegesetzes“, das ein paar Tage nach der Währungsreform in Kraft trat. Mit diesem Gesetz hatte Ludwig Erhard, Direktor der Verwaltung für Wirtschaft des Vereinigten Wirtschaftsgebietes der drei westlichen Besatzungszonen, viele gewerbliche Erzeugnisse aus der Bewirtschaftung entlassen und ihre Preisbindung aufgehoben.[401] Auf dieser Basis konnten sich in den westlichen Besatzungszonen allmählich wieder marktwirtschaftliche Bedingungen etablieren.[402] Bald darauf lastete die Industrie ihre Kapazitäten wieder stärker aus.[403]

Auch bei C. A. Delius & Söhne wurden diese Weichenstellungen rückblickend als wegweisende Zäsur empfunden.[404] Im Juni 1948 beschäftigte die Firma C. A. Delius & Söhne 1.332 Mitarbeiter. Die Zuweisungen aus der Finanzreform beliefen sich damit auf rund 80.000 D-Mark. Zudem wurden die ausstehenden Lieferungen der letzten zwei Wochen nun in wertvoller D-Mark bezahlt. „Die Warenvorräte wurden den Delius-Abteilungen buchstäblich aus der Hand gerissen“, notierte der Firmenchronist.[405] So konnte C. A. Delius & Söhne auch Vorschüsse an die Ausrüstungsbetriebe leisten und Garne einkaufen. Nach wie vor gab es in der Übergangsphase Geschäftspartner, die Garn oder Maschinen nur gegen Kompensationen lieferten. Binnen weniger Wochen erzielten die Delius-Werke einen Umsatz in Höhe von mehreren Millionen D-Mark.[406] Noch im Jahr 1948 stellte das Unternehmen seine Produkte auf der Hannover-Messe vor.[407]

Textiles Wirtschaftswunder – „Bekleidungswelle“ und Nachholbedarf

Angesichts der Stabilisierung setzte die Geschäftsleitung ab 1949 mehrere Investitionsprojekte um. Sie modernisierte den Standort Werther und errichtete hier einen großen, gut ausgeleuchteten „Einsaalraum“ für den Automatenbetrieb. Zudem baute man das Geschäftshaus an der Goldstraße aus und weihte es im Frühjahr 1950 feierlich ein. Die Lokalpresse sah den „Bielefelder Wirtschaftswillen“ im „unpathetischen Kontorhaus“ repräsentiert.[408]

In der Bielefelder Wirtschaft gab es nun kräftige Wachstumsimpulse. Viele neue Unternehmen nahmen ihren Betrieb auf.[409] Auch bei den Textilunternehmen verstärkte sich die Nachfrage, sodass die Beschäftigung der vor Ort ansässigen Webereibetriebe rasch zunahm.[410] In der berühmten „Bekleidungswelle“ holte die westdeutsche Bevölkerung lange aufgeschobene Anschaffungswünsche bei Textilien nach. Auch der Bauboom beflügelte die Produktion von Heimtextilien

Informationsblatt zum Herstellungsprozess von Zellwolle „Floxan“, um 1959

und Möbel- und Dekorationsstoffen.[411] Der Nachholbedarf war zunächst so groß, dass auch Unternehmen mit einem veralteten Maschinenpark auskömmliche Erträge realisieren konnten. Um 1949 erreichte die westdeutsche Textilindustrie wieder den Produktionsumfang der Vorkriegszeit.[412] Von 1948 bis 1951 war die Steuergesetzgebung besonders vorteilhaft für die Konsumgüterindustrie, da sie großzügige Abschreibungsmöglichkeiten für kleinere Modernisierungsinvestitionen einräumte.[413] Die Textilindustrie nutzte diese Möglichkeiten und es fiel ihr zunehmend leichter, Kapital für ihre Investitionsprojekte zu beschaffen. So zeigen beispielsweise die Kredite der Nachfolgeinstitute der Deutschen Bank im Zeitraum von 1948 bis 1951 ein überdurchschnittliches Engagement in der Textil- und Lederindustrie.[414] Hinzu kamen weitere Faktoren: Die Kombination aus preiswerter Baumwolle, niedrigen Löhnen und ausreichend verfügbaren Arbeitskräften versprach eine günstige Perspektive für die Textilproduktion.

Auch die deutsche Teilung veränderte die Marktsituation in der deutschen Textilindustrie. Die regionale Spezialisierung war nun teilweise aufgehoben. Etwa drei Viertel der Kammgarnspinnereien und knapp zwei Drittel der Streichgarnspinnereien hatten ihren Sitz in der DDR, bei den Webereien waren es rund 35 Prozent. Durch den Wegfall dieser Kapazitäten sahen einige Textilunternehmer hier Wachstumschancen, um in andere Größenordnungen der Produktion oder weitere Verarbeitungsstufen der textilen Wertschöpfungskette einzusteigen.[415]

Seit Anfang der 1950er-Jahre boomte die westdeutsche Wirtschaft. Die Kennzahlen von Industrieproduktion und Export schnellten eindrucksvoll nach oben. Dies verschaffte der jungen Bundesrepublik einen guten Start. Bald waren die Anlaufschwierigkeiten vergessen, die sich kurz vorher noch in hohen Arbeitslosenziffern und steigenden Preisen ausgedrückt hatten. Hatte die Bevölkerung zuvor noch Vorbehalte gegenüber der sozialen Marktwirtschaft geäußert, schwand nun die Skepsis dahin. Von 1948 bis 1960 wuchs das Bruttoinlandsprodukt pro Kopf durchschnittlich um mehr als 9 Prozent im Jahr, im Jahrzehnt darauf um jährlich 3,5 Prozent.[416] Der kraftvolle Aufschwung erstaunte die Zeitgenossen, sodass bald vom „Wirtschaftswunder“ die Rede war. Verschiedene Triebfedern befeuerten die Konjunktur – der Wiederaufbau nach den Kriegszerstörungen, die Nutzung von US-amerikanischen Technologien, die Wiedereingliederung in den Weltmarkt – so zog nach Beginn des Korea-Krieges die Auslandsnachfrage nach Investitionsgütern kräftig an. In der Weltpolitik veränderte sich durch den Ost-West-Gegensatz die Agenda rasch so, dass ursprüngliche Ideen zur Limitierung von Produktionskapazitäten in der westdeutschen Schwerindustrie bald an Bedeutung verloren. Zudem drängte auf lange Sicht im wirtschaftlichen Strukturwandel der produktive Industrie- und Dienstleistungssektor die Landwirtschaft immer mehr zurück.

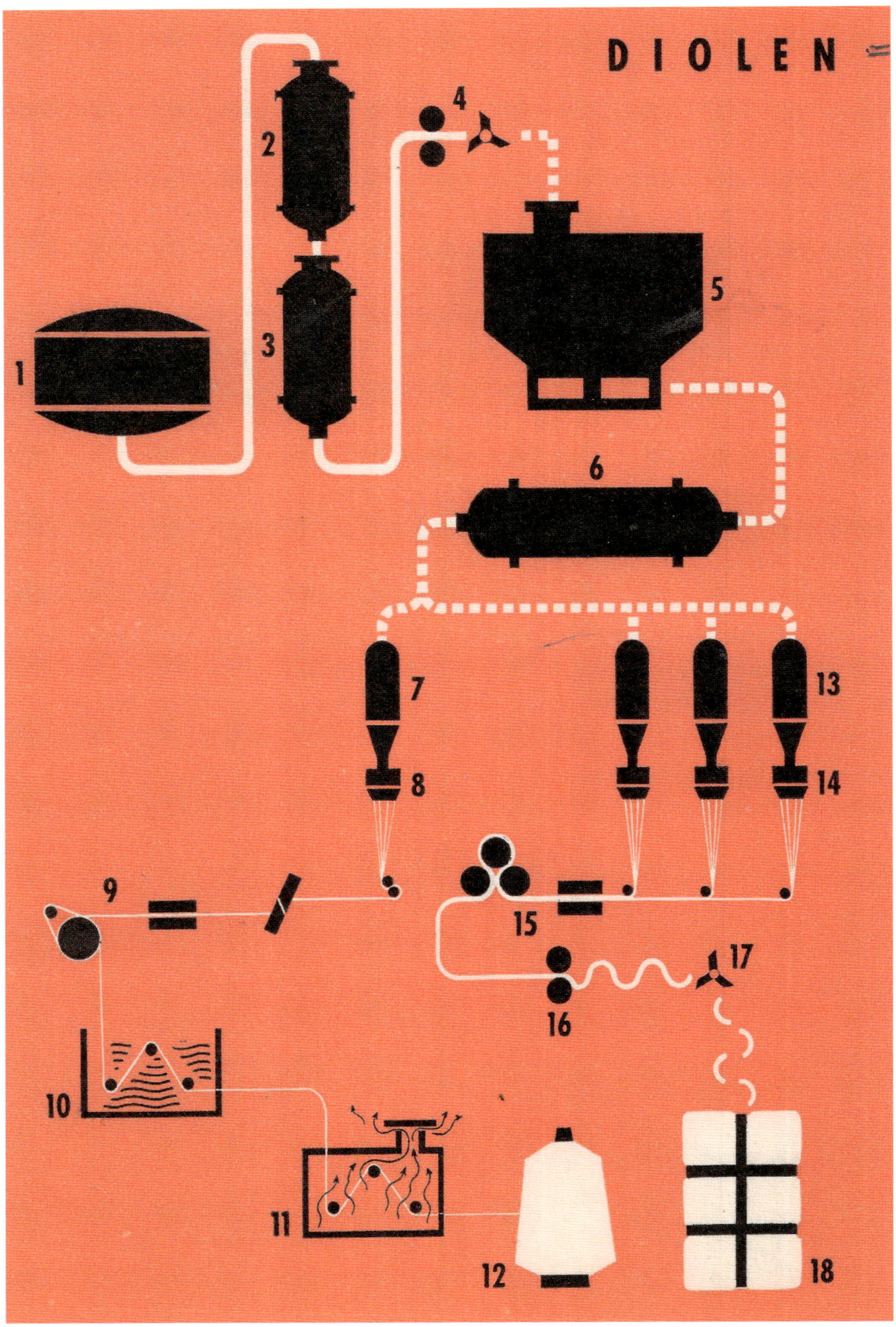

Informationsblatt zur Herstellung der Faser „Diolen“, um 1959

Im Fahrwasser der Nachkriegsprosperität erlebte die westdeutsche Textilbranche eine Blütephase. Zwischen 1950 und 1955 wuchs ihre Nettoproduktion jährlich um etwa 8 Prozent an.[417] Auch die Delius-Werke vergrößerten ihren Geschäftsumfang und beschäftigten 1954 an ihren fünf Standorten etwa 2.000 Mitarbeiter.[418] Für die verarbeiteten Rohstoffe wurde der Input der Chemieindustrie immer wichtiger. In den ausgehenden 1950er-Jahren machte Viskose etwa zwei Drittel der bei C. A. Delius & Söhne verarbeiteten Garne aus.[419] Die Garnproduzenten arbeiteten zum Teil eng mit den Webereien zusammen, um Qualitätsmerkmale wie Licht-, Farb- und Reibechtheit zu verbessern. Für die Verarbeitung auf den Webautomaten spielten auch die Laufeigenschaften der Garne eine entscheidende Rolle, um die gewünschte Qualität im Gewebe, beispielsweise Knoten- und Flusenfreiheit, zu gewährleisten. Dabei entwickelte sich z. B. das Krefelder Unternehmen Rheinische Kunstseide zu einem bedeutenden Geschäftspartner von C. A. Delius.[420] Auch die Kölner Glanzstoff Courtaulds GmbH avancierte gegen Ende der 1950er-Jahre zum wichtigen Lieferanten.[421] Nach und nach wurde das Farbspektrum der gelieferten Garne breiter und umfasste 1959 rund 60 Farben, teilweise auf Anregung der Einkäufer von Delius.[422] Auch bei den vollsynthetischen Fasern gab es Innovationen in rascher Folge. Binnen weniger Jahre konnte die deutsche Kunstfaserindustrie zum US-amerikanischen und britischen Chemiefasermarkt aufschließen. Die Vereinigte Glanzstoff-Fabriken AG in Wuppertal lieferte zunächst Perlongarne, dann andere Chemiefasern wie Trevira und Diolen, die C. A. Delius & Söhne zu Krawattenstoffen, Kleiderstoffen, Dekostoffen und technischen Geweben verarbeitete.[423]

Brüche im Boom – „Kleiderschrank … bedarfsmäßig gefüllt“

Trotz des rasanten Wachstums der westdeutschen Textilindustrie Anfang der 1950er-Jahre gab es Indizien, dass der Textilboom nicht von Dauer sein würde. Die Zuwächse waren zwar hoch, lagen aber unter dem Durchschnitt der anderen Industriezweige.[424] Inzwischen waren auch die Begünstigungen weggefallen. Vor dem Hintergrund des Korea-Krieges hatte die bundesdeutsche Wirtschaftspolitik nach 1951 einen Kurswechsel vollzogen, um Investitionen in schwerindustrielle Industriezweige zu lenken. Das Investitionshilfegesetz von 1952 legte fest, dass die Konsumgüterindustrien, also auch die Textilbranche, über eine Zwangsanleihe Subventionen in Höhe von einer Milliarde D-Mark für den Investitionsbedarf u. a. der eisenschaffenden Industrie und des Kohlenbergbaus aufbrachten.[425]

Dessins, 1950er-Jahre

Auf lange Sicht wogen jedoch andere Umstände schwerer. Mit der Liberalisierung des Außenhandels veränderten sich die Vorzeichen für die Branche. Die westdeutschen Textilproduzenten konkurrierten inzwischen mit Unternehmen aus Japan, Italien und Frankreich, die Preise boten, „gegen die nicht anzukommen" war, heißt es in der Erinnerung eines Zeitzeugen bei Delius.[426] 1957 überstiegen die Importe von Textilien erstmals die Textilexporte aus der Bundesrepublik.[427] Viele Textilproduzenten klagten über leere Auftragsbücher, manche mussten aufgeben – seit Ende der 1950er-Jahre ging die Zahl der westdeutschen Textilbetriebe zurück. Zu lange orientierten sich viele Unternehmen am Nachholbedarf der vergangenen Jahre und nahmen die gewandelte Marktlage erst mit Verzögerung wahr, sodass die Branche mehr produzierte, als nachgefragt wurde.[428] Rein bedarfsmäßig sei der Kleiderschrank des „sogenannten Letztverbrauchers" gefüllt, kommentierte der Firmenchronist von Delius. Nun müsse man sich an Kriterien des „feinere[n] Geschmack[s]" orientieren.[429]

Auch die Bielefelder Textilwirtschaft spürte den Druck des internationalen Wettbewerbs: 1955 stellte beispielsweise die traditionsreiche Spinnerei Vorwärts ihre Produktion ein. Einige Jahre später war auch die Mechanische Weberei Ravensberg allein nicht mehr lebensfähig, sodass ihr Geschäft in die Bielefelder Webereien AG (BIWAG) integriert wurde.[430] Die Textilindustrie wurde allmählich zum „Aschenputtel" der wachstumsverwöhnten deutschen Wirtschaft, resümiert der Wirtschaftshistoriker Stephan Lindner.[431]

Die Textilkrise von 1957/58 legte die strukturellen Probleme in der Branche bloß.[432] Zu diesem Zeitpunkt erreichten die Beschäftigtenzahlen in der westdeutschen Textilindustrie ihren Höchststand.[433] Die Arbeitsmarktlage in der Branche hatte es lange möglich gemacht, die Produktion zu steigern, indem man zusätzliche Arbeitskräfte anwarb. Man habe bislang „wenig Veranlassung gehabt, arbeitssparende Produktionsmethoden einzuführen", hieß es in der Textilindustrie.[434] Tatsächlich waren bis zur Mitte der 1950er-Jahre die Stundenlöhne in der westdeutschen Textilindustrie im europäischen Vergleich recht niedrig.[435]

Angesichts des wachsenden Konkurrenzdrucks zeigte sich nun deutlich, dass die Unternehmen in moderne Produktionsmethoden investieren mussten, um weiterhin am Markt zu bestehen.

Auch die Firma C. A. Delius spürte den Absatzrückgang und musste im Frühjahr 1958 zeitweise auf Lager produzieren. Gleichwohl konnte das Unternehmen im Auf und Ab der Konjunkturen insgesamt gut mithalten. Zwar waren die Produktionsanlagen nicht durchgängig auf dem neuesten Stand, aber angesichts der Investitionen im Laufe des Jahrzehnts gab es an den Produktionsstätten von Delius zumindest keinen geballten Rationalisierungsdruck. Immerhin hatten die Bielefelder als eine der ersten der Branche in der Nachkriegszeit die Auto-

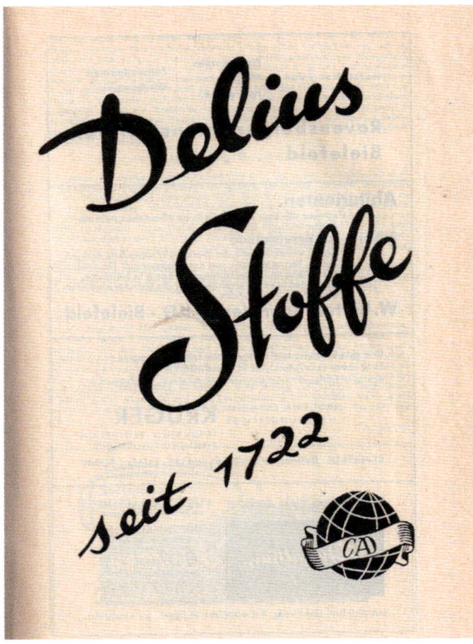

Werbung C. A. Delius & Söhne, 1960 (links);
Delius-Stoffmuster (rechts)

matenweberei eingeführt. Bis zum Ende der 1950er-Jahre trieb Delius die Automatisierung weiter voran. Während am Standort Jöllenbeck im Jahr 1950 noch 250 Weber und Weberinnen über 500 Maschinen bedienten, um Futterstoffe zu weben, so waren 1959 nur noch acht Personen für 500 Maschinen zuständig. Im Dreischichtbetrieb leisteten also 24 Arbeitskräfte die Tätigkeit, die zuvor 500 Personen im Zweischichtbetrieb erledigt hatten.[436] Trotz dieser arbeitssparenden Rationalisierungsmaßnahmen baute C. A. Delius & Söhne jedoch auch während der Absatzflauten kein Personal ab.[437] 1959 betrug die Jahresproduktion von C. A. Delius & Söhne rund 20 Millionen Meter. Damit war es zu einem der größten Familienunternehmen in der westdeutschen Textilindustrie herangewachsen. Die Verarbeitung von Seide, mit der die Firma groß geworden war, spielte jedoch nur noch eine geringfügige Rolle.[438] Nunmehr dominierten Mischgewebe und Gewebe aus synthetischen Garnen das Sortiment.

Das Geschäftsmodell setzte auf ein breites Portfolio an Massenartikeln in unterschiedlichen Sparten: Delius & Söhne fertigte Kleider- und Blusenstoffe, Futterstoffe, Krawattenstoffe sowie wasserdichte Anorakstoffe aus Nylon und Perlon. Mit den Futterstoffen erzielte man dabei fast die Hälfte des Gesamtumsatzes. Darüber hinaus lieferte die Firma bereits Ende der 1950er-Jahre technische Gewebe für Fallschirme an die neu gegründete Bundeswehr. Steppdeckenseiden, Möbel- und Dekorationsstoffe rundeten das Fertigungsprogramm ab. Diese breite Palette an Textilien bot die Möglichkeit, vorübergehende Stockungen eines Segments mit anderen Produktgruppen auszugleichen. Da manche Marktsegmente der Textilbranche im Umbruch steckten und einige Bereiche völlig wegbrachen, bot die „Vielheit an Rangiermöglichkeiten", wie es in einer internen Schrift von 1960 hieß, durchaus Vorteile. Als Massenhersteller konnte C. A. Delius auch der Großhandel oder große Warenhausketten mit Textilien versorgen, während für kleinere Spezialfertiger der Markt enger wurde. Ein Beispiel dafür waren die „Krawattstoffe": Auf dem Krawattenmarkt der ausgehenden 1950er-Jahre drängten preiswerte Kunstseidenkrawatten in den Vordergrund, während die hochwertige Seidenkrawatte nur noch einen Bruchteil ihres früheren Marktanteils ausfüllte. Der billigere Massenartikel passte auch besser zum Vertrieb von Herrenmode in Kaufhäusern, während der spezialisierte Fachhandel an Bedeutung verlor.[439] C. A. Delius & Söhne hatte Stoffe für die aktuellen Produkttrends im Programm, während einige traditionelle Krawattenfabriken ihre Pforten für immer schlossen. Das textile Marktumfeld wurde rauer und strafte diejenigen Hersteller ab, die sich auf schrumpfende Segmente spezialisiert hatten oder zu teuer produzierten – beispielsweise, weil sie zu klein, technisch nicht auf dem neuesten Stand oder schlecht organisiert waren. Einige schätzten auch die Marktlage falsch ein, saßen nun auf übervollen Lagern und verfügten nicht über die notwendigen Ressourcen, um aus dem Tief herauszufinden. Dagegen wirkte das Unternehmen C. A. Delius & Söhne vergleichsweise robust. Es besaß mehrere Standbeine, konnte Größenvorteile realisieren sowie in Krisenzeiten auf Liquiditätsressourcen zugreifen.

Grafik: Umsätze C. A. Delius Ende der 1950er-Jahre (in D-Mark)

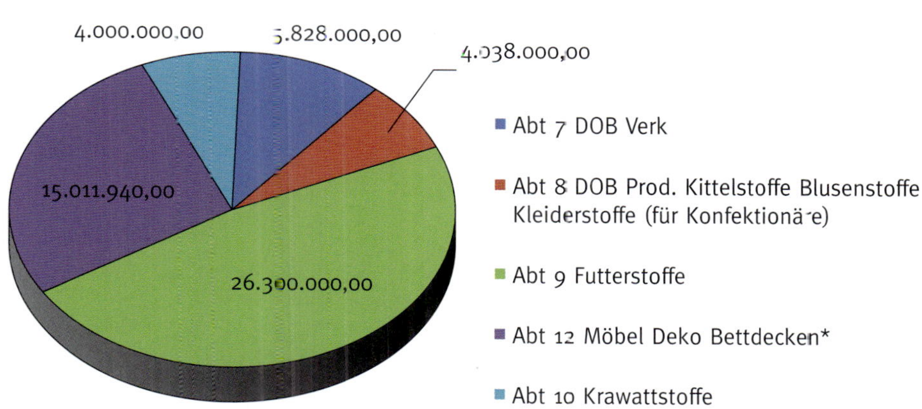

Gesamtumsatz: 1957/58 circa 55 Millionen D-Mark
Export: 1958 circa 8,2 Millionen D-Mark

Quelle: Jahresbericht 1958, Abteilung Export; Alphonse Perren, Bericht über die betriebswirtschaftliche Überprüfung der Firma C. A. Delius & Söhne, Bielefeld; 1. Teil, Kaufmännische Abteilungen, plus Anlagen (separat).

* Dekorations- und Möbelstoffe, Gardinen- und Steppdeckenstoffe

3.2. „SEIT JAHREN AUCH OHNE ORGANISATION GELD GEMACHT“ – VORBILD AMERIKA?

In den vergangenen Jahren war C. A. Delius & Söhne ruhig durch die wirtschaftlichen Schwankungen manövriert worden und dabei „spontan“ gewachsen. Ein Unternehmensberater, der Ende der 1950er-Jahre die kaufmännischen Abteilungen überprüfte, legte eine lange Liste mit Vorschlägen vor, um die Abläufe im Unternehmen zu verbessern. Die Verwaltung sei dringend reformbedürftig, keinesfalls dürfe man so weitermachen wie bisher. „Der Umsatz fällt, die Fertigwarenbestände steigen, die Produktion wird gedrosselt. Das ist nach einer Dekade leichter und erfolgreicher Verkaufsjahre der besorgniserregende Zustand bei CAD [...]“, urteilte der Experte.[440] Allzu lange habe man sich über die Abläufe im Unternehmen wenig Gedanken gemacht und auf eingespielte Prozesse gesetzt. „Man hat seit Jahren auch ohne Organisation Geld gemacht“, kommentierte der Berater.[441] Was in der Vergangenheit funktioniert hatte, reichte für den

Leitende Angestellte von C. A. Delius & Söhne. (Von links: Herr Bunte, dahinter Dr. Werny, Herr Görtz, Dr. Geks, Herr Busch, „Muti“ Fischer, Herr Salzenberg)

schärferen Wettbewerb in der Zukunft seines Erachtens nicht aus. Nun dürfe man die Mühen nicht scheuen, denn „nur die bestorganisierten, bestinformierten und aggressivsten Firmen“ könnten den Konkurrenzkampf „ohne wesentliche Verluste bestehen“.

Nach Ansicht des Experten ging es künftig darum, wichtige Funktionen des Unternehmens abteilungsübergreifend zu bündeln und die Zuständigkeiten der fünf Teilhaber klar zu umreißen. Der Einkauf durch sechs verschiedene Stellen im Haus passte nicht zum Prinzip moderner Materialwirtschaft. Die Lagerhaltung im Unternehmen, verteilt auf vier Stockwerke, „könnte nicht ungünstiger und kostspieliger sein“, fand der Berater.[442] Das Personalwesen erschien ihm insgesamt zu unübersichtlich und dabei wenig professionell. Noch gehörte es bei C. A. Delius & Söhne nicht zum Standard, bei Vorstellungsgesprächen spezifische Eignungstests durchzuführen, bei Einstellungen neuer Mitarbeiterinnen und Mitarbeiter Personalbögen mit Lichtbild auszufüllen oder Personalakten anzulegen. Stattdessen notierte man im Betriebstagebuch besondere Zuwendungen für die Mitarbeiter oder auch Beförderungen. Beispielsweise machte die Firma – laut Geschäftsnotizen – mit einigen leitenden Angestellten im April 1957 erstmalig Verträge.

Unverzichtbare Führungskräfte

Wichtige Begebenheiten rund um das Unternehmen C. A. Delius & Söhne wurden in ein Betriebstagebuch eingetragen. Dazu gehörten z. B. größere Investitionsprojekte, Veränderungen in der Geschäftsleitung, Weihnachtsgratifikationen für die Mitarbeiter, Jubiläumsgeschenke oder auch informelle Absprachen. Die Notizen lassen erkennen, dass der langjährig gewachsenen Vertrauensbeziehung in vielen Personalangelegenheiten ein großes Gewicht zukam. Dazu gehörte, dass man Vereinbarungen mit Führungskräften lange Zeit nicht vertraglich besiegelte. Gelegentlich kam es zu Missverständnissen oder unerwarteten Forderungen, die Animositäten schürten. So klagte man im Privatkontor von Delius Ende der 1950er-Jahre über überzogene Forderungen mancher Führungskräfte und über die „Zwangslage“, in der man sich gegenüber einigen Abteilungsleitern befinde.[443] Dies passt zu dem paternalistischen Führungsstil, der bis dahin im Hause C. A. Delius & Söhne kultiviert worden war.

Als der Unternehmensberater die Firma Ende der 1950er-Jahre unter die Lupe nahm, ging es ihm weniger um Stilfragen als um organisatorische Schwächen. Ihn irritierte die Rolle, die einige Prokuristen im Hause Delius einnahmen. „Ich habe selten eine Firma angetroffen, wo Prokuristen und Abteilungsleiter zu beliebiger Zeit kommen und gehen“,[444] monierte er. Das Einkommen des Exportleiters sei mit das höchste, was er aus Webereien kenne.

Zudem vermisste der Gutachter systematische Pläne für die Personalgewinnung und eine Auswertung der eigenen Statistiken.[445] Tatsächlich gab es bislang keinen Personalchef, der sich um die Belange der rund 1.800 Mitarbeitenden kümmerte. Vielmehr spielten Verwandtschaftsnetzwerke in der Belegschaft noch immer eine bedeutsame Rolle für die Rekrutierung von Beschäftigten.[446]

Für den Vertrieb, bislang verteilt auf sechs unabhängige Verkaufsabteilungen mit über 200 Beschäftigten, schlug der Sachverständige in seinem Gutachten eine zentrale Leitung vor. Diese sollte auch ein Gegengewicht zu der bisweilen wohl sehr freien Gestaltung der Abteilungen durch die Abteilungsleiter bilden. Eduard Delius solle künftig als eine Art „general salesman" den gesamten Vertrieb verantworten.

Ein wichtiger Kritikpunkt betraf die Buchhaltung und das Rechnungswesen des Unternehmens. „Die CAD ist die erste Gesellschaft von Bedeutung, die ich angetroffen habe, deren Bücher weder von außen noch von innen revidiert und kontrolliert werden und wo einem einzigen Vertrauensmann gleichzeitig die Buchhaltung und die Finanzen unterstehen", kritisierte der Unternehmensberater.[447] Dies widersprach den gängigen kaufmännischen Prinzipien und barg darüber hinaus ein Risiko für die Zukunft „Man sollte daran denken, was geschehen wird, wenn Herr Dr. Werny einmal nicht mehr da ist."[448]

Umsatz steigern, Kosten senken – das war die Bilanz des Gutachters, der nur auf Strukturen geschaut und Rentabilitätsfragen bewusst ausgeklammert hatte. Die simple Formel umfasste, dass ungenutzte Potenziale auch in der Organisation schlummerten. Alle vorgeschlagenen Maßnahmen basierten auf einem Organisationsplan, der den drei Vettern unterschiedliche Funktionen zuwies. Ernst August Delius erhielt darin die Leitung der Werke und der technischen Zentralabteilungen zugeschrieben, Eduard Delius den Vertrieb und Reinhard Delius die kaufmännische Leitung. Letztere sollte nunmehr die Funktionen Personal, Buchhaltung, Finanzen, Privatkontor und eine zentrale Einkaufsstelle umfassen.[449] Die Spitze der zentralisierten Strukturen bildete die Geschäftsleitung durch die Teilhaberkonferenz, in der die Seniorchefs eine hervorgehobene Stellung einnahmen: Wolf Delius führte den Vorsitz und Johann Daniel Delius vertrat ihn im Falle seiner Abwesenheit.[450] In dem mindestens wöchentlich tagenden Spitzengremium sollten die Teilhaber strategische Fragen besprechen und geschäftspolitische Maßnahmen oder größere Investitionsvorhaben möglichst einstimmig, zumindest aber mit einer Mehrheit der Stimmen beschließen. Dabei sei es enorm wichtig, „dass keiner der Teilhaber sich in das Gebiet des anderen einmischt und direkt Anweisungen und Anordnungen nach unten erteilt", stellte der Experte klar. Zur Not könne man „verbleibende Meinungsverschiedenheiten" in der Teilhaberkonferenz klären.[451] Für das „Gedeihen des Familienunternehmens" seien

„Einigkeit und harmonische Zusammenarbeit der Geschäftsleitung“ unabdingbare Voraussetzung.[452] Mithin ließ der Plan einen klassischen, funktional differenzierten Aufbau eines zentralisierten Unternehmens erkennen.

Schaubild: Geschäftsleitung bei C. A. Delius & Söhne (um 1958)

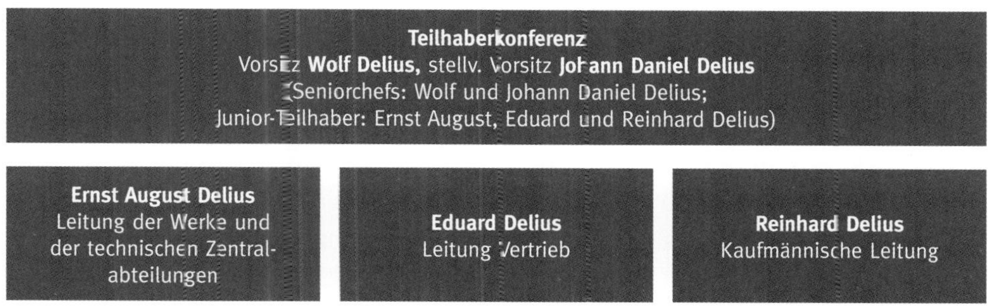

Praktische Kenntnisse über Unternehmensführung orientierten sich in dieser Phase an den USA.[453] Seit Kriegsende hegten westdeutsche Unternehmer wieder ein reges Interesse an US-amerikanischen Technologien, Organisationsformen und Managementgrundsätzen und übernahmen Teile davon für ihre eigenen Betriebe.[454] Im Rahmen des Marshallplans sollte das „Technical Assistance Program“ die Produktivität steigern helfen und förderte z. B. Studienreisen von Ingenieuren oder Unternehmern in die USA.[455] Das galt auch für die Textilindustrie.[456]

Dass das amerikanische Vorbild aktuell war, zeigte sich auch bei Delius. Der Unternehmensberater von C. A. Delius & Söhne trat als „Management Consultant“ auf und stützte viele seiner Vorschläge auf Beispiele aus dem betrieblichen Alltag in den USA. Für die Finanzen bei C. A. Delius & Söhne empfahl er eine Stabsstelle für interne Revision, die dem amerikanischen „Controller“ nachempfunden war.[457] Zudem stellte der Berater auch bei den empfohlenen „job evaluations“ und dem betrieblichen Vorschlagswesen einen Bezug zu Amerika her.[458] Am deutlichsten zeigte sich das US-amerikanische Vorbild bei den Ideen für den Vertrieb der Delius-Produkte. Der neue „General Salesmanager“ Eduard Delius sollte seine Entscheidungen auf systematische Marktanalysen stützen können. Dafür sah der Unternehmensberater ein neues Büro vor, das sich um Marktforschung, Analyse, Statistik und Werbung kümmern sollte. „Marktforschung, wenn man von einer solchen reden darf, ist bei CAD individuell, fragmentarisch, unorganisiert und unkoordiniert“, heißt es im Gutachten.[459] Der Erfolg am Markt dürfe aber nicht vom Bauchgefühl der Vertriebsleute abhängen.

Mit dieser intuitiven Herangehensweise an Absatzfragen stand C. A. Delius & Söhne keineswegs allein. Im Fokus vieler Unternehmer stand meist die

Produktion. Seit den ausgehenden 1950er-Jahren veränderten sich allmählich die Strukturen, vor allem in konsumnahen Bereichen: Ein intensiverer Wettbewerb auf zunehmend gesättigteren Märkten deutete in vielen Produktwelten auf „Käufermärkte“ hin, sodass sich Unternehmen zunehmend für Marktforschung und Werbung interessierten. Im Rahmen dessen wurden ältere Ansätze für Marktbeobachtung und Absatzwerbung wiederbelebt und moderne Marketing-Konzepte aus den USA rezipiert.[460] Der Transfer in die Unternehmen hinein konnte jedoch sehr unterschiedlich aussehen. Während die Konsumgüterhersteller meist innovative Absatzstrategien nutzten und ihre Geschäftsprozesse zunehmend auf den Markt hin ausrichteten, blieb in vielen Unternehmen noch über Jahrzehnte eine produktionsorientierte Denkweise bestimmend.[461]

Dies war auch bei C. A. Delius & Söhne in den ausgehenden 1950er-Jahren der Fall. Im Zeitverlauf machten sich unterschiedliche Einflüsse bemerkbar. Wie die spätere Unternehmenshistorie zeigt, spielten in den Köpfen der Entscheider Produktionsfragen über lange Zeit eine dominante Rolle. Jedenfalls traf dies für Ernst August Delius zu, der die technische Leitung der Werke verantwortete. Die drei Cousins waren gleichberechtigte Teilhaber, oft nahm Ernst August jedoch eine tonangebende Stellung innerhalb der Geschäftsleitung ein. Andererseits waren die Firmeninhaber offen dafür, einzelne Maßnahmen zu verändern.

Ende der 1950er-Jahre ging es bei C. A. Delius & Söhne zunächst darum, eine breitere Basis an Daten zu haben – sowohl über die eigene Leistung als auch über künftige Marktentwicklungen. Das Unternehmen führte bereits eine Reihe von Statistiken, aber der Sachverständige spitzte die vorhandenen Informationen mit gezielten Nachfragen und Vergleichsreihen so zu, dass Tendenzen plastisch hervortraten. Dementsprechend legte er nahe, diese Ressource besser zu nutzen, d. h. die Berichterstattung mit monatlichen und jährlichen Vergleichen zu optimieren und Berichte aller Abteilungen einzuholen.[462] Als „diagnostisches [...] Hilfsmittel“ sollte eine monatliche Erlös- und Kostenplanung dienen, die auf einem Budget für Umsatz, fixe und variable Kosten sowie des geschätzten rein betrieblichen Gewinns fußte.[463]

Bis zu den ausgehenden 1950er-Jahren hatte das Unternehmen ganz bewusst kaum Werbung betrieben. Im Verkäufermarkt der Boomjahre sah das Traditionsunternehmen dazu keine Notwendigkeit. Nun aber riet der Unternehmensberater dazu, über kleinere Werbeaktionen nachzudenken. „Fast alle Firmen“ hätten ein Werbebudget in Höhe von 1 bis 2 Prozent des Umsatzes.[464] Zur Zeit der großen Modemesse könne man beispielsweise Bilder von Modellen, die mit Delius-Stoffen gefertigte Kleider und Mäntel tragen, in die Presse bringen und Abzüge dieser Bilder an Kunden verschicken. Man könne auch Abzüge der in den Textilzeitungen erscheinenden CAD-Inserate zusenden. Besonders dringend klangen diese Vorschläge jedoch nicht. Dies hing mit der Position in der textilen Wertschöpfungskette zusammen. Als Stoffhersteller fertigte C. A. Delius überwiegend für Bekleidungshersteller – die Käuferinnen und Käufer eines mit Delius-Stoffen gefertigten Kleidungsstückes wussten vermutlich nur in Ausnahmefällen, welche Stoffe darin verarbeitet waren.[465] Zu diesem Zeitpunkt hatte das Unternehmen noch nicht damit begonnen, Stoffe von Delius als Marke für die Konsumenten zu etablieren, indem man eine Stufe übersprang und die „Kunden der Kunden“ direkt ansprach. In dem für Delius relevanten Business-to-Business-Geschäft galten jedoch andere Spielregeln als auf den Konsumgütermärkten: Die Mehrzahl der Delius-Kunden waren professionelle Einkäufer, die nach Beschaffungsgrundsätzen ihres Unternehmens handelten und bei den Delius-Vertretern orderten. Informationen über die Produktbeschaffenheit, Lieferzuverlässigkeit sowie der Preis spielten mithin eine größere Rolle als die Sichtbarkeit der Marke für die Endkunden.[466]

Wie kamen die Vorschläge des Düsseldorfer „Management Consultant“ im Hause Delius an? Welche Maßnahmen aus der Untersuchung wurden umgesetzt? Im Detail lässt sich dies aus den verfügbaren Quellen nicht mehr rekonstruieren, da diese nur indirekt Aufschluss über die bestehenden Organisationsstrukturen geben. Vieles spricht jedoch dafür, dass sich die wichtigsten Punkte durchsetzten – so beispielsweise die Teilhaber-Ordnung, die Zentralisierung des Einkaufs, der Einsatz eines Personalchefs und die stärkere Trennung von Buchhaltung und Finanzmanagement. Zahlreiche Abteilungsberichte aus den 1960er- und 1970er-Jahren legen nahe, dass das Unternehmen nach 1958 die interne Berichterstattung ausbaute. Dokumente und Zeitzeugenberichte lassen erkennen, dass die Aufgaben in den folgenden Jahrzehnten zwischen den Vettern – analog zu dem damals vorgeschlagenen Organisationsplan – klar verteilt blieben.[467] Neu daran waren dabei nicht unbedingt die jeweiligen Zuständigkeitsbereiche innerhalb des Managements, sondern die Klärung der Strukturen. Dem Berater ging es nicht darum, mit seinen Vorschlägen möglichst viel zu verändern, sondern darum, die Zuständigkeit für die verschiedenen Unternehmensfunktionen eindeutig festzulegen und innerhalb der Organisation transparent zu machen. Das Wissen um die eigene Ordnung bildete einen wichtigen Baustein der organisatorischen Rationalisierung im Unternehmen.

Alles in allem wirft das Gutachten des Management Consultants ein Schlaglicht auf die Firmenkultur bei C. A. Delius & Söhne in den ausgehenden 1950er-Jahren. Das traditionelle Familienunternehmen war erfolgreich, zugleich organisatorisch nicht ganz auf der Höhe, es atmete einen paternalistischen Geist mit einer ausgeprägten Hierarchie und dem Sonderstatus einiger ausgewählter Führungskräfte. Als der Schwung in der westdeutschen Textilwirtschaft nachließ, prüfte die Firma die eigenen Strukturen. Dass man dafür einen externen Experten konsultierte, spricht für ein problembewusstes Managementverständnis. Zudem konnte Delius im Zuge der Betriebsprüfung ein Instrumentarium entwickeln, das auch künftig bei der Bewertung der eigenen Prozesse und bei der Diagnose von Schwierigkeiten half.

3.3. „FÄDEN IN ALLE WELT“

Werbung C. A. Delius & Söhne, um 1961 (links); Logo C. A. Delius & Söhne (rechts)

Schon 1959 waren die Krisensymptome überwunden.[468] Die gesamte Textilbranche arbeite auf „vollen Touren“, hieß es im Bundeswirtschaftsministerium, das die Fortschritte in punkto Rationalisierung und Produktivität betonte.[469] Auch der Außenhandel wuchs. Weltweit stieg der Verbrauch an Textilfasern von knapp vier Kilogramm pro Kopf im Jahr 1950 auf beinahe sechs Kilogramm im Jahr 1970.[470]

Bereits während des Krieges hatte der Senior Wolf Delius überlegt, wie man die internationalen Geschäftsbeziehungen wieder aufnehmen könnte.[471] In der unmittelbaren Nachkriegszeit erfüllte die Firma C. A. Delius & Söhne einige Exportaufträge und dehnte seitdem das Exportgeschäft weiter aus. Darum kümmerten sich vor allem Johann Daniel Delius sowie die Abteilung 11 für „Export Import“, die von dem Prokuristen Josef Geks geleitet wurde.[472] Während die Firma C. A. Delius & Söhne 1958 rund 14 Prozent der Umsätze im Exportgeschäft machte, belief sich dieser Anteil Mitte der 1970er-Jahre auf etwa 20 Prozent.[473] In absoluten Zahlen ausgedrückt hatte sich das Exportvolumen von Delius in knapp 20 Jahren mehr als verdreifacht, von rund 8,2 Millionen D-Mark 1958 auf 29,6 Millionen D-Mark im Jahr 1976.[474]

„Die Gesamtproduktion der Firma ist seit Kriegsende viel weiter als zuvor mit dem Fenster nach außen aufgebaut worden“, bemerkte der Firmenchronist

schon 1960.[475] In der großen, technisch modernen Geschäftszentrale an der Goldstraße halte man die Fäden daheim zusammen und könne zugleich „Fäden in alle Welt" spinnen.[476] Binnen weniger Jahre hatte sich Delius zu einem global präsenten Unternehmen entwickelt. Auf den Prospekten für Exportartikel fand sich im Firmenschriftzug „Delius" inzwischen eine stilisierte Weltkugel, eingebettet in den Zwischenraum des voluminös gedruckten Anfangsbuchstabens „D".

Eine Information über „Delius Möbelstoffe", die vermutlich aus den 1950er-Jahren stammte, enthielt eine Weltkarte, auf der die Delius-Vertretungen und Niederlassungen mit schwarzen Punkten markiert waren – das Netzwerk umfasste insgesamt rund 80 Standorte.[477] Im Jahr 1958 verschickte das Unternehmen seine Stoffe in 64 Länder.[478]

Über Aufträge von prominenten Kunden berichtete sogar manchmal die lokale Presse. „Bielefelder Brokatseide für Ibn Sauds Hof", titelte die Bielefelder Tageszeitung im Juni 1953. Nach einem Besuch des Delius-Vertreters in Djeddah hatte der saudi-arabische Monarch hochwertige Seidenstoffe geordert, verziert mit den Insignien des Hofes – Palmen und zwei gekreuzte Säbel. 15 strahlend weiß gestrichene Kisten mit Brokatseide seien auf dem Weg nach Genua, schwärmte die Tageszeitung – von dort ging es mit dem Schiff weiter zum Roten Meer.[479] Ende der 1950er-Jahre wurde ebenso der „Rosengarten-Palast" des Schahs von Teheran mit Delius-Goldbrokat ausgestattet.[480]

Auch als Königin Elizabeth II. im Jahr 1953 gekrönt wurde, lieferte C. A. Delius & Söhne Jacquardgewebe mit dem Porträt der Königin und verschiedenen Krönungsdessins in die Länder des Commonwealth.[481] Dazu gehörten zu diesem Zeitpunkt noch unter britischer Kolonialherrschaft stehende Gebiete in Asien und Afrika. Aus diesen Geschäften entstanden zum Teil lang anhaltende Kundenbeziehungen.

Warenzeichen „Delistar"

Damast-Stoffmuster „Delistar“, vermutlich 1970er-Jahre

So gehörte Chief Emmanuel Okusanya Okunowo, nigerianischer Geschäftsmann aus Ijebu-Ode, zu den langjährigen Delius-Kunden. Seine jährlichen Bestellungen von Damast und Headties lagen meist im sechsstelligen Umsatzbereich.[482] „Er machte ‚Delistar' zur führenden Marke für hochwertige Damaststoffe", erklärte Johannes Delius im Rückblick.[483]

Wenngleich die Firma Delius mit spektakulären Großaufträgen für wertvolle Dekorationsstoffe zeitgenössisch Aufmerksamkeit erregte, gehörten solche Bestellungen nicht zur Routine in ihrer Exportproduktion. Das Hauptgeschäft tätigte Delius mit Dekorations- und Möbelstoffen auf dem europäischen Markt, auch die Futterstoffe waren ein wichtiger Exportartikel. Ende der 1950er-Jahre ging über die Hälfte der ausgeführten Waren nach Europa, in den 1960er- und 1970er-Jahren noch mehr.[484] Auch das Afrikageschäft blieb wichtig, häufig abgewickelt über Hamburger Exporthäuser.

Futterstoffe und Dekostoffe machten in diesem Zeitraum meist drei Viertel des Exports aus.[485] Darüber hinaus wurden bis 1976 auch Krawattenstoffe exportiert, während andere Qualitäten, z. B. die Kleider- und Blusenstoffe von Delius, auf den europäischen oder außereuropäischen Märkten weniger gefragt waren. In diesem Segment konnten die deutschen Textilhersteller im internationalen Wettbewerb preislich nicht mithalten. Die Zeiten, in denen die Löhne der westdeutschen Textilindustrie niedriger ausfielen als bei vielen europäischen Nachbarn, gehörten inzwischen der Vergangenheit an. Mitte der 1960er-Jahre zahlten die Textilhersteller in der Bundesrepublik durchschnittlich 3,15 D-Mark die Stunde und lagen damit auf den vorderen Plätzen der Lohnrangliste. „Als Textilland war die Bundesrepublik vom Niedriglohnland zu einem der teuersten Standorte geworden", bilanziert der

Grafik: Exportumsätze von C. A. Delius & Söhne (in D-Mark), 1958–1976

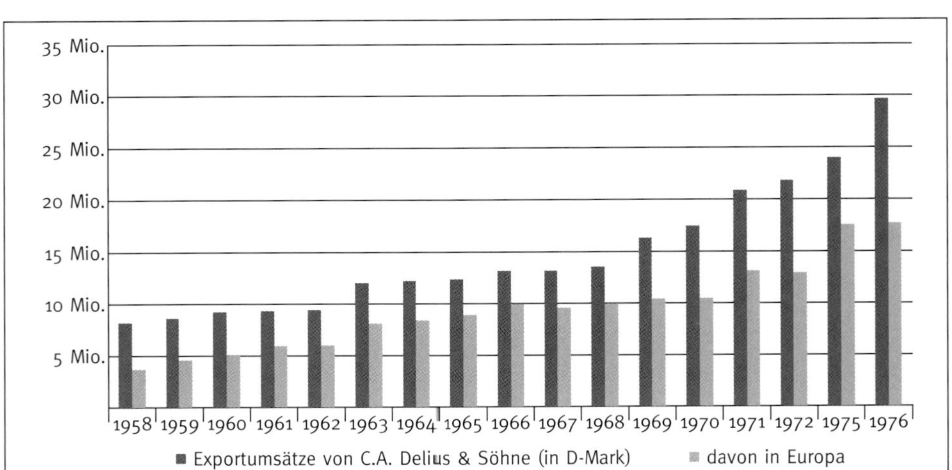

Luftbild C. A. Delius, Werk Bielefeld, 1955 (links); Luftbild 1955, Verwaltung C. A. Delius, Bielefeld (rechts)

Wirtschaftshistoriker Stephan Lindner.[486] Der Schwerpunkt der weltweiten Textilproduktion verlagerte sich von West- und Mitteleuropa nach Asien. Auch die Hersteller in der Sowjetunion und im Ostblock bauten ihre Webkapazitäten aus.[487]

Mit Skepsis hatte die Textilindustrie die zunehmende Öffnung der Märkte in den 1950er-Jahren beobachtet: Die Konkurrenz durch weitaus billiger produzierende Länder bereitete ihr Sorgen. Demgegenüber war die bundesdeutsche Wirtschaftspolitik vom Grundsatz her exportorientiert und scheute vor protegierenden Maßnahmen für die Textilindustrie zurück. Dennoch setzte die Bundesregierung Ende der 1950er-Jahre bei ihren Vertragspartnern im GATT gewisse Beschränkungen durch, um die Textilbranche in der Bundesrepublik zu schützen und ihr einen zeitlichen Spielraum für Modernisierungsprozesse zu verschaffen.[488] Auf diesem Kurs lagen auch die besonderen Vereinbarungen, die die alten Textilländer, vor allem die USA, im Rahmen des GATT für den Handel mit Baumwollwaren trafen. Demnach durften Einfuhrländer den Import von Baumwollprodukten auf Kontingente beschränken.[489] Für das Produktionsprogramm von Delius war jedoch eine andere Warengruppe viel wichtiger: die Gewebe aus Chemiefasern, die bis zum Multifaserabkommen von 1973 noch keiner Einfuhrbeschränkung unterlagen. Für die deutschen Hersteller von Polyesterstoffen gab es in den 1960er-Jahren keine schützenden Zollbarrieren auf ihrem Heimatmarkt. Demgegenüber besaßen die Chemiefaserhersteller Höchst und Vereinigte Glanzstoff bis 1966 noch Patente auf die Handelsmarken Trevira und Diolen, was ihre US-Konkurrenz bis dahin eingrenzte.[490]

Märkte in Europa

Zugleich veränderte sich der Handelsraum Europa. Schon im März 1957 hatten Frankreich, Italien und die Beneluxstaaten gemeinsam mit der Bundesrepublik Deutschland in den Römischen Verträgen festgelegt, zum 1. Januar 1958 die Europäische Wirtschaftsgemeinschaft zu gründen. Nach und nach sollte ein integrierter Wirtschaftsraum ohne Binnenzölle entstehen, mit freiem Verkehr von Waren, Dienstleistungen und Kapitalströmen sowie Personenfreizügigkeit.[491] Für Textilhersteller aus den Mitgliedstaaten der EWG wurde es damit allmählich leichter, auf dem westdeutschen Markt Fuß zu fassen. Die betriebswirtschaftliche Abteilung von Delius fand mit Blick auf den Gemeinsamen Markt eine „gefestigte Marktstellung" im Vorfeld daher besonders wichtig.[492] Rund zehn Jahre nach EWG-Gründung war der Gemeinsame Markt realisiert: Die Binnenzölle innerhalb der EWG fielen zum 1. Juli 1968.

„Wovon Generationen geträumt haben, ist damit Wirklichkeit geworden", hieß es im Bericht des Exportleiters von Delius, der sich als „überzeugten Europäer" bezeichnete.[493] Zwar würde es noch dauern, bis die Integration wirklich vollzogen sei, da vielfältige Handelshemmnisse fortbestünden. Insgesamt sei der Prozess nicht zu verhindern. „Es gibt einfach keine Alternative".[494] Manche westdeutschen Branchenvertreter sahen das kritischer, denn in einigen Segmenten gaben nun Mitbewerber aus anderen EWG-Ländern auf dem Markt den Ton an.[495] Die Gewerkschaft Textil und Bekleidung prangerte wiederholt die in ihren Augen „unverantwortlich liberale" Außenwirtschaftspolitik der Bundesregierung an.[496] Das Wirtschaftsmagazin „Der Spiegel" ätzte schon im Frühjahr 1967: „Deutschen Hosen, Teppichen und Gardinen droht Überfremdung."[497] Jedoch gab es den gemeinsamen Außenzoll, der den Gemeinsamen Markt gegenüber Importen aus Drittländern abschirmte. Zeitgenössische Wirtschaftswissenschaftler fanden den Zollschutz für die westdeutsche Textilindustrie durchaus wirksam.[498] Neben der EWG war 1960 die Europäische Freihandelsassoziation (EFTA) entstanden, in der sieben Nicht-EWG-Länder – darunter Großbritannien, Österreich, Schweiz, Portugal – zu einer Freihandelszone zusammenfanden. Der europäische Wirtschaftsraum zerfiel damit in zwei Handelsblöcke, die zunehmend rivalisierten, was sich beispielsweise in einer gegenseitigen Zolldiskriminierung ausdrückte.[499] Auch die Firma Delius hatte wichtige Abnehmer im EFTA-Raum, z. B. in England, und klagte darüber, wichtige Kundengruppen hinter den wachsenden Zollmauern kaum noch zu erreichen.[500]

Eine andere Schwierigkeit bestand in den Lieferzeiten für einige Exportartikel von Delius. Diese hatten sich in Jahren mit lebhafter Inlandskonjunktur in einem

Maße verlängert, dass das Geschäft litt. Vorlaufzeiten hätten sich „ins Untragbare“ zugespitzt, hieß es im Exportbericht, und auch von Kundenseite kam Kritik: „Die Unzuverlässigkeit und Dauer Ihrer Lieferungen wird uns einen starken Umsatzrückgang bringen. Ist man sich auf der höchsten Ebene Ihres Unternehmens darüber eigentlich im [K]laren?“[501] Die Exportabteilung von Delius war überzeugt, dass nur grundsätzliche organisatorische Änderungen in der Disposition es ermöglichen würden, die Produktion für In- und Ausland miteinander in Einklang zu bringen. Über mehrere Jahre blieben die Lieferfristen ein kontroverser Punkt. Zudem sei das Sortiment zu groß.[502]

C. A. Delius & Söhne auf dem französischen Markt

Gegen Ende der 1960er-Jahre setzte sich die Firma Delius mit neuen Ideen für das Auslandsgeschäft auseinander. So hatte beispielsweise Emmanuel Okunowo – seit Jahren ein Abnehmer von Delius-Brokat- und Damaststoffen – im Herbst 1968 überraschend vorgeschlagen, gemeinsam eine lokale Produktionsstätte für Damast in Nigeria aufzubauen.[503] Die Teilhaber von Delius prüften den Vorschlag, lehnten aber schließlich ab. Ihr Hauptinteresse galt zu diesem Zeitpunkt dem europäischen Markt.

Stoffproben: „Delistar-Headties“, 1970 (links); Emmanuel Okunowo und Hilda Heinemann (Großmutter von Rudolf und Johannes Delius sowie Christina Rau, geb. Delius)

Ein Großteil des Delius-Exports ging nach Frankreich. Seit 1967 war Frankreich mit einem Umsatzvolumen von rund 2,16 Millionen D-Mark der größte Markt in Europa. Um das Geschäft mit dem stärksten Partner in der EWG voranzubringen, hatte Delius sich besonders engagiert. „Wir machen hier [...] die größten Anstrengungen", hieß es im Bericht.[504] Seit den frühen 1960er-Jahren betrieb man Konsignationslager vor Ort, um für unvorhersehbare Lieferengpässe gerüstet zu sein, vermutlich auch aus steuerlichen Gründen.[505] Als Frankreich im Mai 1968 angesichts politischer Unruhen vorübergehend eine Einfuhrsperre verfügte, schlug diese Maßnahme nicht voll auf die Delius-Kunden durch.[506] Darüber hinaus baute Delius seit 1969 eine Vertriebsfirma in Frankreich auf. Die Delius S. A. R. L. hatte ihren Sitz zunächst in Roubaix bei Lille. Mit einem Verkäufer, einer Sekretärin und einem Lagerarbeiter startete die Firma in schlanker Besetzung.[507] „Wir hoffen zuversichtlich, wenn das einmal richtig läuft, das Geschäft stark vergrößern zu können", hieß es im Exportbericht. Man rechnete mit Vorteilen bei der Preisgestaltung. Zudem sei es gut, gerade die mittleren Betriebe des Landes nun direkt ansprechen zu können, „die sich die Arbeit des Importes nicht machen". Der Exportleiter rechnete mit einer Anlaufzeit von zwei bis drei Jahren.[508] Tatsächlich gestalteten sich die Rahmenbedingungen für den Start der neuen Vertriebsgesellschaft nicht optimal. Bereits kurz nach dem Start der neuen Gesellschaft erkrankte der Leiter der neuen Niederlassung so schwer, dass er für einige Monate ausfiel und schließlich eine neue Führungskraft für diese Aufgabe gefunden werden musste. Darüber hinaus war diese Phase durch Unwägbarkeiten im internationalen Währungssystem geprägt, die auch die Planungen für diese Investition schwieriger machten. Schon die Aufwertung der D-Mark im Jahr 1969 hatte deutsche Exportartikel auf den Auslandsmärkten verteuert. Die internationale Währungsordnung von Bretton Woods, die auf festen Wechselkursen zum US-Dollar basierte, zeigte zunehmend Auflösungserscheinungen und brach im Frühjahr 1973 endgültig zusammen.[509] Die nunmehr flexiblen Wechselkurse brachten ein dynamisches Moment in den Außenhandel, da das Wechselkursrisiko hinzutrat. Zudem kam nun die relative Stärke der jeweiligen Währungen zum Tragen. Damit verflüchtigten sich die Wettbewerbsvorteile, die unterbewertete Währungen – wie z. B. die D-Mark in den 1960er-Jahren – auf dem Weltmarkt besessen hatten. Der Exportleiter von Delius schätzte den Preisnachteil, der sich aus den kombinierten Effekten von Franc-Abwertung und D-Mark-Aufwertung ergab, auf etwa 30 Prozent.[510]

Über die Geschäftstätigkeit der Delius S. A. R. L. in Frankreich ist nur wenig bekannt, denn die Aktenspuren bleiben fragmentarisch. 1972 trug die Delius-Niederlassung in Nordfrankreich etwa ein Drittel zum Frankreich-Umsatz bei, was die Exportabteilung in ihrem Jahresbericht positiv hervorhob.[511] Als Erfolg

Werbung C. A. Delius & Söhne für den französischen Markt

Im Zeichenatelier

konnte man zudem verbuchen, dass die Niederlassung in Roubaix auf dem Pariser Markt bessere Preise erzielte als die Muttergesellschaft bei direkten Verkäufen von Bielefeld nach Paris.[512] Nur langsame Fortschritte machte man im weitaus lukrativeren Geschäft mit Heimtextilien. „Die Niederlassung steht auf gutem Fundament", resümierte die Exportabteilung im Jahr 1972.

Tatsächlich dehnte die Tochtergesellschaft ihren Absatz rasch aus. Wie erhofft, konnte sie bald schwarze Zahlen schreiben. Die Gewinne der Delius S. A. R. L. schwankten 1974 bis 1976 zwischen rund 33.000 und 84.000 Francs,[513] die Umsätze lagen Mitte der 1970er-Jahre bei rund 6 bis 7 Millionen Francs.[514] Damit hatte sie zwischen 1972 und 1974 das Umsatzvolumen verdreifacht. Im Jahr 1977 verlegte die Delius S. A. R. L. ihren Geschäftssitz nach Neuville en Ferrain.

Hier hatte man ein Firmendomizil gefunden, das größere Lagerräume besaß. Das Aktienkapital, das die drei Teilhaber Ernst August, Eduard und Reinhard Delius gemeinsam hielten, betrug inzwischen 501.000 Francs.[515] Die Exportumsätze, die Delius in Frankreich insgesamt erzielte, waren bis zur Mitte der 1970er-Jahre auf über 6 Millionen D-Mark angewachsen.[516] Langfristig sollte sich jedoch herausstellen, dass der geschäftspolitische Erfolg am französischen Markt nicht im entscheidenden Maße von der Vertriebsgesellschaft abhing. Mit dem Voranschreiten des europäischen Integrationsprozesses verlor die Präsenz vor Ort zunehmend an Bedeutung.

Cockcroft & Sons in Todmorden

Auch für den englischen Markt suchte die Firma Delius seit den frühen 1970er-Jahren eine neue Herangehensweise. Bis zum Ende der 1960er-Jahre hatte Delius die Firmenaktivitäten in England auf vier Großhändler gestützt, an die man exklusiv verkaufte. Die überschaubaren Beziehungen mit den drei Händlern in London und dem Großhändler in Bradford hatten sich in den 1950er- und 1960er-Jahren recht gut bewährt. Seit den ausgehenden 1960er-Jahren lief das Englandgeschäft jedoch schleppend. Generell war der Marktzugang von EWG-Ländern in die EFTA-Zone schwieriger geworden, seitdem die EFTA 1967 alle Binnenzölle abgebaut hatte. So sah auch die Delius-Exportabteilung in der zollfreien Einfuhr aus den EFTA-Ländern „ein kaum zu überwindendes Hindernis" für den englischen Markt. Ohnehin war die Konkurrenz hier in einigen Marktsegmenten stark: Bei den Futterstoffen für Damenoberbekleidung konnten die Delius-Stoffe nicht mit den Produkten des britischen Courtaulds-Konzerns konkurrieren.

Als der EWG-Beitritt des Vereinigten Königreichs seit 1970 in greifbare Nähe rückte, wollte die Exportabteilung beweglicher und bei Bedarf mit größerer Reichweite agieren können. Zudem rechnete sie mit wachsendem Einfluss von Einkaufsverbänden, die man direkt beliefern wollte. Man habe „jetzt einen tüchtigen Vertreter engagiert, die Firma S. Frank Cook", hieß es im Exportbericht. „Wenn wir besser liefern könnten, hätten sich die ersten Erfolge bereits verwirklicht."[517] Die langen Lieferzeiten von Delius behinderten also auch auf dem englischen Markt den Ausbau des Exportgeschäfts. Gleichwohl blieb die europäische Handelspolitik eine entscheidende Größe. 1972 kamen die britischen Beitrittsverhandlungen zum erfolgreichen Abschluss: Großbritannien trat zum 1. Januar 1973 der EWG bei. Für die Geschäftschancen von Delius auf dem englischen Markt war dies eine positive Perspektive: Nun werde es „mit Sicherheit wieder bergauf gehen“, fand der Mitarbeiter der Exportabteilung.[518] Um die Vertriebsstrukturen in England auszubauen, wollte die Geschäftsleitung von C. A. Delius also neue Wege gehen. Daraus entstand die Idee, enger mit einem englischen Textilhersteller zusammenzuarbeiten und in die Firma John Cockcroft & Sons Limited zu investieren.[519] Das Unternehmen Cockcroft hatte seinen Firmensitz in Todmorden, nördlich von Manchester, und produzierte Dekorations- und Möbelstoffe, überwiegend für englische Kunden. Zum Portfolio gehörten hauptsächlich Heimtextilien, wie etwa Bettüberwürfe und Vorhänge, aber auch Bezugsstoffe sowie Teppiche.[520] Auch Cockcroft & Sons war ein inhabergeführtes Familienunternehmen, jedoch als Kapitalgesellschaft organisiert. Als die Geschäftsleitung von Delius die Kennzahlen für das Geschäftsjahr 1972 unter die Lupe nahm, betrug das Aktienkapital von Cockcroft 120.000 Pfund, die Bilanzsumme rund 800.000 Pfund. Der Jahresumsatz belief sich – hochgerechnet – auf mindestens 720.000 Pfund.[521] Cockcroft & Sons beschäftigte 245 Mitarbeiter, war also deutlich kleiner als Delius, verbuchte 1972/1973 aber Gewinne in Höhe von 7 bis 8 Prozent vom Umsatz.[522] Damit schien die Basis gegeben für eine Zusammenarbeit. C. A. Delius & Söhne beteiligte sich mit 26 Prozent am Aktienkapital von Cockcroft. Der Zweck dieser Kapitalspritze wurde in einem „Abkommen über Rationalisierung“ erläutert. Darin vereinbarten Ernst August, Eduard und Reinhard Delius mit der Firma Cockcroft, vertreten durch die Brüder Eric William Cockcroft und Lionel Fielden Cockcroft sowie deren Söhne, künftig beim Absatz von Heimtextilien zusammenzuarbeiten. „Im Zeichen der Auswirkung der Europäischen Gemeinschaft“ wolle man sich gegenseitig bei Marketing und Verkauf unterstützen und den Absatz effizienter machen, bekräftigten die Vertragspartner. Cockcroft sollte die Delius-Heimtextilien auf dem britischen Markt vertreiben – und je nach Absatzweg – als Kommissionär oder Agent auftreten. Um Kunden im Vereinigten Königreich zu beliefern, bekam Delius ein eigenes Lager bei Cockcroft in Todmorden. Für den gemeinsamen Vertrieb in Südengland nutzte man das Londoner Verkaufsbüro der englischen Firma. Delius wollte sich um den weltweiten Vertrieb von Cockcroft-Produkten kümmern, sofern sie die Delius-Kollektionen ergänzten. Wenn das nicht der Fall war, konnte Cockcroft selbst tätig werden.[523]

Bei dem Betrieb in Todmorden waren jedoch Investitionen dringend erforderlich, um im Wettbewerb weiterhin mithalten zu können. Die im Einsatz befindlichen Maschinen entsprachen nicht mehr dem aktuellen Standard. Daher hoffte die Geschäftsleitung von Cockcroft & Sons auf moderne Maschinen aus Bielefeld und bezog die neue Technik schon gedanklich ein, als sie neue Aufträge plante – z. B. für „leichte Acrylware für Marks & Spencer“. Die Lieferung von Textilmaschinen aus Bielefeld bildete also einen zentralen Baustein in der

Heizkraftwerk Weberei Spenge

Übereinkunft der beiden Textilhersteller.[524] Der Vertrag sah schließlich vor, dass Delius aus eigenen Beständen sechs Dornier-Schaftmaschinen bereitstellte. Der genaue Kaufpreis für die Maschinen stand noch nicht fest, sollte aber „marktgerecht“ sein.[525]

Aber auch nach dem Einstieg bei dem englischen Hersteller blieben die Verkaufszahlen in Großbritannien in den 1970er-Jahren auf einem niedrigen Niveau. Die Exportabteilung von Delius klagte über das rückläufige Englandgeschäft und über Schwierigkeiten, die Ware aus dem Lager Cockcroft abzusetzen. Als man 1976 das Cockcroft-Büro von Croydon nach London W1 verlagerte, betonte man die „ausgezeichnete Lage“ und den „sehr guten Eindruck“.[526] Die angespannte Wirtschaftslage in Großbritannien machte es jedoch schwieriger, das Geschäft dort voranzubringen. Die Mitarbeiter von C. A. Delius berichteten über „fast totale Kauf-Unlust seitens der Abnehmer“. Diese Zurückhaltung bestand auch 1980 noch fort, als sich die britische Währung – nach drastischen Kursverlusten im Zuge der „Pfundkrise“ 1976 – wieder erholt hatte.[527]

C. A. Delius & Söhne hielt an der Beteiligungsgesellschaft fest. Als die Cockcroft-Familie aussteigen wollte und die übrigen Anteile nach einigen Jahren günstig anbot, erwarb C. A. Delius & Söhne sogar noch die restlichen Firmenanteile dazu. C. A. Delius & Söhne wurde nun zum Alleininhaber der englischen Weberei,

Logo C. A. Delius & Söhne

notierte ein früherer Mitarbeiter rückblickend.[528] In loser Folge reiste Ernst August Delius mit seinem Finanzprokuristen Hans Striegel nach Todmorden, um sich um aktuelle Fragen vor Ort zu kümmern. „Beide konnten kein Englisch, oder wenig, das war eigentlich immer ganz lustig", erinnerte sich der damalige Juniorchef Rudolf Delius, der seinen Onkel auf diesen Dienstreisen oft begleitete.[529]

Die Erwartungen, die die Bielefelder Geschäftsleitung mit der Investition in Großbritannien verknüpft hatte, erfüllten sich jedoch nicht. Auch im Laufe der 1980er-Jahre blieben die Umsätze von Cockcroft & Sons unter dem erhofften Niveau. So fiel Ende der 1980er-Jahre die Entscheidung, die Tochtergesellschaft zu veräußern. Tatsächlich gestaltete es sich wohl nicht ganz einfach, Kaufinteressenten zu überzeugen – „weil der Laden eben auch nichts wert war", so Rudolf Delius. 1988 kaufte die britische Traditionsfirma Early of Whitney die Weberei in Todmorden für 500.000 Pfund auf.[530]

„Wir müssen unsere Arbeit optimal einsetzen"

Insgesamt hatten beide Firmentöchter sich wohl anders entwickelt, als die Delius-Geschäftsleitung gehofft hatte. Die Gründe dafür waren unterschiedlich. In Frankreich schwand der strategische Vorteil einer Vertriebsgesellschaft vor

Ort mit den Fortschritten in der europäischen Integration allmählich dahin. In Großbritannien hatte die Investition ein anderes Profil. Was ursprünglich als „Rationalisierungsabkommen“ für die Eroberung des Marktes begonnen hatte, mündete in die Übernahme einer nur mäßig laufenden Weberei – und das in einer Phase, in der sich die Wettbewerbsbedingungen für die europäische Textilindustrie ohnehin verschärften.

Zusammenfassend betrachtet, ließ sich im Zeitverlauf eine allmähliche Veränderung in der Erschließung der Auslandsmärkte erkennen. Ende der 1950er-Jahre hielt der zuständige Abteilungsleiter noch nichts von der Idee, Verkaufsniederlassungen in anderen Ländern zu errichten. Es seien „kostspielige Einrichtungen“, die „mit Sicherheit in den nächsten Jahren [...] keine Vorteile erbringen würden.“[531] Die Europapolitik betrachtete er skeptisch.[532] Das Geschäft koordinierte die Firma Delius im Wesentlichen aus ihrer Zentrale in der Goldstraße heraus, vorbereitet durch die Delius-Vertreter und die intensive Reisetätigkeit der Exportabteilungsmitarbeiter. Etwa 40 bis 50 Reisen listete die Abteilung pro Jahr für „Orientierung“ und „Verkauf“ der verschiedenen Delius-Artikel.[533]

Im Laufe des folgenden Jahrzehnts veränderte sich die Herangehensweise. Die Europaskepsis wich einer befürwortenden Einstellung. Auch der generelle Ansatz für das Exportgeschäft steckte im Umbruch: „Wir wollen uns gänzlich lösen von dem falschen Prestigedenken, möglichst in viele Länder direkt zu exportieren“, schrieb die verantwortliche Führungskraft von Delius im Jahr 1970. „Wir müssen unsere Arbeit optimal einsetzen, d. h. wir können uns direkt nur mit grossen [sic] Märkten befassen.“[534] Daraus folgte, künftig mehr Aufträge über Handelshäuser abzuwickeln.

Bis zur Mitte der 1970er-Jahre hatte die Firma Delius mit ihrer Strategie das Exportgeschäft zu einem wichtigen Standbein aufgebaut. Zwischen 1975 und 1976 wuchsen die Exporte von rund 24 Millionen D-Mark auf etwa 29 Millionen D-Mark an – das entsprach einer Steigerung um 23 Prozent; dynamischer als manche Mitbewerber in diesem Zeitraum.[535]

3.4. „TREFFPUNKT DELIUS" – DAS UNTERNEHMEN UND SEINE BELEGSCHAFT

Das Auf und Ab der Konjunktur spiegelte sich auch bei C. A. Delius & Söhne in Personalfragen wider. Dabei veränderte sich im Laufe der Zeit nicht nur die Belegschaftsstärke an den verschiedenen Webereistandorten, sondern auch die Leistungen und Angebote für die Mitarbeitenden. Zudem bildeten sich in den Jahrzehnten nach 1945 neue Aufgaben am textilindustriellen Arbeitsplatz heraus.

Auf Basis der spärlichen Quellen lässt sich die Entwicklung der Belegschaften leider nur in groben Linien skizzieren. Nach dem Zweiten Weltkrieg erhielten „alle alten Betriebsangehörigen ihren Arbeitsplatz zurück", deutete ein Firmenchronist um 1960 an. Ähnlich vage gerieten auch seine Ausführungen zu den Jahren danach: „Erst die Automation" habe „einige notwendige Entlassungen" gebracht, die wohl vor allem weibliche Arbeitskräfte betrafen.[536] Genauere Angaben zur Personalstärke setzen erst später ein: Mitte der 1950er-Jahre umfasste die gesamte Belegschaft an den verschiedenen Delius-Standorten mehr als 1.800 Personen, mit einer sinkenden Tendenz ab 1958.[537] Dabei war Jöllenbeck die größte Weberei. Von den 1.612 Mitarbeitern, die im Geschäftsjahr 1964/65 bei C. A. Delius & Söhne beschäftigt waren, arbeiteten 469 Personen in Jöllenbeck, 397 in der Goldstraße und 330 in der Kurfürstenstraße. Danach kamen die Standorte Spenge mit 263 und Werther mit 104 Arbeitnehmerinnen und Arbeitnehmern. In der Handweberei in Augustdorf gingen 49 Beschäftigte ihrer Arbeit nach. Bis zur Mitte der 1970er-Jahre war die Gesamtbelegschaft auf rund 1.450 Personen geschrumpft.[538] Für das Ende der 1980er-Jahre schätzt ein internes Manuskript die Delius-Belegschaft rückblickend auf 850 Beschäftigte.[539] Wie viele Frauen bei Delius arbeiteten, lässt sich anhand der verfügbaren Quellen nicht genau rekonstruieren. Ein mit Ausbildungsfragen beauftragter Firmenmitarbeiter taxierte den Frauenanteil Anfang der 1990er-Jahre auf etwa 40 Prozent aller Beschäftigten.[540]

Insgesamt waren die Beschäftigungsverhältnisse bei C. A. Delius & Söhne von einer starken Kontinuität geprägt. Lange Betriebszugehörigkeiten kamen häufig vor. In den 1950er-Jahren feierten jährlich durchschnittlich 70 bis 75 Jubilare ihr Betriebsjubiläum von 25 Jahren oder mehr, nicht selten gab es dabei auch 40- oder 50-jährige Betriebszugehörigkeiten.

Einladung zum Fußballspiel, 1957

Weihnachtsfeier bei C. A. Delius & Söhne

Auch 1967 feierten über 50 Personen ihr Arbeitsjubiläum, 1973 hatte das Unternehmen C. A. Delius & Söhne sogar 74 „Arbeitsjubilare“. Dieser „Stamm“ von Mitarbeitern sei bei Delius „traditionell groß“, erklärte Ernst-August Delius.[541] Das Unternehmen würdigte diesen Anlass meist mit einer Feier im „Kameradschaftshaus“ in Jöllenbeck, „bei Bier und Schnaps“, wie es in den Notizen des Privatkontors hieß.[542] Hinweise zu den Jubiläen nahmen in der Kladde mit „Geschäfts-Notizen des Privat-Kontors“ breiten Raum ein. Fein säuberlich notierte man die Namen, das Jubiläumsdatum und die zugehörige Abteilung, häufig auch die Geschenke, die man den Jubilarinnen und Jubilaren zu diesem Anlass machte – meist eine finanzielle Zulage. Das 40-jährige Jubiläum eines engen leitenden Mitarbeiters feierten die Teilhaber sogar mit einem Jubiläumsessen bei Seniorchef Wolf Delius. Als Präsent stand ein „[...] wertvoller silberner Blumenkorb, Wert M. 1.800“ in den Büchern, gestiftet „von den Teilhabern, nicht von der Firma“, wie der Eintrag klarstellte. Auch zu Hochzeiten und runden Geburtstagen konnte es Geschenke von der Firma geben, zudem auch Jahr für Jahr eine Weihnachtsgratifikation. Darüber hinaus notierte man schwere Krankheiten oder Schicksalsschläge von langjährigen Mitarbeitern im Betriebstagebuch. Die Geschäftsleitung von C. A. Delius & Söhne legte großen Wert auf eine harmonische, stabile Gemeinschaft in den Betrieben. Die Werksleiter der Webereien kannten ihre

Mitarbeiterinnen und Mitarbeiter alle mit Namen. Es passte zu einem Familienunternehmen in dieser Größenordnung, dass sich die Arbeitsbeziehungen am tradierten Leitbild der „Betriebsfamilie" orientierten. In den sogenannten „Weberdörfern" Jöllenbeck und Spenge gab es Familien, in denen mehrere Generationen bei Delius in Lohn und Brot gestanden hatten. Die Firma habe „sehr früh erkannt, dass es sinnvoll ist, die Arbeit zu den Menschen zu bringen – und nicht umgekehrt", erläuterte ein Ausbildungsleiter von Delius im Rückblick.[543]

Ernst August Delius

Ernst August Delius

Das Wirken des Unternehmers Ernst August Delius ist eng mit seinem Engagement für branchenpolitische Fragen verknüpft. Schwerpunkte seiner Arbeit in zahlreichen Gremien, Vereinen und Verbänden seit den 1950er-Jahren waren das Tarifgeschehen sowie die berufliche Aus- und Weiterbildung in der Textilwirtschaft. Zugleich setzte er sich für die überregionale Vernetzung der Interessenvertretung der mittelständischen Textilindustrie ein. Als Vorsitzender des Verbandes der Nord-Westdeutschen Textilindustrie trieb er beispielsweise die Kooperation des westfälischen Verbandes mit den Landesverbänden in Niedersachsen, Bremen, Hamburg und Schleswig-Holstein voran. Seit 1976 leitete er die Tarifverhandlungen in Westfalen und machte sich als Vorsitzender des Ausschusses zur Koordinierung der Tarifpolitik im Gesamtverband der Textilindustrie in der Bundesrepublik Deutschland „Gesamttextil" für eine bundesweite Vereinheitlichung der Tarife stark. In den drei Jahrzehnten prägte er als Verhandlungsführer die Tarifverhandlungen. Dabei galt insbesondere die Vereinbarung über optimierte Maschinenlaufzeiten Ende der 1980er-Jahre als richtungsweisend für andere Tarifbezirke. Wie die Liste seiner Gremienmitgliedschaften zeigte, kann die berufliche Bildung als Hauptanliegen von Ernst August Delius gelten. Er war im Berufsbildungsausschuss sowie in diversen Prüfungsausschüssen der IHK Ostwestfalen Lippe beteiligt, leitete den Berufsbildungsausschuss im Gesamtverband („Gesamttextil"), hatte den Vorstandsvorsitz der Vereinigung für Nachwuchsschulung in der Textilindustrie e. V. inne und brachte auf diese Weise die Reform der textilen Ausbildungsberufe auf den Weg. Auch für die praxisnahe Techniker- und Ingenieursausbildung gab er Impulse. Die Rationalisierung in der mittelständischen Textilindustrie könne nicht den Ansätzen der Großindustrie folgen, sondern müsse eigene, spezifische Formen finden, lautete ein Leitgedanke, der die Basis für eine langjährige Zusammenarbeit mit der Rheinisch-Westfälischen Technischen Hochschule (RWTH) Aachen im Forschungsinstitut für Rationalisierung schuf. Sein überbetriebliches Engagement wurde am 2. Mai 1973 mit dem Verdienstkreuz 1. Klasse gewürdigt. Es folgte am 8. Juni 1982 im Wege der Höherstufung das Große Verdienstkreuz. Darüber hinaus verlieh die RWTH Aachen Ernst August Delius im Jahr 1986 die Ehrenbürgerwürde, während er einige Jahre später – im Jahr 1992 – schließlich mit dem Großen Verdienstkreuz mit Stern der Bundesrepublik Deutschland ausgezeichnet wurde. Zudem ist eine Bielefelder Berufsschule, das Ernst-August-Delius-Berufskolleg-Textil, nach dem Firmenteilhaber benannt.[544]

Delius-Mitarbeitende auf einem Ausflug in Hamburg und Kiel

Den Grundstein für die Bindung eines „Stamms" an qualifizierten Fachkräften legte die Firma Delius mit der Ausbildung in der hauseigenen Lehrwerkstatt, die bereits seit Mitte der 1920er-Jahre bestand. Fragen der beruflichen Qualifizierung gehörten zu den Herzensangelegenheiten von Ernst August Delius, der sich immer wieder auch auf Branchenebene für eine praxisnahe und moderne Ausbildung einsetzte.[545]

Zwischen 1926 und 1976 bildete die Firma C. A. Delius & Söhne 2.738 Lehrlinge in webereispezifischen und kaufmännischen Berufen aus, und in den Reihen der Arbeitsjubilare der 1970er-Jahre befanden sich als sogenannte „50-er" einige Lehrlinge „der ersten Stunde". Gleichwohl hatten sich mit der Automatisierung der textilen Arbeitswelt auch die Ausbildungsinhalte stark verändert. Mitte der 1970er-Jahre hießen die bei Delius angebotenen Lehrberufe beispielsweise „Textilmaschinenführer", „Textilmechaniker" und „Textillaborant".[546] Im Laufe der 1980er-Jahre kam noch das Profil „Musterprogrammierer/Musterprogrammiererin" hinzu. Danach konnten sich die Gesellinnen und Gesellen beruflich weiterbilden – beispielsweise zu Industriemeisterinnen und -meistern, zu Textiltechnikern und -technikerinnen oder zu Diplom-Ingenieurinnen und -ingenieuren.[547] In den frühen 1990er-Jahren löste das Prinzip des „Training on the Job" die früheren Lehrwerkstätten ab.[548] Rund 90 Prozent der Beschäftigten bei Delius waren gelernte Fachkräfte. Die Weihnachtsfeier mit den Eltern der Lehrlinge, ein Konzert des Lehrlingschors sowie Fahrten aller Auszubildenden nach Spiekeroog auf Firmenkosten gehörten über Jahrzehnte zu den festen Terminen im Kalender der Firma Delius.[549] Die Listen bestandener Abschlussprüfungen fanden sich im „Treffpunkt Delius", dem Mitteilungsheft für die Mitarbeiterinnen und Mitarbeiter von Delius in den 1970er-Jahren mit vielerlei Informationen rund um den Mikrokosmos des Unternehmens – Hochzeiten, Todesfälle, Jubiläen, Nachrufe, Porträts von Abteilungen, Textilsparten, Maschinen und Betriebssport.

Delius-Auszubildende auf einer Fahrt nach Spiekeroog, 1950

Zum Auftakt der 1990er-Jahre wurde diese Hauspost als Betriebszeitung mit hausinterner Redaktion nach langer Pause fortgesetzt: „Wir bei Delius“, hieß sie nun.[550]

Die historisch gewachsene betriebliche Sozialpolitik prägte die Berufswelt bei Delius auch in der zweiten Hälfte des 20. Jahrhunderts, da die traditionsreichen Einrichtungen vorerst fortbestanden. So gehörten beispielsweise der Ende des 19. Jahrhunderts gegründeten Betriebskrankenkasse C. A. Delius & Söhne Anfang 1979 über 1.000 Versicherte sowie rund 970 Rentnerinnen und Rentner an. Mit Beitragssätzen in Höhe von 9,5 Prozent galt sie als preiswerte Krankenkasse mit einem breiten Leistungsspektrum.[551] Kassenmitglieder konnten Kuraufenthalte z. B. in einer Pension in Bad Driburg verbringen. Langjährige Tradition besaß auch die Betreuerin, die sich bei Delius um die individuelle Unterstützung von Mitarbeiterinnen und Mitarbeitern in arbeitsgesundheitlichen Fragen kümmerte.[552]

Darüber hinaus existierte die Pensionskasse C. A. Delius & Söhne bis in die frühen 1980er-Jahre fort. Sie sicherte den Mitarbeitenden – je nach Beschäftigungsdauer – eine Altersversorgung, die bis zu 85 Prozent der früheren Bezüge betragen konnte. In den ausgehenden 1950er-Jahren entsprach die Pension eines Webers etwa der Pension eines Lehrers nach 20 Dienstjahren, erläuterte eine interne Chronik.[553] Diese großzügigen Pensionsregelungen bildeten jedoch die Achillesferse in der Architektur der betrieblichen Sozialleistungen bei Delius. Die steigende Lebenserwartung der Pensionärinnen und Pensionäre brachte die Grundlagen der Kalkulation ins Wanken – die Gründer waren seinerzeit nicht davon ausgegangen, die Ruhegehälter über Jahrzehnte zu zahlen. Schon zu Beginn der 1960er-Jahre stiegen die Pensionsaufwendungen sprunghaft an: Hatte das Unternehmen 1959/60 noch 51.793 D-Mark für Pensionsverpflichtungen gegenüber den Angestellten aufgewendet, so belief sich dieser Posten im Geschäftsjahr 1960/61 bereits auf 364.983 D-Mark.[554] Im Kontext einer langen Liste von „besonders erhöhten Aufwendungen" in diesem Jahr nahm sich der absolute Betrag zwar noch vergleichsweise gering aus, aber die rasche Vervielfachung und das ungewisse Ende der Verpflichtungen bargen Belastungspotenzial für die Zukunft. Im Laufe der 1970er-Jahre zeichnete sich immer deutlicher ab, dass man diese Form der Altersversorgung für die künftigen Delius-Mitarbeiter nicht würde aufrechterhalten können. „Da gehen wir in die Knie", waren die Inhaber überzeugt, in dieser Meinung bestärkt durch einen Wiesbadener Unternehmensberater.[555] Eine Weiterführung der Altersversorgung in der bewährten Praxis hätte die Eigenmittel des Unternehmens aufgezehrt. 1984 wurde die Pensionskasse schließlich eingestellt.[556]

Bis weit in die 1970er-Jahre mutete der Führungsstil im Hause C. A. Delius & Söhne noch paternalistisch an – mit Fürsorgeangeboten für die Betriebsangehörigen, der Erwartung von Betriebstreue und der Hoffnung seitens des Managements, dass die Branchengewerkschaft für die Delius-Beschäftigten keine Anziehungskraft entfalten möge. Seit den Anfängen der mechanischen Weberei gab es einen Betriebsrat, mit dem die Unternehmensleitung einen kooperativen Austausch anstrebte und bei Konfliktfällen in der Regel auch erzielte.

Das Traditionsbewusstsein und die Unternehmenskultur der Firma offenbarten sich auch in täglichen Routinen. Beispielsweise galt bei C. A. Delius & Söhne – wie auch in anderen größeren Unternehmen – vor allem für die Angestellten der Hauptverwaltung in der Goldstraße die ungeschriebene Regel, formale Geschäfts-

Geschäftsleitung und Führungskräfte von C. A. Delius & Söhne auf einem „Strohhut-ausflug“, vermutlich 1960er-Jahre

kleidung zu tragen. Als ein Angestellter in den 1970er-Jahren eines Tages ohne Krawatte erschien, bemerkte das der Firmeninhaber Reinhard Delius sofort und entsandte umgehend eine Führungskraft seines Vertrauens, um mit dem Betreffenden darüber zu sprechen.[557] Zeitzeugen erinnerten sich auch eindrücklich an die „Montagsrunde“, die Ernst August Delius zu Beginn einer jeden Arbeitswoche mit den Leitern der Betriebe abhielt. Hier ging es darum, aktuelle betriebliche Angelegenheiten zu besprechen – gelegentlich gab es aber auch eine Art Quiz des Chefs mit Fragen zur Allgemeinbildung oder zur tagesaktuellen Politik.[558]

Als Mitglied der Tarifkommission des Branchenverbands wirkte Ernst August Delius an der Tarifpolitik der Textilindustrie mit.[559] Wie die anderen Webereien in der Region zahlte C. A. Delius & Söhne Tariflöhne, jedoch lässt sich die Entwicklung von Löhnen und Gehältern bei C. A. Delius & Söhne im Zeitverlauf – angesichts der lückenhaften Unterlagen – nicht genau nachvollziehen. In den Fabriken zahlte man überwiegend Akkordlöhne, wie beispielsweise Schusslöhne oder Meterlöhne, die an der Webmaschine ermittelt wurden. Stundenlöhne fielen bei der Wartung und Vorbereitung der Textilmaschinen an. Der Delius-Weber habe – im Vergleich zu anderen Unternehmen in der Region – „seit [L]angem das obere Lohndrittel erreicht“, bemerkte eine interne Chronik um 1960. Die Gehälter der Angestellten orientierten sich an Gehaltsgruppen im öffentlichen Dienst.[560]

3.5. SOLIDE DURCH DIE KRISEN? C. A. DELIUS & SÖHNE UND DIE DEUTSCHE TEXTILWIRTSCHAFT IN DEN 1960er- UND 1970er-JAHREN

Seit den späten 1950er-Jahren befand sich das Unternehmen C. A. Delius & Söhne wieder auf Wachstumskurs. Hatte das Umsatzvolumen 1957/58 noch bei etwa 55 Millionen D-Mark gelegen, so wuchs der Umsatz in den frühen 1960er-Jahren rasch an und überstieg 1964/65 die Marke von 100 Millionen D-Mark.[561]

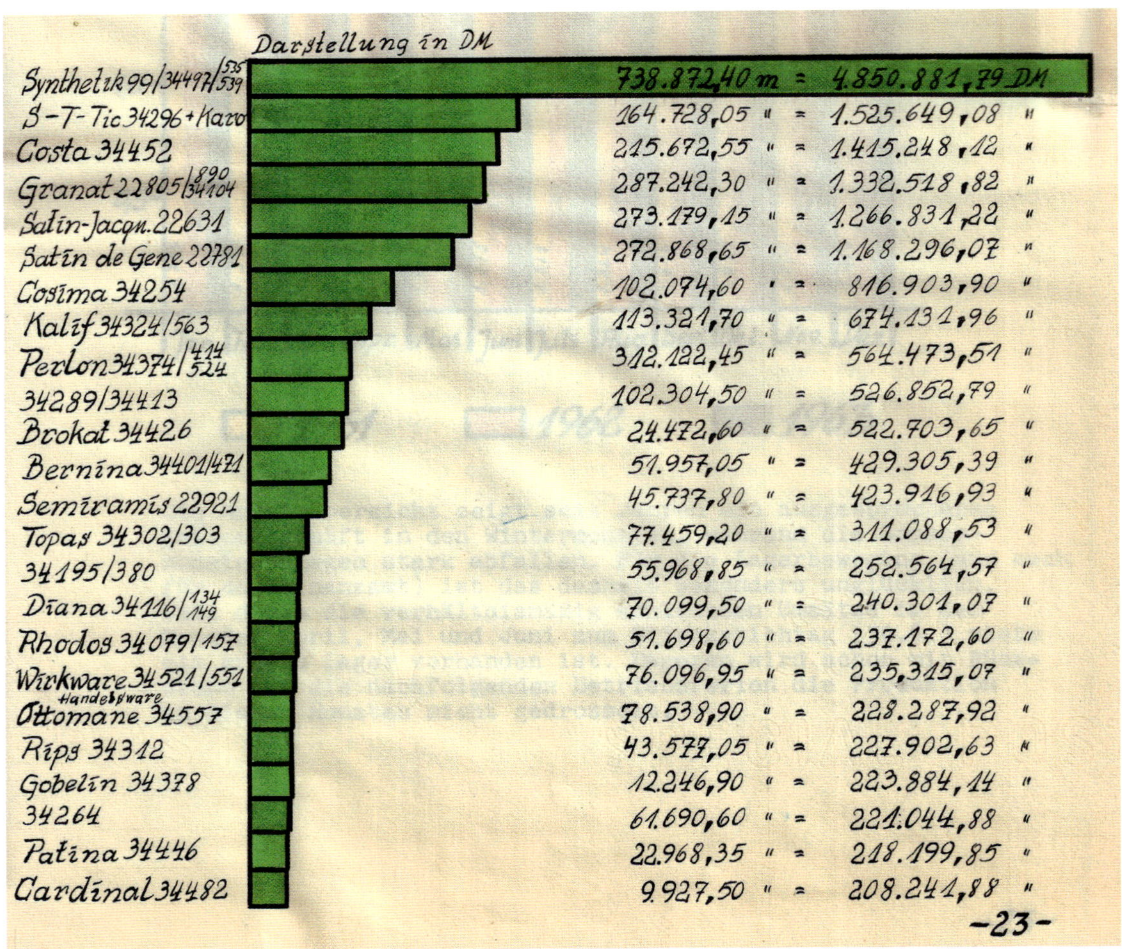

Umsatz einzelner Qualitäten von Dekorations- und Möbelstoffen (1963). Der Umsatz des Artikels „Synthetic 99" hatte sich im Vergleich zum Vorjahr beinahe verzehnfacht.

Die Rezession von 1966/67

Unterdessen flachte der Boom der Wiederaufbaujahre allmählich ab. Als im Sommer 1966 die Konjunktur plötzlich einbrach, machte sich rasch Krisenstimmung in der Bevölkerung breit, zeitgleich angefacht von Betriebsstilllegungen in der Stahlindustrie und im Kohlebergbau. Im Jahr 1967 schrumpfte das Sozialprodukt real um 0,5 Prozent.[562] Die im Rückblick harmlose Konjunkturdelle verunsicherte die Menschen, die sich in den Jahren der Nachkriegsprosperität an eine wachsende Wirtschaft gewöhnt hatten.

Auch in der Textilindustrie mehrten sich die Anzeichen für eine Talfahrt. Angesichts der seit 1966 rückläufigen Produktion sanken die Umsätze in der Textilbranche 1967 im Vergleich zum Vorjahr um etwa 7 Prozent, während branchenweit etwa ein Zehntel der Arbeitsplätze wegfiel.[563]

Die betriebswirtschaftliche Abteilung von Delius konstatierte einen Umsatzrückgang von über 8 Millionen D-Mark.[564] Prozentual entsprach das in etwa dem durchschnittlichen Rückgang in der Textilbranche. Gleichwohl gaben die Zahlen den Controllern von C. A. Delius zu denken. Die Verbandszahlen würden deutlich machen, dass die Schwächen bei Fertiggeweben für Bekleidung lagen, kommentierte die betriebswirtschaftliche Abteilung. Diese Gewebegruppe sei aber bei Delius nur gering am Umsatz beteiligt. Mithin müsse man viel mehr für den Absatz der eigenen Produkte tun und ein Marketing-Konzept erarbeiten, schlussfolgerte der Bericht. Das Verhalten am Markt, nicht die technische Ausstattung, werde in Zukunft – „etwa um 1980" – über den Erfolg entscheiden: „Der moderne technische Stand des Produktionsapparates wird zu dieser Zeit die Voraussetzung für die Teilnahme am Wettbewerb bilden. Unternehmungen, die diesem Postulat bis dahin nicht Rechnung getragen haben, werden am Markt ausscheiden. Dieser

Patronenzeichnung, Ausschnitt

Ausleseprozess hat ja praktisch bereits begonnen", betonte der Bericht.[565] Schon vor der Rezession hatte der Betriebswirt der Firma „die dringende Notwendigkeit einer Marketing-Konzeption bei CAD" unterstrichen und nahegelegt, Marketing-Instrumente zu nutzen und die Markenbildung voranzutreiben. Die Unternehmenspolitik müsse darauf abzielen, den Marktanteil zu vergrößern.[566]

Zudem schrumpfte die Delius-Belegschaft 1966/67 um knapp 5 Prozent und umfasste nun 1.492 Personen. Dabei hatte das Werk in Jöllenbeck mit 35 Personen den größten Abgang zu verzeichnen.

„... einen neuen Rekord" – Produktionsboom bei Delius und steigender Kostendruck

Gleichwohl konnte C. A. Delius den Dämpfer aus der Rezession von 1967 vergleichsweise rasch überwinden. Seit dem Geschäftsjahr 1969/1970 überschritten die Umsätze wieder die viel beachtete Schwelle von 100 Millionen D-Mark.[567] Um die Umsatzsteuer bereinigt, war dies der höchste Umsatz, den das Unternehmen C. A. Delius & Söhne bis dahin jemals erzielt hatte. Auch die Menge des verkauften Gewebes – rund 35,2 Millionen Meter – stellte „einen neuen Rekord dar", erklärte der Jahresbericht.[568] Das Unternehmen gehörte nun zu den größten Familienunternehmen der bundesrepublikanischen Textilindustrie.[569]

Tabelle: Umsätze C. A. Delius 1957–1976, in D-Mark[570]

Geschäftsjahr	Umsatz in D-Mark
1957/58	55.000.000
1963/64	95.831.452
1964/65	104.695.095
1965/66	107.230.788
1966/67	99.125.645 (92.505.746 um alte USt bereinigt)
1967/68	97.713.174 (95.505.746 um alte USt bereinigt)
1968/69	98.459.532
1969/70	104.187.081
1976	140.426.465

Bald darauf mietete C. A. Delius Räume der nahe gelegenen Textilfirma Kisker an, um die Lagerkapazitäten zu erweitern.[571] Trotz aller Rekordzahlen zeigte die betriebswirtschaftliche Erfolgsrechnung jedoch auch Tendenzen auf, die langfristig die Ertragskraft der Firma beeinträchtigen konnten. Die sinkenden Durchschnittspreise drückten auf den Gewinn, zudem stiegen die Kosten rascher an als die Umsatzerlöse.[572]

Schon seit einigen Jahren setzte sich die betriebswirtschaftliche Abteilung von Delius mit den verschiedenen Kostenpositionen auseinander. Für 1968/69 legte sie dar, dass ein Großteil des auf über 95 Millionen D-Mark geschätzten Kostenblocks „nur bedingt" durch Delius zu steuern sei. Beispielsweise könne man den Aufwand für Rohstoffe und Ausrüstung – und damit in Summe mehr als die Hälfte aller Kosten – kaum beeinflussen. Auch die Gemeinkosten von C. A. Delius & Söhne waren gestiegen und beliefen sich nunmehr auf über 36 Millionen D-Mark. Mehr als die Hälfte davon waren Personalkosten – Gehälter, Löhne, Sozialbeiträge, freiwillige soziale Leistungen und Pensionsaufwendungen – der Rest entfiel auf Verwaltungs- und Betriebskosten. Mit einem Aufwand pro Beschäftigtem in Höhe von rund 12.000 D-Mark lag C. A. Delius & Söhne aber ungefähr im Durchschnitt der Unternehmen des Branchenverbandes. Da die Gemeinkosten überwiegend fixe Kosten waren, führte eine zu geringe Auslastung der Werke, wie es z. B. während der Rezession vorübergehend der Fall war, zu einer Deckungslücke.[573]

Vor dem Hintergrund der steigenden Kosten regte die betriebswirtschaftliche Abteilung seit 1968 an, ein Informationssystem einzuführen. Dies sollte es den Führungskräften in den Abteilungen und in den Werken leichter machen, die finanzielle Tragweite ihrer Entscheidungen abzuschätzen. „Halte ich für sehr wichtig", notierte Reinhard Delius zu diesem Vorschlag. „Die Information muß allerdings schneller kommen!"[574] Obwohl die Anregung seitens der Geschäftsleitung also grundsätzlich begrüßt wurde, scheint es gedauert zu haben, bis man sie umsetzte, denn in den folgenden Jahren wiederholte die Abteilung diesen Vorschlag, ergänzt um die Idee, durch ein Budget den Kostenrahmen für Abteilungen oder Betriebe abzustecken.[575]

Trotz der steigenden Kosten besaß C. A. Delius eine solide Finanzierungskraft. Der Cashflow betrug Mitte der 1960er-Jahre sogar mehr als 10 Prozent vom Umsatz.[576] „Besonders im Vergleich zu anderen Unternehmungen ist der Wert sehr gut", fand der Chefbuchhalter von Delius. Seit dem Konjunkturtief von 1966/67 ging der Kassenzufluss jedoch merklich zurück. Obwohl sich der Wert 1968/69 vorübergehend verbesserte, sank er im Jahr 1969/70 absolut und in Relation zum Umsatz stark ab.[577] Bei Investitionen in Höhe von 4,468 Millionen D-Mark und einem Wert der gelagerten Waren in Höhe von 3,5 Millionen D-Mark reichten die zufließenden Mittel in Höhe von 5,78 Millionen D-Mark nicht aus, um das erforderliche Kapital innerbetrieblich zu finanzieren – die Lücke an liquiden Mitteln belief sich auf über 2 Millionen D-Mark. Das Unternehmen war auf eine Außenfinanzierung angewiesen, um erforderliche Investitionen zu tätigen.[578]

Luftbild Juni 1955, C. A. Delius & Söhne, Werk Spenge (links), C. A. Delius & Söhne, Bielefeld, Werk Jöllenbeck (rechts); Luftbild 1955

Investitionen und Modernisierung der Werke

Zu diesem Zeitpunkt standen wichtige Neuanschaffungen für C. A. Delius & Söhne auf dem Programm. Das Werk in Jöllenbeck erhielt um 1969 neue Greiferwebmaschinen für die Möbelstoffweberei sowie schützenlose Sulzer-Webmaschinen. Damit konnte die Schusseintragsleistung gesteigert werden. 1969 betrug die Umdrehungszahl 220 Schüsse pro Minute.[579] Einige Jahre später baute die Firma in Jöllenbeck eine neue, großzügigere Fertigungshalle, die im Frühjahr 1973 eingeweiht wurde.[580]

Auch in der Kurfürstenstraße waren Greiferwebmaschinen im Einsatz. Mit diesen Modernisierungen konnte Delius die produzierten Stoffmengen steigern und Webmaschinenstunden reduzieren – also die Fertigung weiter rationalisieren. Wenig später kamen auch die „Water Jets“ – Wasserstrahlwebmaschinen – hinzu.[581] Viele Textilunternehmen setzten zunehmend auf moderne Produktionstechnik, gleichwohl war das Potenzial für eine technische Rationalisierung der Branche gegen Ende der 1960er-Jahre noch bei Weitem nicht ausgeschöpft.[582] Unternehmen, die sich die Modernisierungsinvestitionen leisten konnten, sahen auch die Nachteile der kapitalintensiveren Fertigung – wie beispielsweise, dass der Druck zur Auslastung der Anlagen wuchs und sich das Fixkostenproblem in der Beschäftigungsflaute zuspitzte. Gleichwohl wies der Weg der Branche langfristig in Richtung arbeitskräftesparende Technologien. In der Seiden- und Samt-weberei stieg der Automationsgrad zwischen 1965 und 1978 von 68,1 auf 92,2 Prozent.[583] Seit 1958 war die Zahl der Beschäftigten in der bundesdeutschen Textilindustrie rückläufig, während die Branchenumsätze bis 1972 wieder stiegen.[584]

Umbrüche in der westfälischen Textilindustrie

Nicht alle Textilhersteller hatten die Rezession Mitte der 1960er-Jahre so glimpflich überstanden wie C. A. Delius & Söhne. Auch an den westfälischen Textilstandorten gerieten einige Traditionsunternehmen ins Straucheln. Das Betriebstagebuch von Delius notierte, dass im Frühjahr 1969 – „plötzlich" – drei nahe gelegene Seidenstoffwebereien zum Verkauf standen. Dazu gehörten die Weberei Hermann Kürten in Spenge, die in Konkurs ging und sich auflöste, zudem die Firma Gebrüder Bartels in Gütersloh, die zunächst von der Krefelder Verseidag übernommen und 1970 wieder geschlossen wurde, und schließlich die Ravensberger Seidenweberei in Jöllenbeck, die seit 1936 zum Unilever-Konzern gehörte.[585] Das Management von C. A. Delius & Söhne nahm diese Entwicklungen zur Kenntnis, hatte jedoch kein Interesse, eine der genannten Webereien zu übernehmen. Aus Sicht der Teilhaber von C. A. Delius verpasste man damit keine geschäftspolitischen Chancen. Die Ravensberger Seidenweberei sei unrentabel: „Seit drei Jahren ohne Rendite [...]. Die Fabrik ist im unpraktischen und renovierungsbedürftigen Zustand, [...] die Firma seit mehreren Jahren ohne Gewinn", lautete der Eintrag im Betriebstagebuch von C. A. Delius. Im mittleren Management von Delius waren jedoch anscheinend nicht alle mit der eher abwartenden Haltung der Firma am Markt einverstanden. So fand im Dezember 1969 im Hause des Seniorchefs Wolf Delius eine „abendliche Aussprache" statt, an der die Abteilungsleiter sowie Prokuristen des Unternehmens teilnahmen. Alle Firmeninhaber von C. A. Delius waren zugegen. „Nachdem wir die Ravensberger Seidenweberei, die Jersey-Fabrik der Gebrüder Bartels nicht übernommen hatten [...] war die Frage nicht unberechtigt, ob Delius keine Investitionen auf dem Textilsektor mehr anstrebte. Es klingt bei allen Unterhaltungen die Ansicht durch, dass bei CAD ein General-Manager fehlt", hieß es in den Geschäftsnotizen.[586] Anscheinend konnte man diese Ansicht im Privatkontor zwar grundsätzlich nachvollziehen, sah aber derzeit keine geeignete Führungspersönlichkeit in den eigenen Reihen. Generell hatte man in diesen Jahren mit Nachwuchsproblemen bei den Führungskräften in den Abteilungen zu kämpfen. „Auch macht der Nachwuchs [...] zunächst in der Abt. 9 und 12 Sorge."

Firmenprospekt der Herforder Teppichfabrik

Eine neue Beteiligung: Die Firma Delius und die Herforder Teppichfabrik Huchzermeyer

Wenig später entschloss sich die Geschäftsleitung dann doch zu einer Akquisition, und zwar auf dem Heimtextiliensektor. Im Juli 1970 erwarb C. A. Delius eine Beteiligung an der 1853 gegründeten Herforder Teppichfabrik Huchzermeyer.[587] Das Familienunternehmen fertigte mit moderner Tuftingtechnologie ein hochwertiges Sortiment an textilen Bodenbelägen und gewebten Teppichen. Nach einiger Zeit erwarb die Firma C. A. Delius & Söhne weitere Firmenanteile und besaß nun beinahe das ganze Unternehmen, in dem der frühere Inhaber, Cord Henrich Huchzermeyer, weiterhin die Geschäfte führte.[588] Für die Firma C. A. Delius bot die Beteiligung einen Weg, die Sortimente von Teppichen und Möbel- und Dekorationsstoffen aufeinander abzustimmen und damit die Produktlinie für die Inneneinrichtung abzurunden.

Auch das Marktsegment für textile Bodenbeläge steckte in dieser Phase im Umbruch. Galt die Teppichbranche während der 1960er-Jahre mit meist zweistelligen jährlichen Zuwächsen als zuverlässige Wachstumsbranche, so sahen sich die Hersteller im folgenden Jahrzehnt zunehmend mit Importdruck, nachgebenden Preisen und konkurrierenden Bodenbelägen aus Holz, Stein und PVC konfrontiert.[589] Angesichts steigender Wollpreise gewannen seit Anfang der 1970er-Jahre synthetische Teppiche an Bedeutung. Die aufwendigen Dessins der vergangenen Jahrzehnte, für die die Herforder Teppichfabrik (HTF) am Markt bekannt geworden war und die mitunter von avantgardistischen Textildesignern und -designerinnen stammten,[590] traten in ihrem Sortiment nunmehr zugunsten von preisgünstigerer „Konsumware" in den Hintergrund.[591] Besonders erfolgreich war der in 50 Farben erhältliche Veloursteppichboden „Color 50". Mit den Verschiebungen im Sortiment und weiteren Investitionen in neue Maschinen zogen Produktion und Absatz der HTF merklich an. Wie Cord Huchzermeyer 1978 schrieb: „Heute produziert und verkauft die gleiche Anzahl von Mitarbeitern die zehnfache Menge von 1968".[592] Der Plan, einen gemeinsamen Vertrieb von Delius-Stoffen und HTF-Teppichen zu etablieren, blieb jedoch in der Konzeptionsphase stecken.[593] Langfristig sollte der Markt für Bodentextilien auch in der

Produktinformation „Color 50", Herforder Teppichfabrik

Nische, in der die HTF lange erfolgreich war, schwer zu bespielen sein – in den frühen 1990er-Jahren verkaufte C. A. Delius & Söhne die Teppichfabrik an die Wuppertaler Vorwerk KG und behielt nur die Immobilie.[594]

Als C. A. Delius & Söhne bei der HTF einstieg, boomte die Wirtschaft, und auch die Textilindustrie profitierte von dem konjunkturellen Rückenwind. Gleichwohl zeigte sich weiterhin, dass die Textilbranche hinter anderen Industriezweigen zurückblieb – während sie in Flautephasen hohe Rückgänge verbuchte, wuchs sie in Boomphasen vergleichsweise wenig.[595] 1971/72 zogen sich die Seniorchefs, Wolf und Johann Daniel Delius, aus der Geschäftsleitung zurück – „nicht ohne grosse Sorge um die Zukunft der Firma", hieß es in den Geschäftsnotizen.[596] Formal waren die beiden schon im Sommer 1963 aus der Gesellschaft ausgeschieden.[597]

C. A. Delius & Söhne und die Textilkrise der 1970er-Jahre

Im Herbst 1973 ging die Weltwirtschaft – im Zeichen des Ölpreisschocks und zunehmend unübersichtlicher Währungsverhältnisse – auf Stagnationskurs, und auch die bundesdeutsche Volkswirtschaft geriet ins Stocken und rutschte Mitte der 1970er-Jahre in eine Rezession. 1975 sank die Wirtschaftsleistung im Vergleich zum Vorjahr um 0,8 Prozent, während die Preise schnell stiegen.[598] In der Textilbranche verdichteten sich die negativen Signale. Das Nettoproduktionsvolumen schrumpfte schon zwischen 1972 und 1974. Mitte der 1970er-Jahre brachen die Beschäftigtenzahlen sichtbar ein – im Laufe des Jahrzehnts verlor etwa ein Drittel der Arbeitnehmerinnen und Arbeitnehmer in der bundesdeutschen Textilwirtschaft seinen Arbeitsplatz.[599]

Besonderes Aufsehen erregte Ende 1975 der Zusammenbruch des größten deutschen Textilkonzerns Glöggler. Es handelte sich um einen der bis dahin größten Konkurse in der Nachkriegsgeschichte. Das „Textilimperium" des Augsburger Unternehmers bestand aus einem Konglomerat aus verschiedenen Textilfirmen mit 24 Werken und insgesamt über 11.000 Beschäftigten und über 910 Millionen D-Mark Umsatz.[600] Die Textilkrise der 1970er-Jahre gewann an Kontur.[601] Bei C. A. Delius & Söhne habe es im Geschäftsjahr 1973 einen Rückgang der Beschäftigtenziffern um etwa 9 Prozent gegeben, schreibt ein früherer Mitarbeiter im Rückblick.[602]

Mitte der 1970er-Jahre belief sich der Umsatz bei C. A. Delius & Söhne auf etwa 140,4 Millionen D-Mark, von deren gut 20 Prozent im Export erwirtschaftet wurden.[603] Die höchsten Umsätze – etwa 66 Millionen D-Mark – erzielte das Unternehmen mit Futterstoffen. Die zweitgrößte Sparte waren die Möbel- und

Dekorationsstoffe mit einem Umsatzvolumen von rund 42,5 Millionen D-Mark.[604] Für die technischen Gewebe hatte C. A. Delius inzwischen auch eine eigene Abteilung gegründet. Mit Umsätzen von gut 10 Millionen D-Mark Mitte der 1970er-Jahre fungierte diese Sparte noch nicht als Zugpferd der Firma, stellte aber mit etwa 7 Prozent vom Gesamtumsatz bereits eine nicht zu vernachlässigende Größe im Delius-Portfolio dar.

Grafik: Umsätze C. A. Delius & Söhne, Geschäftsjahr 1976, in D-Mark[605]

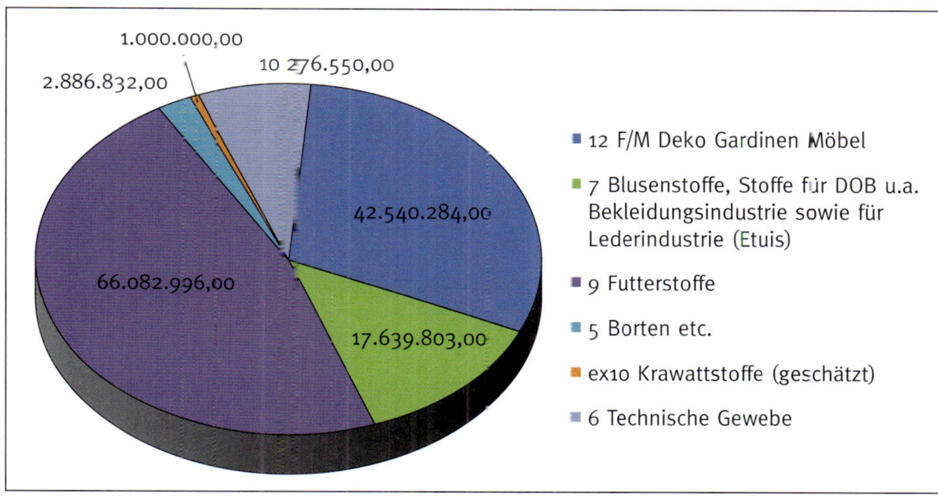

Die Vielseitigkeit der Produktion sei eine der Grundstützen der Firma, betonte Ernst August Delius schon 1974.[606] Die breite Produktpalette half auch bei diesem Abschwung, eine nachlassende Nachfrage auszugleichen, wie sie sich beispielsweise 1974 bei den Heimtextilien abzeichnete. Angesichts der hohen Inflationsraten in dieser Phase stellte der reale Umsatzzuwachs der frühen 1970er-Jahre die Inhaber von C. A. Delius nicht zufrieden. Die steigenden Kosten – auch durch anziehende Rohstoffpreise, bereiteten ihnen Sorgen, weil die Produktivitätsverbesserungen nicht ausreichten, um den Anstieg aufzufangen.[607] Von einer Strukturkrise des Industriezweigs wollte Ernst August Delius jedoch noch nicht sprechen.[608]

Muster von Dekorationsstoffen, 1970er-Jahre

„Delicron" und „Berolina" – Artikelvielfalt und Reorganisation

Die Bandbreite, die der Firmenchef betonte, hatte sich in manchen Marktlagen schon als hilfreich erwiesen. Sie gestaltete die Koordination der unternehmensinternen Prozesse zugleich durchaus komplex. Disposition und Vertrieb der insgesamt über 500 verschiedenen Artikel, die darüber hinaus noch in verschiedenen Farben und Mustern angeboten wurden, banden Ressourcen. Schon Ende der 1950er-Jahre hatte ein Firmenchronist bemerkt, die Kollektionskataloge der Abteilung 9 für Futterstoffe passe nicht mehr in eine Aktentasche, sondern fülle einen Koffer. Zwischen den Zeilen klang bereits durch, dass sich die Pflege der alten Kaufmannsbeziehungen zu den Kunden dadurch etwas umständlicher gestaltete.[609] Als C. A. Delius & Söhne Mitte der 1960er-Jahre erste Computeranalysen durchführte, zeigte sich, dass die Firma meist schon mit wenigen, besonders erfolgreichen Artikel große Umsatzanteile erzielte.[610] „Delicron" und

Muster, Borte „Delicron"

Musterkarte des Verdunkelungsstoffs „Contralux“

„Berolina“ gehörten zu den Topsellern der Abteilung 12 für Möbel und Dekorationsstoffe; Miederatlas, Acetat-Satin und Cupralin waren die umsatzstärksten Artikel der Futterstoffabteilung in 1967. Obwohl an der einen oder anderen Stelle die breite Produktpalette kritisiert wurde – so z. B. durch den Exportleiter – hielt C. A. Delius & Söhne zunächst an der Sortimentstiefe fest.

Noch in den 1970er-Jahren betrieb die Firma Delius auch eine Handweberei in Augustdorf, in der wohl etwa 40 Mitarbeiter Reversseiden und Möbelstoffe webten.[611] Eine interne Kalkulation zeigte, wie wenig sich dieser Betrieb inzwischen rechnete. Vor allem das Weben von Möbelstoffen mit der Hand war – im Vergleich zur Automatenweberei – unwirtschaftlich und nicht kostendeckend. Der Fehlbetrag lag im sechsstelligen Bereich – der Deckungsbeitrag erreichte nur etwa 18 Prozent der anfallenden Gesamtkosten. „Wenn die Möbelstoffweber mit 85 % ihrer jetzigen Bezüge vorzeitig pensioniert würden, würde dieses für das Unternehmen einen Gewinn bedeuten!“, hieß es in der Notiz. Die eindeutige Schlussfolgerung lautete: „Von der Kostenlage her kann das Weben von Möbelstoffen in Augustdorf nicht mehr verantwortet werden.“[612] Bald darauf wurde die Möbelstoffweberei in Augustdorf eingestellt. 1976 löste C. A. Delius & Söhne auch die Krawattenstoffabteilung auf.[613]

Insgesamt überstand die Firma C. A. Delius & Söhne den Schrumpfungsprozess der Branche in den 1960er- und 1970er-Jahren vergleichsweise gut. Die spärlichen Geschäftsunterlagen aus dieser Zeit legen nahe, dass das Unternehmen zwar Rentabilitätseinbußen hinnehmen musste und – wie ihre Wettbewerber – unter dem steigenden Kostendruck litt. Zudem hatte die Firma noch immer ihr Potenzial für organisatorische Verbesserungen nicht ausgeschöpft – eine Straffung des Sortiments stand noch aus. Gleichwohl waren die Werke auf einem technisch modernen Stand und produktiv. Zur Auslastung der Maschinen arbeiteten die Werke im Dreischichtenbetrieb. Als nahe gelegene Webereien ihre Pforten schließen mussten, konnte C. A. Delius deren Fachkräfte übernehmen. Im Werk Jöllenbeck lief der allmähliche Abbau des Personals im Zeitverlauf wohl weitaus häufiger über altersbedingtes Ausscheiden als über Entlassungen.[614] Dies galt auch für die anderen Standorte in den 1960er- und 1970er-Jahren.[615]

Traditionsindustrien unter Anpassungsdruck – stille Veränderungen in der Textilwirtschaft

Seit den 1970er-Jahren gerieten die traditionellen Industriezweige – Montan, Stahl und Textil – unter besonderen Anpassungsdruck des strukturellen Wandels. Unternehmen mussten Werke stilllegen oder automatisieren, während sich

Weberei, 1970er-Jahre

der Arbeitsalltag auf lange Sicht veränderte und körperliche Schwerstarbeit verdrängte.[616]

Anders als andere „Traditionsindustrien" erhielt die Textilindustrie im Anpassungsprozess der 1970er-Jahre vergleichsweise wenig Unterstützung durch staatliche Hilfen. Die Bundesregierung hielt auch unter Bundeskanzler Helmut Schmidt an größtenteils freihändlerischen Grundsätzen für den Handel mit Textilwaren in der Europäischen Gemeinschaft fest, wenngleich es Zollbarrieren gegen Importe aus Drittländern gab.[617] Darüber hinaus fielen die staatlichen Subventionen für die Textilbranche in der Bundesrepublik gering aus. Textilunternehmen, die in strukturschwachen Gebieten Betriebe aufrechterhielten, konnten zwar regionalpolitische Fördermittel erhalten. Insgesamt lag der Subventionsgrad der Textilindustrie jedoch unter dem Durchschnitt der anderen Industriezweige, und die staatlichen Unterstützungsmaßnahmen hatten eher punktuellen Charakter.[618] Sowohl die Zeitgenossinnen und -genossen als auch Historikerinnen und Historiker erklärten dies im Rückblick mit besonderen Merkmalen der Textilindustrie: Zum einen gab es keine besonders ausgeprägte regionale Verdichtung dieses Industriezweigs innerhalb des Bundesgebietes. Die kriselnden Unternehmen waren also über mehrere Standorte verteilt, was den Druck auf den Arbeitsmarkt verringerte und eine politische Lösung weniger dringlich erscheinen ließ. Dies machte es auch für die Beschäftigten schwerer, eine regionale „Protestkultur“ zu entfalten.[619] Zum anderen mochte der hohe Frauenanteil in der Branche dazu beigetragen haben, dass der Abbau von Arbeitsplätzen eher geräuschlos passierte.[620]

4.

C. A. DELIUS & SÖHNE IN DER GLOBALISIERTEN TEXTILWIRTSCHAFT

4.1. VERHALTENE ZUKUNFTS-PERSPEKTIVEN: DIE WESTDEUTSCHE TEXTILINDUSTRIE IN DEN 1980er-JAHREN

Auch die 1980er-Jahre begannen mit bescheidenen Aussichten für die Textilbranche: Ein sinkendes Produktionsvolumen und stockende Umsätze deuteten auf Stagnationstendenzen hin.[621] Zwischen 1980 und 1985 schrumpfte die Beschäftigung in der Textilindustrie bundesweit um über 20 Prozent.[622] Zahlreiche Firmen traten aus dem Markt aus oder verschwanden unter dem Dach eines größeren Konkurrenten.[623] So stand beispielsweise 1982 die traditionsreiche Gronauer Textilgruppe van Delden vor dem Aus. Der Konzern hatte im Laufe der 1970er-Jahre ganz auf Expansion gesetzt, Firmen in der Bundesrepublik, in den USA und Brasilien gekauft, hohe Lagerbestände an Synthetikprodukten angehäuft und dabei Markttrends – wie das Revival der Baumwolle – verschlafen. Im Oktober 1982 musste das überschuldete Unternehmen nach fehlgeschlagenen Sanierungsversuchen schließlich Konkurs anmelden.[624] In guten Zeiten hatte der Branchenprimus noch über 700 Millionen D-Mark Umsatz gemacht. Durch die Schließung gingen im westfälischen Gronau etwa 2.500 Arbeitsplätze verloren und die Arbeitslosenquote stieg auf über 20 Prozent.[625]

Für C. A. Delius & Söhne brach mit dem Delden-Konkurs einer der Hauptabnehmer von Rohgeweben aus der Damenoberbekleidungs-Stoff-Sparte (DOB) weg. Vorher hätten die „Kampfpreise des Unternehmens" den übrigen Markt geschockt, berichtete die zuständige Abteilung bei Delius. Ohnehin sorgte die „Polyestermisere" in dieser Zeit für ein schleppendes Geschäft bei den Rohgeweben der Seidenweber.[626]

„Branche mit Zukunft"

Um die Mitte der 1980er-Jahre besserte sich die Ertragslage in der Textilbranche.[627] Umsätze, Gewinne und Börsenkurse vieler Textilfirmen zogen an.[628] Vor allem die Auslandsnachfrage belebte das Geschäft. Es herrsche wieder Zuversicht, resümierte der Präsident des Verbandes Gesamttextil im Jahr 1984. Die Branche sei durch die „Rosskur" der Umstrukturierung gegangen und nun „gestärkt", erklärte der Vorstandsvorsitzende des Textilkonzerns Nino gegenüber dem Nachrichtenmagazin „Der Spiegel".[629] Angesichts dieser Signale sahen zeitgenössische Beobachter wieder eine aussichtsreiche Entwicklungs-

Von links: Reinhard Delius, Friedrich Wilhelm Delius, Ernst August Delius, Johannes Delius, Eduard Delius, Rudolf Delius

perspektive für den Industriezweig, dem man schon nicht mehr viel zugetraut hatte.[630]

Die Textilindustrie sei eine „Branche mit Zukunft [...] in der Bundesrepublik", erklärte der bayerische Ministerpräsident Franz-Josef Strauß im Jahr 1986.[631] Die „Wirtschaftsweisen" hoben in ihrem Jahresgutachten 1987/88 lobend hervor, wie es den Unternehmen der Textil- und Bekleidungsindustrie „beispielhaft" gelungen sei, „das Beste aus einer schwierigen Marktlage zu machen" und schrieben dies dem dynamischen Wettbewerb zu.[632] Mit Blick auf die kriselnden, subventionierten Traditionsbranchen Stahl, Schiffbau und Steinkohle galten die verbliebenen Textilfirmen den Sachverständigen quasi als Musterschülerinnen der Marktanpassung. Trotz der im internationalen Vergleich hohen Löhne habe sich die bundesdeutsche Textilindustrie gut behauptet, fand auch die Wirtschaftspresse.[633] Einige Unternehmen konnten die Chancen im umkämpften Markt nutzen.[634]

Mit welchen Ideen hielten sich die Textilfirmen im Wettbewerb? Branchenbeobachter sahen die „klassische" Textilindustrie als Auslaufmodell: Auf den Ranglisten der umsatzstarken Textilunternehmen gaben nicht mehr die „Baumwollbarone" den Ton an, vielmehr rückten Produzenten von neuartigen technischen Textilien zusehends nach vorne. In dieser Sparte brachten die Textilfirmen wichtige Produkt- und Verfahrensinnovationen voran.[635]

4.2. C. A. DELIUS & SÖHNE ZWISCHEN REZESSION UND OBERSTOFFBOOM

Auch bei C. A. Delius & Söhne wurden die technischen Textilien immer wichtiger. Schon seit den frühen 1970er-Jahren hatte sich das Unternehmen intensiv um diese Sparte gekümmert und dabei spezialisiertes Know-how aufgebaut. Seit Mitte der 1970er-Jahre wuchsen die Umsätze der Abteilung für technische Textilien rasch, bis sie in den 1980er-Jahren meist ein Volumen zwischen 20 und 24 Millionen D-Mark umfassten.[636]

Wachstumssparte technische Textilien

Dabei war die Produktpalette der zuständigen Abteilung breit gefächert. Neben Tarnnetzen und Schlafsackstoffen für die Bundeswehr lieferte die Firma beispielsweise spezielle Gittergewebe für den Bausektor, die bei der Konstruktion von Straßen, Tunneln oder Dächern zum Einsatz kamen. Für den Reifenhersteller Continental entwickelte Delius Bootsstoffgewebe und Membranen für Rettungsinseln. Dabei arbeiteten die beteiligten Ingenieure beider Unternehmen eng zusammen.[637] Beschichtete Delius-Gewebe wurden zudem zu Rucksäcken, Taschen und Koffern verarbeitet, darüber hinaus fertigte Delius Trägergewebe für PVC-Beschichtungen. Für besonders strapazierfähige Stoffe, die in der Uniform- und Gepäckherstellung zum Einsatz kamen, verarbeitete Delius reibungsbeständige Garne der Marke Cordura aus dem Hause DuPont, später Invista.[638]

Produktinformation zu Delinova 200, 1980er-Jahre

Einrichten eines Webstuhls

Als Daimler Benz 1978 als erster Hersteller Fahrzeuge der Mercedes S Klasse serienmäßig mit Airbags ausrüstete, stammte das Gewebe von Delius. Auch für andere Produkte setzten Automobilzulieferer auf Delius-Produkte, wie z. B. Schäffler, Freudenberg, DLW, Metzeler, Phoenix und Göppinger. Im Zuliefergeschäft war der zeitliche Vorlauf oft kurz, weil die Auftraggeber meist erst buchten, wenn sie selbst den Auftrag sicher hatten, sodass Delius sehr kurzfristig disponieren musste, um Webmaschinen für den technischen Sektor bereitzustellen. Zugleich war die Kettherstellung, mit denen Delius Vorlieferanten beauftragte, bei einigen Geweben sehr zeitaufwendig. Daher produzierte Delius manchmal Standardgewebeeinstellungen auf eigenes Risiko vor, um auch Aufträge mit kurzem Vorlauf übernehmen zu können.[639]

Zielkonflikte im Wachstum

Zu Beginn der 1970er-Jahre hatte das Segment der technischen Textilien noch eine Nische dargestellt, in der einige Hersteller ihr Know-how einbrachten, um spezifische, zum Teil in enger Abstimmung mit den Kunden entwickelte Produkte anzubieten. Im Laufe der 1980er-Jahre entstand auch in diesem Marktsegment ein lebhafter Wettbewerb, bei dem eine wachsende Zahl bundesdeutscher Anbieter mit ihren Mitbewerbern aus Europa, aber bald auch aus Fernost, z. B. Taiwan und Korea, konkurrierten. Fachmessen wie z. B. die „Techtextil“

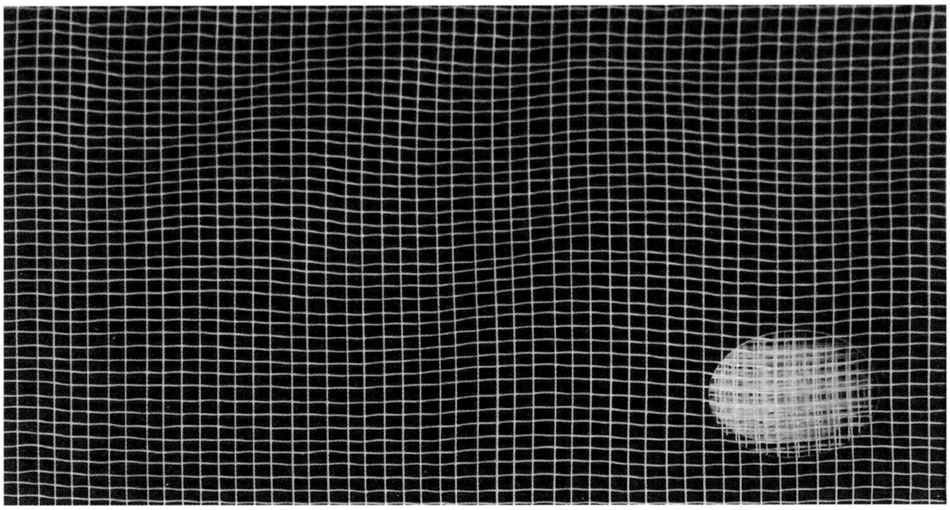

Gittergewebe, Muster

Delius-Broschüre mit Anwendungsbeispielen für technische Gewebe

machten die breiten Möglichkeiten des Marktes transparent, was der zuständige Abteilungsleiter von Delius durchaus mit gemischten Gefühlen betrachtete. Einerseits schätzte man bei Delius solche Plattformen, um sich zu vernetzen und Anregungen für künftige Produkte zu sammeln, andererseits verlor die Sparte rasch ihren exklusiven Charakter. „Auch dieser Markt hatte darunter zu leiden, daß sich aufgrund seiner Möglichkeiten bald viele Anbieter darauf tummelten“, resümierte der Wirtschaftshistoriker Stephan Lindner.[640]

Zudem machten es in der Wachstumsphase auch hausgemachte Probleme bei Delius manchmal schwierig, die Marktchancen zu nutzen. Ende der 1980er-Jahre monierte der Spartenleiter, dass die Webkapazitäten zu gering seien, die Preise nicht marktgerecht, die Reklamationen zu hoch, die Lagerkapazitäten zu gering. Delius habe sich nicht gut auf die neuen Marktgegebenheiten eingestellt, Aufträge an die Konkurrenz verloren und frisch aufgebaute Produktlinien – wie z. B. Filtergewebe für den Umweltschutz – nicht fortsetzen können, sogar Anschlussaufträge von eigenen Entwicklungen nicht bekommen. Diese Probleme seien vermeidbar,

Grafik: Vertriebsumsätze C. A. Delius & Söhne, 1983 und 1989 (in Millionen D-Mark)

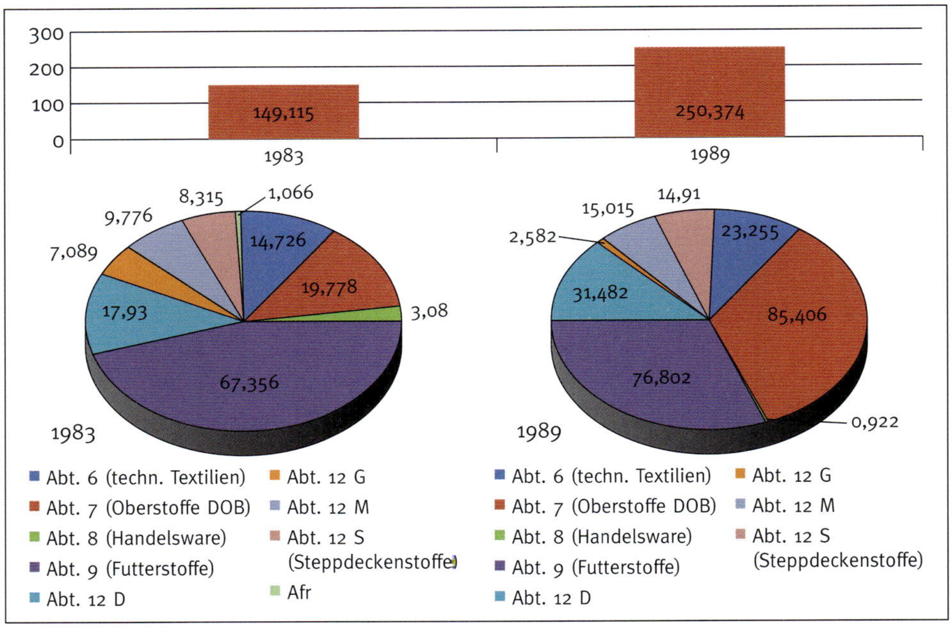

Quelle: C. A. Delius & Söhne, Ergebnis Vertrieb 1983–1989 (Unternehmensarchiv Delius, unsigniert).

wenn man im Hause die Prioritäten neu setze.[641] Hier zeigte sich, dass das Marktsegment für technische Textilien in Teilen einer anderen Logik folgte als der Markt für Massenware und dass die Geschäftsführung vor Zielkonflikten stand, wenn sie verschiedene Sparten gleichzeitig nach vorne bringen wollte.

Zugleich ging innerhalb der Tech-Tex-Sparte die Suche nach neuen Märkten weiter: So trieb man bei Delius beispielsweise Entwicklungen für High-Tech-Gewebe für Berufskleidung, Flammschutzartikel und Airbaggewebe voran. Zu Beginn der 1990er-Jahre nahmen die Führungskräfte von Delius steigende Anforderungen im Hinblick auf Qualität, Liefertreue und Preisgestaltung zur Kenntnis. Die „intensivste Bearbeitung" der Märkte sei notwendig, um dieser Entwicklung gerecht zu werden und „neue Impulse" setzen zu können.[642] Zu diesem Zeitpunkt hatte sich die Abteilung bereits eine recht breite Basis an Kunden und innovativen Produkten geschaffen und ihr Profil für die Zukunft geschärft.

Umsatzstarke Geschäftsjahre

Gegen Ende des Jahrzehnts lief die Produktion bei C. A. Delius & Söhne auf vollen Touren, sodass die Garnbeschaffung bisweilen schwierig war. Das Unternehmen erzielte im Jahr 1989 erstmalig einen Gesamtumsatz von über 250 Millionen D-Mark, während die Bilanz dieses bis dahin erfolgreichsten Geschäftsjahres einen Gewinn in Höhe von 12 Millionen D-Mark auswies.[643]

Der Oberstoffboom

Ein wichtiges Zugpferd in dieser Phase war das Oberstoffsegment. Die Vertriebsumsätze von Stoffen für Damenoberbekleidung (DOB) schnellten vor allem gegen Ende des Jahrzehnts in die Höhe. „Erfreulich gut", hieß es in internen Notizen.[644] Besonders die Viskosequalitäten kamen am Markt gut an. „Eleganz mit Glanz", kommentierte das Fachmagazin „Textilwirtschaft", als C. A. Delius & Söhne auf der Messe „Interstoff" Produktneuheiten vorstellte. Dort seien „fließende, elegante Stoffe" zu sehen, „die effektvolle Oberflächenbilder" zeigen.[645] Das Geschäft mit Oberstoffen für die Konfektion galt als schwer zu prognostizieren, da Wetter und Modetrends den Absatz kurzfristig beeinflussten. Im Auf und Ab der Mode lagen einerseits besondere Chancen, „wenn die richtige Ware zum richtigen Zeitpunkt verfügbar ist", erklärte der Leiter der zuständigen Abteilung. Andererseits bestand ein hohes Risiko, auf plötzlich unpopulären Artikeln sitzen zu bleiben, hohe Lagerbestände anzuhäufen und diese später weit unter Wert verramschen zu müssen. Auch in den 1980er-Jahren gab es Trends – wie preiswerte Nylon-Mischgewebe – die die „klassischen Seidenweberartikel" – wie hochwertige Polyestergewebe – „nahezu kaputt" machten.[646] Der Spartenleiter sah die Stärke seiner Abteilung daher im Nebeneinander verschiedener Produktlinien, die einen Risikoausgleich ermöglichten.

Grafik: Umsätze Oberstoffe (Abt. 7. DOB) in Millionen D-Mark

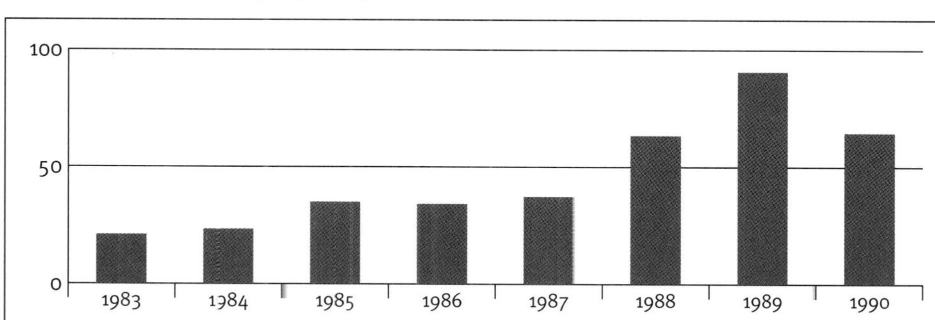

Quelle: C. A. Delius & Söhne, Ergebnis Vertrieb 1983–1989 (in: Unternehmensarchiv Delius, noch unsigniert); siehe auch Jahresberichte Abteilung 7, 1986/87.

Steppdeckenstoffe und Handelsware

In den 1980er-Jahren war zudem eine andere Produktgruppe im Aufwind: Stoffe für die Steppdeckenherstellung. So etablierte sich der Steppdeckenstoff „Viking", erhältlich in verschiedenen Varianten und Größen, zu einem beliebten Artikel innerhalb des Sortiments. Einige wenige Großkunden – westdeutsche Steppdeckenhersteller wie Paradies und Badenia – nahmen große Teile der Produktion ab, aber auch im Ausland gab es eine rege Nachfrage. Binnen weniger Jahre stiegen Produktion und Umsatz von Steppdeckenstoffen rasant, auf über 5 Millionen Versandmeter und rund 15 Millionen D-Mark am Ende des Jahrzehnts. Von diesen Zahlen entfielen etwa zwei Drittel auf „Viking".[647]

Grafik: Vertriebsumsätze Steppdeckenstoffe (Abteilung 12 S) in Millionen D-Mark

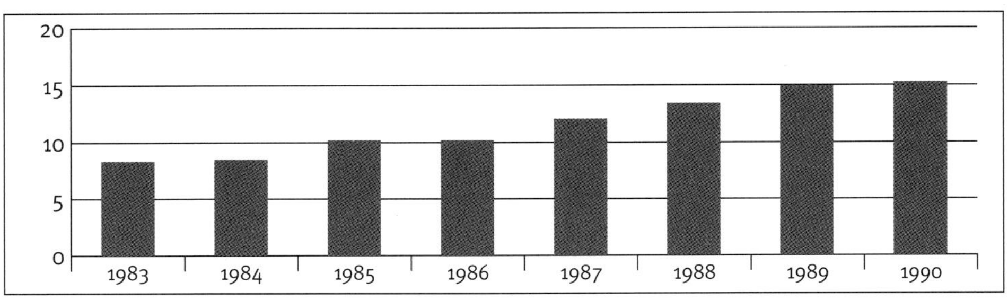

Quelle: C. A. Delius & Söhne, Ergebnis Vertrieb 1983–1989 (Unternehmensarchiv Delius, noch unsigniert); siehe auch Jahresberichte Abteilung 12, 1986/1991.

Darüber hinaus verkaufte C. A. Delius nicht nur Artikel aus eigener Produktion, sondern auch Handelsware. Das Handelsgeschäft mit Stoffen bot bei den rasch veränderlichen Lagen auf den Textilmärkten zusätzliche Ertragschancen. Die steigende Nachfrage nach preiswerten Textilerzeugnissen aus Ländern mit niedrigen Löhnen auf den Märkten in Westeuropa eröffnete ein neues Geschäftsfeld. Im hausinternen Magazin „Treffpunkt Delius" erklärte die Geschäftsleitung die Aufgaben der Handelsabteilung. „Dieses Geschäft dürfen wir nicht ganz an uns vorbeigehen lassen!" erläuterte die Hauspostille. C. A. Delius & Söhne kaufte beispielsweise Baumwollrohgewebe in Asien und Südamerika an, um sie an weiterverarbeitende Firmen in Europa zu liefern.[648] Gegen Ende der 1980er-Jahre vertrieb man auch billige Polyestergewebe aus Fernost sowie hochmodische Nylon-Mischgewebe.[649] Vorteile sah die Firma nicht nur bei realisierten Handelsgewinnen, sondern auch in der Vernetzung. Durch die Aktivitäten im Handel sei man besser informiert über Vorgänge im Import – ein Umstand, der bei der Einschätzung des Marktes helfen konnte.[650]

Die Futterstoffsparte

Nach wie vor war das Geschäft mit Futterstoffen die umsatzstärkste Sparte bei C. A. Delius & Söhne.[651] Delius zählte zu den größten Futterstoffproduzenten in Europa und war Marktführer bei Futterstoffen für die Herrenbekleidungsindustrie in der Bundesrepublik Deutschland.[652] Etwa die Hälfte der Delius-Futterstoffe nahmen dabei Firmen der Herren- und Knaben-Oberbekleidung (HAKA) ab, ein gutes Drittel ging an Kunden in der Damen-Oberbekleidungsindustrie. Phasenweise verlief die Entwicklung bei Delius günstiger als im übrigen Markt, wie der Vergleich mit den Verbandszahlen zeigte – so konnte die Firma im Jahr 1987 Produktion, Umsatz und Meterpreise im Vergleich zum Vorjahr deutlich steigern, während andere Verbandsfirmen Rückgänge auswiesen.

Gleichwohl zeichneten sich im Laufe des Jahrzehnts auch bei Delius bereits gegenläufige Tendenzen ab: Hatten die Futterstoffe in den frühen 1980er-Jahren noch beinahe die Hälfte der Vertriebsumsätze der Firma ausgemacht, so belief sich der Anteil am Ende des Jahrzehnts nur noch auf ein knappes Drittel. Nach positiven Ergebnissen in den Jahren 1986 und 1987 verringerten sich die Erträge der Sparte in den folgenden Geschäftsjahren merklich. Zu Beginn der 1990er-Jahre schrieb die Abteilung für Futterstoffe rote Zahlen.[653]

Grafik: Vertriebsumsätze Futterstoffe Abteilung 9 (in Millionen D-Mark)

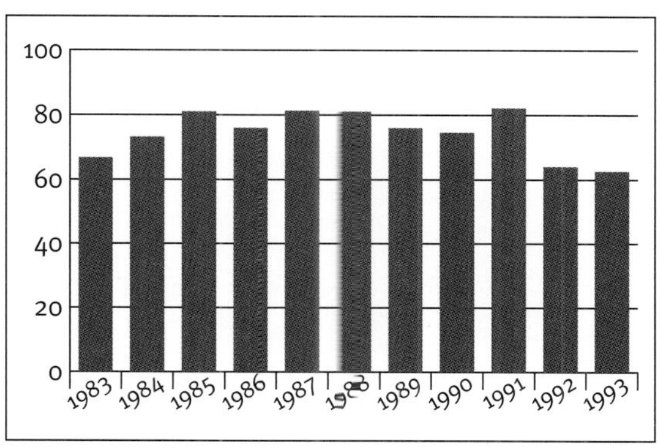

Grafik: Betriebswirtschaftliches Ergebnis der Abteilung 9 (in Millionen D-Mark)

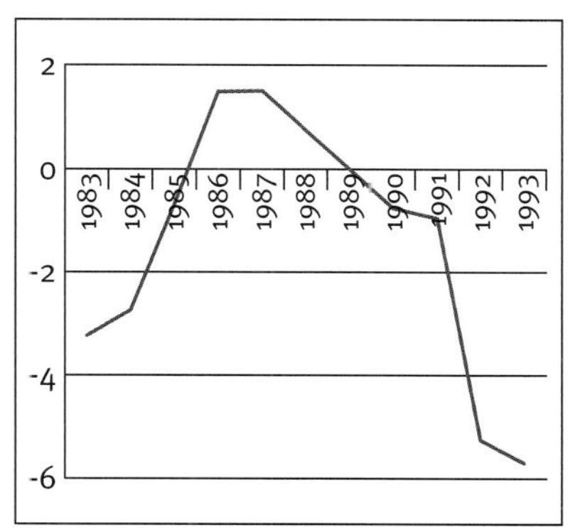

Unternehmensstrukturen und EDV

Auch die internen Strukturen des Unternehmens steckten im Laufe des Jahrzehnts im Umbruch. Inzwischen hatte man sich von der Handweberei in Augustdorf verabschiedet und produzierte noch in Jöllenbeck, Werther, Spenge und an der Kurfürstenstraße in Bielefeld.

Die Unternehmensleitung richtete seit den frühen 1980er-Jahren ihr Augenmerk darauf, die Controlling-Funktionen im Unternehmen zu stärken. So ging es darum, intern vorhandene Ressourcen besser zu nutzen – z. B., indem man die gewachsenen Einheiten im Hause, die sich mit Fragen des betrieblichen Rechnungswesens beschäftigten, stärker miteinander verzahnte. Ein neues Revisionssystem sollte ab 1984 dabei helfen, Ineffizienzen und organisatorische Mängel aufzuspüren. Mit häufigeren „Soll-Ist-Vergleichen" wollte man auch die Liquiditätsplanung systematisch verbessern, um frühzeitig einen Überblick über die Entwicklung der Verschuldung zu erhalten. Diese Ansätze basierten auf einer computerunterstützten Datenerfassung von Zahlungseingängen und -ausgängen.[654]

Inzwischen bot der technische Fortschritt in der elektronischen Datenverarbeitung neue Möglichkeiten für die Unternehmenssteuerung und für die

Lochkarten für den Webstuhl

Organisation der Betriebsabläufe. So begann im Laufe der 1980er-Jahre das Computerzeitalter im Unternehmen. Zu diesem Zeitpunkt experimentierte die Textilindustrie mit Systemen, die über einen Zentralrechner den Produktionsprozess elektronisch überwachen konnten. Bei Delius arbeitete man seit 1985 im Werk Spenge mit dem Betriebsdatenerfassungssystem „Loomdata" eines Schweizer Herstellers von Prüfsystemen für die Textilindustrie. „Nach anfänglicher Skepsis" habe man schnell festgestellt, „welche Vorteile dieses System dem Betrieb bringt", erinnerte sich der EDV-Experte, der damals die Anlage einrichtete.[655] „Loomdata" konnte eine Fülle von Informationen zusammenführen und machte es leichter, eine Übersicht über Status und Qualität der Produktion zu bekommen. Nach einigen Jahren, in den frühen 1990er-Jahren, wurde es abgelöst durch das Barco-System, das mittlerweile als führend galt. Mit Barco konnte der Rechner nicht nur Daten aus der Webmaschine empfangen und so beispielsweise Qualitätsmängel feststellen, sondern auch selbst Daten an die Maschine übermitteln, wie beispielsweise Parameter für die Einstellung.[656] Nachdem Barco zunächst in Spenge installiert worden war, rüstete man bald auch den Betrieb in Jöllenbeck nach.

Wendezeit 1989/1990

Zum Ende der 1980er-Jahre veränderten unerwartete Ereignisse die Märkte in eindrücklicher Weise. Nach der friedlichen Revolution in der DDR im Herbst 1989 öffneten sich die deutsch-deutschen Grenzen, bald darauf folgte die Wiedervereinigung Deutschlands. In dieser Dynamik brachen die bestehenden Strukturen auf, kamen vormals getrennte Wirtschaftsräume zusammen und rückten neue Themen auf die wirtschaftspolitische Agenda. Mit der Auflösung des Ostblocks gerieten auch die Beziehungen in der internationalen Textilwirtschaft in einen Transformationsprozess

Problematisch stellte sich die Lage für die Textilunternehmen der früheren DDR dar: Mit einer oft unzureichenden Maschinenausstattung mussten sie sich äußerst kurzfristig dem scharfen internationalen Wettbewerb stellen und gerieten in einen Markt, den Branchenvertreter schon seit Langem für „überbesetzt" hielten. Auch Ernst August Delius stellte im Sommer 1990 fest, die westdeutschen Produktionskapazitäten seien „mehr als reichlich und qualitativ erheblich besser".[657]

4.3. C. A. DELIUS & SÖHNE IN DER TEXTILKRISE DER 1990er-JAHRE

Zum Auftakt des neuen Jahrzehnts ließ die Geschäftsleitung von C. A. Delius eine Tradition wieder aufleben, die im Laufe der 1980er-Jahre in Vergessenheit geraten war: eine hausinterne Zeitschrift. „Warum nach etlichen Jahren wieder eine Betriebszeitung, werden Sie fragen“, schrieb Friedrich Wilhelm Delius im Februar 1990 in der ersten Ausgabe von „Wir bei Delius“ und erläuterte die Idee: Man wolle für „mehr Transparenz der unternehmerischen Entscheidungen“ sorgen und „mehr Verständnis für die Arbeit des anderen vermitteln“. Die Zeitschrift sollte zudem über wichtige Entwicklungen im Unternehmen, z.B. über Investitionen in den Betrieben, informieren und auch das wirtschaftliche Umfeld der Branche in den Blick nehmen. In der Initiative von Friedrich Wilhelm Delius ging es nicht zuletzt darum, an Kernelemente der Corporate Identity von Delius zu erinnern und diese wieder mit einem eigenen Medium zu pflegen. So standen die Mitarbeiterinnen und Mitarbeiter im Zentrum des Konzepts, aber man

Musterabteilung von C. A. Delius & Söhne

wollte auch die Familie Delius vorstellen, z. B. „die neue Generation" und „ihre Auffassung zur Unternehmensphilosophie".[658] In der Stärkung der internen Kommunikation spiegelte sich zugleich wider, dass sich das Unternehmen Delius „in einem schwierigen Markt" bewegte und bei den Mitarbeitenden das Bewusstsein für die damit verbundenen Herausforderungen wecken wollte.

„Sondereffekt" Wiedervereinigung

Zu diesem Zeitpunkt genoss die Branche noch konjunkturellen Rückenwind. Zum Auftakt des Jahrzehnts sorgte der Wiedervereinigungsboom für eine Belebung der Geschäfte. In Nordrhein-Westfalen, dem wichtigsten räumlichen Schwerpunkt der bundesdeutschen Textilindustrie, waren die Gesamtumsätze der Textilbetriebe von 5,4 Milliarden Euro im Jahr 1985 auf 6,6 Milliarden Euro im Jahr 1990 gestiegen.[659] Der Nachholbedarf der Bevölkerung in der ehemaligen DDR steigerte die Nachfrage nach Textilien. Der zu erschließende Markt war nun gewachsen, und neue Anbieter u. a. aus den traditionsreichen sächsischen Textilregionen kamen hinzu. Allerdings besaßen die ostdeutschen Textilunternehmen, plötzlich im Wettbewerb stehend, ungleich schlechtere Voraussetzungen am Markt, sodass die Chancen dieser Aufbruchsphase im Wesentlichen den westdeutschen Unternehmen zugutekamen.[660]

Grafik: Vertriebsumsätze ausgewählter Abteilungen von C. A. Delius, 1989–1992, in Millionen D-Mark

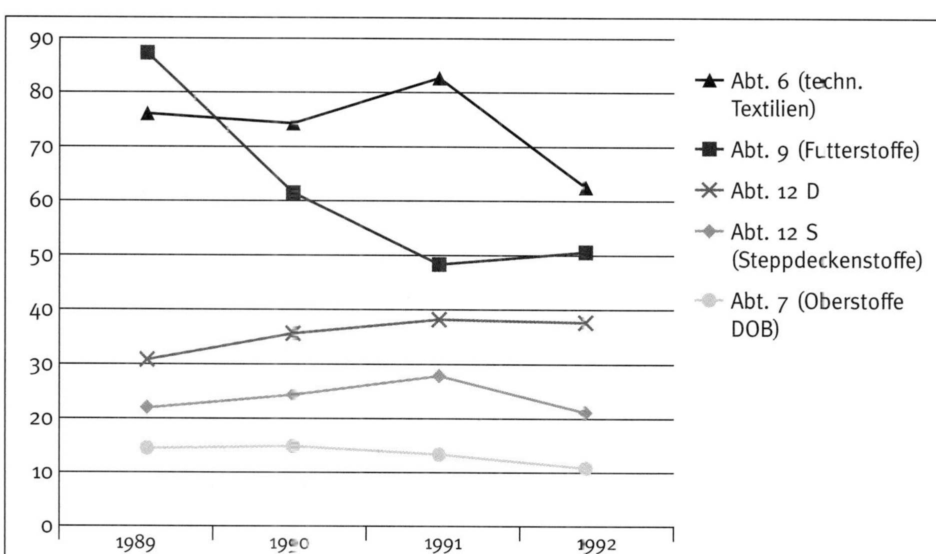

Auch bei C. A. Delius & Söhne erfuhr das Geschäft in einigen Sparten nach der Wende kräftige Impulse. Dass die Gesamtumsätze in Summe rückläufig waren, lag vor allem an dem DOB-Geschäft, das hinter anderen Produktgruppen zurückblieb.

„Nach der Öffnung der Mauer ging der erste Auftrag nach Schwerin", erinnert sich ein Pensionär: 1990 belieferte Delius eine große Lederwarenfabrik in Mecklenburg-Vorpommern mit Futterstoffen. Noch im selben Jahr stattete die Firma über die Deutsche Waggonbau AG Bautzen und Görlitz etwa 300 Schlaf- und Liegewaggons der Rumänischen Staatsbahn mit „Deliflamm Admiral" aus, einem schwer entflammbaren Dekorationsstoff. Außerdem wählte das Berliner Landesverwaltungsamt einen weißen Chintz von Delius für das Rote Rathaus in Berlin – 500 neue Büroräume des Berliner Senats wurden mit dem schwer entflammbaren Gewebe „Deliflamm Juwel" dekoriert. Für den grundlegenden Umbau des Gästehauses der Bundesregierung auf dem Petersberg lieferte C. A. Delius & Söhne 1990 die Dekostoffe. Darüber hinaus stammten die Möbelstoffe für die Bestuhlung der Bielefelder Stadthalle aus Delius-Webereien – Deliflex 2000 hieß der ebenfalls schwer entflammbare Stoff. Die neuen Stühle im Bielefelder Stadttheater waren mit Polar CS bezogen, einem anderen Artikel aus dem Produktprogramm von Delius, das sich aufgrund der besonderen Materialeigenschaften – z. B. Schwerentflammbarkeit, hohe Scheuertouren – gut für öffentliche Gebäude eignete. Dem Futterstoffgeschäft kam zugute, dass das Modeunternehmen Escada Jacquardt-Futterstoffe bei Delius orderte.[661]

Elektronisch gesteuerte Webmaschinen

Wenige Jahre zuvor hatte Delius den Websaal in Spenge auf den neuesten Stand gebracht: Die neue Generation elektronisch gesteuerter Luftdüsenwebmaschinen leistete bis zu 810 Schusseinträge in einer Minute und besaß eine Schnittstelle für die Übertragung von Daten auf einen Computer.[662] Die Jacquardanlage mit 14 Maschinen konnte ab 1990 etwa 98.000 Meter Jacquardstoffe im Monat produzieren – deutlich mehr als zuvor. Zudem kam die neue Maschinengeneration ohne mechanische Steuerkarten aus, die man früher für jeden Artikel mit großem Zeitaufwand erstellt hatte. Der Wechsel von Dessins war nun viel leichter als früher: Es reichte, die Einstellungen am Computer zu ändern – die Zeiten waren vorbei, in denen die Maschinenführerinnen und Maschinenführer mit einer Leiter zum Kartenzylinder hochsteigen musste, um die Karte auszutauschen. Auch in Jöllenbeck kam der neue Maschinentypus bald darauf zum Einsatz. Als die „Internationale Textilmaschinenausstellung",

Eingabe von Daten in einen Webstuhl

die im Vierjahresturnus in verschiedenen europäischen Messestädten ausgerichtet wurde, im Herbst 1991 in Hannover und damit quasi vor der Haustür stattfand, war das Interesse der Delius-Mitarbeiter außerordentlich groß: Neun Busse hätten fast 300 Belegschaftsmitglieder zur ITMA gebracht, schrieb der damalige technische Leiter von Delius, Dieter Wittland, in der Mitarbeiterzeitung.[663]

„Stiegelpotte soll viele Kinder bekommen"

Zu dieser Zeit entstanden auch Pläne für ein zukunftsweisendes Umweltprojekt, das Delius mit Vertretern der Stadt Spenge realisierte: Abwärme aus der Delius-Weberei sollte für eine umweltschonende Energieversorgung der neu geplanten Wohnsiedlung „Stiegelpotte" in Spenge sorgen. Im Herbst 1991 hatten Verantwortliche des Elektrizitätswerkes in Minden-Ravensberg die Geschäftsleitung von Delius angesprochen und die Idee der „Kaltwasser-Nahwärmeversorgung" vorgestellt. Dabei diente das Kühlwasser, das bei der Luftdruckaufbereitung der Luftdüsenweberei in Spenge anfiel, als Hauptenergiequelle. „Unsere Industrie-Abwärme wird an einen Wasserkreislauf abgegeben", erklärte der technische Leiter von Delius, Dieter Wittland. „Über Plattenwärmetauscher wird das Neubaugebiet mit Abwärmeenergie versorgt".[664] Nach der Bauphase konnte die Anlage 1994 in Betrieb gehen. Die Bilanz nach dem ersten Betriebsjahr übertraf die Erwartungen der Fachleute: Die neue Siedlung zog beinahe den gesamten Energiebedarf zum Heizen aus dem Kühlwasserkreislauf der Webereikompressoren. Im Vergleich zu Öl- und Gasheizungen sparte das System 40 Prozent Primärenergie und 60 Prozent der CO_2-Emmissionen ein. Damit war ein Vorbild für ressourcensparende Energiequellen geschaffen. „Stiegelpotte soll viele Kinder bekommen", kommentierte der Projektverantwortliche bei Delius. Für die Umsetzung erhielten die Initiatoren – Delius, das Elektrizitätswerk Minden-Ravensberg und die Stadt Spenge – den Umweltpreis des Bundesverbandes der Deutschen Industrie.[665] Hinzu kam der Umweltpreis im Jahr 1994 für die gemeinsamen Umweltanstrengungen der ostwestfälischen Industrie, überreicht von dem damaligen Bundesumweltminister Klaus Töpfer.[666] 20 Jahre lang – bis zur Schließung der Weberei – konnte die Abwärme der Textilproduktion die nahe gelegene Siedlung umweltschonend mit Energie versorgen.[667]

Zwischen Konjunkturtief und Strukturkrise

Sobald die Sondereffekte des Wiedervereinigungsbooms verpufft waren, rutschte die bundesdeutsche Textilindustrie erneut in eine tiefe Krise. Der Strukturwandel, der sich in den 1960er-Jahren bereits angedeutet hatte, manifestierte sich in den 1990er-Jahren in voller Tragweite. Produktion, Beschäftigung und Umsatz der bundesdeutschen Textilhersteller brachen ein, zahlreiche Unternehmen legten ihre Werke still. Nicht nur kränkelnde Betriebe mussten aufgeben.[668] „Nun wurde deutlich, dass die Textilproduktion in Deutschland in den meisten

In der Weberei

Branchen keine Überlebenschance mehr hatte", heißt es in einer Studie.[669] Binnen weniger Jahre baute die Textil- und Bekleidungsbranche bis 1993 Tausende von Arbeitsplätzen ab – mehr als in der Stahlindustrie.[670] Die langfristige Perspektive zeigte den Schwund noch deutlicher: Zwischen 1980 und 2010 gingen in Nordrhein-Westfalen über drei Viertel der Arbeitsplätze im Textilbereich verloren, in der Bekleidungsindustrie betrug der Rückgang der Belegschaftszahlen rund 90 Prozent.[671] Die Zahl der Textilbetriebe in Nordrhein-Westfalen schrumpfte auch in der zweiten Hälfte des Jahrzehnts noch weiter: 1995 waren es 410 mit 47.085 Beschäftigten, im Jahr 2000 324 mit 35.966 Beschäftigten. Auch die Produktionsziffern sanken erheblich, weil Unternehmen Teile ihrer Fertigung ins Ausland verlagerten.[672] Es sollte bis zum Jahr 2010 dauern, bis das Textil- und Bekleidungsgewerbe in Deutschland den ersten Produktionsanstieg seit der Wiedervereinigung verzeichnen konnte.[673]

Die Textilindustrie im globalen Wettbewerb

Die Ursachen für den Rückzug der Branche waren vielfältig. In den Jahrzehnten nach 1945 war in einigen Ländern Asiens und Lateinamerikas eine leistungsfähige Textilindustrie entstanden, die weitaus billiger produzierte als die Hersteller in der Bundesrepublik, weil an diesen Textilstandorten die Kosten für Personal, Rohstoffe, Energie und Entsorgung geringer ausfielen. Hinzu kam, dass oftmals keine Auflagen für eine umweltschonende Produktionsweise bestanden bzw. die mit der Herstellung einhergehenden Umweltbelastungen nicht in der unternehmerischen Kalkulation berücksichtigt werden mussten. Vor allem die Lohnkosten galten als erheblicher Wettbewerbsnachteil am Standort Deutschland. In der Bundesrepublik verdienten die Beschäftigten in der Textilbranche in den frühen 1990er-Jahren zwar im Durchschnitt weniger als in anderen Zweigen der verarbeitenden Industrie, aber ein Vielfaches dessen, was die Arbeitnehmerinnen und Arbeitnehmer in asiatischen Fertigungsstätten erzielten. Die Lohnkosten in der Bundesrepublik seien 42-mal so hoch wie in Pakistan und 28-mal so hoch wie in Indien, errechneten Branchenvertreter.[674] Auch die osteuropäischen Länder produzierten weitaus billiger als die deutsche Textilindustrie, und der Verfall der Wechselkurse oder die Unterbewertung der Währungen – wie z.B. bei der tschechischen Krone – verstärkten solche Preisunterschiede.

Schon seit den 1970er-Jahren hatten sich die weltweiten Handelsbeziehungen mit Textilien intensiviert. Angesichts der zunehmenden wirtschaftlichen Verflechtung der Märkte gewann im Laufe der 1990er-Jahre eine globalisierte Textilwirtschaft an Kontur, in der verschiedene Produktionsschritte an unterschiedlichen

Warenlager

Orten realisiert wurden. Häufig legten die Waren oder ihre Vorprodukte dabei weite Strecken zurück. Dies rechnete sich, weil die Transportkosten dramatisch sanken. Frachtcontainer mit genormten Maßen ermöglichten eine effiziente Logistik – man konnte Textilien kostengünstig verschiffen und den Transport anschließend auf dem Landweg mit dem LKW und dem Güterzug fortsetzen.[675] In den 1990er-Jahren beschleunigten zudem rasante Fortschritte in der Kommunikations- und Informationstechnologie die grenzüberschreitende Vernetzung der „textilen Kette“. Der Preisverfall für viele textile Erzeugnisse spiegelte diesen einschneidenden Strukturwandel wider. Auch das Nachfrageverhalten veränderte sich – die Bekleidungshersteller mussten sich beispielsweise auf häufige Kollektionswechsel, schnelllebige Trends und Freizeitmode einstellen. Große Warenhäuser wie Kaufhof oder Karstadt – über Jahrzehnte eine wichtige Vertriebsschiene für Futterstoffe – gerieten in den 1990er-Jahren in eine tiefe Krise, sodass die Webereien angestammte Kundengruppen verloren.[676] Zugleich gewannen Verwendungszwecke von Textilien an Bedeutung, die nichts mit Bekleidung zu tun hatten, denn das Segment der technischen Textilien wuchs weiter.[677] Diese Sparte galt auch bei Delius in manchem Krisenjahr als „Lichtstrahl am düsteren Textilhimmel".[678]

Sachzwang Weltmarkt. Vom Multifaser- zum Welttextilabkommen
Schon seit Jahrzehnten standen die westeuropäischen und US-amerikanischen Textilhersteller im Wettbewerb mit Produzenten vor allem in den asiatischen Entwicklungsländern. Auf dem Weltmarkt war der Handel mit Textilien Handelsbeschränkungen unterworfen. Dabei legten Rahmenabkommen Importquoten für bestimmte Produkte und Länder fest – wie seit 1974 das „Multi Fibre Arrangement", das 1994 als „Agreement on Textiles and clothing" (Welttextilabkommen) fortgesetzt wurde. Schon seit Langem forderten die Entwicklungsländer einen niedrigschwelligen Marktzugang für ihre Textilprodukte. Im Rahmen der Uruguay-Runde des Allgemeinen Zoll- und Handelsabkommens (GATT) wurde beschlossen, den Textilhandel ab 1995 zu liberalisieren und Schritt für Schritt in die Zuständigkeit der Welthandelsorganisation (WTO) zu überführen. Ziel der zehnjährigen Übergangsfrist war es, den alten Textilländern die Möglichkeit einzuräumen, sich auf strukturelle Veränderungen einzustellen. Zum Jahr 2005 lief das Welttextilabkommen schließlich aus. Vor allem China steigerte seit dem Auslaufen des Welttextilabkommens seinen Textilexport rasch. Mit dem Wegfall der Beschränkungen waren deutsche Hersteller dem Konkurrenzdruck durch Produzenten in Schwellen- und Entwicklungsländern zunehmend ausgesetzt. Auch nach der Abschaffung der Quoten galten Einfuhrzölle oder Handelshemmnisse für bestimmte Produkte und Länder fort.[679]

Investitionspolitik im Zeichen der Krise

Viele Textilunternehmen in der Bundesrepublik Deutschland hatten auf die veränderten Marktgegebenheiten mit ambitionierten Investitionsprogrammen in moderne Technologien reagiert. Vor allem die großen Produzenten versuchten, die Kostennachteile im internationalen Wettbewerb durch überlegene Technologien zu kompensieren. Die Investitionssummen zeigen das Ausmaß der Anstrengungen: Die Bruttoanlageinvestitionen pro Beschäftigtem stiegen zwischen 1981 und 1990 auf beinahe das Dreifache an.[680] Auch bei C. A. Delius & Söhne ging es nun forciert darum, die Kosten zu senken, die Produktivität zu verbessern und das Unternehmen für den harten Wettbewerb zu rüsten.

Schon am Vorabend der Krise Im Dezember 1992 rief Ernst August Delius die „traditionell gute Zusammenarbeit" bei Delius in Erinnerung, die dabei helfen werde, „Aufgaben zu lösen".[681] Zu diesem Zeitpunkt standen wichtige

Kettlager Delcotex

Investitionsentscheidungen an. So war ein Großteil des Maschinenparks der Weberei in Werther um die 25 Jahre alt und damit technisch nicht mehr auf dem neuesten Stand. Hier produzierten 70 Beschäftigte etwa 600.000 Meter Gewebe im Monat. Bevor man die 117 veralteten Maschinen in Werther durch neue Hochleistungswebmaschinen ersetzen konnte, waren jedoch kostspielige Umbaumaßnahmen erforderlich, um den Boden tragfähig zu machen und die Starkstromversorgung sicherzustellen.

Daher entschied die Geschäftsleitung Ende 1992, den Standort Werther im Laufe des Jahres 1993 zu schließen. Kostenvergleiche legten nahe, die Weberei nunmehr in Jöllenbeck und Spenge zu konzentrieren. Davon versprach man sich auch Vorteile im Transport und in der internen Versorgungstechnik. Die Mitarbeitenden konnten an die neuen Standorte wechseln, während der Standort Werther künftig nur als Rohgewebelager dienen sollte.[682] Altersbedingt schieden in den frühen 1990er-Jahren rund 200 Mitarbeiterinnen und Mitarbeiter aus, deren Stellen angesichts der Umstrukturierungen nun nicht mehr nachbesetzt wurden. 1993 zählte die Delius-Gruppe noch etwa 600 Beschäftigte.[683]

Auch wenn es keine betriebsbedingten Entlassungen gab, markierte die Schließung des traditionellen Betriebs in Werther einen merklichen Einschnitt. Nunmehr war auch vor Ort sichtbar, dass das Unternehmen in einem schwierigen Anpassungsprozess steckte. Diesen könne man nur meistern, so war das Management von Delius überzeugt, wenn man weiterhin auf „faires und offenes Miteinander innerhalb der Belegschaft und zwischen Geschäftsleitung und Belegschaft" setze. Das „wichtigste Kapital eines Unternehmens" sei „jeder einzelne Mitarbeiter", betonte der technische Leiter der Delius-Gruppe. [684]

Flexible Arbeitszeiten

Allein im Jahr 1993 hatte C. A. Delius & Söhne etwa 7,5 Millionen D-Mark in neue Anlagen investiert.[685] Darüber hinaus plante die Geschäftsleitung weitere Modernisierungen, um die Produktivität zu verbessern. Damit sich die Technologieoffensive rechnete, sollten die Maschinen möglichst stark genutzt werden. Die durchschnittliche Betriebszeit der Textilmaschinen betrug zu diesem Zeitpunkt in Deutschland etwa 6.334 Stunden im Jahr. Frankreich und Spanien kamen auf mehr als 7.000 Stunden, Südkorea, Indonesien und Singapur auf mehr als 8.400 Stunden.[686] Die geringere Auslastung des teuren Maschinenparks galt als kostentreibender Standortnachteil der deutschen Textilindustrie. Bei Delius waren die Maschinen bisher 6.064 Stunden jährlich im Einsatz. Eine Verlängerung setzte die Bereitschaft der Mitarbeiterinnen und Mitarbeiter bei Delius voraus, Veränderungen in ihren Arbeitszeiten zu akzeptieren. Am 19. November 1993 unterzeichnete der Gesamtbetriebsrat eine Betriebsvereinbarung, die ein neues 4-Schicht-System einführte. So durften die Maschinen ab Januar 1994 durchgehend von Sonntagabend bis zum Samstagabend um 22 Uhr laufen, was die Betriebszeiten um 12 Prozent erhöhte. Die Beschäftigten in der Produktion arbeiteten nun in vier Schichten, aufgeteilt auf Früh-, Spät- und Nachtschichten an sechs Tagen in der Woche, also jetzt auch am Samstag.[687] „Allerdings muß der Mitarbeiter nicht jeden Samstag arbeiten", erklärte Friedrich Wilhelm Delius. Als Entschädigung für den zusätzlichen Arbeitstag garantierte die neue Regelung mehr Freizeit und versprach meist auch mehr Lohn. Man habe „in langen, zähen Verhandlungen einen Kompromiß im Rahmen der tariflichen Vereinbarungen erzielt", erläuterte der designierte Geschäftsführer in der Betriebszeitung. „Wir führen das neue System ja nicht zu unserem Vergnügen ein, sondern aus blanker wirtschaftlicher Notwendigkeit".[688]

Gleichwohl war diese Maßnahme ein Baustein im Anpassungsprozess, für den man auf die Zustimmung der Belegschaft angewiesen war. Traditionell waren die Beziehungen zwischen Arbeitnehmerinnen und Arbeitnehmern und der Geschäftsleitung im Familienunternehmen Delius konsensorientiert und von langfristigen Betriebszugehörigkeiten geprägt. Größere Arbeitskonflikte mit gemeinschaftlichem Protest oder Arbeitsniederlegungen waren im Laufe der Firmengeschichte nur selten vorgekommen. Auch jetzt trug die Delius-Belegschaft die Veränderungen mit, um die Wettbewerbsfähigkeit des Unternehmens zu erhalten. Für die Perspektive auf den Fortbestand der Arbeitsplätze nahm sie auch individuelle Einschränkungen in Kauf.[689] Die weitere Flexibilisierung der Arbeitszeit, die in den folgenden Jahren noch erforderlich werden sollte, drückte diese Bereitschaft aus.

„Wir müssen unseren Kunden mehr bieten als ein Stück Stoff“[690]

Trotz aller Krisen hatte es seit Kriegsende keine vergleichbaren Umbrüche gegeben. „1993 war ein miserables Jahr ohnegleichen“, bilanzierte die Zeitschrift „Textil-Wirtschaft“, nachdem sie 110 Unternehmen der Branche befragt hatte.[691] Die deutsche Textilindustrie musste im Vergleich mit anderen europäischen Textilländern die höchsten Produktionseinbußen hinnehmen.[692] Inzwischen hatte sich die Einschätzung durchgesetzt, dass man es nicht mit einem zeitweiligen Tief, sondern einer dauerhaften Änderung des Marktes zu tun hatte. In Deutschland könne man weite Teile des Sortiments nicht mehr kostendeckend herstellen, erläuterte der Branchenverband Gesamttextil, und auch die Vertreter der Textilgewerkschaft GTB sprachen davon, dass der Prozess in der Textil- und Bekleidungsindustrie „mittelfristig“ auf eine „Aufgabe der inländischen Produktion“ hinauslaufe.[693]

Bei C. A. Delius & Söhne stellte sich die Lage in den verschiedenen Produktbereichen unterschiedlich dar. Das Hauptgeschäft – Futter- und Oberstoffe – war empfindlich getroffen. Für die Futterstoffe hatte man nach dem Fall des Eisernen Vorhangs zwar neue Märkte in Osteuropa erschließen und daher den Absatz vorerst halten können. Aber die erzielten Preise waren unbefriedigend und reichten nicht aus, um die Kosten zu decken.[694] Die Sparte Oberstoffe und DOB-Rohgewebe hatten einen Preisverfall und drastische Mengenrückgänge zu verkraften. „Der große Artikel Javanaise kostete vor drei Jahren 4,10 DM – heute erzielen wir noch DM 2,20 und haben trotzdem Mühe, Aufträge zu bekommen“, erklärte Rudolf Delius auf einer internen Veranstaltung im November 1993.[695] Mehr Stabilität verhieß das Geschäft mit Dekorationsstoffen, das von der lebendigen Baukonjunktur profitierte. Die Produktsparte technisches Gewebe konnte sogar Umsatzzuwächse verzeichnen.[696] Alles in allem blieb die Entwicklung jedoch negativ und „in der Summe hart“, so Rudolf Delius. Die Vertriebsumsätze schrumpften 1993 im Vergleich zum Vorjahr um rund 13 Prozent, 1994 abermals um 8 Prozent.[697] Im Vergleich zum Boomjahr 1989 mit Umsätzen in Höhe von 250 Millionen D-Mark waren bis 1994 beinahe 100 Millionen D-Mark Umsatz weggebrochen.[698]

Grafik: Vertriebsumsätze Oberstoffe DOB in Mio. D-Mark

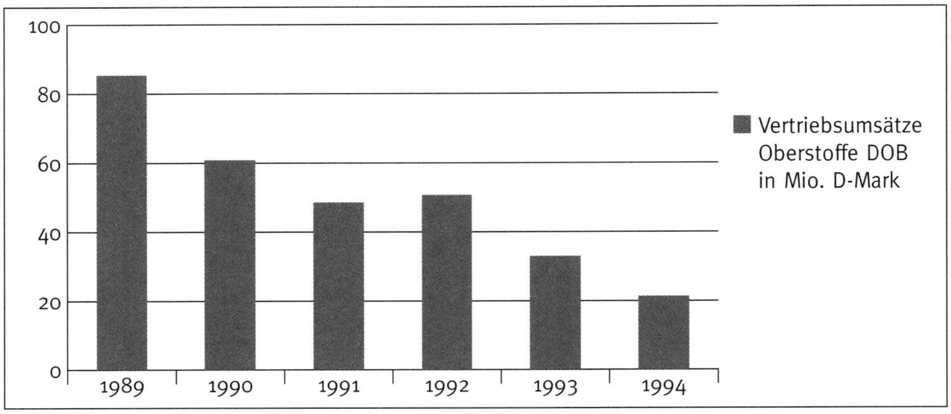

Angesichts des schwierigen Marktumfelds gewannen Krisensteuerung und Zukunftsstrategie an Brisanz. Aus den verfügbaren Unterlagen lässt sich nicht nachzeichnen, welche strategischen Optionen die Geschäftsleitung intern diskutierte. Klar war jedoch, dass angestammte Produktsegmente für Delius keine Perspektive mehr boten. „Die Zahlen waren so schlecht, dass man nicht mehr hoffen konnte, dass es sich um ein temporäres Phänomen handelte“, erklärte Rudolf Delius im Rückblick.[699] So rechnete das Unternehmen im Herbst 1993 nicht mehr damit, „jemals wieder ertragreich Rohgewebe“ zu verkaufen.[700] Als Antwort auf den wegbrechenden Markt sah man zunächst zwei Ansatzpunkte: Neue Produkte entwickeln und die Dienstleistungsfunktion stärken. Man wolle „mehr bieten als Textilien“, erläuterte Friedrich Wilhelm Delius 1994 in der Mitarbeiterzeitung. In enger Abstimmung mit den Kunden könne man sich im Markt mit intelligenten Dienstleistungen, Qualität und gutem Service abheben. Über die bloße Lieferung hinaus sollte es künftig stärker darum gehen, sich schon in der Planungsphase systematisch als Partner anzubieten – z. B. für Architekten und Bauträger, um Hotels, Büros oder kommunale Verwaltungsgebäude zweckmäßig auszustatten.

Moderne Outdoor- und Indoor-Möbelstoffe

Leitbild im Wandel

An der Spitze des Unternehmens stand in diesen schwierigen Jahren eine angestammte Führungsmannschaft, in der dem persönlich haftenden Gesellschafter Ernst August Delius eine zentrale Rolle zukam. Inzwischen rückte aber auch die neunte Generation der Inhaberfamilie in die Verantwortung: Friedrich Wilhelm Delius und Rudolf Delius waren seit Jahren im operativen Geschäft des Unternehmens tätig und hatten nach und nach viele Steuerungsaufgaben, aber noch nicht die alleinige Geschäftsleitung übernommen.[701] In dieser Phase der generationenübergreifenden Führung standen unterschiedliche Sichtweisen nebeneinander, wie das Traditionsunternehmen Delius aus der Strukturkrise herauszuführen sei. Konsens war, dass man sich verändern musste. Über die Frage, mit welchen konkreten Schritten und in welchem Tempo dies geschehen sollte, hat es innerhalb der Unternehmerfamilie Delius durchaus kontroverse Standpunkte gegeben.

Ernst August Delius hatte das Unternehmen jahrzehntelang mit Augenmaß durch viele Textilkrisen gesteuert. Sein Management war dabei weitgehend

Im Arbeitszimmer der Geschäftsleitung (links); im Büro in der Verwaltung von C. A. Delius & Söhne (rechts)

einem produktionsorientierten Leitbild gefolgt, hatte der Modernisierung der Werke einen hohen Stellenwert eingeräumt und für eine wettbewerbsfähige Webtechnologie gesorgt. Demgegenüber forderte die jüngere Generation stärker eine marktorientierte Unternehmensführung ein. „Wer sich täglich vor Augen führt, daß unsere Kunden unsere wirklichen Arbeitgeber sind und daß alles getan werden muß, um ihre Anforderungen zu erfüllen, sichert langfristig unseren Standort und unsere Arbeitsplätze", hieß es in der Mitarbeiterzeitung.[702] Die Hinwendung zu textilen Dienstleistungen, die man sich für die Zukunft vornahm, passte zu diesem Grundsatz.

Zugleich entsprach die über Jahrzehnte praktizierte Technologieorientierung einem Modell, das Textilherstellern in Deutschland lange Zeit Erfolge beschert hatte. In den vergangenen Jahrzehnten hatten technologische Innovationen der deutschen Textilindustrie dabei geholfen, Krisen zu überwinden: Angesichts hoher Lohnkosten lag es nahe, mit arbeitssparenden Technologien ihre Wettbewerbsfähigkeit auf dem Weltmarkt zu stärken. In den 1990er-Jahren geriet diese Strategie an ihre Grenzen. Der Webprozess war so optimiert, dass innerhalb des bestehenden Systems das Innovationspotenzial ausgeschöpft sei, sagten Branchenkenner. Zudem konnte auch eine weitere Automatisierung die Kostennachteile gegenüber den neuen Textilländern nicht wettmachen.[703] Auch hochmoderne Unternehmen schieden nun aus dem Markt aus.

Die Umstrukturierung der Firma „in Richtung Dienstleistungsunternehmen" sei „unumgänglich", betonte Rudolf Delius im Herbst 1993. Die Kapazitäten bei den Standardprodukten abbauen, aber langfristig spezielle Gewebe selbst produzieren, lautete die Formel, an der sich das Unternehmen nun ausrichtete. Für die Umsetzung des neuen Kurses brauchte man jedoch Zeit. Noch war das künftige Unternehmensprofil nicht fest umrissen. Sollte man in naher Zukunft ausschließlich Spezialitäten produzieren? An welchen Standorten und mit welcher Manpower? Waren die gewachsenen Unternehmensstrukturen

Labor, C. A. Delius & Söhne

der Delius-Gruppe mit der offenen Handelsgesellschaft für das operative Geschäft und der GbR als Holding ein geeigneter Rahmen für die Zukunft? Mit diesen Fragen setzte sich das Unternehmen auseinander, während sich die Rahmenbedingungen rasch veränderten. Ein „verlässlicher Markt“ war „aus den Fugen“ geraten, kommentierte ein Wirtschaftsmagazin.[704]

Voss, Biermann & Lawaczek

Nach wie vor kam ein Großteil der Delius-Kunden aus der Bekleidungsindustrie. Auch für diesen Kundenkreis verstand man sich als Partner, der flexibel auf kundenspezifische Wünsche eingehen konnte und auf diese Weise Leistungen bereitstellte, die über die Stoffrolle hinausgingen. Dafür spielten das Know-how und die persönlichen Beziehungen im weit verzweigten textilwirtschaftlichen Netzwerk eine Rolle.

Traditionell hatte Delius auch eng mit Unternehmen zusammengearbeitet, die auf das Färben und Veredeln von Textilien spezialisiert waren. Auch dieses Segment steckte nun im Umbruch. In den frühen 1990er-Jahren waren die Kapazitäten für Textilveredelungen am Markt spürbar zurückgegangen, und es wurde schwieriger, die Produktionskette aufrechtzuerhalten.[705] „Durch das Sterben der Webereien verschwand auch eine Färberei nach der nächsten. Energiepreise, Umweltauflagen und nicht vorhandenes Kapital zur Umstrukturierung trieben die Färbereien in den Ruin“, hieß es in einem internen Rückblick bei Delius.[706]

So hatte C. A. Delius & Söhne einige Kunden nicht termingerecht beliefern können und Aufträge verloren, als der Wuppertaler Veredlungsbetrieb Steffens in den frühen 1990er-Jahren Insolvenz anmeldete. Darüber hinaus musste die Firma Delius auch die Investition in Höhe von rund 300.000 D-Mark, die sie vorher in die notleidende Firma Steffens gesteckt hatte, abschreiben. Die Hoffnung, mit der Unterstützung die Insolvenz abwenden zu können, hatte sich nicht realisiert.[707]

Nun sicherte sich C. A. Delius & Söhne die notwendigen Kapazitäten bei dem Textilveredler Voss, Biermann und Lawaczek (VBL) und erwarb im Februar 1994 eine 32-prozentige Unternehmensbeteiligung bei VBL.[708] Die 1860 gegründete Krefelder Firma war auf die Ausrüstung und Färbung von Textilien spezialisiert, wie z. B. die Beschichtung von wasserfesten und knitterfreien Textilien. Schon seit Jahrzehnten pflegte C. A. Delius & Söhne enge Geschäftsverbindungen zu VBL, um Futterstoffe, Heimtextilien und technische Gewebe passend auszurüsten. Die bereits seit 1992 verabredete enge Kooperation wurde nun durch den Erwerb der Firmenanteile noch enger. Man habe sich das „direkte Mitspracherecht“ gesichert, „um den Kunden über die Veredlung der Rohgewebe intelligente oder modische Artikel anbieten zu können", hieß es in der Betriebszeitung. Als Delius 1994 bei VBL einstieg, zählte die VBL etwa 400 Mitarbeiter, veredelte täglich rund 180.000 Meter Stoff und machte damit Umsätze in Höhe von rund 53 Millionen D-Mark.[709] Dabei war Delius einer der größten Auftraggeber der VBL – zusammen mit der Krefelder Verseidag, die bereits am Unternehmen beteiligt war. Das Zusammengehen versprach beiden Partnern Vorteile: Für die Firma Delius sicherte die Verflechtung die Ausrüstungskapazitäten, für VBL brachte sie eine stabilisierende Perspektive in einem schwierigen Markt. Mit dem Eintritt von Delius hatte man die Besitzverhältnisse im Unternehmen neu geordnet. Das Festkapital der neuen Voss-Biermann, Lawaczek GmbH & Co. KG belief sich nun auf 12 Millionen D-Mark. Anteilseigner waren ein Konsortium der Inhaberfamilien mit 36 Prozent sowie die Verseidag und Delius zu je 32 Prozent.[710] Allerdings hatte die Firma Delius ihren Beitritt in den Kommanditistenkreis an umfassende Bedingungen geknüpft. So sollten bei den Personalkosten 1994 und 1995 insgesamt 4 Millionen D-Mark eingespart werden. Das bedeutete, dass die VBL-Beschäftigten auf tariflich festgelegte Zuwendungen zum Teil verzichten mussten – beispielsweise auf Ansprüche aus dem zusätzlichen Urlaubsgeld oder aus Jahressonderzahlungen.[711] Mit den schmerzhaften Einschnitten verband sich die Hoffnung, die Ertragskraft des Unternehmens zu sichern. Die Veredelung habe mehr Zukunft als andere Textilsparten, waren die Beteiligten überzeugt.[712] Die hauseigene Designabteilung sollte die Serviceorientierung von VBL unterstreichen. Zunächst gewann der Auftragsveredler Marktanteile hinzu.[713]

Dennoch stand die VBL auch nach der Neuordnung vor gravierenden Problemen. Seit Herbst 1994 verschlechterte sich die Auftragslage dramatisch. Die Lage der Ausrüster war 1995 „kritischer denn je", hieß es im Geschäftsbericht. Im Vergleich zur übrigen Branche war die Entwicklung bei VBL zwar noch „glimpflich" verlaufen, aber der innerbetriebliche Sanierungsbedarf lag auf der Hand. Das Druck- und Oberstoffgeschäft brachte nur unbefriedigende Erträge, man schrieb rote Zahlen. Zudem waren die Energie- und Abwasserkosten ein Dauerthema. Zwar hatte die Firma in den letzten Jahren ihren Wasserverbrauch und das Abwasseraufkommen systematisch gesenkt. Aber noch immer lasteten die Abwassergebühren, die zwischenzeitlich gestundet wurden, schwer auf der Erfolgsrechnung des Unternehmens. Zugleich waren die Kreditlinien bei den Hausbanken ausgereizt.[714] Nun musste es bei der VBL darum gehen, die defizitären Sparten abzustoßen, die Fixkosten entsprechend zu reduzieren und das Kerngeschäft zu stärken. Bis zum Ende der 1990er-Jahre realisierte man erste Maßnahmen dieses Konzepts und konnte 1998 wieder kleine Gewinne verbuchen.

Dennoch blieben viele Sorgen bestehen. Zur weiterhin schwierigen Marktlage bei den Ausrüstern kamen hausgemachte Belastungen hinzu. Insbesondere bemängelte der Beirat, darunter Friedrich Wilhelm Delius und Rudolf Delius, dass VBL die seit Jahren bestehenden Qualitätsprobleme nicht in den Griff bekam. Das Gutachten eines Unternehmensberaters offenbarte ernsthafte Mängel im Qualitätsmanagement und in der internen Organisation, die unter den Bedingungen der textilen Strukturkrise auch in den folgenden Jahren nicht mehr zufriedenstellend gelöst werden konnten. Im Jahr 2009 musste VBL Insolvenz beantragen.[715]

„Wir sind zertifiziert"

Auch bei gut laufender Konjunktur konnten Schwächen in der Organisation oder in der Qualität den etablierten Textilunternehmen erhebliche Probleme bereiten. Auf dem schrumpfenden, hart umkämpften Textilmarkt der 1990er-Jahre war es für die Textilhersteller entscheidend, sich auch mit diesen Fragen auseinanderzusetzen. Wenn die Produzenten an den alten Textilstandorten angesichts des Preiskampfes in manchem Segment nicht mehr mithalten konnten, so bestand bei einigen Produktgruppen die Möglichkeit, sich am Markt über die Qualität abzuheben. Diese strategische Option war wichtig für die Firma Delius, die sich schon seit Jahrzehnten als Qualitätshersteller positioniert hatte.

Zugleich steckte die Auffassung, was man unter „Qualitätsherstellung" verstand, im Umbruch. Dies bedeutete nicht, dass die fertigen Textilprodukte nun hochwertiger sein sollten als früher. Vielmehr ging es darum, die Abläufe im Unternehmen von der Garnbeschaffung bis zum Verkauf des Gewebes in optimierter Form festzulegen.

Die Firma C. A. Delius & Söhne begann 1993 damit, für die Sparte der technischen Textilien ein Qualitätssicherungssystem nach der Norm DIN ISO 9001 aufzubauen. Diese Norm legt – unabhängig von der Branche – die Grundlagen für das Qualitätsmanagement eines Unternehmens fest und sorgt insbesondere für Transparenz und Sicherheit der Prozesse. Werden diese Kriterien erfüllt, kann ein Unternehmen ein Zertifikat erhalten und damit nach außen sichtbar machen, dass es der Qualitätssicherung einen hohen Stellenwert zukommen lässt. Nach und nach passte C. A. Delius die eigenen Routinen entsprechend an und dokumentierte die optimierten Abläufe. Das Wichtigste an ISO 9001 sei aber nicht die „starre Bürokratie", sondern „das Verinnerlichen", dass „nur mit sorgfältiger Arbeit und qualitativ guten Produkten unsere Kunden langfristig an uns gebunden werden können", erklärte das Unternehmen im Herbst 1995.[716] Nach der Begutachtung durch die Prüfgesellschaft Ende 1995 hieß es schließlich auch bei C. A. Delius & Söhne: „Wir sind zertifiziert".[717] „Eine unverzichtbare Vorausset-

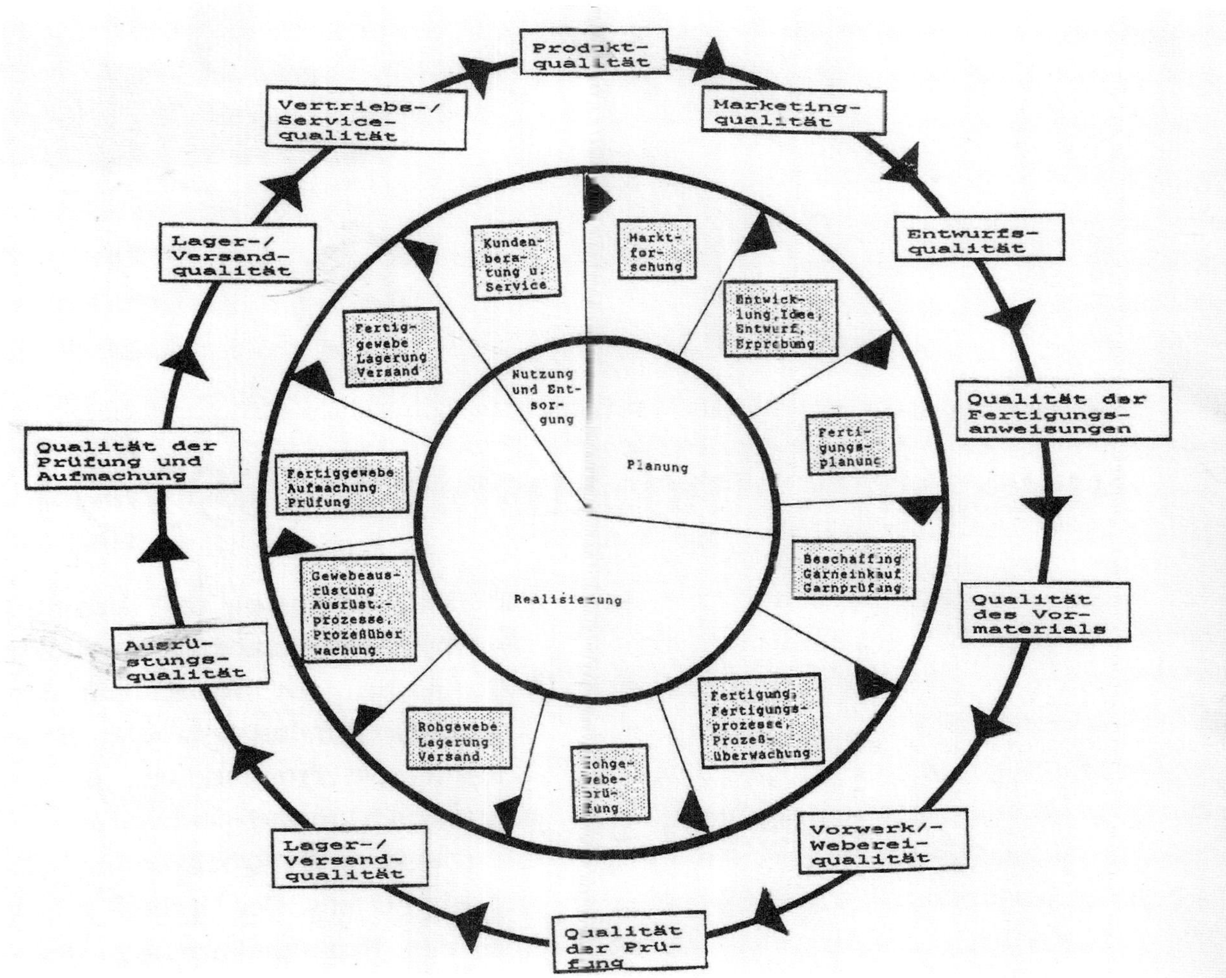

„Qualitätskreis" im Unternehmen C. A. Delius & Söhne

zung für den Vertrieb", fanden Friedrich Wilhelm und Rudolf Delius.[718] Das Zertifikat beschränkte sich auf den Bereich der technischen Textilien, aber „alle anderen Verkaufsabteilungen werden vom QM-System eingeschlossen", erklärte ein Mitarbeiter, der das Verfahren verantwortlich begleitet hatte. Die Qualitätsregeln und Verfahren galten nun auch für das gesamte Unternehmen.[719]

Rationalisierung und Umstrukturierung

Seit Beginn der Textilkrise hatte Delius eine ganze Reihe von Maßnahmen vorangetrieben, um die Gesamtsituation des Unternehmens zu stabilisieren. Zum einen betonte die Geschäftsleitung die Notwendigkeit, auf die wechselnden

Marktlagen rasch reagieren zu können: Man müsse sich noch flexibler organisieren und in auftragsstarken Zeiten länger arbeiten als in saisonschwachen Monaten.[720] Daher erarbeitete man gemeinsam mit dem Betriebsrat einen Rahmen für flexiblere Arbeitszeiten in der Produktion. Das im Jahr 1994 erlassene Arbeitszeitgesetz schuf Spielraum für Ausnahmen von den üblichen Ruheregelungen für Sonn- und Feiertage. Wenn eine besondere Situation vorlag und Arbeitsplätze auf dem Spiel standen, konnten die Aufsichtsbehörden Sondergenehmigungen erteilen.[721] So gab der Regierungspräsident den Webereien in Jöllenbeck und Spenge noch im Jahr 1994 grünes Licht, um die Maschinen auch am Sonntag anzufahren. Für die Delius-Mitarbeiter waren die Sonderarbeitszeiten jedoch freiwillig: 32 der 220 Jöllenbecker Beschäftigten standen sonntags in den Produktionshallen – mit einem Lohnzuschlag von 50 Prozent.[722]

Zum anderen stellte sich die generelle Frage immer drängender: Passten die bestehenden Kapazitäten zur Lage auf den Textilmärkten? Welche der drei bestehenden Produktionsstandorte in Jöllenbeck, Spenge und an der Kurfürstenstraße hatten mittelfristig eine Perspektive? Immer deutlicher zeichnete sich ab, dass eine weitere Konzentration der Standorte notwendig war, um Kosten zu senken. Vor diesem Hintergrund beschloss die Geschäftsleitung, den Webereistandort in der Kurfürstenstraße aufzugeben[723] und erarbeitete mit dem Betriebsrat Pläne zur Umsetzung des Personals, während die dortigen Räumlichkeiten künftig für Lager und Versand genutzt werden sollten.[724] Zunächst fanden aber noch kleinere Fertigungen in der Kurfürstenstraße statt.

Somit lag das produktive Herz des Unternehmens nunmehr in Jöllenbeck und Spenge, wo man weiterhin auf leistungsfähige Webmaschinen setzte: Mit den neuen Luftdüsenwebmaschinen würde Delius im Geschäftsjahr 1995 die „Schallmauer“ von 1.000 Schusseinträgen in der Minute durchbrechen. „Mit 900 Touren werden Artikel gewebt, von denen wir es nicht gedacht hätten“, erklärte der technische Leiter Dieter Wittland. Künftig würde man nicht nur „die klassischen Futterstoffe“, sondern auch modische und technische Gewebe „auf Luft“ herstellen, hieß es in der Mitarbeiterzeitung.[725]

Im schwierigen Jahr 1995 stand zugleich ein runder Geburtstag im Firmenkalender: Der Betrieb in Jöllenbeck vollendete sein 100-jähriges Jubiläum. Mit einem Tanz in den Mai feierten die Delius-Beschäftigten mit der Geschäftsleitung diesen Anlass im Bauernhaus.[726]

Unterdessen gewannen im betrieblichen Alltag bei Delius nach und nach einige Neuerungen an Kontur. Beispielsweise stellte sich die Heimtextilienabteilung marktnäher auf und setzte nun auf eine klare Arbeitsteilung der drei Sparten Wohnstoffe, Möbelstoffe für die möbelproduzierende Industrie sowie Objektstoffe für Hotels und Büros. Ausgelaufene Heimtex-Artikel bot die Firma

Delius in ihren Fabrikläden an. Sowohl das 1991 gegründete Delius-Outlet als auch der im Herbst 1995 eröffnete Fabrikverkauf in Spenge stießen auf große Resonanz.[727]

Auch in der kreativen Arbeit gab es neue Entwicklungen. Im Atelier unterstützte der neue Design-Computer seit Mitte 1995 die Entwicklung von neuen Produktdessins. Dank der neuen Technik mit 3-D-Gewebesimulation mussten die Delius-Designer und -Designerinnen keine aufwendigen Musterabschläge in der Produktion anfertigen lassen. Auch der Informationstransfer von der Entwicklung zur Produktion war weitaus leichter zu handhaben als früher. Sobald Konsens zum neuen Produkt bestand, gingen die fertigen Entwicklungsdaten einfach per Diskette an die Produktion. Darüber hinaus hatte Delius die Produktentwicklung auch organisatorisch gestärkt und dafür eine eigene Abteilung gegründet. Ab 1996 entwickelte ein Team unter der Leitung von Johannes Delius Produktideen sowie neue Anwendungen für bestehende Artikel. Wachstumschancen versprach man sich vor allem von Lamellen für den Sonnenschutz an Fenstern. Zudem kümmerte sich die Gruppe um zugekaufte Handelsware.[728]

„... jetzt ist kein Halten mehr ..."

Die Sparmaßnahmen der letzten Jahre und leichte Preiserhöhungen zeigten schließlich Wirkung: 1995 war der Umsatz 2 Prozent höher als im Vorjahr. Das wirtschaftliche Ergebnis hatte sich verbessert. „Leider hat es noch nicht das Niveau erreicht, was zur langfristigen Sicherung unserer Firma notwendig ist", erklärte Rudolf Delius im Dezember 1995. „Schrumpfende Absatzmärkte und die bekannten überdurchschnittlichen Kostenbelastungen durch Energie, Umwelt und Sozialabgaben haben eigene Anstrengungen zum Teil zunichte gemacht", erläuterte er in der Mitarbeiterzeitung.[729] Die Firma schrieb rote Zahlen – 1995 wies der Jahresabschluss in der Gewinn- und Verlustrechnung einen Fehlbetrag von etwa 6 Millionen D-Mark aus.[730]

In aller Schärfe machte sich bereits bemerkbar, dass die Regelungen für den weltweiten Handel mit Textilien im Umbruch steckten. Seit 1995 sorgte das Welttextilabkommen dafür, dass die schützenden Schwellen vor den europäischen Textilmärkten nach und nach absanken. Damit veränderten sich die Spielregeln für die deutschen Textilproduzenten – denn die Kunden bestellten die preiswerte Ware aus Fernost. „Wir wussten, jetzt ist kein Halten mehr", erklärte Rudolf Delius rückblickend. „Sie orderten bei uns nur noch Sonderfarben und Sonderdessins. Uns fehlte aber der Deckungsbeitrag der großen Mengen, um diese kleinen Aufträge zu bedienen."[731]

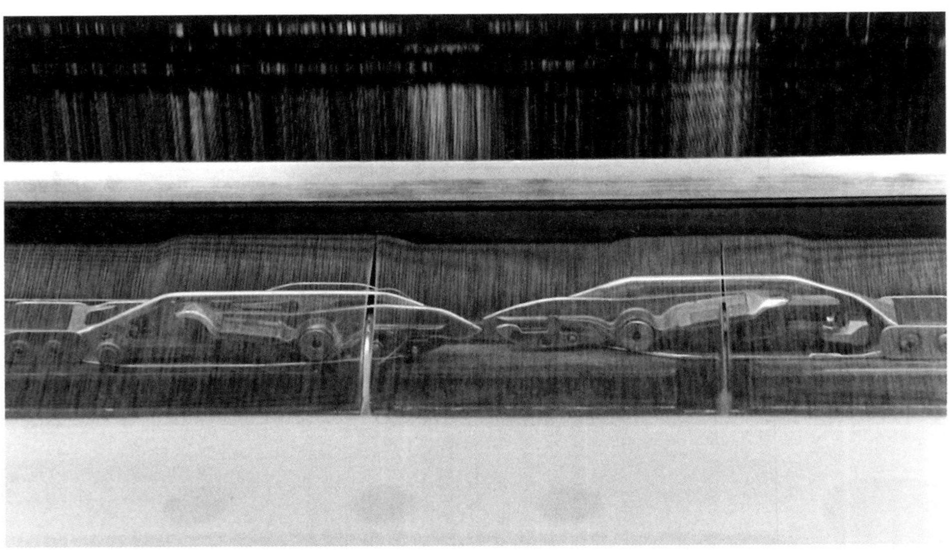

Webstuhl, Detailansicht

4.4. MIT INNOVATIVEN PRODUKTEN IN DIE ZUKUNFT: DAS FAMILIEN-UNTERNEHMEN C. A. DELIUS & SÖHNE SEIT DER NEUNTEN GENERATION

Seit dem Abschwung hatte sich die Firma Delius Schritt für Schritt auf die schwierige Marktlage eingestellt und den Prozess der Neuausrichtung eingeleitet. Zu weitreichenden Veränderungen innerhalb der Delius-Gruppe kam es im Jahr 1997, als Friedrich Wilhelm und Rudolf Delius die Geschäftsleitung übernahmen. „1997 schließlich war das Jahr der großen Veränderungen", heißt es in einem internen Papier. „Es war ein wegweisendes und entscheidendes Jahr, das im Rückblick den Verlauf der Firmengeschichte in beträchtlicher Weise beeinflusste."[732]

Von Generation zu Generation

Schon in den Jahren zuvor hatten die Vettern wichtige strategische Entscheidungen in der Firma angestoßen. Nun kam es im 275. Jahr der Firmengeschichte zum offiziellen Wechsel des Staffelstabes von der achten auf die neunte Generation der Unternehmerfamilie. Wie im Gesellschaftsvertrag seit Jahrzehnten festgelegt, konnte aus jedem Familienstamm nur jeweils ein Nachkomme als Teilhaber oder Teilhaberin in das Unternehmen eintreten.[733] Diese Regelung sorgte für eine Bündelung der Verfügungsrechte im Unternehmen und verhinderte die Zersplitterung von Gesellschaftsanteilen innerhalb der Nachkommen eines Stammes.[734] Über die Generationenfolge hinweg sollte auf diese Weise die traditionelle Balance der Kräfte innerhalb des Familienunternehmens bestehen bleiben. Ernst August, Eduard und Reinhard Delius, die in der achten Generation die drei Familienstämme repräsentiert hatten, zogen sich nun zurück und übergaben die Geschäftsführung an Friedrich Wilhelm, den Sohn von Ernst August Delius, und Rudolf, den Sohn von Eduard Delius.[735] Rudolfs jüngerer Bruder Johannes konnte jedoch – als weiterer Nachkomme von Eduard – kein Teilhaber werden. Der Stamm von Reinhard Delius fand über Reinhards Tochter Friederike Mahlert, geborene Delius, seine Fortsetzung. Gleichwohl trat Friederike, die in Berlin lebte, nicht in die aktive Geschäftsführung ein. Während Ernst August und Reinhard Delius auch nach ihrem Rückzug als persönlich haftende Gesellschafter Firmenanteile an Delius hielten, kündigte Eduard Delius sein Beteiligungsverhältnis zum Sommer 1996 und schied aus der Gesellschaft wie auch der Gebr. Delius GbR aus – er stand einigen Umstrukturierungsplänen höchst skeptisch gegenüber.

Für den Generationenübergang gab es mit der strikten Begrenzung auf die drei Stämme eine klare Governance-Regel. Dies schloss einige typische Probleme von vorneherein aus, die in anderen Familienunternehmen ähnlicher Größenordnung zuweilen aufkamen. Das vertragliche Arrangement war darauf ausgerichtet, eine Aufsplitterung der Gesellschaftsanteile auf eine wachsende Zahl von Gesellschaftern mit unterschiedlichen Interessen zu verhindern. Indem nur in direkter Linie verwandte Nachkommen die Gesellschaftsanteile übernehmen konnten, stabilisierte der Gesellschaftsvertrag das Gleichgewicht zwischen den Stämmen. Mit diesen Spielregeln bestand ein enger, aber auch potenziell langlebiger und damit nachhaltiger Rahmen für das Unternehmen und sein Verhältnis zur Familie.[736]

Neue Firmenstrukturen

1997 sei „ein Jahr des Aufbruchs“, erklärte Rudolf Delius zum Jahresauftakt. Nun habe man die Chance, die ersten Resultate der Umstrukturierung zu sehen.[737] Ab dem 1. Januar 1997 trat die Firma Delius mit einer neuen Rechtsform und Gesamtorganisation auf. Aus der offenen Handelsgesellschaft wurde eine GmbH und Co. KG, also eine Kommanditgesellschaft, die die Haftungsrisiken ihrer Gesellschafter begrenzte. Als persönlich haftende Gesellschafterin trat die Delius-Verwaltungs-GmbH in die Gesellschaft ein. In einem zweiten Schritt wurde der Geschäftsbetrieb der Firma Delius aus der Kommanditgesellschaft ausgegliedert und in die neu gegründete Delius GmbH eingebracht. Die Kommanditgesellschaft fungierte nun als Holding der Delius-Gruppe und vereinte alle Beteiligungen und „nicht-textilen“ Aktivitäten – so z. B. die Verwaltung von Grundbesitz und Immobilien. Die GmbH betrieb das operative Geschäft – „die Herstellung und den Handel mit Waren, insbesondere Textilien“.[738] Eine weitere Tochtergesellschaft bildete die Delitex Handelsgesellschaft GmbH, die sich vor allem um die Verwaltung der Immobilien in Herford kümmerte.[739]

Strategische Allianz – die Devetex

Einer der wichtigsten nun sichtbaren Schritte vollzog sich in dem vormals größten Produktbereich von Delius, der Futterstoffsparte. Die Fertigungs- und Vertriebsaktivitäten im Futterstoffbereich wurden aus der Firma herausgelöst und

Devetex-Futterstoffe, Auswahl aus dem Sortiment (oben); Informationsbroschüre Devetex (rechts)

ab 1997 in die neu gegründete Gesellschaft Devetex eingebracht, die die Firma Delius gemeinsam mit der Krefelder Firma Verseidag gründete.

Das neue Gemeinschaftsunternehmen Devetex Delius Verseidag Textil GmbH und Co. KG führte die stärksten Kräfte im deutschen Futterstoffmarkt zusammen: Die Verseidag war Marktführerin, Delius die Nummer zwei der deutschen Futterstoffproduzenten. Dabei hatte das Krefelder Traditionsunternehmen seinen Akzent bei Futterstoffen für Damenoberbekleidung, während Delius ein traditionell starkes Profil im Futterstoffgeschäft für Herrenoberbekleidung besaß. Der Kooperationsvertrag vom 14. Juni 1996 gab den Startschuss für das Joint Venture.[740]

Vorausgegangen waren schwierige Jahre auf dem umkämpften Futterstoffmarkt mit rückläufigen Umsätzen und wenig auskömmlichem Geschäft. Bei Delius waren von 1991 bis 1995 die Umsätze um etwa ein Viertel zurückgegangen, während das betriebswirtschaftliche Ergebnis der Sparte wachsende Verluste anzeigte.[741]

Mit der strategischen Allianz setzten die Beteiligten nun auf Größe, um der Strukturkrise zu trotzen: Die Fusion schuf den größten Futterstoffproduzenten Europas, der mit seinem weit gefächerten Sortiment an Geweben in vielfältigen Bindungen und Garnen – Faconné, Satin und Jacquard, Rhadamé, Taft, Serge-Köper-Leibfutter, Knie-, Ärmel und Taschenfutter – die ganze Bandbreite des Marktes abdeckte.[742] Färbung und Ausrüstung der Stoffe besorgte der Krefelder

Veredler VBL, an dem die Firmen Delius und Verseidag weiterhin beteiligt blieben.

Für 1997 plante man einen Umsatz von 130 Millionen D-Mark und strebte die Marktführerschaft in Europa an.[743] „Deutsche Futterstoffgeschichte kann nur mit zwei der großen Textilfirmen geschrieben werden", hieß es selbstbewusst im Firmenprospekt der neuen Firma.

Nach der Ausgliederung der Futterstoffsparte fertigte Delius in Spenge als Lohnweber für die Devetex. Die Verseidag setzte ihre Webereien in Anrath ein und beschäftigte ehemalige Mitarbeiterinnen und Mitarbeiter der Verseidag Futterstoffe GmbH nun bei der Devetex, die 1997 178 Mitarbeiterinnen und Mitarbeiter zählte.[744] Der Start verlief nach Plan: 1997 erreichte die Devetex ihr Umsatzziel, man gewann Marktanteile hinzu, und auch Anfang 1998 sorgte eine stabile Nachfrage dafür, dass die Devetex-Webmaschinen sieben Tage die Woche liefen.[745]

„Fokussierung der Geschäftsbereiche"

Die Ausgliederung der Futterstoffsparte war ein wichtiger Schritt für die neue Ausrichtung der Delius-Gruppe. Aber auch innerhalb der Delius GmbH wurden die Produktbereiche klarer voneinander abgegrenzt. „Fokussierung der Geschäftsbereiche" lautete der Leitsatz für die Reorganisation. Dabei waren drei Sparten besonders wichtig: Zum einen das Objektgeschäft – also die Ausstattung von Hotels, Kreuzfahrtschiffen oder Büros mit besonders strapazierfähigen und funktionalen Stoffen, zum anderen die Heimtextilien mit Möbel-, Dekorations- und Steppdeckenstoffen sowie die technischen Textilien.[746]

Um die Ablauforganisation im Hause zu verbessern, legte man die Webereistandorte Jöllenbeck und Spenge zusammen und bündelte die Produktion in Spenge. Vorerst sollten nur das Vorwerk mit der Kett-Vorbereitung und die Kleberweberei in Jöllenbeck bleiben, andere Produktionsteile kamen nun ins Werk Spenge. Die Delius-Beschäftigten aus Jöllenbeck fanden zum Teil in Spenge eine neue Aufgabe, viele verloren ihren Arbeitsplatz. Seit 1996 sprach die Firma – zum ersten Mal in ihrer Firmengeschichte – betriebsbedingte Kündigungen aus. Durch das wegbrechende Geschäft hatte sich der Kostendruck für Delius so zugespitzt, dass es für die Konsolidierung nicht mehr reichte, auslaufende Stellen zu streichen – die Firma musste mehr Arbeitsplätze abbauen, als Mitarbeiter in den Ruhestand traten. Diese Schritte waren besonders schwierig für alle Beschäftigten in der Delius-Gruppe. Der Geschäftsbericht vermerkte die psychischen Belastungen, die die Versetzung an den neuen Arbeitsplatz mitbrachte – auch die Mitarbeiterinnen und Mitarbeiter, die ihre Stelle behalten hatten, waren zutiefst verunsichert. Die Konzentration sei „unerwartet schwierig", hieß es im

Spulen

Rückblick auf das Geschäftsjahr 1997. Mit der Umsetzung von Personal gerieten vertraute Abläufe durcheinander, sodass Schulungen erforderlich waren und sich der Betrieb in Spenge erst wieder einspielen musste.[747] Im April 1997 listete die Personalabteilung 169 Beschäftigte in Spenge und 75 in Jöllenbeck. In der gesamten Firma Delius waren 1997 rund 400 Mitarbeiterinnen und Mitarbeiter beschäftigt.[748] Seit 1993 war die Belegschaft um etwa ein Drittel geschrumpft.

Freilich war die Frage nach weiteren Maßnahmen zur Produktionskonzentration mit dem Transfer der Webmaschinen nach Spenge noch nicht abschließend beantwortet. Weitere Maßnahmen würden folgen müssen, die zu diesem Zeitpunkt noch nicht feststanden. Ein intensiver Dialog mit den Mitarbeitenden sei wichtig, betonte die Geschäftsleitung.[749] „Auf und zwischen allen Ebenen" der Firma müsse ein Gedankenaustausch stattfinden. Mit Nachdruck ermutigte das Management die Belegschaft, Vorschläge zur Verbesserung der Arbeitsorganisation einzureichen. „Wenn jeder von uns nur einen Verbesserungsvorschlag pro Monat macht", so Rudolf Delius, „sind das in 1997 über 4.000 Anregungen.

In der Weberei

Wenn wir nur ein Viertel der Vorschläge verwirklichen können, werden wir am Jahresende einen großen Schritt nach vorne getan haben."[750] 1997 war nicht nur ein Jahr der organisatorischen Veränderungen, sondern auch ein Jubiläumsjahr: Im Herbst wurde die Firma 275 Jahre alt. Dies sei „Ansporn und Verpflichtung, die Firma 1998 so weiterzuentwickeln, dass sie eine ebenso lange Zukunft wie Vergangenheit hat", betonten Friedrich Wilhelm und Rudolf Delius.[751]

Insgesamt sollte die neue Firmenstruktur die Unternehmensorganisation effizienter machen und ihre Schlagkräftigkeit erhöhen. „[...] nicht zielgerichtete Tätigkeiten führen zu einem schlechteren Ergebnis bei Delius. Der Kunde verzeiht keine Fehler – und bezahlt sie auch nicht", hieß es in der Firmenzeitung. Dabei zielten die Restrukturierungspläne darauf ab, die verschiedenen Produktbereiche bei Delius stärker zu spezialisieren. Dafür wollte man sowohl die Organisation als auch künftige Investitionen so stark wie möglich am Markt ausrichten. Produktorientierte Investitionen würden die Leistungsfähigkeit der Firma steigern können, lautete die Grundidee.[752] Nicht die Ausstattung eines flexiblen Allrounders war auf lange Sicht in Gang zu halten, sondern die eines Spezialisten.

Perspektiven für Spezialisten

Der Fokus auf die beiden Sparten technische Textilien sowie Objekt- und Heimtextilien zeigte mithin die strategische Perspektive, die Friedrich Wilhelm und Rudolf Delius bereits 1993 im Blick hatten: Rückzug aus den Volumenprodukten und Hinwendung zu den Spezialitäten. „Im heutigen europäischen, in Teilmärkten globalisierten Umfeld haben insbesondere Spezialisten eine Chance, im Wettbewerb zu bestehen", hieß es im Lagebericht für das Geschäftsjahr 1997.[753] Dies hatte etwas mit der jeweiligen Funktionsweise der verschiedenen Marktsegmente zu tun. Auf den Märkten für einfache, modische Stapelware herrschten Preise, zu denen deutsche Textilhersteller ihre Waren nicht mehr kostendeckend anbieten konnten. Dieser Produktbereich galt als besonders preisempfindlich, d. h. der Preis war das entscheidende Kriterium für die Kaufentscheidung der Kunden. Bei anspruchsvolleren Artikeln gab nicht allein der Preis den Ausschlag, sondern die spezifischen Eigenschaften des Produkts. Die Kunden entschieden sich für den Anbieter, der die passende Lösung für ihren Bedarf bereitstellte. Je spezieller die Anforderung, desto weniger Hersteller konnten zuverlässig diese Produkteigenschaften zusichern. Es passte also zu den Stärken der deutschen Hersteller, sich auf die Spezialität zu konzentrieren und diese Marktnischen zu besetzen. Delius besaß langjährige Erfahrung in der Entwicklung und Fertigung von Funktionsstoffen – besondere Faserstrukturen oder textile Ausrüstung machten Stoffe z. B. schwer entflammbar oder schmutzabweisend, wärmeisolierend oder schalldämmend. Delius besaß das Know-how, um innovative Gewebe mit neuen Anwendungsmöglichkeiten zu entwickeln. Noch spezieller auf Kundenwünsche zugeschnitten waren oft die technischen Textilien mit ihren hochspezifischen Einsatzbereichen.

Auf den Teilmärkten für Textilspezialitäten vermuteten Branchenkenner aussichtsreiche Geschäftschancen für Hersteller mit den entsprechenden Kenntnissen und technischen Voraussetzungen. Aber es gab auch Risiken. Innovative Produkte konnten bald Nachahmer finden, sodass innovative Textilfirmen Gefahr liefen, auch mit hohem Entwicklungsaufwand möglicherweise nur für kurze Zeit dem Wettbewerb voraus zu sein. „Die Sache mit den intelligenteren Produkten funktioniert ebenfalls nicht mehr, denn auch die übrige Welt wird von Jahr zu Jahr intelligenter und kopiert uns dann schneller, als wir entwickeln können", prognostizierte ein führender Textilindustrieller schon 1993.[754] Zudem barg ein starkes Engagement für kundenspezifische Nischenprodukte langfristig das Risiko, sich mit einer ausgeprägten Spezialisierung allzu stark an einen Kunden zu binden und in eine Abhängigkeitsposition zu geraten – ein klassisches Zulieferproblem.

Gleichwohl überwogen die Chancen der Idee, sich allmählich als Spezialist neu auszurichten. Sofern man den Produktionsstandort nicht grundsätzlich infrage stellte, gab es zudem kaum Spielraum für strategische Alternativen. Für die Zukunftssicherung der Firma Delius war es essenziell, die Wertschöpfung der Delius-Produkte zu erhöhen. „Nur durch intelligente Produkte“ werde es möglich sein, „im Hochkostenland Deutschland Textilien zu produzieren“, konstatierte die Geschäftsführung im Jahresbericht 1997.

„Nicht lange rumdiskutieren – machen“

1996 hatte die Firma Delius, auf Initiative von Johannes Delius, ein neues Produkt entwickelt und zur Marktreife gebracht: Delfino – die waschbare Windel. Bereits 1997 konnte die Firma eine kleine Konfektionsproduktion ihres neuesten Artikels in der Kurfürstenstraße starten. Erste Marktsondierungen versprachen recht gute Absatzchancen, vor allem in der Altenpflege. Bei Messebesuchen sei das Produkt „mit erfreulicher Resonanz“ aufgenommen worden. Die Delfino-Windel punktete mit besonders guter Hautverträglichkeit – zudem war sie eine preiswerte und umweltfreundliche Alternative zur Wegwerfwindel. „1000 mal Müll oder Delfino“, hieß es im Produktflyer. Das Spezialgewirke hielt mehr als 100 Waschgängen stand. „Nicht lange rumdiskutieren – machen“, lautete das Credo der neuen Geschäftsleitung, als sie das neue Produkt ohne aufwendige Marktanalysen einführte. Erfindergeist und Wagemut seien gefragt, betonte das Delius-Management im Zeitungsinterview.[755] Die Risikobereitschaft schien sich auszuzahlen. Der umweltschonende Hygieneartikel traf den Nerv der Zeit: Die Presse zeigte sich begeistert von dem waschbaren Windelsystem, für das die Firma Delius den Innovationspreis Ostwestfalen-Lippe erhielt – dotiert mit 15.000 D-Mark.[756] Das neue Produkt Delfino stärkte das Image der Firma Delius als innovativer Textilhersteller und band im Unternehmen kaum Ressourcen. Allerdings blieb der erhoffte Durchbruch am Markt aus. 1998 lagen die Umsätze von Delfino bei 200.000 D-Mark – dies war deutlich weniger als erwartet. „Der Wert der Aktivität liegt weniger in den erzielbaren Umsätzen als in der Werbewirkung“, kommentierte das Delius-Management im Lagebericht für 1998.[757]

In dieser Phase erschloss sich die Firma Delius auch andere Spezialmärkte: Relativ neu im Programm waren z. B. die Sonnenschutzartikel aus aluminiumbedampftem Gewebe. Diese Stoffe für Jalousien wollte man nun forciert präsentieren, um die Rückgänge bei den Standardgeweben aufzufangen. In diesem Marktsegment schlummerten Wachstumschancen, weil neue EG-Normen für Büros mit Computerarbeitsplätzen einen Sonnenschutz vorsahen, und die Betriebe ihre

C. A. Delius & Söhne GmbH und Co. KG, Geschäftsgebäude in der Goldstraße

Bürofenster entsprechend nachrüsten mussten. Mit den Sonnenschutzsystemen erzielte die neu strukturierte Delius GmbH 1997 2,82 Millionen D-Mark und damit 50 Prozent mehr als im Vorjahr.[758] Auch im Folgejahr stiegen die Umsätze in dieser Produktsparte weiter auf 3,5 Millionen D-Mark an. Angesichts der dynamischen Entwicklung plante die Geschäftsleitung eine offensivere Vermarktung der UV-Schutzgewebe. Man wolle „nicht nur als namenloser Zulieferer unserer Kunden tätig sein", hieß es im Jahresbericht. Daher entwickelte Delius ab 1999 eine eigene Kollektion unter dem Namen „Delistar"[759], die die komplette Wertschöpfungskette bis zum Fertigprodukt abdeckte. Nach einigen Jahren lagerte die Firma ihre Aktivitäten in die 1997 übernommene Espriada GmbH aus.

Neue Nutzung der Immobilien

Gegen Ende des Jahrzehnts hatten mithin einige Veränderungen in der Delius-Gruppe bereits an Kontur gewonnen. Neue Nutzungspläne für die Innenstadtimmobilien der Firma spiegelten den Umbruch wider. Für das Zentrallager an der Kurfürstenstraße war eine „Mischnutzung" aus Wohnen, Praxen und Geschäften im Gespräch, nachdem sich Pläne für ein Großkino zerschlagen hatten. Die Verwaltung blieb im traditionellen Stammhaus in der Goldstraße. Hier werde „auch in Zukunft immer ein Delius sitzen", erklärten die Geschäftsführer. Für die im fünfgeschossigen Stammsitz nicht mehr benötigten Räumlichkeiten – etwa 8.000 Quadratmeter Gewerbefläche – entwickelte man neue Konzepte für Einzelhandel und Dienstleister.[760] Das Fabrikgebäude in Werther wurde zunächst vermietet und später verkauft.[761] Allmählich erhielt der Geschäftsbereich Immobilienverwaltung mehr Gewicht und sorgte für stabile, textilunabhängige Erträge.

Rationalisierungserfordernisse in den ausgehenden 1990er-Jahren

1999 verdüsterten sich die Perspektiven für die Textilindustrie erneut. Die Delius GmbH konnte ihre Produktionskapazitäten nicht auslasten, sodass im Jahresdurchschnitt 20 Webmaschinen stillstanden. Das drückte auf das Ergebnis – die Umsätze gingen im Vergleich zum Vorjahr um mehr als 10 Prozent zurück. Besonders betroffen waren „konsumnahe" Textilien wie Bekleidungsstoffe und Heimtextilien.[762] Um die Situation der Firma an die Lage anzupassen, seien „weitere Rationalisierungsmaßnahmen" notwendig, bilanzierte der Geschäftsbericht.[763]

Weberei Spenge

So baute man im Laufe des Jahres 1999 am Standort Spenge etwa ein Drittel des Personals ab und sprach dafür – flankiert von einem mit dem Betriebsrat vereinbarten Sozialplan – 25 betriebsbedingte Kündigungen aus. Der übrige Stellenrückgang – von 174 im Sommer auf 118 Beschäftigte im November 1999 – ergab sich aus der normalen Fluktuation. Man müsse reagieren, „besser noch agieren“, so Rudolf Delius, um den Standort Spenge zu sichern. „Gott sei Dank zieht dabei unsere Belegschaft mit“, bekräftigten der Werkleiter von Spenge und Jöllenbeck und die Geschäftsleitung von Delius gleichermaßen. Die Belegschaft sehe „zähneknirschend“ die Notwendigkeit der Umstrukturierung ein. Mit der Investition in zwölf neue Webmaschinen für Spenge unterstrich die Firma Delius zugleich ihre Zukunftspläne.[764]

Der neue Websaal in Spenge war nun stärker als zuvor darauf ausgelegt, technisch anspruchsvolle Textilien zu fertigen. Die Produktsparte der technischen Textilien wuchs und machte zum Auftakt des Jahrtausends bereits etwa ein Drittel des Umsatzes der Delius GmbH aus.[765] Schon in den 1980er-Jahren hatte Delius mit Geweben für Airbags in der Automobilindustrie Fuß gefasst. So steckten beispielsweise in Fahrzeugen von BMW, VW und Daimler Benz Stoffe der Firma Delius, die Ende der 1990er-Jahre etwa 500.000 Meter Airbaggewebe im Jahr produzierte.[766] Zudem setzte man nun auf neue Entwicklungen für die Automobilzulieferindustrie, wie etwa hitzebeständige Gewebe für die Ventilsteuerung.[767]

„Wir sind immer auf der Flucht nach vorn"

Auch in anderen Sparten stellte Delius Produktneuheiten vor. Auf der neuen Messe „Avantex", Forum für „Textilien und Technologien der Zukunft", präsentierte man im Herbst 2000 das Mikrofasergewebe „Delimed", das als besonders leichtes, luftdurchlässiges Gewebe besondere Hautverträglichkeit für Neurodermitis-Patienten versprach. In Zeiten der New Economy mit rasanten Start-up-Initiativen in Hochtechnologiebereichen traute manch zeitgenössischer Beobachter der alteingesessenen Textilbranche nur wenig Innovationskraft zu. „In der Bekleidung", so lautete das Vorurteil, bestehe „Innovation doch nur aus karierten Maiglöckchen". Gegen dieses Image kämpften Branchenvertreter mit ihren Produktideen an.[768] „Wir sind immer auf der Flucht nach vorn", kommentierte Rudolf Delius. Man entwickelte selbst und ging dann auf den Kunden zu, um neue Produktfelder zu erschließen.

Zugleich fuhr die Firma Delius zu Beginn des Jahrtausends die Produktion von Bekleidungsstoffen weiter zurück. 2000 stand fest, dass man diesen Fertigungsbereich 2001 stilllegen würde, ohne Leute zu entlassen.[769]

„Futterstoffunfreundliche" Zeiten

Unterdessen brachen bei der Devetex schwierige Zeiten an. Zum harten Preiskampf am Markt kamen Trends, die den Absatz von Futterstoffen erschwerten. Die Mode begünstigte legere und sportliche und damit „futterstoffunfreundliche" Kleidungsstücke, wie es im Devetex-Management hieß. Jeans und Pullis landeten ohnehin ungefüttert in den Regalen, und auch bei klassischen Artikeln wie Kleidern oder Röcken verzichteten die Bekleidungshersteller inzwischen häufig auf die Abfütterung. Viele Konfektionäre zogen sich allmählich aus der eigenen Produktion zurück und gingen dazu über, Fertigkleidung aus Fernost zu beziehen oder Teile in Osteuropa fertigen zu lassen. Dabei überließen sie es zunehmend auch ihren Auftragnehmern in Bulgarien und Rumänien, ihr Zubehör – so auch die Futterstoffe – selbst einzukaufen.[770] Die Schwierigkeiten im Absatz spiegelten sich in sinkenden Umsatzerlösen wider. Die Devetex brachte mit ihrer zunächst überdurchschnittlich hohen Eigenkapitalquote zwar grundsätzlich die Voraussetzungen mit, auch herausfordernde Phasen zu überbrücken, gleichwohl sanken die Ergebnisse aus dem operativen Kerngeschäft seit 1999 merklich, während die Verbindlichkeiten gegenüber Kreditinstituten zunahmen.[771]

Angesichts der diffusen Markttrends suchte die Firma neue Kooperationspartner auf dem europäischen Markt. Friedrich Wilhelm und Rudolf Delius führten Gespräche mit Wettbewerbern, vor allem in Italien, um Möglichkeiten der Zusammenarbeit auszuloten. Produktionskosten senken, neue Marktanteile hinzugewinnen, lautete der Grundgedanke für die Sondierungsgespräche.[772] Einen Teil der Futterstoffe ließ die Devetex bereits bei einem Lohnweber in der Türkei fertigen.[773] Zugleich verengte sich der Markt für Futterstoffe immer mehr. Im Beirat sprach man von „katastrophalen Zuständen", die die Frage nach neuen Vertriebs- und Produktionsstrukturen aufwarfen. Parallel dazu belasteten auch die Probleme des verbundenen Textilveredlers VBL die Firma.[774] 1998 hatten die Firmen Delius, Verseidag und die Devetex die übrigen Anteile von VBL übernommen. Da die Devetex die Finanzierung der VBL übernahm und die VBL auf Devetex-Betriebsmittel zugriff, zehrten die „erschreckenden Verluste" der VBL und ihr defizitäres Eigenkapital auch an der Devetex.[775]

Tabelle: Devetex GmbH & Co. KG, Umsatzerlöse 1998–2002 (in 1.000 Euro)[776]

	Umsatzerlöse (in 1.000 Euro)	Ergebnis der gewöhnlichen Geschäftstätigkeit (in 1.000 Euro)
1998	71.029	2.254
1999	63.904	590
2000	62.050	451
2001	62.399	456
2002	48.310	-1.794

Angesichts der schwierigen Absatzsituation drosselte man im Herbst 2001 mit Sofortmaßnahmen die Produktion und entschied, die Lohnwebproduktion in Spenge 2002 einzustellen.[777] Im ersten Halbjahr 2002 brachen die Umsätze schließlich rapide ein. Man habe in den zurückliegenden Jahren noch keine vergleichbare Situation erlebt, hieß es in den Protokollen.[778] Zum ersten Mal seit ihrem Bestehen würde die Devetex das Geschäftsjahr mit einem operativen Verlust beenden. Unter diesem Eindruck gewann ein Vorhaben an Fahrt, das schon seit Längerem angedacht war. Im Herbst 2002 schloss die Devetex einen Kooperationsvertrag mit dem Textilhersteller Conze & Colsman.[779] Schon seit 1999 waren Gesellschafter der Devetex mit der Firma aus Velbert-Langenberg

Garne im Atelier

im Gespräch, ob und in welcher Form man die Webereien von Conze & Colsman und Devetex zusammenführen könnte, um Synergien zu nutzen. Ähnlich wie Delius besaß das Traditionsunternehmen Conze & Colsman eine lange und wechselvolle Firmenhistorie, die mit Seidenweberei begonnen hatte und nun von der Futterstoffsparte bis zu technischen Textilien reichte.[780] Nun vereinbarten die Gesellschafter der beiden Firmen, ihre Herstellungsaktivitäten auf dem Gebiet Futterstoffe in eine neu zu gründende Gesellschaft einzubringen, deren Anteile zu 74,9 Prozent die Devetex und zu 25,1 Prozent Conze & Colsman hielten.[781] Die neue Gesellschaft, die U. L. M. GmbH & Co. KG, kümmerte sich um Produktion und Fremdbeschaffung von Futterstoffen und nahm ihre Aktivitäten zum 1. Januar 2003 auf. Der Vertrieb sollte bei den weiterhin selbstständigen Vertriebsgesellschaften Devetex und Conze & Colsman liegen. So konnten die Partner ihr Know-how bündeln und durch die Konzentration von Beschaffung und Produktion Kosten senken. Die U. L. M. sollte ausschließlich in Willich-Anrath produzieren – die Futterstoffproduktion an Delius-Standorten war nun endgültig beendet.

Transparenter Vorhangstoff mit akustischen Eigenschaften

Strategische Weichenstellungen in der Delius-Gruppe

Freilich standen die Entwicklungen bei der Devetex im Zusammenhang mit grundsätzlichen Weichenstellungen innerhalb der Firma Delius. Für die Entscheidungsträger in der Firmenzentrale in Bielefeld zeichnete sich inzwischen immer greifbarer ab, dass auch in der neuen Struktur der Delius-Gruppe einige Sparten – in der gegenwärtigen Form – kaum mehr Perspektiven boten. Das schwierige Geschäftsjahr 2001/2002 hatte den Blick für die zu setzenden geschäftspolitischen Akzente geschärft. Damit bekam die seit 1997 verfolgte Strategie der Neuausrichtung ein klareres Profil und eine konsequente Formulierung. Der Standort Deutschland, so bilanzierte die Geschäftsleitung, sei „chancenlos" für konsumnahe Textilien. Die Grundidee, sich auf textile Spezialitäten zu konzentrieren, blieb die Basis.

Konkret bedeutete das – über das bereits planmäßig vollzogene Aus für die Kleiderstoff-Fertigung hinaus – den Rückzug aus der Eigenfertigung von Heim- bzw. Objekttextilien. Ein deutsches textilproduzierendes Unternehmen habe nur Marktchancen, so entschied die Geschäftsleitung, wenn es sich in der Produktion auf technische Funktionstextilien konzentriere. Bei allen anderen Textilien müsse man den Schwerpunkt auf Entwicklung, Marketing und Vertrieb legen.[782]

Ein britischer Unternehmensberater, spezialisiert auf die Textilbranche, bestärkte Rudolf und Friedrich Wilhelm Delius bei diesen Entscheidungen: „Delius hat die technischen Fähigkeiten. Sie müssen Ihren Betrieb drastisch verkleinern, Ihre Arbeitspraktiken überdenken und die richtigen Philosophien und Konzepte übernehmen. Dann sollte es für Sie einen Platz geben, um in einem Hochkostenland wie Deutschland zu produzieren." Man solle auf eine „reinraumähnliche Umgebung" setzen.[783]

Was bedeuteten diese strategischen Überlegungen für die Produktionsstätten von Delius? Wo würde man künftig die technischen Textilien produzieren? Und in welchen Schritten wollte sich die Firma aus der Fertigung aller anderen Textilien zurückziehen?

„Das war das Schlimmste" – die Schließung der Weberei in Spenge

Im Laufe des Jahres 2002 leitete die Geschäftsleitung von Delius erste Maßnahmen ein, um die Produktion zurückzufahren. Ziel war es, die Delius GmbH „unabhängig von der Eigenfertigung" zu machen. Im Zuge dessen schloss die

Firma Delius im August 2002 ihr Werk in Spenge. Die vormals in Spenge gefertigten Futterstoffe für die Devetex wurden bereits seit dem Frühjahr 2002 in Willich-Anrath hergestellt. Während der sommerlichen Betriebspause kamen zudem die Maschinen für die technische Weberei nach Jöllenbeck, wo zum 1. September 2002 die Fertigung von technischen Geweben startete. Mehr als die Hälfte der 106 Spenger Beschäftigten konnte in Jöllenbeck weiterarbeiten. Anders als einige Jahre zuvor, klappte der Transfer zum neuen Standort „reibungslos“.[784] Ab September 2003 wurde das Werk in Spenge als Logistikzentrum genutzt.

Für die Heimtextilien gab es einen Kooperationsvertrag mit einem befreundeten Produktionsunternehmen, der Firma Horn, die große Teile der Fertigung übernahm. Entwicklung, Marketing und Vertrieb von Heimtextilien, insbesondere Objektstoffen, blieben im Hause Delius. Die Produktsparte „Delfino – Die waschbare Windel“ wurde komplett verkauft, ebenso die bis dahin noch bei Delius verbliebenen Randbereiche der Futterstoffsparte – die Produktion und der Vertrieb von Futterstoffen für die Lederwarenindustrie.[785]

Im Zuge dieser Umstrukturierungen baute die Firma Delius rund 40 Stellen ab. Der Betriebsrat habe den Personalabbau konstruktiv begleitet, hieß es im Geschäftsbericht. Was wie eine floskelhafte Formulierung klingen mochte, besaß einen historisch gewachsenen Kern. Der langjährigen Tradition des Familienunternehmens entsprechend, folgten die Arbeitsbeziehungen bei Delius keinem konfliktorientierten, sondern einem kooperativen Leitbild. Sämtliche Mitarbeiter hätten die schwierige Phase des Unternehmens „mit Elan und Zuversicht gestaltet“, betonten die Geschäftsführer Friedrich Wilhelm und Rudolf Delius.[786] Mit der Schließung des traditionsreichen Webereistandortes wurde der textile Strukturwandel erneut vor Ort unmittelbar greifbar. „Aufgrund der Marktlage mussten wir viele Veränderungen vornehmen und Personal abbauen“, erinnerte sich ein leitender Angestellter im Rückblick. „Aber die Schließung von Spenge, das war das Schlimmste.“[787] Ende 2002 waren 235 Mitarbeiter bei der Delius GmbH beschäftigt.[788]

Gebündelte Kräfte

Im Zuge der Neuordnung richtete man das Werk in Jöllenbeck ausschließlich auf die Fertigung von technischen Geweben aus. Für ihren Neuauftakt als Tech-Tex-Spezialistin setzte die Firma Delius erneut auf eine strategische Allianz, und zwar mit der Partnerin, mit der sie unlängst im Futterstoffgeschäft die Zusammenarbeit verabredet hatte: Zum 31. Dezember 2002 gründeten die Delius GmbH und die Conze & Colsman GmbH & Co. KG aus Velbert eine neue Gesellschaft, die Delcotex Delius Conze & Colsman TechTex GmbH & Co. KG. Das Gemeinschaftsunternehmen übernahm den Maschinenpark in Jöllenbeck und alle Aktivitäten der beiden technischen Gewebeabteilungen von Delius und Conze & Colsman.[789] Die Delius GmbH hielt 69 Prozent, Conze & Colsman 31 Prozent des Gesellschaftskapitals in Höhe von 5 Millionen Euro.[790] Mit gebündelten Kräften wollten die beteiligten Firmen Verbundvorteile erschließen. Damit waren Rationalisierungseffekte in der gesamten Wertschöpfungskette zu erwarten, d. h. in der Produktion, in der Qualitätssicherung, in der Produktentwicklung sowie im Vertrieb. Durch die Konzentration der Delcotex und des Werkes in Jöllenbeck ausschließlich auf technische Gewebe sei „eine Spezialisierung erreicht, die Delcotex hervorragende Markt- und Zukunftschancen gewährt", so erläuterte die Delius-Geschäftsleitung in ihrem Jahresresümee.[791] Die Geschäftsführung der neu gegründeten Firma übertrugen die Gesellschafter dem langjährigen Leiter der technischen Gewebeabteilung, Eckhardt von Barnekow.

Mit diesen Schritten hatte sich die Gesamtorganisation der Delius-Gruppe erneut verändert. Mit der Delcotex gab es nun ein weiteres Gemeinschaftsunternehmen in der Delius-Gruppe. Die Mehrheitsbeteiligung an der Delcotex hielt die Delius GmbH als 100-prozentige Tochter der C. A. Delius GmbH & Co. KG. Gleichwohl war die Delius GmbH nun schlanker als früher, weil die hauseigene Produktion entfiel.

4.5. DIE DELIUS-TEXTILGRUPPE AB 2003

Im Laufe der letzten Jahrzehnte hatte das Marktsegment der technischen Textilien erheblich zugelegt. Inzwischen belief sich der Anteil der technischen Textilien am gesamten Textilumsatz in Deutschland auf etwa 40 Prozent.[792] Sie seien der Grund dafür, „dass es in Deutschland noch eine Textilindustrie gibt“, glaubten Ökonomen.[793] Für die nähere Zukunft trauten Branchenanalysten der „High-Tex“-Sparte ein dynamisches Wachstum zu. Die Consultingagentur aus Manchester, die auch Delius beraten hatte, hielt ein Marktwachstum um etwa 20 Prozent binnen eines Fünfjahresturnus für möglich und prognostizierte bei den Produktionsmengen und -werten durchschnittliche Zuwachsraten von 3,5 bis 4 Prozent bis 2005.[794] Dabei ging man von einem breiten Anwendungsspektrum aus. Kaum ein Industriebereich werde künftig auf technische Textilien verzichten können, lautete die Einschätzung.

„High Tex“ – Die Delcotex ab 2003

Die Delcotex startete mit einem breiten Gewebeprogramm. Mit ihrer Produktpalette spiegelte die Delcotex viele Facetten der Sparte wider, deren Spektrum von großformatigen Geotextilien für die Umweltwirtschaft bis hin zu feinsten Geweben für die Elektronik und Medizintechnik reichte. Im April 2003 präsentierte die Delcotex auf der Messe „TechTextil“ in Frankfurt beispielsweise eine neu entwickelte Folie für den Tunnelbau. Sie bestand aus einem Drehergewebe mit Verfestigungspolymeren und besaß damit Eigenschaften, die herkömmlichen Produkten überlegen waren – auch an den Schnittkanten blieb die Folie kompakt und zerfaserte nicht. [795]

Im Brückenbau könnten technische Textilien sogar Beton ersetzen, erklärte der damalige Verkaufsleiter (und spätere Geschäftsführer) von Delcotex, Stefan Wittenborn.[796] Carbonfasern seien leichter und sogar beständiger als Stahlmatten.[797] Zu diesem Zeitpunkt zögerte die Bauindustrie jedoch noch, auf den klassischen Baustoff Beton zu verzichten. Gleichwohl produzierte die Delcotex Dachfolien für Flachdächer als robuste Alternative zur Teerpappe sowie Gittergewebe für die Reparatur von Hauswänden.

Darüber hinaus wurden Delcotex-Gewebe u. a. bei Bremssystemen, in Keilriemen, Armaturen und in Förderbändern verbaut. Neben der Baubranche galten die Fahrzeugtechnik und der Personenschutz als klassische Einsatzbereiche für technische Textilien. Die Delcotex fertigte Armierungsgewebe, z. B. für kugelsichere Westen und militärische Schutzkleidung, und nutzte dafür eine Kunstfaser mit hoher Festigkeit, das Garn Aramid. Damit waren die Schutzwesten weitaus

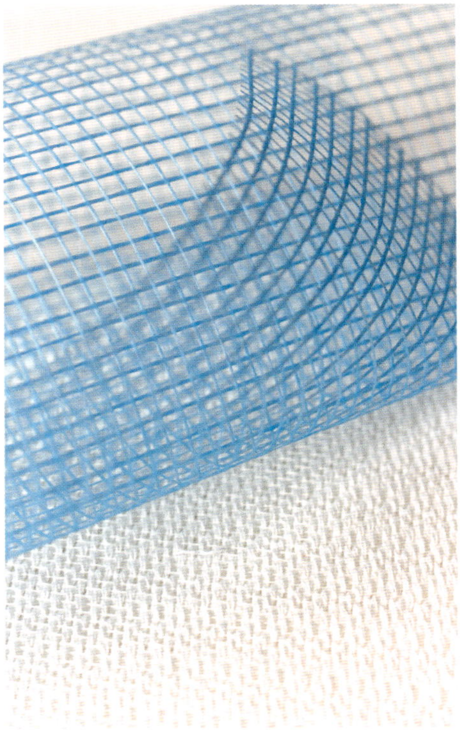

Gittergewebe Delcotex

leichter als früher, weil sie ohne eingenähte Metallplatten auskamen. Zudem produzierte man Stoffe für Armee-Rucksäcke und Zelte. Zu den Produktinnovationen gehörte ein Tarnmaterial, das auch Infrarot-Nachtsichtgeräte nicht aufspüren konnten – für die spezielle Farbe sorgte ein nahe gelegener Textilausrüster. Die langjährige Geschichte Ostwestfalens als Textilregion brachte es mit sich, dass oftmals auch für sehr spezielle Bedarfe passende Anbieter in der Nähe zu finden waren.

Mit dem Start der Delcotex zeigten sich die Beteiligten zufrieden. Umsatzerlöse und Betriebsergebnis lagen über den Erwartungen, und die Gesellschaft schloss 2003/2004 mit positiven Jahresergebnissen ab. Nach einem Rückschlag im Jahr 2005 mit schlechter Ertragslage – in diesem Jahr war das gesamte Marktsegment nur spärlich gewachsen – knüpfte man 2006 an die vorherige Entwicklung an. Als die Minderheitsgesellschafterin Conze & Colsman GmbH & Co. KG Ende Februar 2006 in Insolvenz ging, schied sie – wie im Gesellschaftsvertrag für diesen Fall vereinbart – aus der Delcotex aus. Diese firmierte künftig als Delcotex Delius Techtex GmbH & Co. KG und war nunmehr eine 100-prozentige Tochter der C. A. Delius & Söhne GmbH & Co. KG.[798] 2006 stammten rund 56 Prozent der Umsatzerlöse der Delius-Gruppe aus der Delcotex.

Tabelle: Entwicklung der Delcotex Delius Conze & Colsman TechTex GmbH & Co. KG, 2003–2006 (in 1.000 Euro)[799]

Jahr	Umsatzerlöse	Betriebsergebnis	Jahresergebnis
2003	25.300	1.520	300
2004	25.844	2.455	1.505
2005	22.068	-274	-1.285
2006	25.443	1.549	1.122

Die Devetex zwischen Konsolidierung und Krise

Während Branchenkenner dem Geschäft mit technischen Textilien gute Wachstumschancen zuschrieben, tendierte der Futterstoffmarkt in die gegenläufige Richtung. Parallel zur Gründung der Delcotex hatte man auch bei der Devetex wichtige Umstrukturierungsmaßnahmen vorangebracht, gleichwohl trudelte das Krefelder Joint Venture in schwierigem Fahrwasser. Binnen kurzer Zeit waren der Devetex knapp ein Dutzend Großkunden wegen Insolvenz weggebrochen, während andere Kunden nach und nach zum „Komplettkauf" in China übergingen, d. h. Fertigkleidung einkauften und dementsprechend auf Futterstoffe verzichteten. Die Überlebensfähigkeit der Gruppe müsse geprüft werden, hieß es alarmierend im Beirat Anfang 2003, nachdem zwei Banken kurzfristig Kreditlinien gekürzt hatten.[800] Diese situativen Engpässe konnten die Devetex-Gesellschafter vergleichsweise rasch aus dem Weg räumen, aber mittelfristig wollte man eine „neue Herangehensweise" an den Futterstoffmarkt finden. 2003 schrieb die Gesellschaft erstmals rote Zahlen. Schon im Herbst 2003 hatte die Conze & Colsman GmbH & Co. KG ihre Beteiligung an der U. L. M. für 33 Cent an die Devetex-Gesellschafter abgetreten.

Zunächst wiesen weitere Investitionen den Weg in die Konsolidierung: Als die Devetex das Futterstoffgeschäft der Wuppertaler Firmen Frowein & Co. GmbH sowie der Rheinischen Textilfabriken AG zum September 2004 übernahm, zogen ihre Umsätze wieder merklich an.[801] Parallel dazu forcierte die Gesellschaft ihre vertrieblichen Aktivitäten in Osteuropa, vor allem in Rumänien. Die neu gegründete Devetex Asia bildete nunmehr einen Stützpunkt für den asiatischen Markt. Vorübergehend lohnte es sich, Rohware aus China zu importieren, auszurüsten und wieder nach China zu exportieren. Künftig strebte die Devetex also auf einen neuen Produktmix zu: Statt eigenes Gewebe zu fertigen und im eigenen Hause zu veredeln, schien es ertragreicher, sich auf die Veredelung von zugekauftem Gewebe und den Vertrieb von Handelsware zu konzentrieren. Damit rückte der eigene Produktionsstandort in Willich-Anrath auf den Prüfstand. Ab Dezember 2005 sollten die Maschinen nur noch fünf Tage die Woche laufen, entschied die Geschäftsleitung, stellte Mitarbeiter frei und nahm Lohnkürzungen vor.[802] Schon bald darauf stellte sich heraus, dass die beschlossenen Maßnahmen kaum ausreichen würden, um die Kostenstruktur wesentlich zu verbessern.[803] Der Jahresfehlbetrag der Devetex lag 2005 bei 3,7 Millionen Euro – mehr als sieben Mal so viel wie im Vorjahr.[804] 2006 stieg das Defizit weiter auf 4,48 Millionen Euro an. Ein neues Konzept sollte die Devetex wieder in die Gewinnzone führen. Ein verbessertes „working capital management" reduzierte

Hotel Donners/Cuxhaven, ausgestattet mit Delius-Objektstoffen, © formwaende/Fred Dott

das Vorratsvermögen und stärkte die Finanzlage. Bis 2007 ging das Minus merklich zurück.[805] Zudem beschloss man, die Devetex künftig auf Funktionstextilien hin auszurichten.[806]

„Ein potenziell gravierendes Problem"

Unterdessen gab es erneut Umstrukturierungen an der Delius-Gruppe.[807] Im Jahr 2005 hatte man die Fünf-Prozent-Beteiligung an der Lampe-Bank verkauft, die die Firma Delius über Jahrzehnte gehalten hatte. Hintergrund war ein Revirement innerhalb der Bielefelder Bank, die sich nach einem Führungswechsel neu ausrichtete.[808] Mehr Brisanz für die Zukunft besaß zu diesem Zeitpunkt jedoch eine andere Frage: die Pensionsverpflichtungen für ihre früheren Beschäftigten. Mehr als 600 Rentner und Pensionäre erhielten Ruhegelder von Delius. Seit den frühen 2000er-Jahren machte die Geschäftsleitung von Delius in ihrem Risikobericht darauf aufmerksam, dass die Höhe der jährlich zu zahlenden Pensionen ein „potenziell gravierendes Problem“ sei, das „den Fortbestand der Firma beeinträchtigen“ könne.[809] Für Pensionen hatte die Delius GmbH hohe Rückstellungen gebildet, die einem erheblichen Teil – rund ein Drittel – der Bilanzsumme entsprachen.[810] Die „enorme Hypothek aus der Vergangenheit“ sei „nicht zu unterschätzen“, hieß es im Geschäftsbericht. Die finanzwirtschaftliche Situation der Gruppe war jedoch äußerst tragfähig. Auch der Cashflow der GmbH war positiv, und eine hohe Eigenkapitalquote sicherte Finanzierung und Liquidität ab.[811] Im Jahr 2007 entschied die Geschäftsleitung, mit einem neuen organisatorischen Rahmen potenzielle Zukunftsrisiken zu begrenzen, die sich aus den künftigen Rentenverpflichtungen ergaben: So gründete man im November 2007 eine weitere Tochtergesellschaft, die DPV GmbH, in die die Delius GmbH die Pensionsverpflichtungen gegenüber früheren Mitarbeiterinnen und Mitarbeitern ausgliederte. Nun zahlte die neue Tochtergesellschaft DPV die Betriebsrenten für die Ruheständler. Gleichzeitig brachte man ein entsprechendes Barvermögen in die DPV ein, um die Pensionsverbindlichkeiten ordnungsgemäß bedienen zu können.[812] Damit erhöhte sich die Bankverschuldung der Gruppe, jedoch lagen die im Jahr zu leistenden Zinszahlungen unter den bisher angefallenen jährlichen Pensionszahlungen.[813] Die neue Struktur konnte die mit der Rentenfrage einhergehenden Belastungen nicht beseitigen, aber verringern und klar vom operativen Geschäft abgrenzen. Sie bot den Vorteil, das Kapital für die Versorgungsansprüche separat zu verwalten, ohne dass etwa hohe Rückstellungen auf die Eigenkapitalquote der GmbH drückten.[814]

Zwischen Expansion und Finanzkrise

Die deutsche Wirtschaft war mit einer „robusten Konjunktur“ in das Jahr 2008 gestartet, urteilten Konjunkturbeobachter.[815] Dabei spürten einige Sektoren, in denen die Delius-Gruppe tätig war, den konjunkturellen Rückenwind stärker als andere. Mit einer Absatzbelebung bei den Bekleidungsfutterstoffen rechnete die Delius-Geschäftsleitung inzwischen nicht mehr, aber andere Geschäftsbereiche wuchsen und sorgten für Ausgleich.

So investierte die Hotelbranche im In- und Ausland seit einiger Zeit beherzt in Renovierungen und Neubauten, was das Objektgeschäft mit Heimtextilien begünstigte. Zudem entstanden neue Gesundheitszentren, Kliniken und Altersheime, die spezielle Textilien für Innenausstattung und Mobiliar benötigten. Wenn es auch zaghafter bei den Textilien für den privaten Wohnbereich zuging, zogen die Umsätze der Delius GmbH doch insgesamt an. Auch die Delcotex profitierte von der konjunkturellen Entwicklung, denn die Bau-, Maschinen- und Fahrzeugindustrie

Hilton Frankfurt CC, ausgestattet mit Delius-Objektstoffen © THDP Ltd, Fotograf Beppe Raso

fragten Gitter- und Industriegewebe der Delcotex rege nach. Die Delcotex hatte ihre Vertriebsaktivitäten systematisch gesteigert und war inzwischen Marktführerin für Gittergewebe für die Bauindustrie. Ihre Geschäftspolitik setzte auf einen gezielten Know-how-Ausbau, um die eigene Marktposition zu festigen.[816]

Im Laufe des Jahres 2008 kühlte die Weltkonjunktur ab, und auch die inländische Wirtschaft geriet unter Druck.[817] Die internationalen Finanzmärkte befanden sich in großer Unruhe, seit der US-amerikanische Markt für zweitklassige Hypothekenforderungen, das Subprime-Segment, in die Krise geraten war. Nach dem Zusammenbruch der US-amerikanischen Investmentbank Lehman Brothers im September 2008 spitzten sich die Turbulenzen dramatisch zu.

Welche Folgen hatte die Finanzkrise für die Delius-Gruppe? Technische Gewebe standen oft am Anfang der Lieferkette der Investitionsgüterindustrie und reagierten stark auf Konjunkturen. In der Folge der Krise ebbte die Nachfrage aus der

Investitionsgüterindustrie ab und auch die Bautätigkeit erlahmte. Mithin war ein Rückgang des Absatzes in diesem Segment stark spürbar, bei manchen Produktgruppen etwas zeitversetzt. Auch die Heimtextiliensparte brach ein, da Neubauten und Renovierungen aufgrund der Finanzkrise zurückgestellt wurden.[818] Da die Delius-Gruppe mehr als 40 Prozent ihrer Umsätze im Ausland erwirtschaftete und im Inland als Zulieferer exportorientierter Hersteller aktiv war, stand der Konzern unter dem Einfluss von weltkonjunkturellen Veränderungen.[819] Im Krisenjahr 2009 sackte der Absatz in den Tochtergesellschaften Delcotex und Delius GmbH im Vergleich zum Vorjahr um rund 20 Prozent ab.

Grafik: Umsatzerlöse der Delius-Gruppe 2006–2010 (in 1.000 Euro, Konzern und Hauptsparten)[820]

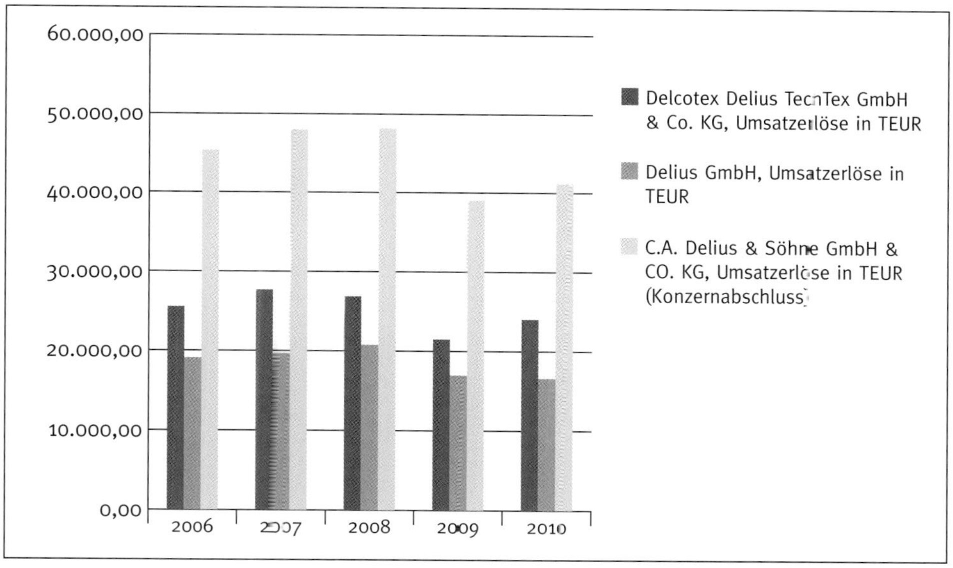

Der Rückgang in der Delius GmbH hatte jedoch nicht nur mit der Krise zu tun. So fuhr die Geschäftsleitung beispielsweise das Geschäft mit Möbelstoffen sowie Dekostoffen für den Wohnbereich planmäßig zurück. „Wohnstoffe gehören nicht mehr zum Kerngeschäft", betonte der Jahresbericht.[821] Delius wolle sich in Zukunft „ausschließlich auf [...] das Objektgeschäft" konzentrieren.[822] Zudem stellte man das Großobjektgeschäft im Sonnenschutz ein.

Auf das Konto der Krise ging jedoch die Kurzarbeit, die man bei der Delcotex und bei der Delius GmbH praktizieren musste.[823] Beinahe alle Unternehmen der Branche, so erklärte der Verband, waren davon betroffen.[824] Zudem stand nun bei allen Gesellschaften der Delius-Gruppe ein striktes Krisen-Kostenmanagement auf dem Programm. Gleichwohl fielen die Krisenfolgen bei Delius vergleichsweise moderat aus. Weitreichende „strukturelle Maßnahmen“, die man Anfang 2009 noch für möglich gehalten hatte, mussten nicht ergriffen werden. Obwohl die Geschäftsleitung Anfang 2009 ein schwieriges, verlustreiches Geschäftsjahr für die GmbH befürchtet hatte, erzielte diese doch einen Überschuss. Auch die Delcotex konnte im Krisenjahr trotz der krisenbedingt rückläufigen Umsätze ein positives Ergebnis erwirtschaften.[825] Insgesamt belief sich der Konzernjahresüberschuss der Delius-Gruppe im Krisenjahr 2009 auf rund 0,89 Millionen Euro.[826]

Mithin boten die wichtigsten Sparten der Delius-Gruppe – die technischen Textilien und die Heimtextiliensparte für den Objektbereich – starke Standbeine für den Konzern, die auch durch schwierige Marktphasen trugen. Dies schuf einen Ausgleich zu den Problemen, die sich mittlerweile im Produktbereich Bekleidungsfutterstoffe auftürmten, also in der Krefelder Tochter Devetex.

Die Insolvenz der Krefelder Beteiligungsunternehmen VBL und Devetex

Die Devetex-Gruppe litt unter dem strukturellen Wandel in der Bekleidungsindustrie und verzeichnete starke Einbußen in ihrem Geschäft. Der Jahresfehlbetrag stieg erneut rasant an.[827] Die Verschuldung, die aus der Zeit der Frowein-Übernahme stammte, lastete drückend auf der Firma.[828] Die Idee, auf technische Textilien umzusatteln und das Unternehmen auf diese Weise zu stabilisieren, ließ sich angesichts der wirtschaftlichen Vorzeichen nicht mehr realisieren. Unter den Bedingungen der globalen Finanz- und Wirtschaftskrise 2008/2009 schrumpfte der Markt schneller, als sich die Firma neu ausrichten und konsolidieren konnte. Im Herbst 2008 stellte die U. L. M. den Webereibetrieb in Anrath ein. Das mit der Devetex eng verbundene Unternehmen Voss, Biermann & Lawaczek musste im März 2009 Insolvenz anmelden. Im Sommer wurde es stillgelegt.[829] Nach den starken Umsatzrückgängen geriet auch die Devetex Delius Verseidag Textil GmbH & Co. KG derart in Bedrängnis, dass sie im Januar 2010 beim Amtsgericht Krefeld Insolvenz anmeldete. Die Firma stellte die Produktion und den Betrieb von Bekleidungsfutterstoffen ein und ging in Liquidation. Das Verfahren begann am 1. April 2010.[830] Im selben Jahr erwarb die spanische Sedatex S. A. die Mehrheit der Geschäftsanteile an einer sich neu formierenden Devetex GmbH, die sich nun sowohl als Lieferantin von textilen Spezialartikeln – Kofferfutter, Etiketten und Bänder – als auch für Entwicklung und Verkauf von technischen Textilien positionierte.[831] An diesem neuen Unternehmen war Delius jedoch nicht mehr beteiligt.

Schärerei, Delcotex

Welche Folgen hatte die Insolvenz der Beteiligungsgesellschaft für die Firma Delius? „Auswirkungen auf das Geschäft der Delius GmbH und der Delcotex gibt es keine“, bilanzierten Friedrich Wilhelm und Rudolf Delius Ende 2010.[832] Bereits in der Bilanz von 2003 hatte man die Risiken der Krefelder Unternehmen berücksichtigt, entsprechende Wertberichtigungen in den Aktiva vorgenommen und die Beteiligung auf einen Erinnerungswert abgeschrieben. Nun erwies es sich als höchst vorteilhaft, dass keine operative Verknüpfung zu den anderen Produktbereichen der Delius-Gruppe mehr bestand. Die Devetex und die mit ihr verknüpften Gesellschaften waren selbstständige, gesellschaftsrechtlich unabhängige Einheiten. Als sie in Schwierigkeiten gerieten, gefährdeten sie die anderen Produktbereiche der Firma Delius nicht. Die finanzwirtschaftlichen Risiken hatte man bereits in den Vorjahren der Insolvenz abgedeckt.

„Das unbekannte Netzwerk"

Im Laufe des Jahres 2010 zog die Konjunktur wieder an. Bald konnte die Delcotex – z.B. mit Umsätzen in Höhe von 27,9 Millionen Euro im Jahr 2011 – wieder an das Niveau ihrer bisherigen Spitzenjahre anknüpfen. Die Marktaussichten stellten sich positiv dar. Inzwischen lag der globale Marktanteil von deutschen Unternehmen im Segment der technischen Textilien bei 45 Prozent.[833] Einige weltumspannende Trends regten die Nachfrage langfristig an: Steigende Mobilitätsbedürfnisse einer wachsenden Bevölkerung stimulierten die Nachfrage nach Textilprodukten, die dabei helfen konnten, leichte, umweltfreundliche und sichere Fahrzeuge zu bauen. Der wachsende Bedarf an Infrastrukturen steigere den Bedarf an Geotextilien, betonten Ökonomen. Zudem galten das Streben nach mehr Umweltschutz und Energieeffizienz sowie die Industrialisierung in Schwellenländern als Triebfedern für ein mögliches Wachstum der Sparte.[834]

Für den Endverbraucher war die Produktwelt der in diesen Bereichen zum Einsatz kommenden Textilien jedoch vergleichsweise unbekannt. „Sie werden sich wahrscheinlich jeden Tag mit einem unserer Produkte bewegen. Sie wissen es nur nicht", erläuterte der damalige Delcotex-Geschäftsführer Stefan Wittenborn

In der Produktionshalle, Delcotex

im Jahr 2010. „Das unbekannte Netzwerk“, titelte ein Zeitungsartikel über die Jöllenbecker Weberei.[835] Wie manche hochspezialisierte, global aktive Zulieferer, die in ihrer Nische oft sehr erfolgreich, aber für die Kundschaft des Endprodukts meist unbekannt waren, agierte auch die Delcotex im Business-to-Business-Geschäft mit Kunden aus Industrie und Behörden, das kaum im öffentlichen Fokus stand.[836] Versteckt unter dem Plastikgehäuse sorgten beispielsweise Gewebeeinlagen von Delcotex dafür, dass die Zahnriemen im Computerdrucker störungsfrei laufen konnten. Für den Kundenblick verborgen blieben auch die Gewebebänder, die Airbagklappen stabilisierten und ihr Zersplittern beim Aufprall verhinderten.[837]

Um die Konjunkturabhängigkeit zu verringern, bemühte sich die Geschäftsleitung auch um konjunkturunabhängige Angebote. Seit 2011 vermarktete die Delcotex unter dem Namen „D-Lab“ die Dienstleistungen des internen Textillabors auch außerhalb des eigenen Hauses. Bereits seit ein paar Jahren hatte die Firma externe Labordienstleistungen im Portfolio, baute dieses Geschäft aber nun mit einer eigenen Vertriebsschiene systematisch aus. Nun bot D-Lab – akkreditiert nach DIN EN ISO/IEC 17025:2005 – einer internationalen Kundschaft genormte Prüfungen und Seminare für textile Prüfungen an.[838]

Den steigenden Energiekosten begegnete man mit einem Energiemanagementsystem, das im Jahr 2013 zertifiziert wurde. Dies senkte die Kosten. Ohnehin habe man nun „besser gelernt, sehr flexibel auf Nachfrageschwankungen zu reagieren“, hieß es im Lagebericht der Delcotex.[839]

Eine wichtige Weichenstellung in dieser Zeit war die Anschaffung einer Gelegeanlage für den Jöllenbecker Webereibetrieb.[840] Mit der passgenau auf die Anforderungen von Delcotex zugeschnittenen Maschine konnte die Delcotex ihr Portfolio um nicht-gewebte Produkte erweitern.[841]

Innovationen und Internationalisierung

Innovationen und Internationalisierung seien die Erfolgsfaktoren der deutschen Textilindustrie nach dem Strukturwandel, resümierte eine Branchenstudie im Sommer 2011.[842] Beide Faktoren bildeten traditionell wichtige Bausteine in der Geschäftspolitik von Delius. Die Delius GmbH, die das Geschäft mit Dekorations- und Möbelstoffen für den Objektmarkt betrieb, entwickelt im hauseigenen Atelier Produkte für einen weit gefächerten Kundenkreis im In- und Ausland.

Olympia 2012, London; Funktionsstoffe von Delius
© picture alliance/dpa, Fotograf: Lindsey Parnaby

Dabei machen die Absatzmärkte im Ausland meist etwa 50 Prozent des Objektgeschäfts aus und umfassten Europa, den Nahen Osten und verschiedene asiatische Länder.[843] So stattete Delius beispielsweise das Bolschoi-Theater in Moskau aus sowie Theaterhäuser in Norwegen und Schweden, Luxushotels auf der ganzen Welt, Klinikkomplexe und Kreuzfahrtschiffe, beispielsweise die „Pride of Hawaii", „Aida Prima" oder die „Harmony of the Seas" im Jahr 2016 mit 3.000 Kabinen. Für dieses Schiff mit 16 Decks lieferte die Delius GmbH schwer entflammbare, lichtechte Stoffe für Vorhänge und Gardinen, insgesamt über 40.000 Quadratmeter.[844] Auch die Funktionsstoffe, die bei der Eröffnungsfeier der Olympischen Spiele 2012 in London genutzt wurden, stammten von Delius.[845]

Im Vertrieb arbeitete man, anders als früher, nicht mehr ausschließlich mit Handelsvertretern zusammen. Vertriebsmitarbeiter der Delius GmbH fuhren zu potenziellen Kunden und stellten die Marke Delius und das Produktprogramm vor. „Wir müssen Detektivarbeit leisten und herausfinden, wer in welchem Projekt etwas zu sagen hat", erklärte Rudolf Delius.[846]

Auch die Delcotex besaß eine internationale Ausrichtung, mit einem weit gefächerten Netzwerk von Lieferanten und Kunden in Europa, USA und Asien. Bei den technischen Textilien funktionierte der Vertrieb jedoch anders als auf den Objektmärkten. Angesichts der sehr spezifischen Produkteigenschaften waren es meist die Delcotex-Textilingenieure selbst, die ihre Produktentwicklungen bei den Kunden präsentierten und neue Anwendungsmöglichkeiten aufzeigten.[847] Bei einer gemeinsamen Entwicklung von Produktlösungen für den Kunden lag das Know-how überwiegend bei Delius.

Generell zeichnete sich die Tech-Tex-Sparte durch eine hohe Forschungsintensität aus. Die Produktpipeline müsse „stets gut gefüllt sein", umschrieb es ein Branchenkenner.[848] Für die Bereitstellung an textiler Expertise bot der Standort Deutschland gute, historisch gewachsene Voraussetzungen. Im Jahr 2011 gab es 16 Textilforschungsinstitute, zum Teil mit einer universitären Anbindung, die im Verbandsnetzwerk organisiert waren und mit der Industrie kooperierten. Auch die Delcotex investierte systematisch in den Know-how-Ausbau entlang der ganzen Wertschöpfungskette, setzte also auf Fachpersonal aus den Bereichen Maschinenbau und textile Flächenerzeugung sowie Textilveredelung, Beschichtung und textile Prüfungen. Sie stand im Austausch mit Hochschulen, vor allem den technischen Universitäten in Aachen und Dresden und bot Plätze für Bachelor- und Masterarbeiten an. Der Bereich Forschung und Entwicklung sei leistungsstark und kreativ, kommentierte das Unternehmen.

Um den Druck des Strukturwandels zu kanalisieren, setzte die deutsche Textilwirtschaft auf Innovationen. Sie gehöre zur „absoluten Spitzengruppe der innovativen Branchen", urteilte ein Sachverständiger in einem Gutachten für das Bundeswirtschaftsministerium. Der Anteil aller Unternehmen der Branche, die Produkt- oder Prozessinnovationen eingeführt haben, sei in den vergangenen Jahren gestiegen und liege 2015 bei 55 Prozent.[849]

Um innovative Produkte zu entwickeln, brauchten die Unternehmen geeignete Mitarbeiter. Zugleich gestaltete es sich für die Textilhersteller oft schwierig, am Markt geeignete Fachkräfte zu finden. Auch die Firma Delius spürte diese Lücke am Arbeitsmarkt. Einen Großteil der Mitarbeiter im Jöllenbecker Werk hatte das Unternehmen selbst ausgebildet. „Wir investieren in Menschen", betonte Johannes Delius. Qualifiziertes Personal an das Unternehmen zu binden, war dem Traditionsunternehmen auch in seiner personell schlankeren Struktur ein wichtiges Anliegen. Die Biografie des damaligen Delcotex-Geschäftsführers bot ein Beispiel: Er hatte bei Delius den Beruf des Webers gelernt, an der Fachhochschule Textilingenieurswesen studiert und danach zurück ins Unternehmen gefunden.[850] Die Delius-Gruppe beschäftigte 2012 insgesamt 205 Mitarbeiter und 17 Auszubildende.[851] 2017 umfasste die Belegschaft 231 Mitarbeiter,

SAP Head Office in Budapest
Architekt: Babecz Ákos, MádiLáncos Studio

und die Delius Holding GmbH bildete 14 Nachwuchskräfte aus. Im Jahr 2022 sind es 26 Auszubildende in sieben Ausbildungsberufen – damit liegt die Quote der Auszubildenden bei über 10 Prozent der Belegschaft.[852]

Neue Organisationsstrukturen

Seit 2013 hatte die Delius GmbH ihre Produktbereiche intern neu organisiert. Da das Geschäft mit Wohnstoffen für den privaten Bereich ausgelaufen war, bedurfte es nun einer neuen Gliederung der geschäftlichen Aktivitäten. Die Sparte Health & Care umfasste Produkte für Pflegeheime, Krankenhäuser, Seniorenheime und Wellnesseinrichtungen. Im Produktbereich Hospitality waren Projekte für Hotels, Schiffe, Schulen und Verwaltungsbauten eingeordnet.[853]

Auch die Gesamtorganisation innerhalb der Delius-Gruppe veränderte sich. Im Jahr 2017 firmierte die Delius GmbH als Delius Holding GmbH. Zum Auftakt des Jahres 2018 gliederte man aus dieser umfirmierten Gesellschaft das operative Geschäft mit Deko- und Möbelstoffen auf eine neu gegründete Tochtergesellschaft aus – die Delius GmbH & Co. KG. Die Delius Holding GmbH fungierte nun als eine zwischengeschaltete Dienstleistungsholding, die für die Gesellschaften der Delius-Gruppe zentrale Funktionen bereitstellte – beispielsweise IT, Personalwesen, Controlling oder Buchhaltung. Die Obergesellschaft in der Unternehmensgruppe war nach wie vor die C. A. Delius & Söhne GmbH & Co. KG. Mit dieser Reorganisation hatte man klare, effiziente Strukturen geschaffen und das operative Geschäft von der Vermögensverwaltung getrennt.[854]

Inzwischen waren die Umsatzerlöse der Unternehmensgruppe auf rund 56 Millionen Euro angewachsen – von 40,7 Millionen Euro vier Jahre zuvor. Dabei betrug der Umsatz im Objektgeschäft im Jahr 2017 24,8 Millionen Euro, bei den technischen Textilien waren es 30,8 Millionen Euro. Vor Steuern erwirtschaftete die Gruppe ein Jahresergebnis von 4,9 Millionen Euro.[855] Mit der Spezialisierung auf zwei große Standbeine hatte die Firma Delius mithin neue Wachstumspotenziale erschließen können und Chancen genutzt, die sich unter dem Druck des Strukturwandels anboten.

Schaubild: Struktur der Delius-Gruppe am 1. Januar 2018

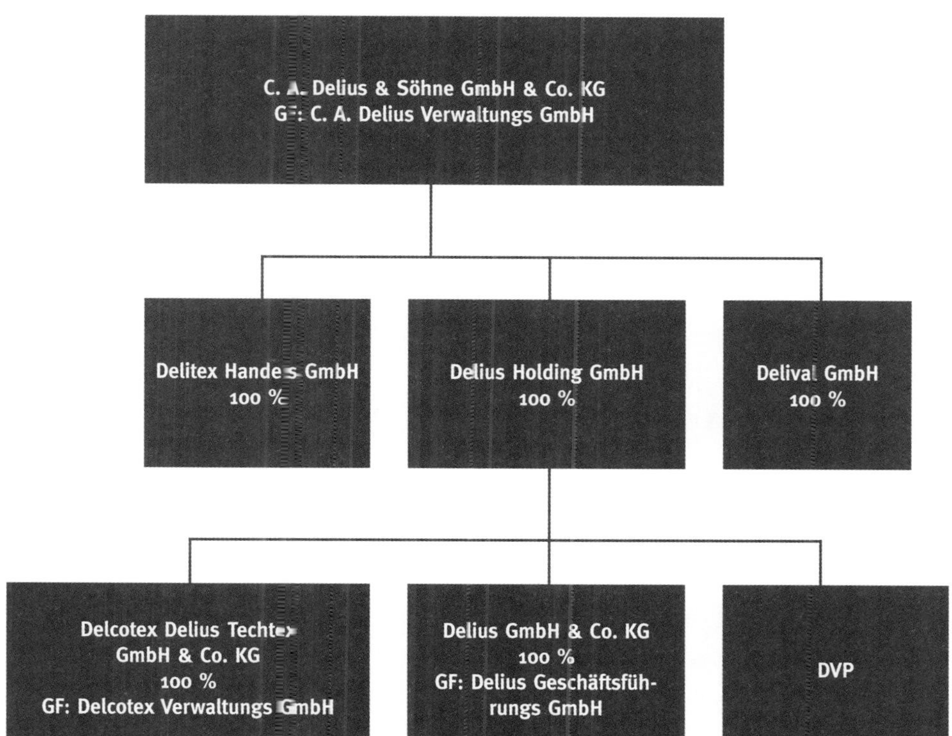

Delcotex Weberei

Ein neues Management ab 2020

Mit 67 Jahren zogen sich im Jahr 2020 Rudolf Delius und Friedrich Wilhelm Delius aus der Geschäftsleitung der operativen Firmen zurück. Heute sind Dr. Marc Schmidt und Kai Hofmeister als Geschäftsführer tätig. Doch auch weiterhin bleibt die Familie Delius in der neunten und zehnten Generation dem Unternehmen als Gesellschafter und Beirat eng verbunden. 2021 wurde der Standort Jöllenbeck um eine 5.000 Quadratmeter große neue Halle erweitert, in der Gelege und Composite-Gewebe produziert werden. Gleichzeitig wird die Logistik der Delcotex in der neuen Halle konzentriert. Dadurch entfallen längere Anfahrten zum Versandstandort Spenge. Für eine nachhaltige Eigenstromversorgung wurde eine Photovoltaikanlage auf dem Dach installiert.

Die Corona-Pandemie beeinträchtigte insbesondere das Hotelgeschäft der Firma Delius GmbH & Co. KG in den Jahren 2020 und 2021. Allerdings setzte schon im zweiten Halbjahr eine Erholung ein.

5.

FAZIT „BEWEGLICH AUS TRADITION“: DAS TEXTILUNTERNEHMEN DELIUS 1722–2022

„In 100 Jahren werden wir wieder etwas ganz anderes machen als heute", erklärte Rudolf Delius wenige Jahre vor dem 300. Geburtstag des Familienunternehmens Delius. In den 300 Jahren, die seit den ersten Kaufmannsaktivitäten von Johann Caspar Delius im Jahr 1722 verstrichen sind, hat die Firma Delius ihre Strukturen mehrere Male grundlegend verändert. Diverse ökonomische Krisen in der Textilbranche forderten die Firma heraus und brachten sie bisweilen sogar in existenzielle Bedrängnis. Eng verflochten mit der Geschichte der ostwestfälischen Textilindustrie, machte das Unternehmen Delius die Auf- und Abschwünge des Industriezweigs mit, der sich im Laufe der Jahrhunderte vom Führungssektor der Region zu einer Krisenbranche entwickelte. Welche Kontinuitätslinien treten in der Rückschau hervor? Lassen sich Bausteine erkennen, die in kritischen Situationen mit dazu beitrugen, dass die Firma die vielfältigen Anpassungserfordernisse robust überstand?

Vom Leinenhandel zur Seidenfabrik

Zunächst hatte der Weg vom Leinenhandel in die Seidenfabrikation eine grundlegende Neuorientierung der Firma erfordert, die schrittweise erfolgte und im Zeichen krisenhafter Umbrüche besondere Schubkräfte entfaltete – sei es, als sich die Rahmenbedingungen für den Bielefelder Handel im Zuge der europäischen Neuordnung veränderten, sei es, als die vorindustrielle Textilproduktion in eine Krise geriet und in mehreren Phasen durch ein anderes System der Produktion abgelöst wurde. Mit innovativen Ideen trat die Geschäftsleitung einer unsicheren wirtschaftlichen Zukunft entgegen und mobilisierte die materiellen und immateriellen Ressourcen, um in neue Geschäftsfelder zu investieren und – erst einmal parallel zum alten Geschäftsmodell – ein zweites Standbein aufzuziehen. Dabei waren die wirtschaftlichen Aktivitäten von Delius von Beginn an auch auf internationale Absatzmärkte ausgerichtet. Für die Präsenz auf entfernten Märkten erwies sich das vertrauensbasierte Netzwerk in der Familie als wichtige Stütze – Verwandte in absatzorganisatorisch günstig gelegenen Standorten in Südspanien, Amerika, Bremen traten etwa als Vermittler von Handelsgeschäften oder Mittelspersonen auf oder streckten Kapital vor. Aber auch die immer dichter werdende Einbettung vor Ort konsolidierte die Basis, aus der die Firmentradition von Generation zu Generation weiter entfaltet werden konnte. Zum Nutzwert der Verwurzelung vor Ort – neben der Erleichterung von Informations- und Kapitalbeschaffung sowie der Mitgestaltung des städtischen Wirtschaftslebens – gehörte es beispielsweise auch, dass die Delius'sche Leinenhandlung nicht allein Sorge für die Produktqualität ihres Sortiments tragen

Privatkontor, Güsenstraße

musste: Die örtlichen Leinenkaufleute teilten das Anliegen, dem Qualitätsruf von Bielefelder Leinen auf den Märkten mit ihrer Ware stets gerecht zu werden, sodass hier ein kollektiver Druck bestand, der den Standard hoch hielt.[856] In diese Richtung wirkten bis in die ersten Jahrzehnte des 19. Jahrhunderts hinein auch die preußisch-kurfürstlichen Prüfeinrichtungen der „Legge", die das Qualitätsniveau der Leinenstoffe sicherten und den Handel förderten, indem sie die Kaufleute von der aufwendigen und kostspieligen Notwendigkeit befreiten, entsprechende Kontrollmechanismen selbst zu organisieren.[857] Staatliche Unterstützung, z. B. durch Bereitstellung von Spezialmaschinen, erfuhr das Vorläuferunternehmen E. A. Delius & Söhne auch bei dem Vorhaben, eine Seidenfertigung aufzuziehen.

Als wichtige Grundlage für die Anpassungsfähigkeit der Firma im Zeitverlauf erwies sich bereits im 19. Jahrhundert die Kapitalstärke des Unternehmens. So hatten mehrere Unternehmen die Idee aufgegriffen, im Ravensberger Land mit der Seidenfabrikation zu beginnen, gleichwohl gingen einige davon – angesichts mangelnder Kapitalkraft – um 1860 wieder ein, weil sie ihre Anlagekosten nicht schnell genug amortisieren konnten.[858] Zur langfristigen Verbreiterung der Kapitalbasis trugen auch die dichte Vernetzung der Teilhaber der Firma Delius innerhalb des Bielefelder „Leinenpatriziats" und die durch Heiratsverbindungen entstehenden verwandtschaftlichen Beziehungen zu anderen Kaufmannsdynastien bei. Familienbeziehungen und kaufmännisches Netzwerk verschränkten sich und boten Stabilität.

In der zweiten Hälfte des 19. Jahrhunderts hatten sich zudem die Unternehmensbeteiligungen als einträglich erwiesen. So hielt die Vorläuferfirma E. A. Delius & Söhne „namhafte" Beteiligungen z. B. an der Ravensberger Spinnerei, der AG für mechanische Spinnerei, der Friedrich-Wilhelms-Bleiche und der Ravensberger Volksbank.[859] Um die Jahrhundertwende war die Firma C. A. Delius & Söhne die größte Grundbesitzerin in Bielefeld und ihr Seniorchef Carl Albrecht einer der reichsten Männer der Stadt.[860] Eine „Bielefelder Redensart" besage, „‚die Fäden des Bielefelder Wirtschaftslebens'" seien „‚durch ein Jahrhundert hindurch im Delius'schen Privatkontor zusammengelaufen'", heißt es in der unternehmensgeschichtlichen Darstellung im Jahr 1926.[861]

Zwischen Krieg und Krise

In den drei Jahrzehnten seit 1914 durchlief das Unternehmen erneut einen deutlichen Wandel. Im Zuge des Ersten Weltkrieges gingen Absatzmärkte verloren, aber in den krisenhaften Nachkriegs- und Inflationsjahren konnte die Firma ihr

„Betriebsappell" bei C. A. Delius & Söhne, 1934

Geschäft wiederbeleben und auch neue Exportbeziehungen knüpfen. Während einige Textilunternehmen im Bielefelder Raum nach der Währungsstabilisierung mit Strukturproblemen, einer verschlechterten Ertragslage und Kapitalknappheit kämpften, besaß die Firma Delius hinreichend Kapitalsubstanz, um ihre Produktionskapazitäten nach 1924 mit moderner Webtechnik systematisch auszubauen. Damit entstand die Grundlage, um sukzessive neue Marktsegmente und Absatzgebiete zu erschließen. Die Verarbeitung von preisgünstiger Kunstseide ergänzte ihr Portfolio um vielfältige neue Artikel, vor allem Mischgewebe, mit denen die Firma Delius phasenweise Alleinstellungsmerkmale auf den jeweiligen Märkten besaß. Mit dem wachsenden Gewicht von kunstseidenen Mischgeweben in der Produktpalette verschob sich der Akzent von Spezialgeweben im Luxussegment hin zu Ware, die auf Massenbasis produziert wurde. Die steigenden Mitarbeiterzahlen drückten das Wachstum aus, das die Firma mit weit gefächerten betrieblichen Sozialleistungen begleitete. Während die betriebliche Sozialpolitik im ausgehenden 19. Jahrhundert – wie bei vielen größeren Unternehmen – eine Strategie dargestellt hatte, um das neu eingeführte Fabriksystem zu stabilisieren und Spannungen zwischen ländlicher und neuer industrieller Lebenswelt zu überbrücken, sah die Geschäftsleitung ihre personalpolitischen Maßnahmen nun auch stärker im Kontext der Effizienzsteigerung und Rationalisierung im Unternehmen. Eine umfangreiche Ausbildungsinitiative und Werkswohnungsbau sollten die Stammbelegschaft erweitern.

Bei Beginn der Weltwirtschaftskrise war die Firma wichtige Schritte in die neue Richtung bereits gegangen. Dies schien die Wucht der Krise für sie abgefedert zu haben – im Unterschied zu manch anderem Unternehmen in der Seidenindustrie, die zum Teil unter erheblicher Ertragsschwäche litt.[862] Absatzrückgänge in einigen Artikelgruppen konnte C. A. Delius & Söhne zum Teil durch Zuwächse in neuen, preiswerten, mit modischem Gespür entwickelten Gewebequalitäten kompensieren. Verschiedene Reorganisationsmaßnahmen – z. B. die Gründung neuer Abteilungen für „Übersee-Export" und für Dekorations- und Möbelstoffe mitten in der Weltwirtschaftskrise sowie die schrittweise vorgenommenen Veränderungen in der Absatzorganisation – sollten für eine gesteigerte Effizienz sorgen und spiegelten den Transformationsprozess wider. Das Spektrum der Delius-Webereien reichte inzwischen von Kleider-, Blusen-, Hemden-, Krawatten-, Futter- und Mantelstoffen über Korsett- und Miederstoffe zu Futteralen sowie Möbel- und Dekorationsstoffen.

C. A. Delius & Söhne 1933–1945

Nach 1933 setzte die Firma ihren geschäftlichen Aufschwung so kräftig fort, dass sie in der zweiten Hälfte der 1930er-Jahre ihre Kapazitätsgrenzen erreichte. Die verfügbare Betriebsfläche war komplett besetzt mit Webstühlen, die auf vollen Touren liefen. Während genaue Daten zur geschäftlichen Entwicklung fehlen, deutet die rasante Steigerung der verbrauchten Garnmengen um rund 70 Prozent zwischen 1933 und 1938 auf eine äußerst dynamische Entwicklung hin.[863] Dabei hielt die exportorientierte Ausrichtung der Geschäftspolitik trotz der nationalsozialistischen Autarkiepolitik zunächst an – bis in den Zweiten Weltkrieg hinein galt die Firma Delius als wichtige Devisenbringerin der Branche.

Vor 1933 war C. A. Delius & Söhne als eine Firma bekannt, deren Teilhaber Mitglieder der Deutschen Volkspartei waren oder dieser nahestanden. Dazu passte, dass die Geschäftsleitung die politischen Umwälzungen von 1918/19 mit Skepsis betrachtet und dem untergegangenen Kaiserreich lange die Treue gehalten hatte. Dem Aufstieg der Nationalsozialisten zollte man nun Respekt und arrangierte sich bald mit den neuen Machtverhältnissen. Alle Teilhaber traten zum 1. Mai 1933 in die NSDAP ein. Innerhalb der nationalsozialistischen Wirtschaft gewann – wie die Wirtschaftshistoriker Christoph Buchheim und Jonas Scherner herausgearbeitet haben – ein System aus „Anreizen" und „Zwang" an Kontur, in dem Handlungsspielräume der Unternehmen erhalten blieben und im Sinne des NS-Regimes erwünschtes ökonomisches Verhalten belohnt wurde.[864] In diesem Gefüge konnte die Firma Delius – trotz der staatlichen Interventionen in die Textilbranche – lukrative Geschäftschancen und Gewinne realisieren. Der Leiter der Finanzabteilung von Delius führte rückblickend die positive Entwicklung der Geschäftsergebnisse vor allem auf die strukturellen Weichenstellungen vor 1933 zurück. Die Firma habe auf „proponierte Riesenaufträge seitens nationalsozialistischer Behörden glatt verzichten können", ohne die Arbeiterschaft zu gefährden.[865] Gleichwohl gibt es Anhaltspunkte dafür, dass im Inlandsgeschäft von Delius staatliche Aufträge ab 1933 ein immer stärkeres Gewicht gewannen und bereits vor 1939 mehr als die Hälfte der gesamten Fertigung in Anspruch nahmen, nach Kriegsbeginn war es nachweislich sogar weitaus mehr. Dabei verlagerte sich der Schwerpunkt seit der zweiten Hälfte der 1930er-Jahre von zivilen zu rüstungswirtschaftlich relevanten Artikeln.

Allerdings zeigten sich Ambivalenzen in der Beziehung zwischen Firma und NS-Regime. Einerseits hielt die NS-Ideologie im Betriebsalltag bald sichtbar Einzug, z.B. mit Betriebsappellen, Angeboten der NS-Freizeitorganisation „Kraft durch Freude" sowie einer hauseigenen Werkzeitung, die Werkverbundenheit im Interesse der nationalsozialistischen „Arbeitsschlacht" aufbauen sollte. Andererseits stand die Geschäftsleitung der Firma Delius den Repressalien gegenüber jüdischen Geschäftsinhabern und den Delius-Handelsvertretern kritisch gegenüber und brachte dies wiederholt zum Ausdruck, was Behörden oder Parteistellen missbilligend zur Kenntnis nahmen. Da viele Kunden von Delius jüdisch waren, lag es – abgesehen von moralischen Überlegungen, über die keine Äußerungen überliefert sind – nicht im geschäftspolitischen Interesse, die rassistische Haltung des NS-Regimes in dieser Phase zu teilen.[866] Mit den eigenen jüdischen Vertretern hatte man langjährige Geschäftsbeziehungen gepflegt und hielt an diesen bis etwa 1937/1938 loyal fest – bis nach dem Rücktritt Hjalmar Schachts als Wirtschaftsminister der gesetzliche Rahmen für die Verdrängung der Juden aus dem Wirtschaftsprozess feste Konturen gewann.[867]

Danach rückte die Firma mit ihren Investitionsentscheidungen und ihrer geschäftspolitischen Ausrichtung näher an das nationalsozialistische Regime heran. Sie nutzte – einer betriebswirtschaftlichen Handlungslogik folgend – zielstrebig die geschäftlichen Möglichkeiten, die sich auf Basis der nationalsozialistischen Expansionspolitik nunmehr eröffneten. Dies zeigte sich sowohl bei dem Erwerb der Betriebe in Mährisch-Trübau aus vormals jüdischem Besitz als auch in dem aktiv vorangetriebenen Bestreben, in Wien mit einer weiteren Neuakquisition eines jüdischen Betriebs eine Art Brückenkopf für die sudetenländische Produktion zu etablieren – ein Vorhaben, das zum Bedauern der damaligen Teilhaber letztlich nicht realisiert wurde. In die Kriegswirtschaft war die Firma Delius vor allem als Produzentin von Fallschirmseide für die Luftwaffe eng eingebunden.

Expansion im Boom

Nach dem Wiederaufbau schwenkte die Firma Delius rasch wieder auf einen Wachstumspfad ein. Mit Modernisierungsinvestitionen u. a. in US-amerikanische Webtechnologie erreichte sie gegen Ende der 1950er-Jahre ein Umsatzniveau, mit dem sie zu den größten Familienunternehmen der westdeutschen Textilindustrie zählte. Die Verarbeitung von vollsynthetischen Fasern spielte eine wichtige Rolle im Textilboom, wobei Futterstoffe und Möbel- und Dekorationsstoffe als zentrale Geschäftsfelder an Kontur gewannen. Wie in den Krisen der 1920er-Jahre federte auch in den ersten Krisenphasen der westdeutschen Textilindustrie das breite und vielfältige Produktsortiment Marktschwankungen ab, da Absatzeinbrüche bei einigen Artikeln meist kompensiert werden konnten – so beispielsweise in der Rezession von 1966/67, in deren Folge einige Webereien in der Region aufgeben mussten. In der großen Artikelvielfalt, die lange Zeit charakteristisch war, stachen einige Produkte besonders heraus. Aufwendige, besonders hochwertige Textilien für repräsentative Architektur galten zum Teil als Prestigeaufträge, die den Ruf von Delius förderten.

Als Kehrseite dieser Vielfalt stellten sich allerdings organisatorische Ineffizienzen und schwerfällige interne Analyse- und Entscheidungsprozesse als quasi „hausgemachte" Probleme im Wachstum heraus. Demgegenüber waren die produktiven Anlagen der Werke durch regelmäßige Investitionen, z. B. in Greiferwebtechnologie, technisch auf dem neuesten Stand und bargen kaum unerschlossene Rationalisierungspotenziale.

Das Exportgeschäft des seit jeher exportorientierten Unternehmens blieb ein wichtiges Standbein der Firma, was sie mit Direktinvestitionen in Frankreich und Großbritannien untermauerte. Die europäischen Delius-Tochtergesellschaften, eine Vertriebsgesellschaft und eine Weberei, erfüllten allerdings die an sie gerichteten Erwartungen nicht. Zudem übernahm C. A. Delius & Söhne 1970 die Herforder Teppichfabrik Huchzermeyer, die jedoch angesichts der veränderten Vorzeichen auf den Textilmärkten keine Schubkräfte mehr entfaltete.

Von der Produktions- zur Marktorientierung

Im Produktportfolio von Delius wurden im Laufe der 1970er- und 1980er-Jahre die technischen Gewebe immer wichtiger, wenngleich Volumenbringer wie Futterstoffe und Steppdeckenstoffe für die Umsatzrekorde in den 1980er-Jahren eine wichtige Rolle spielten.

Spulengatter

Auch in Wachstumsphasen konsultierte das Unternehmen bereits Expertise von außen, um die firmeninternen Strukturen genauer in den Blick zu nehmen. Obwohl sich die Geschäftsleitung für US-amerikanische Produktions- und Organisationsmethoden interessierte, blieb sie jedoch noch über die 1980er-Jahre hinaus einem produktionsorientierten Leitbild verpflichtet. Anregungen dazu, eine Marketing-Konzeption zu entwickeln oder mehr Marktorientierung zuzulassen, wurden zwar gelegentlich formuliert, entfalteten aber kaum praktische Relevanz. Erst im Zuge des Strukturwandels der Textilindustrie in Deutschland in den frühen 1990er-Jahren setzte ein Umdenken ein. Zu diesem Zeitpunkt trat die neunte Generation der Unternehmerfamilie in den Vordergrund und brachte ihre Ideen zum Krisenmanagement ein. Drastische Absatzeinbrüche bei den Massenartikeln erzwangen eine grundlegende Neuausrichtung des Geschäftsmodells. Die Neuausrichtung erfolgte dabei nicht abrupt und umfassend, sondern – situativ auf die jeweils drängendsten Herausforderungen reagierend – in mehreren Schritten. Nach und nach baute das Unternehmen seine Webkapazitäten vor Ort ab. Den Markt für Futterstoffe bespielte die Firma Delius nach Ausgliederung ihres Futterstoffbereichs in die Devetex seit 1997 im Joint Venture mit der größten deutschen Futterstoffherstellerin, der Verseidag. Ab 1997 trat die Firma Delius mit neuer Rechtsform auf, formte ihre Unternehmensstrukturen weiter um und richtete sich als Spezialistin neu aus: So fertigte seit 2003 ihre Tochtergesellschaft Delcotex am traditionellen Standort Jöllenbeck technische Gewebe, während auch hochwertige Funktionstextilien für den Objektmarkt zu einem zentralen Geschäftsbereich avancierten. Nachdem die Firma neun Generationen lang durch Angehörige der Gründerfamilie Delius geführt wurde, liegt die Geschäftsleitung seit 2021 erstmals bei angestellten Managern, wobei die Eigentümerfamilie die Geschäftspolitik nach wie vor sehr eng begleitet.

Johann Caspar Delius

Daniel Adolph Delius

Familienunternehmen Delius

In der Retrospektive auf die lange und wechselvolle Firmenhistorie ist die Führung der Geschäfte durch Mitglieder der Familie Delius eine bemerkenswerte Konstante. Anschaulich bringt dies die „Ahnengalerie“ der Firmenteilhaber seit dem 18. Jahrhundert zum Ausdruck, die in den Geschäftsräumen der Firma in der Bielefelder Goldstraße die Traditionslinie eindrucksvoll unterstreicht.

Ernst August Delius

Gottfried Delius

Carl Albrecht Delius

Hermann Delius

Über viele Generationen konnte bei Delius die – in Familienunternehmen häufig problematische – Frage der Unternehmensnachfolge familienintern gelöst werden, da in jeder Generation geeignete Nachfolger bereitstanden, die entsprechende Voraussetzungen mitbrachten oder einen Bildungsweg eingeschlagen hatten, der sie systematisch auf die Aufgabe im Unternehmen vorbereitete. Die Teilung des Unternehmens 1887 war nicht zuletzt möglich, weil „jeder der Teilhaber Nachwuchs hatte, der nicht in der Firma Platz finden konnte“.[868] Die nahezu klassischen Vorteile von Familienunternehmen im Wettbewerb – wie etwa die Rückbindung an familiäre Ressourcen, Werte und Vertrauensbeziehungen, die Präferenz langfristiger Bestandsorientierung gegenüber kurzfristiger Gewinnmaximierung sowie die langfristige Bildung von Know-how im Hinblick auf Märkte und Produktionstechniken[869] – bildeten eine wichtige Kontinuitätslinie im Laufe der Firmenhistorie. Der Wunsch, den Firmenbestand für die Nachkommen zu sichern, war eine wichtige Motivation für unternehmerisches Handeln und wurde schon von Vertretern der frühen Generationen explizit formuliert. Vor der Übergabe des Staffelstabes an die nächste Generation gab es meist eine Phase, in der Vertreter beider Generationen gemeinsam Führungsaufgaben wahrnahmen. Die Wirtschaftshistoriker Ingo Köhler und Hartmut Berghoff sprechen von einem „kohabitativen Interregnum“, das in deutschen Familienunternehmen seit den 1960er-Jahren als „Hybrid zwischen patriarchalischen und kooperativen Teamstrukturen der Unternehmensleitung“ vermehrt genutzt worden sei, um Führungskrisen vorzubeugen.[870] Es muss an dieser Stelle offenbleiben, inwieweit sich die jeweiligen Führungsstrukturen bei Delius mit diesem Label angemessen erfassen lassen, gleichwohl bleibt festzuhalten, dass es nur selten zu Führungskrisen kam. Drei davon seien kurz benannt: Als Hermann Delius die neuen Unternehmensgründungen in Bielefeld vorantrieb, um die Maschinenspinnerei und später auch die mechanische Weberei vor Ort zu etablieren, deutete sich familienintern Skepsis darüber an, welche Priorität das Familienunternehmen in Hermanns übergreifendem unternehmerischem Engagement überhaupt noch besaß. „Business first“, mahnte sinngemäß sein Vater – aber zugleich stand auch Hermanns Cousin Carl Albrecht bereit, um dieses Postulat umzusetzen. Der spätere Konflikt mit Hermann Delius um die Einführung des Fabriksystems für die Seidenweberei endete mit der Teilung des Unternehmens und begründete einen neuen unternehmenshistorischen Pfad. Ein dritter Konflikt zeichnete sich in den frühen 1990er-Jahren ab. Die Phase, die sich ebenfalls als Zweigenerationenführung deuten lässt, war von einem bisweilen heftigen Ringen zwischen den Generationen gekennzeichnet, mit welchen Ansätzen die Firma am sichersten aus der Krise herausfinden und ihren Bestand sichern könnte.

Über die Generationen hatte sich eine spezifische, paternalistische Unternehmenskultur herausgebildet, die sich beispielsweise in der bindungsorientierten Personalpolitik und einer im Zeitverlauf weit ausdifferenzierten Palette betrieblicher Sozialleistungen offenbarte. Lange Betriebszugehörigkeiten über mehrere Jahrzehnte kamen häufig vor und wurden in der Delius-Betriebsfamilie bei Festen mit Ehrungen und besonderen Gratifikationen gewürdigt. Lokale Berühmtheit erreichte in den 1930er-Jahren der Prokurist Hermann Kipp, der als kaufmännischer Lehrling 1863 in die Firma eingetreten war und nach 70 Jahren Betriebszugehörigkeit als Rentner stundenweise weiterhin im Privatkontor mitarbeitete.

Zudem gehörten Weberfamilien, die seit mehreren Generationen bei Delius arbeiteten, lange Zeit zum Kern der Belegschaft.

Im Selbstverständnis der Gründerfamilie schwang die Arbeitgeberrolle dabei bereits in einer Phase mit, als man noch nicht regulär zur Lohnweberei von Leinen im Verlagssystem übergangen war. Während der Krise der ländlichen Textilproduktion scheint es für Gustav und Gottfried Delius nicht infrage gekommen zu sein, ihre Aktivitäten auf andere, für Kaufleute naheliegende Alternativen zu verlagern, z. B. auf das Bankgeschäft oder andere Handelszweige, weil es ihnen auch darum ging, Erwerbsmöglichkeiten vor Ort zu schaffen.[871]

Bausteine einer paternalistisch-familiären Unternehmenskultur hielten sich in bestimmten Routinen bis weit in die zweite Hälfte des 20. Jahrhunderts hinein – beispielsweise in der Montagsbesprechung von Geschäftsleitung und leitenden Angestellten. Führungskräfte sahen diesem festen Termin zum Teil mit einer gewissen Anspannung entgegen, denn der Seniorchef nutzte diese auch gerne dafür, um in einer Quizrunde das Allgemeinwissen und aktuelle politische Zusammenhänge abzufragen. Gleichwohl gab es gegenüber langjährigen Mitarbeitern durchaus eine Vertrauenskultur, die eigenverantwortliches Arbeiten von Führungskräften zuließ.

Resilienz in der Krise

Die Fähigkeit eines Unternehmens, robust auf Krisen zu reagieren, wird seit einiger Zeit in der Managementliteratur und auch in der Unternehmensgeschichte unter dem Begriff der „Resilienz" diskutiert.[872] Ein Unter-

Paul Delius

Johann Daniel Delius

Ernst August Delius

nehmen, das auch gegenüber drastischen, krisenhaften Veränderungen am Markt Widerstandskräfte mobilisieren und sich schnell genug anpassen kann, bringt Resilienz zum Ausdruck. Unternehmensberater sehen dafür einige Unternehmen strukturell besser aufgestellt als andere. Gute Voraussetzungen bringe beispielsweise eine Firma mit, die sich zwei bis drei Generationen in Familienbesitz befindet, nicht von den Inhabern geführt wird, keinem Konzernverbund angehört sowie u. a. lange Betriebszugehörigkeiten und eine hohe Identifikation ihrer Mitarbeitenden aufweist.[873] Unternehmensgeschichtliche Resilienz-Studien fragen rückblickend nach Ansätzen des Unternehmens, Risiken rechtzeitig zu erkennen und mögliche Reaktionen vorzubereiten. Zu den „Resilienzpotenzialen“ eines Unternehmens gehört es zudem, handlungsfähig und flexibel zu bleiben. Ohne an dieser Stelle allzu tief in die Resilienz-Diskussion einzusteigen, seien einige Aspekte aus der Firmenhistorie von Delius genannt, die die Krisenrobustheit der Firma in entscheidenden Phasen stärkten: Zum einen besaß man eine geeignete Governancestruktur. Es gab einen Gesellschaftsvertrag, der eine Zersplitterung der Gesellschaftsanteile verhinderte, da nur jeweils ein Nachkomme der drei Stämme Ernst August, Eduard und Reinhard Delius Teilhaber im Familienunternehmen werden durfte. Damit konnten wichtige geschäftspolitische Weichenstellungen nicht so leicht durch das Veto einer Minderheit blockiert werden – die Firma blieb handlungsfähig. Darüber hinaus war das Geschäft über Jahrzehnte auf mehrere Standbeine verteilt, was einen internen Ausgleich von marktbedingten Risiken begünstigte. Dabei sollte es sich als entscheidend erweisen, dass die Geschäftsleitung in den ausgehenden 1990er-Jahren die Unternehmensstrukturen präventiv umformte: Der kriselnde Geschäftsbereich „Futterstoffe“ war nunmehr gesellschaftsrechtlich klar vom Kernunternehmen getrennt und konnte mithin die Muttergesellschaft nicht mitreißen, als er 2008/2009 zusammenbrach. Darüber hinaus wurde die Krisenfestigkeit auch durch eine andere, historisch gewachsene materielle Ressource gestärkt: die Immobilien, die die Firma Delius im Laufe ihrer langjährigen Firmenhistorie erworben hatte und die nun für textilunabhängige Erträge sorgten. Die Mieteinkünfte boten ein gewisses Gegengewicht zu den Pensionsverpflichtungen, also zu dem materiellen firmenhistorischen „Erbe“, das sich phasenweise als belastend herausgestellt hatte.

Zudem nutzte die Geschäftsleitung gerade in herausfordernden Phasen ihre langjährige Firmenhistorie explizit als Bezugspunkt, um die Mitarbeitenden für den belastenden Anpassungsprozess zu motivieren. Man rief erfolgreich bewältigte Krisen und den Wandel als wiederkehrende Notwendigkeit ins Gedächtnis und erinnerte damit an das „Resilienzpotenzial“ in der Vergangenheit. „Beweglich aus Tradition“ ist damit zu einem wichtigen Leitbild avanciert.[874]

6.

ANHANG

6.1. ABBILDUNG: STAMMBAUM DER DELIUS'SCHEN FIRMENINHABER 1722–2022

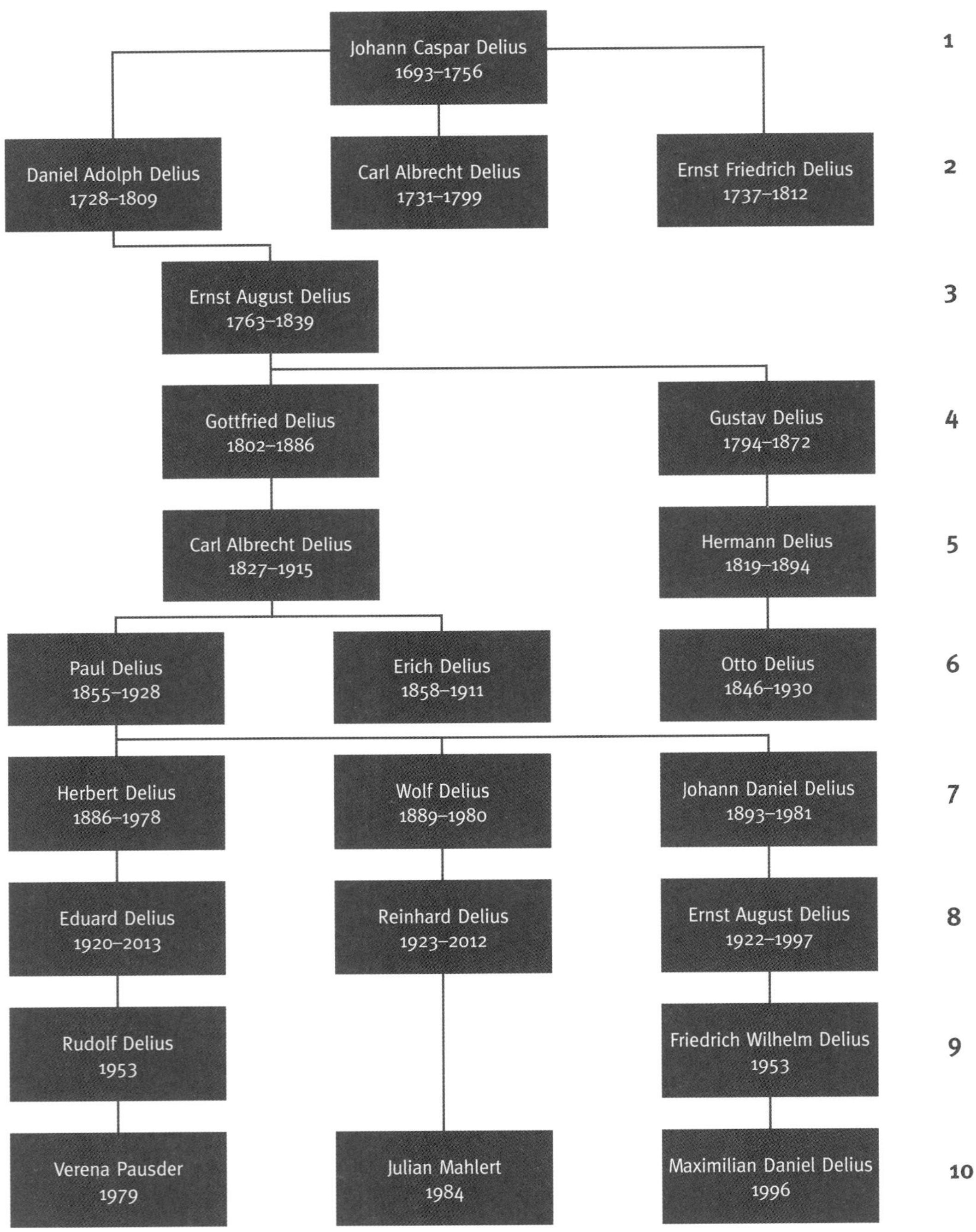

6.2. QUELLEN- UND LITERATURVERZEICHNIS

Quellen

Unternehmensarchiv der Firma Delius

Bundesarchiv, Berlin: R 3, R8-I; R13-XIV; R3901

Bundesarchiv, Militärarchiv Freiburg: Pers. 6; RW 21-7

Landesarchiv Nordrhein-Westfalen, Abteilung Rheinland, Duisburg: NW 39; NW 1073; NW O; RW 0439

Landesarchiv Nordrhein-Westfalen, Abteilung Ostwestfalen, Detmold: D3; D20A; D 23; L80.16; L113

Landesarchiv Nordrhein-Westfalen, Abteilung Westfalen, Münster: K001

Rheinisch-Westfälisches Wirtschaftsarchiv Köln: 338

Westfälisches Wirtschaftsarchiv Dortmund: K 3; K 13

Stadtarchiv Bielefeld: 108,005

Archiv der Familienverbindung Delius

Literatur

Abelshauser, Werner: Deutsche Wirtschaftsgeschichte seit 1945, München 2004

Abelshauser, Werner: Wirtschaft in Westdeutschland 1945–1948, Rekonstruktion und Wachstumsbedingungen in der amerikanischen und britischen Zone, Stuttgart 1975

Ambrosius, Gerold: Wirtschaftsraum Europa. Vom Ende der Nationalökonomien, Frankfurt a. M. 1998

Anderl, Gabriele: Storfer, Berthold, in: Österreichisches Biographisches Lexikon 1815–1950, Bd. 13 (Lfg. 61, 2009), S. 329–330

Bähr, Johannes: Die Dresdner Bank in der Wirtschaft des Dritten Reichs, München 2006

Banken, Ralf: "Everything that exists in capitalism can be found in the department store": the development of department stores in the Federal Republic of Germany, 1949–2000, in: Ralph Jessen (Hg.), Transformations of retailing in Europe after 1945, Farnham, Surrey [u. a.] 2012, S. 147–160

Becker, Frank/Daniel Schmidt: Industrielle Arbeitswelt und Nationalsozialismus. Der Betrieb als Laboratorium der „Volksgemeinschaft" 1920–1960, Essen 2020

Benz, Wolfgang: Potsdam 1945. Besatzungsherrschaft und Neuaufbau im Vier-Zonen-Deutschland, München 20054

Berger, Helge/Albrecht Ritschl: Die Rekonstruktion der Arbeitsteilung in Europa. Eine neue Sicht des Marshallplans in Deutschland, in: Vierteljahrshefte für Zeitgeschichte 43, 1995, S. 473–519

Berghoff, Hartmut/Ingo Köhler: Familienunternehmen in Deutschland und den USA seit der Industrialisierung. Eine historische Langzeitstudie, München 2019

Berghoff, Hartmut: Historisches Relikt oder Zukunftsmodell? Kleine und mittelgroße Unternehmen in der Wirtschafts- und Sozialgeschichte der Bundesrepublik Deutschland, in: Dieter Ziegler (Hg.), Großbürger und Unternehmer. Die deutsche Wirtschaftselite im 20. Jahrhundert, Göttingen 2000, S. 249–282

Bitter, Carl Hermann: Bericht über den Nothstand in der Senne zwischen Bielefeld und Paderborn, Regierungsbezirk Minden, und Vorschläge zur Beseitigung desselben, auf Grund örtlicher Untersuchungen aufgestellt (1853), in: 64. Jahresbericht des Historischen Vereins für die Grafschaft Ravensberg, Jahrgang 1964/65, S. 1–108

Boelcke, Willi A.: Der Schwarzmarkt 1945–1948. Vom Überleben nach dem Krieg, Braunschweig 1986

Boelcke, Willi A.: Die Kosten von Hitlers Krieg. Kriegsfinanzierung und finanzielles Kriegserbe in Deutschland 1933–1948, Paderborn 1985

Braumandl, Wolfgang: Die Wirtschaft und Sozialpolitik des Deutschen Reichs im Sudetenland, Nürnberg 1985

Brauns, Heinrich: Der Übergang der Handweberei zum Fabrikbetrieb in der niederrheinischen Samt- und Seidenindustrie, Leipzig 1906

Breitenacher, Michael/Anton Gälli/Klaus Grefermann: Perspektiven des Welttextilhandels. Optionen zur Erneuerung des Welttextilabkommens aus der Sicht der Bundesrepublik Deutschland, Südkoreas und Brasiliens, München 1986

Broeze, Frank: The globalisation of the oceans: containerisation from the 1950s to the present, St. John's 2002

Buchheim, Christoph: Die Errichtung der Bank deutscher Länder und die Währungsreform in Westdeutschland, in: Deutsche Bundesbank (Hg.), Fünfzig Jahre Deutsche Mark, Notenbank und Währung in Deutschland seit 1948, München 1998, S. 91–138

Buchheim, Christoph: Die Währungsreform 1948 in Westdeutschland, in: Vierteljahrshefte für Zeitgeschichte 36, 1988, S. 189–231

Buchheim, Christoph: Unternehmen in Deutschland und NS-Regime, Versuch einer Synthese, in: Historische Zeitschrift, Bd. 282, 2006, S. 351–390

Buchheim, Christoph: Zur Natur des Wirtschaftsaufschwungs in der NS-Zeit, in: ders./Michael Hutter/Harold James (Hg.), Zerrissene Zwischenkriegszeit: Wirtschaftshistorische Beiträge Knut Borchardt zum 65. Geburtstag, Baden-Baden 1994, S. 97–119

Chandler, Alfred: Strategy and Structure: Chapters in the History of the Industrial Enterprise, Cambridge 200122 (Erstauflage 1962)

Colli, Andrea: Risk, Uncertainty and Family Ownership, in: ders./Paloma Fernández Pérez (Hg.), The Endurance of Family Businesses. A Global Overview, Cambridge 2013, S. 85–110

Colli, Andrea: The history of family business, 1850–2000, Cambridge 2003

Czada, Peter: Ursachen und Folgen der großen Inflation, in: Harald Winkel (Hg.), Finanz- und wirtschaftspolitische Fragen der Zwischenkriegszeit, Berlin 1973, S. 9–42

Delden, Wilhelm van: Produktivität in USA, München 1953 (RKW-Auslandsdienst, Heft Nr. 20)

Delius, Herbert: Die Seidenindustrie in Bielefeld, in: Magistrat der Stadt Bielefeld, Bielefeld. Das Buch der Stadt, bearbeitet von Eduard Schoneweg, Reprint von 1926, Frankfurt a. M. 1978, S. 453f.

Delius, Herbert: Geschichte der Firma C. A. Delius & Söhne, in: Magistrat der Stadt Bielefeld, Bielefeld. Das Buch der Stadt, bearbeitet von Eduard Schoneweg, Reprint von 1926, Frankfurt a. M. 1978, S. 456f.

Deutsche Bundesbank: Perspektiven der deutschen Wirtschaft. Gesamtwirtschaftliche Vorausschätzungen 2008/2009. Monatsbericht Juni 2008

Dickert, Elena: Die „Nutzbarmachung" des Produktionspotentials besetzter Gebiete durch Auftragsverlagerungen im Zweiten Weltkrieg. Staatliche Regulierung und Verlagerungsverhalten von Maschinenbau- und Automobilunternehmen, Dissertation der NTNU Trondheim 2014:52

Dickhaus, Monika/Stephan Grimm: 50 Jahre Deutsche Mark: die Währungsreform von 1948 in Bielefeld und Gütersloh, in: Der Minden-Ravensberger 70, 1998, S. 28–36

Ditt, Karl: Industrialisierung: Arbeiterschaft und Arbeiterbewegung in Bielefeld 1850–1914, Dortmund 1982

Ditt, Karl: „Passive Sanierung". Der Niedergang der bundesdeutschen Textilindustrie und die Reaktionen von Staat und Unternehmern am Beispiel von Bayern, Baden-Württemberg und Nordrhein-Westfalen, in: Stefan Grüner/Sabine Mecking (Hg.), Wirtschaftsräume und Lebenschancen. Wahrnehmung und Steuerung von Sozialökonomischem Wandel in Deutschland nach 1945, Berlin 2017, S. 133–148

Ditt, Karl: Hermann Delius (1819–1894) und Carl Albrecht Delius (1827–1915), in: Jürgen Kocka/Reinhard Vogelsang (Hg.), Rheinisch-Westfälische Wirtschaftsbiographien, Münster 1991, S. 209–237

Doering-Manteuffel, Anselm/Lutz Raphael: Nach dem Boom. Perspektiven auf die Zeitgeschichte seit 1970, Göttingen 20102

Donath, Peter: „Wir machen Stoff". Die Gewerkschaft Textil Bekleidung 1949–1998, Bielefeld 2021

Donner, Erich/Heinrich Euler: Die amerikanische Herrenoberbekleidungs-Industrie, München 1955 (RKW-Auslandsdienst, Heft Nr. 33)

Eichengreen, Barry: Vom Goldstandard zum Euro. Die Geschichte des internationalen Währungssystems, Berlin 2000

Engel, Gustav: Delius, Hermann Wilhelm, in: Neue Deutsche Biographie (NDB), Bd. 3, Berlin 1957, S. 584f.

Fiedler, Martin: Carl Arnhold, 1884–1970, in: Wolfhard Weber (Hg.), Ingenieure im Ruhrgebiet, Münster 1999, S. 318–343

Friemert, Chup: Produktionsästhetik im Faschismus. Das Amt „Schönheit der Arbeit“ von 1933 bis 1939, München 1980

Fuhrmann, Horst: Jöllenbeck – Heimat im Wandel der Zeit, Bielefeld 1991

Gaastra, Detlef: Sjoerd Gaastra 1921–2013. Ein Leben für die Krawatte, Leipzig 2015

Galler, Christopher M.: Die Spinnhütte Celle im Nationalsozialismus. Arbeit und Rüstungswirtschaft in einem Musterbetrieb von 1934 bis 1945, Bielefeld 2012

Gerald Feldman: The Great Disorder. Politics, Economics and Society in German Inflation 1914–1923, New York 1993

Gerke, Günter: Das Geld der mageren Jahre. Als alle Milliardäre waren. Bielefelder Notgeld 1917–1924, Bielefeld 1998

Gerke, Irene/Barbara Markert: „Die New Economy der Textiler“, TextilWirtschaft 48, 30. November 2000

Goebel, Otto: Kriegsbewirtschaftung der Spinnstoffe, in: Marcel Boldorf/Rainer Haus (Hg.), Die deutsche Kriegswirtschaft im Bereich der Heeresverwaltung 1914–1918, 3 Bde., Berlin/Boston 2016 (=Bd. 3)

Großekathöfer, Siegfried: Besatzungsherrschaft und Wiederaufbau. Staatliche Strukturen in der britischen Zone, Göttingen 2016

Hansmeyer, Karl-Heinrich/Rolf Caesar: Kriegswirtschaft und Inflation (1936–1948), in: Deutsche Bundesbank (Hg.), Währung und Wirtschaft in Deutschland 1876–1975, Frankfurt 1975, S. 367–429

Hardach, Gerd: Der Marshall-Plan. Auslandshilfe und Wiederaufbau in Westdeutschland 1948–1952, München 1994

Henke, Klaus-Dietmar: Die Dresdner Bank im Dritten Reich 1933–1945. Ökonomische Rationalität, Regimenähe, Mittäterschaft, München 2006

Hertlein, Bernhard: Textilien in Brücken so stabil wie Stahl, in: Westfalen-Blatt Nr. 207, S. 283

Hesse, Jan-Otmar/Roman Köster/Werner Plumpe: Die Große Depression. Die Weltwirtschaftskrise 1929–1939, Frankfurt a. M. 2014

Heyken, Henner: Am seidenen Faden. Eine Gemeinde im Sog der Textilkrise. Sendung: Samstag, den 10. August 1974, Köln 1974

Heymann, Eric: Textil-/Bekleidungsindustrie: Innovationen und Internationalisierung als Erfolgsfaktoren, Deutsche Bank Research, 6. Juli 2011

Hilger, Susanne: „Amerikanisierung“ deutscher Unternehmen: Wettbewerbsstrategien und Unternehmenspolitik bei Henkel, Siemens und Daimler-Benz (1945/49–1975), Stuttgart 2004

Holtfrerich, Carl-Ludwig: Die Deutsche Bank vom Zweiten Weltkrieg über die Besatzungsherrschaft zur Rekonstruktion 1945–1957, in: Die Deutsche Bank 1875–1995, München 1995, S. 409–578

Holtfrerich, Carl-Ludwig: Die deutsche Inflation 1914–1923, Berlin 1980

Homburg, Heidrun: Rationalisierung und Industriearbeit: Arbeitsmarkt—Management—Arbeiterschaft im Siemens-Konzern Berlin 1900–1939, Berlin 1991

Höschle, Gerd: Die deutsche Textilindustrie zwischen 1933 und 1939. Staatsinterventionismus und ökonomische Realität, Stuttgart 2004

Hurton, Andrea: „Der Jude ist in der Modeindustrie durchaus ersetzbar“. Zur Strategie und Praxis von Ariseuren in der Wiener Bekleidungsbranche, in: Christine Schindler, Dokumentationsarchiv des Österreichischen Widerstands Wien, Jahrbuch 2009, S. 278–294

Jäger, Norbert: Strukturpolitik und regionaler Wandel in der Bundesrepublik, dargestellt am Beispiel der Textilindustrie, Bonn 1985

Kerkhof, Stefanie van de: Aufbruch zu neuen Märkten oder Dauerkrise? Die Krefelder Seiden- und Samtindustrie in der Weimarer Republik, in: Annalen des Historischen Vereins für den Niederrhein, Heft 222, 2019, S. 351–391

Kerkhof, Stefanie van de: Deutsche Seide in Krieg und Krisen. Der Verein Deutscher Seidenwebereien als ökonomischer Motor für Innovationen 1910–1960, in: Anke Blümm/Christiane Lange (Hg.), Bauhaus und Textilindustrie, München 2019, S. 156–187 und 325–329

Kettermann, Günter: Kleine Geschichte der Bielefelder Wirtschaft, Bielefeld 1985

Kleinschmidt, Christian/Florian Triebel (Hg.): Marketing. Historische Aspekte der Wettbewerbs- und Absatzpolitik, Essen 2004

Kleinschmidt, Christian: Der produktive Blick. Wahrnehmung amerikanischer und japanischer Management- und Produktionsmethoden durch deutsche Unternehmer 1950–1985, Berlin 2002

Kleinschmidt, Christian: Rationalisierung als Unternehmensstrategie: die Eisen- und Stahlindustrie des Ruhrgebiets zwischen Jahrhundertwende und Weltwirtschaftskrise, Essen 1993

Knortz, Heike: Wirtschaftsgeschichte der Weimarer Republik, Köln u.a. 2010

Kocka, Jürgen: Klassengesellschaft im Krieg, Göttingen 1973

Köhler, Ingo/Benjamin W. Schulze: Resilienz. Unternehmenshistorische Dimensionen der Krisenrobustheit am Beispiel deutscher Brauereien in den 1970er Jahren, in: Jahrbuch für Wirtschaftsgeschichte 57, 2016, 2, S. 91–126

Köhler, Ingo: Werten und Bewerten. Die kalte Technik der ‚Arisierung‘, in: Dieter Ziegler/Hartmut Berghoff/Jürgen Kocka (Hg.), Wirtschaft im Zeitalter der Extreme. Beiträge zur Unternehmensgeschichte Deutschlands und Österreichs. In Gedenken an Gerald D. Feldman, München 2010

Köster, Roman: Seidensticker. Eine Unternehmensgeschichte 1919–2019, Essen 2019

Krengel, Rolf: Anlagevermögen, Produktion und Beschäftigung der Industrie im Gebiet der Bundesrepublik von 1924 bis 1956, Berlin 1958

Krüger, Wolfgang: Entnazifiziert! Zur Praxis der politischen Säuberung in Nordrhein-Westfalen, Wuppertal 1982

Kühne, Hans-Jörg: Kriegsbeute Arbeit. Der „Fremdarbeitereinsatz“ in der Bielefelder Wirtschaft 1939–1945, Bielefeld 2002

Leßau, Hanne: Entnazifizierungsgeschichten. Die Auseinandersetzung mit der eigenen NS-Vergangenheit in der frühen Nachkriegszeit, Göttingen 2020

Lindenlaub, Dieter: Die Errichtung der Bank deutscher Länder und die Währungsreform von 1948, in: ders./Carsten Burhop/Joachim Scholtyseck, Schlüsselereignisse der deutschen Bankengeschichte, Stuttgart 2013, S. 297–319

Lindner, Stephan: Den Faden verloren. Die westdeutsche und die französische Textilindustrie auf dem Rückzug (1930/45–1990), München 2001

Lindner, Stephan: Textilindustrie zwischen „Wirtschaftswunder“ und Erdölkrise, in: Konrad Jarausch (Hg.), Das Ende der Zuversicht? Die siebziger Jahre als Geschichte, Göttingen 2008, S. 49–67

Lutz, Dominik: Zusammenbrüche in der deutschen Textilwirtschaft. Krisen und Insolvenzverfahren in Produktion und Einzelhandel unter Konkursordnung, Vergleichsordnung und Insolvenzordnung, Münster 2021

Mamier, Willy: Die Konjunktur der deutschen Textilindustrie nach dem Kriege, Heidelberg 1930

Marx, Christian: Die Vermarktlichung des Unternehmens. Berater, Manager und Beschäftigte in der westeuropäischen Chemiefaserindustrie seit den 1970er-Jahren, in: Zeithistorische Forschungen/Studies in Contemporary History 12 (2015), S. 403–426

Mayer, Arthur: Die soziale Rationalisierung des Industriebetriebes: ein Beitrag zur theoretischen Grundlegung einer Sozialpsychologie des Industriebetriebes, München 1951

Meis, Manfred: Der Strukturwandel in der Textil- und Bekleidungsindustrie. Vom Flachs zu High Tex, in: Die Kammer, Wirtschaftsnachrichten der IHK Mittlerer Niederrhein, Nr. 4, April 2005

Melichar, Peter: Neuordnung im Bankwesen, München 2004

Mersch, Thomas: Beweglichkeit aus Tradition. Delius. Neun Generationen fördern den Wandel, in: DB Results 1/2019, S. 12–15

Minninger, Monika: Zwei Generationen Gebrüder Wertheimer (1838–1942), in: Jürgen Kocka/Reinhard Vogelsang (Hg.), Rheinisch-Westfälische Wirtschaftsbiographien, Münster 1991, S. 269–287

Möller, Hans: Die westdeutsche Währungsreform von 1948, in: Deutsche Bundesbank (Hg.), Währung und Wirtschaft in Deutschland 1876–1975, Frankfurt 1975, S. 433–483

Müller, Rolf-Dieter: Der Manager der Kriegswirtschaft: Hans Kehrl: ein Unternehmer in der Politik des „Dritten Reiches“, Essen 1999

Münch, Richard: Die Konstruktion des Welthandels als legitime Ordnung der Weltgesellschaft, in: B. Heintz, R. Münch, H. Tyrell, Weltgesellschaft. Theoretische Zugänge und empirische Problemlagen, Stuttgart 2005, S. 290–313

Nabseth, Lars/George Ray: Neue Technologien in der Industrie. Eine internationale Studie über die Verbreitung von acht Produktionsverfahren, Berlin/München 1978

Neudörfer, Konrad: Krisen der Textilindustrie in der Bundesrepublik Deutschland, in: Friedrich-Wilhelm Henning (Hg.), Krisen und Krisenbewältigung vom 19. Jahrhundert bis heute, Frankfurt a. M. 1998, S. 29–48

Nützenadel, Alexander: Die Stunde der Ökonomen. Wissenschaft, Politik und Expertenkultur in der Bundesrepublik 1949–1974, Göttingen 2005

O. V.: „Kriegszeit", unveröff. Manuskript, um 2012, in: Unternehmensarchiv Delius, unsigniert

O. V.: Stimmungsvoller Rundgang durch einen Großbetrieb, Städtebeilage Bielefeld zum Hannoverschen Kurier vom 4. November 1932

Ohnemus, Jörg/Fabienne Rasel: FashionTech – Smart Textiles. Kurzexpertise im Auftrag des Bundesministeriums für Wirtschaft und Energie, Mannheim 2018

Organisation for Economic Cooperation and Development (OECD) (Hg.): A New World Map in Textiles and Clothing: Adjusting to Change, Paris 2004

Osswald, Hans: Die Teppichindustrie, Heidelberg 1965

Osterloh, Jörg: Die „Arisierung im Sudetenland", in: Harald Wixforth, Die Expansion der Dresdner Bank in Europa, München 2006

Osterloh, Jörg: Nationalsozialistische Judenverfolgung im Reichsgau Sudetenland, München 2006

Perren, Alphonse: Bericht über die betriebswirtschaftliche Überprüfung der Firma C. A. Delius & Söhne, Bielefeld; 1. Teil, Kaufmännische Abteilungen, in: Unternehmensarchiv Delius, Karton Nr. 1

Petzold, Herbert: Die Bielefelder Textilindustrie. Ihr Aufbau, ihre Entwicklung und ihre Stellung im Rahmen der deutschen Gesamtindustrie, Rostock Univ. Diss. 1926

Pfleiderer, Otto: Die Reichsbank in der großen Inflation, die Stabilisierung der Mark und die Aufwertung von Kapitalforderungen, in: Deutsche Bundesbank (Hg.), Währung und Wirtschaft in Deutschland 1876–1976, Frankfurt 1976, S. 157–202

Plumpe, Werner: Das kalte Herz des Kapitalismus. Kapitalismus: Die Geschichte einer andauernden Revolution, Berlin 2019

Potthoff-Edler, Birgit/Thorsten Schneider: „Schützen im neuen Staat". Die Schützenfeste in Blomberg, Lemgo und Bielefeld 1933, in: Werner Freitag (Hg.), Das Dritte Reich im Fest. Führermythos, Feierlaune und Verweigerung in Westfalen 1933–1945, Bielefeld 1997

Prangenberg, Arno/Barbara Liesebach: Chancen und Risiken der Auslagerung von Pensionsverpflichtungen für Arbeitnehmer, Düsseldorf 2004

Prollius, Michael von: Deutsche Wirtschaftsgeschichte nach 1945, Göttingen 2006

Reese, Rudolf: Die geschichtliche Entwickelung der Bielefelder Leinenindustrie: Vortrag, gehalten auf der Jahresversammlung des Hansischen Geschichtsvereins zu Bielefeld, Hansische Geschichtsblätter, 1895–1896, S. 79–102

Rudolph, M.: Marketing bei mehrstufigen Absatzmärkten, in: Thexis 2/1988, S. 34–37

Sachverständigenrat zur Begutachtung der gesamtwirtschaftlichen Entwicklung: „Chancen für einen langen Aufschwung", Jahresgutachten 1984/85

Sachverständigenrat zur Begutachtung der gesamtwirtschaftlichen Entwicklung: „Vorrang für die Wachstumspolitik", Gutachten 1987/88

Schanetzky, Tim: Wirtschaft und Konsum im Dritten Reich, München 2015

Scherner, Jonas: Das Verhältnis zwischen NS-Regime und Industrieunternehmen – Zwang oder Kooperation? in: Zeitschrift für Unternehmensgeschichte 51, 2006, S. 166–190

Scherner, Jonas: Die Logik der Industriepolitik im Dritten Reich. Die Investitionen in die Autarkie- und Rüstungsindustrie und ihre staatliche Förderung, Stuttgart 2008

Schlippe, Arist von/Tom A. Rüsen/Torsten Groth: The Two Sides of the Business Family: Governance and Strategy Across Generations, Cham 2021

Schlote, Stephan: „Was uns stark macht", Deutsche Bank Results 1/2021

Schmidt, Hans: Bunte Welt der Seidengewebe, unveröff. Manuskript, ca. 1960, in: Unternehmensarchiv Delius, unsigniert

Schmidt, Hans: Die Entwicklung der Bielefelder Firmen E. A. Delius, E. A. Delius & Söhne und C. A. Delius & Söhne und die Betätigung ihrer Inhaber im Rahmen des Ravensbergischen Wirtschaftslebens 1787–1925, Lemgo 1926

Schmidt, Hans: Vom Leinen zur Seide. Die Geschichte der Firma C. A. Delius & Söhne und ihrer Vorgängerinnen und das Wirken ihrer Inhaber für die Entwicklung Bielefelds 1722–1925, Lemgo 1926

Schnaus, Julia: Kleidung zieht jeden an. Die deutsche Bekleidungsindustrie 1918–1973, Berlin/Boston 2017

Schoeller, Philipp: Strategien bei standortbedingten Kostennachteilen gegenüber Entwicklungs- und Schwellenländern, Renningen-Malmsheim 1996

Schoneweg, Eduard: Das Leinengewerbe. Ein Beitrag zur niederdeutschen Volks- und Altertumskunde, Bielefeld 1923

Schröter, Harm: Von der Teilung zur Wiedervereinigung, in: Michael North (Hg.), Deutsche Wirtschaftsgeschichte. Ein Jahrtausend im Überblick, München 2000, S. 351–420

Schürmann, Karl: Die Struktur der deutschen Textilindustrie und ihre Wandlungen in der Nachkriegszeit, Bonn/Köln 1938

Schütze, Wilhelm: Zur Zusammenschlussbewegung in der deutschen Textilindustrie, Frankfurt a. M. 1927

Segschneider, Ernst Helmut (Hg.): Eduard Schoneweg, Das Leinengewerbe. Ein Beitrag zur niederdeutschen Volks- und Altertumskunde. Nach der Ausgabe von 1923, Osnabrück 1985

Severing, Carl: Mein Lebensweg, Köln 1950

Simon, Hermann: „Hidden champions": Speerspitze der deutschen Wirtschaft. In: Zeitschrift für Betriebswirtschaft 60, 1990/9, S. 875–890

Simon, Hermann: Hidden Champions des 21. Jahrhunderts: Die Erfolgsstrategien unbekannter Weltmarktführer, Frankfurt a. M. 2007

Spode, Hasso: Arbeiterurlaub im Dritten Reich, in: Carola Sachse/Tilla Siegel/Hasso Spode/ Wolfgang Spohn, Angst, Belohnung, Zucht und Ordnung. Herrschaftsmechanismen im Nationalsozialismus, Opladen 1982

Spoerer, Mark/Jochen Streb: Neue deutsche Wirtschaftsgeschichte des 20. Jahrhunderts, München 2013

Steinau, Günter: Strukturwandel und Konjunktur in der Textilindustrie 1960–1978, Opladen 1981

Streb, Jochen: Das Reichswirtschaftsministerium im Kriege, in: Albert Ritschl (Hg.), Das Reichswirtschaftsministerium in der NS-Zeit. Wirtschaftsordnung und Verbrechenskomplex, Berlin 2016, S. 533–610

Teppichindustrie 1993/94: Unterschiedliche Entwicklung der Teilmärkte – Fortschreitende Konzentration, Der Wohnmarkt ist stabil geblieben, in: TextilWirtschaft (1993), Nr. 52

Textilindustrie – Konzept verdorben. Alle Sanierungsversuche schlugen fehl: Der Textilkonzern van Delden scheint am Ende, in: Der Spiegel 52/1980, 21. Dezember 1980

Textilindustrie: Schlacken weg. Die deutsche Textilindustrie, schon oft totgesagt, macht wieder schöne Geschäfte, in: Der Spiegel 26/1984, 24. Juni 1984

Thönissen, Karin: „Design ist kein Beruf, Design ist eine Haltung": Ruth Hollós-Consemüller und die Herforder Teppichfabrik, in: Der Remensnider, 103, Jg. 27 (1999), S. 14–18

Thönissen, Karin: Zu unseren Füßen: Teppichentwürfe der dreißiger Jahre von Tea Ernst für die Herforder Teppichfabrik, in: Historisches Jahrbuch für den Kreis Herford, 109 (2002/2003), S. 113–127

Tilly, Richard/Michael Kopsidis: From Old Regime to Industrial State: A History of German Industrialization from the Eighteenth Century to World War I, Chicago/London 2020

Tilly, Stephanie: Das Zulieferproblem aus ökonomischer Sicht. Die westdeutsche Automobil-Zulieferindustrie zwischen Produktions- und Marktorientierung (1960–1980), in: dies./Dieter Ziegler (Hg.), Automobilwirtschaft nach 1945. Vom Verkäufer- zum Käufermarkt? Jahrbuch für Wirtschaftsgeschichte 2010/1, S. 137–160

Tilly, Stephanie: Industrieller Arbeitsmarkt, in: Marcel Boldorf (Hg.), Deutsche Wirtschaft im Ersten Weltkrieg, Berlin/Boston 2020, S. 397–423

Triebel, Florian: Vom ‚Marketingloch' zur Wiederentdeckung der sportlichen Mittelklasse – vom Produktionsregime zur Marktorientierung bei BMW, in: Stephanie Tilly/Dieter Ziegler (Hg.), Automobilwirtschaft nach 1945. Vom Verkäufer- zum Käufermarkt? Jahrbuch für Wirtschaftsgeschichte 2010/1, S. 37–64

Université de Genève/Institut de hautes études inernationales (Hg.): The European Free Trade Association and the Crisis of European Integration: An aspect of the Atlantic Crisis? by a Study Group of the Geneva Graduate Institute of International Studies, London 1968

Upwich, Hans von der: Die Geschichte und die Entwicklung der rheinischen Samt- und Seidenweberei, Krefeld 1922

Vaartjes, Günter: Ruinöser Wettbewerb bedeutete das Aus. Geschichte des Unternehmens van Delden, in: Westfälische Nachrichten vom 14. April 2015

Vogelsang, Reinhard: Geschichte der Stadt Bielefeld, Bd. 1: Von den Anfängen bis zur Mitte des 19. Jahrhunderts, Bielefeld 1989

Vogelsang, Reinhard: Geschichte der Stadt Bielefeld, Bd. 3: Von der Novemberrevolution 1918 bis zum Ende des 20. Jahrhunderts, Bielefeld 2005

Vollnhals, Clemens: Entnazifizierung. Politische Säuberung und Rehabilitierung in den vier Besatzungszonen 1945–1949, München 1991

Vorstand des Deutschen Textilarbeiterverbandes-Jugendsekretariat (Hg.): Arbeiterausbildung der deutschen Textilindustrie, [Berlin] 1928

Wadischat, Eberhard: Expert-Praxislexikon für Textilkunde, 20083

Wagner, Bernd J.: 6. März 1933: Am Bielefelder Rathaus hängt erstmals eine Hakenkreuzfahne, abrufbar unter https://historischer-rueckklick-bielefeld.com/2008/03/01/01032008/ (Abruf am 7. März 2022)

Wagner, Bernd J.: Unglaublich edel. Die Legge – Bielefeld am Leinenfaden. Online-Ausstellung des Stadtarchivs Bielefeld, Bielefeld 2019

Wagner, Bernd. J.: 27. Januar 1963: Die erste Bielefelder Stadträtin Clara Delius stirbt im Alter von 75 Jahren, abrufbar unter https://historischer-rueckklick-bielefeld.com/2013/01/01/01012013/ (Abruf am 7. März 2022), Bielefeld 2013

Waterböhr, Jan-Willem/Harald Klein: Inszenierung der Volksgemeinschaft auf dem Johannisberg: Die Weihung der Adolf-Hitler- und Hindenburg-Eichen, abrufbar unter https://spurensuche-bielefeld.de/spur/inszenierung-der-volksgemeinschaft-auf-dem-johannisberg-die-weihung-der-adolf-hitler-und-hindenburg-eichen (Abruf am 7. März 2022)

Wehrenbrecht, August: Spenge 1918–1983, in: Wolfgang Mager (Hg.), Geschichte der Stadt Spenge, Spenge 1984, S. 287–396

Wiedemann, Ernst: Organisation des Spinnstoffgewerbes, in: Otto Goebel, Kriegsbewirtschaftung der Spinnstoffe, [1922], in: Marcel Boldorf/Rainer Haus (Hg.), Die deutsche Kriegswirtschaft im Bereich der Heeresverwaltung 1914–1918, Bd. 3, Berlin/Boston 2016, S. 98–117

Wiegmann, Karlheinz: Textilindustrie und Staat in Westfalen 1914–1933, Stuttgart 1993

Wischermann, Clemens: Frühindustrielle Unternehmensgeschichte in institutionalistischer Perspektive, in: Geschichte und Gesellschaft 19/4, 1993, S. 453–474

Wittenberg, Friedhelm: Eduard und Paul Wertheimer und die Seidenweberei J. Wertheimer & Co, in: Jupp Asdonk/Dagmar Buchwald/Lutz Havemann/Uwe Horst/Bernd J. Wagner (Hg.), „Es waren doch unsere Nachbarn!“ Deportationen in Ostwestfalen-Lippe 1941–1945 (Bielefelder Beiträge zur Stadt- und Regionalgeschichte, Bd. 24), Bielefeld 2012

Wixforth, Harald: Ostwestfalen. Streifzug durch die Wirtschaftsgeschichte. Industrie- und Handelskammer Ostwestfalen zu Bielefeld, München 1999

Wixforth, Harald: Bielefeld und seine Sparkassen. 175 Jahre Sparkasse in Bielefeld, Stuttgart 2000

Wixforth, Harald: Die Expansion der Dresdner Bank in Europa, München 2006

Wojak, Irmtrud: Entnazifizierung. Geschichte und Interessen, München 2015

Wubs, Ben: International Business and National War Interests: Unilever between Reich and Empire, London/New York 2008

Wunden, Wilfried: Die Textilindustrie in der Bundesrepublik Deutschland im Strukturwandel, Basel/Tübingen 1969

Ziegler, Dieter: Die Dresdner Bank und die deutschen Juden, München 2006

Ziegler, Dieter: Erosion der Kaufmannsmoral. „Arisierung“, Raub und Expansion, in: Norbert Frei / Tim Schanetzky (Hg.), Unternehmer im Nationalsozialismus. Zur Historisierung einer Forschungskonjunktur, Göttingen 2010, S. 156-168.

Zündorf, Irmgard: Der Preis der Marktwirtschaft. Staatliche Preispolitik und Lebensstandard in Westdeutschland 1948 bis 1963, Stuttgart 2006

6.3. ENDNOTEN

Einleitung: *300 Jahre Kompetenz in Stoffen – DELIUS World of Textiles since 1722*

1 Von den 500 im Hinblick auf Umsatz und Beschäftigungszahlen größten Familienunternehmen in Deutschland sind 4,4 Prozent vor 1800 gegründet worden; die meisten (38,8 Prozent) jedoch in der ersten Hälfte des 20. Jahrhunderts. Vgl. Hartmut Berghoff/Ingo Köhler, Familienunternehmen in Deutschland und den USA seit der Industrialisierung. Eine historische Langzeitstudie, hg. von der Stiftung Familienunternehmen, München 2019, S. 15.

2 Angaben nach Jahresberichten des Statistischen Bundesamtes (destatis) 2022, gemäß Wirtschaftsklassifikation WZ 2008/13 (Herstellung von Textilien), früheres Bundesgebiet (42271-005). Im gesamten Bundesgebiet sind es 693 Betriebe im Jahr 2020. Angaben für 1958 (4.389 Betriebe) nach Statistischem Jahrbuch 1960, S. 170, (hier Betriebe ab zehn Beschäftigten).

3 Zur Definition vgl. Andrea Colli, The history of family business, 1850–2000, Cambridge 2003, S. 8; Köhler/Berghoff, Familienunternehmen, S. 1; 13.

4 Vgl. u. a. Andrea Colli, Risk, Uncertainty and Family Ownership, in: ders./Paloma Fernández Pérez (Hg.), The Endurance of Family Businesses. A Global Overview, Cambridge 2013, S. 85–110, hier 86f.; ders., History; Arist von Schlippe, Tom A. Rüsen, Torsten Groth, The Two Sides of the Business Family: Governance and Strategy Across Generations, Cham 2021; Hartmut Berghoff, Historisches Relikt oder Zukunftsmodell? Kleine und mittelgroße Unternehmen in der Wirtschafts- und Sozialgeschichte der Bundesrepublik Deutschland, in: Dieter Ziegler (Hg.), Großbürger und Unternehmer. Die deutsche Wirtschaftselite im 20. Jahrhundert, Göttingen 2000, S. 249–282.

5 Hans Schmidt, Die Entwicklung der Bielefelder Firmen E. A. Delius, E. A. Delius & Söhne und C. A. Delius & Söhne und die Betätigung ihrer Inhaber im Rahmen des Ravensbergischen Wirtschaftslebens 1787–1925, Lemgo 1926 sowie ders., Vom Leinen zur Seide. Die Geschichte der Firma C. A. Delius & Söhne und ihrer Vorgängerinnen und das Wirken ihrer Inhaber für die Entwicklung Bielefelds 1722–1925, Lemgo 1926.

1. *„Vom Leinen zur Seide": Die Frühzeit des Unternehmens und der Aufstieg zum Seidenfabrikanten (1722–1914)*

1.1. *Die Ursprünge: Johann Caspar Delius und die Anfänge im Leinengewerbe 1722–1787*

6 Vgl. Schmidt, Leinen, S. 22ff. Siehe auch Rudolf Reese, Die geschichtliche Entwickelung der Bielefelder Leinenindustrie: Vortrag, gehalten auf der Jahresversammlung des Hansischen Geschichtsvereins zu Bielefeld, Hansische Geschichtsblätter; 1895–1896, S. 79–102; Ernst Helmut Segschneider (Hg.), Eduard Schoneweg, Das Leinengewerbe. Ein Beitrag zur niederdeutschen Volks- und Altertumskunde. Nach der Ausgabe von 1923, Osnabrück 1985.

7 Reese, Entwickelung, S. 84f.

8 Siehe auch Bernd J. Wagner, Unglaublich edel. Die Legge – Bielefeld am Leinenfaden. Online-Ausstellung des Stadtarchivs Bielefeld, Bielefeld 2019, abrufbar unter https://www.stadtarchiv-bielefeld.de/Portals/0/PDFs/Online-Ausstellungen/Alle%208ung/07_unglaublich_edel.pdf (Abruf am 14. März 2022).

9 Hier zitiert nach Reese, Entwickelung, S. 84.

10 Vgl. Clemens Wischermann, Frühindustrielle Unternehmensgeschichte in institutionalistischer Perspektive, in: Geschichte und Gesellschaft 19/4, 1993, S. 453–474, hier 465.

11 Schmidt, Leinen, S. 29.

12 So äußerte sich auch der Bielefelder Leinenhändler Karl Kisker im Jahr 1924.

13 Wischermann, Unternehmensgeschichte, S. 468.

14 Schmidt, Leinen, S. 29 und S. 7.

15 Schmidt, Leinen, S. 19. Dies zeigt auch der „Legge-Extract" über den Ankauf von Leinwand aus den 1780er-Jahren, Quellenreprints in Wagner, Unglaublich edel, S. 14, 15, 17.

16 Schmidt, Leinen, S. 28.

17 Schmidt, Leinen, S. 20f.

18 Günter Kettermann, Kleine Geschichte der Bielefelder Wirtschaft, Bielefeld 1985, S. 13.

19 Schmidt, Leinen, S. 31.

20 Vgl. Schmidt, Leinen, S. 36.

1.2. *Von der Leinen- zur Seidenmanufaktur: E. A. Delius & Söhne 1787–1887*

21 Schmidt, Leinen, S. 41.

22 Schmidt, Leinen, S. 49.

23 Schmidt, Leinen, S. 61.

24 Das 1807 geschaffene Königreich Westfalen trat nördlich der Linie Wesel-Münster-Minden liegende Gebiete 1810/11 an Frankreich ab.

25 Schmidt, Leinen, S. 63.

26 Ernst August an Gustav Delius am 12. April 1809, zitiert nach Schmidt, Leinen, S. 65.

27 Schmidt, Leinen, S. 66f. sowie S. 81–84.

28 Schmidt, Leinen, S. 66–67.

29 Schmidt, Leinen, S. 84.

30 Schmidt, Leinen, S. 86.

31 Angaben nach Schmidt, Leinen, S. 84, der auf rekonstruierten Charakter der Daten hinweist.

32 Schmidt, Leinen, S. 97, 303f.

33 Horst Fuhrmann, Jöllenbeck – Heimat im Wandel der Zeit, Bielefeld 1991, S. 545.

34 Schmidt, Leinen, S. 88.

35 Schmidt, Leinen, S. 106; 241.

36 Siehe auch Wischermann, Unternehmensgeschichte, S. 470.

37 Vgl. auch Harald Wixforth, Ostwestfalen. Streifzug durch die Wirtschaftsgeschichte. Industrie- und Handelskammer Ostwestfalen zu Bielefeld, München 1999, S. 12–20.

38 Über die Krise der 1840er-Jahre vgl. Richard Tilly/Michael Kopsidis, From Old Regime to Industrial State: A History of German Industrialization from the Eighteenth Century to World War I, Chicago/London 2020; S. 104ff.; Schmidt, Leinen, 111–173; Karl Ditt, Industrialisierung, Arbeiterschaft und Arbeiterbewegung in Bielefeld 1850–1914, Dortmund 1982.

39 Vgl. z. B. den Bericht über die Notlage der Spinner in der Senne von Regierungsrat Carl Hermann Bitter, Bericht über den Nothstand in der Senne zwischen Bielefeld und Paderborn, Regierungsbezirk Minden, und Vorschläge zur Beseitigung desselben, auf Grund örtlicher Untersuchungen aufgestellt (1853), in: 64. Jahresbericht des Historischen Vereins für die Grafschaft Ravensberg, Jahrgang 1964/65, S. 1–108. Hier stellte sich die Notlage angesichts der Bodenverhältnisse besonders drückend dar; vgl. auch Harald Wixforth, Bielefeld und seine Sparkassen. 175 Jahre Sparkasse in Bielefeld, Stuttgart 2000 S. 39ff.; Schmidt, Leinen, 137.

40 Zitiert nach Schmidt, Leinen, S. 142.

41 Gustav Delius am 2. November 1942, zitiert nach Schmidt, Leinen, S. 142.

42 Schmidt, Leinen, S. 177ff.

43 Die Ware kam drei Monate in die Bleiche, dann in ein Lager und wurde dann mit einer 9–12-monatigen Kreditspanne verkauft, vgl. oben sowie Schmidt, Leinen, S. 134.

44 Zitiert nach Schmidt, Leinen, S. 178.

45 Schmidt, Leinen, S. 185.

46 Herbert Delius, Die Seidenindustrie in Bielefeld, in: Magistrat der Stadt Bielefeld, Bielefeld. Das Buch der Stadt, bearbeitet von Eduard Schoneweg, Reprint von 1926, Frankfurt a. M. 1978, S. 453f.
47 Zitiert nach Schmidt, Leinen, S. 186; für die Anlernprozesse und Verdienste vgl. ebd., S. 187ff.
48 Delius, Seidenindustrie, S. 453.
49 Reinhard Vogelsang, Geschichte der Stadt Bielefeld, Bd. 1: Von den Anfängen bis zur Mitte des 19. Jahrhunderts, Bielefeld 1989.
50 Angaben nach Schmidt, Seide, S. 305f., 308, 311. Für das Jahr 1835 liegen keine Angaben vor.
51 Schmidt, Leinen, S. 312, 246ff., 253ff.
52 Siehe auch Gustav Engel: Delius, Hermann Wilhelm. In: Neue Deutsche Biographie (NDB), Bd. 3, Berlin 1957, S. 584f.
53 Vgl. für die Gründungsinitiative von Hermann Delius und die Anfänge der Aktienspinnerei Karl Ditt, Hermann Delius (1819–1894) und Carl Albrecht Delius (1827–1915), in: Jürgen Kocka/Reinhard Vogelsang (Hg.), Rheinisch-Westfälische Wirtschaftsbiographien, Münster 1991, S. 209–237.
54 Typoskript nach Eduard Schoneweg, Das Leinengewerbe. Ein Beitrag zur niederdeutschen Volks- und Altertumskunde, Bielefeld 1923, S. 237f., in: Unternehmensarchiv Delius, Karton Nr. 10, Sammelmappe „Christa".
55 Vgl. Schmidt, Leinen, S. 247f., 260f., 312.
56 1864 betrug der Leinenhandels-Anteil am Gesamtumsatz der Firma noch circa 20 Prozent, Ditt, Hermann Delius, S. 221.
57 Schmidt, Leinen, S. 247ff.
58 Schmidt, Leinen, S. 250, 368ff.
59 Zitiert nach Schmidt, Leinen, S. 263.
60 Angaben nach Schmidt, Leinen, S. 319. Siehe auch Engel, Delius, S. 584f.; Ditt, Delius; Otto Sartorius, Träger des Namen Delius in der Bielefelder Handelskammer, in: Schmidt, Leinen, S. 374ff.
61 Schmidt, Leinen, 278; Ditt, Hermann Delius, S. 222. Zur Seidenindustrie in Krefeld Stefanie van de Kerkhof, Aufbruch zu neuen Märkten oder Dauerkrise? Die Krefelder Seiden- und Samtindustrie in der Weimarer Republik, in: Annalen des Historischen Vereins für den Niederrhein, Heft 222, 2019, S. 351–391, hier 355. Siehe auch dies., Deutsche Seide in Krieg und Krisen. Der Verein Deutscher Seidenwebereien als ökonomischer Motor für Innovationen 1910–1960, in: Anke Blümm/Christiane Lange (Hg.), Bauhaus und Textilindustrie, München 2019, S. 156–187 und 325–329, hier 160.
62 Die geschickte Nachahmung von Elberfelder und Londoner Mustern spielte bereits in den 1860er-Jahren im Wettbewerb mit den Krefelder Seidenproduzenten eine Rolle, Schmidt, Leinen, S. 287.
63 Hermann Kipp kam 1863 als kaufmännischer Lehrling in die Firma Delius, stieg zum Prokuristen auf und arbeitete sein ganzes Leben für die Firma – aktiv bis zum Geschäftsjahr 1930/31 – und blieb ihr bis zu seinem Tod im Jahr 1939 eng verbunden, Geschäftsnotizen Privatkontor, S. 42, 45, 58. Das 70-jährige Kaufmannsjubiläum fand großen Nachhall in der Presse, siehe auch das Glückwunsch-Telegramm Adolf Hitlers, Unternehmensarchiv Delius, Karton Nr. 12.
64 Zur Anekdote vgl. die Berichte von Pameier und Kipp in der Werkzeitung C. A. Delius & Söhne, 1934, S. 12f. Von der Zufallserfindung berichtet auch Schmidt, Leinen, S. 301.
65 Schmidt, Leinen, S. 265.
66 Angaben nach Schmidt, Leinen, S. 300.

1.3. *Das Unternehmen C. A. Delius & Söhne 1837–1914*

67 Die Krefelder Seidenindustrie hatte mit der Mechanisierung 1871–1880 begonnen. Heinrich Brauns, Der Übergang der Handweberei zum Fabrikbetrieb in der niederrheinischen Samt- und Seidenindustrie, Leipzig 1906; Hans von der Upwich, Die Geschichte und die Entwicklung der rheinischen Samt- und Seidenweberei, Krefeld 1922.
68 Monika Minninger, Zwei Generationen Gebrüder Wertheimer (1838–1942), in: Jürgen Kocka/Reinhard Vogelsang (Hg.), Rheinisch-Westfälische Wirtschaftsbiographien, Münster 1991, S. 269–287, hier 274.
69 Schmidt, Leinen, S. 312. Vgl. auch Ditt, Hermann Delius, S. 219.
70 Schmidt, Leinen, S. 328.
71 Fuhrmann, Jöllenbeck, S. 547.
72 Fuhrmann, Jöllenbeck, 549. Für disziplinarische Regelungen innerhalb der Fabrik vgl. z. B. die Fabrik-Ordnung für die Mechanische Seidenweberei von C. A. Delius & Söhne, Große Kurfürstenstraße 66, Bielefeld 1911, die für Verspätungen etc. Strafgelder festsetzte und weitgehend den Standardregelungen entsprach.
73 Vgl. z. B. Statut der Krankenkasse für die Fabrik der Firma C. A. Delius & Söhne zu Nieder-Jöllenbeck, Bielefeld 1897, 1898; Satzung der Betriebs-Krankenkasse der Firma C. A. Delius & Söhne, in: Unternehmensarchiv Delius, Karton Nr. 12.
74 Schmidt, Leinen, S. 328; 332.
75 Fuhrmann, Jöllenbeck, 549.
76 Schmidt, Leinen, 328.
77 Siehe auch Ditt, Hermann Delius.
78 Schmidt, Leinen, S. 329f.
79 Schmidt, Leinen, S. 341.
80 Herbert Delius, Geschichte der Firma C. A. Delius & Söhne, in: Magistrat der Stadt Bielefeld, Bielefeld. Das Buch der Stadt, bearbeitet von Eduard Schoneweg, Reprint von 1926, Frankfurt a. M. 1978, S. 456f.
81 Schmidt, Leinen, S. 352.
82 Schmidt, Entwicklung, S. 345.
83 Schmidt, Entwicklung, S. 345.

2. *Herausforderungen für Unternehmen und Familie (1914–1945)*

2.1. *C. A. Delius & Söhne zwischen Krieg und Krise (1914–1933)*

84 Karlheinz Wiegmann, Textilindustrie und Staat in Westfalen 1914–1933, Stuttgart 1993, S. 29ff.
85 Schmidt, Entwicklung, S. 345. Siehe auch Schmidt, Leinen, S. 340f. Für 1913 sind 1.130 mechanische und 180 Handstühle aufgeführt.
86 Schmidt, Entwicklung, S. 345.
87 Ernst Wiedemann, Organisation des Spinnstoffgewerbes, in: Otto Goebel, Kriegsbewirtschaftung der Spinnstoffe, [1922], in: Marcel Boldorf/Rainer Haus (Hg.), Die deutsche Kriegswirtschaft im Bereich der Heeresverwaltung 1914–1918, 3. Band, Berlin/Boston 2016, S. 98–117, hier 100.
88 Goebel, Kriegsbewirtschaftung, hier S. 8.
89 Wiegmann, Textilindustrie, S. 30; Goebel, Kriegsbewirtschaftung, S. 16.
90 Stephanie Tilly, Industrieller Arbeitsmarkt, in: Marcel Boldorf (Hg.), Deutsche Wirtschaft im Ersten Weltkrieg, Berlin/Boston 2020, S. 397–423, hier 403.
91 Genaue Daten über die Anzahl der Einberufungen von Delius-Beschäftigten und zur Zusammensetzung der Belegschaft in dieser Zeit fehlen jedoch. Schmidt, Entwicklung, S. 345.
92 Vgl. Brief von Johann Daniel Delius an seine Eltern vom 14. Oktober 1914, in: Karton Nr. 10, darin Sammelmappe „Christa". Auch Wolf Delius diente im Ersten Weltkrieg, als Leutnant der Reserve, bis 1916 an der Westfront, 1917 an der Ostfront. Auszug aus dem Wehrstammbuch von Wolf Delius, Bundesarchiv – Militärarchiv Freiburg, Pers. 6 Nr. 37650. Über Herbert Delius finden sich keine Hinweise. Aus den Entnazifizierungsunterlagen geht hervor, dass er im Zweiten Weltkrieg wegen Tuberkulose vom Kriegsdienst befreit war (vgl. Landesarchiv NRW, NW 1073, Nr. 38).
93 Jürgen Kocka subsumiert in seiner klassischen Studie zum Ersten Weltkrieg die Metallverarbeitung, Maschinenbau, Elektroindustrie, Chemie, Petroleum, Ölindustrie zur Kriegsindustrie; zur Friedensindustrie gehören zivile Bedarfe wie Nahrungsmittel und Textil, Vervielfältigungsindustrie; als Zwischenindustrie gelten Bergbau, Baugewerbe, Steine und Erden, Holz, Papier, Leder. Ders., Klassengesellschaft im Krieg, Göttingen 1973, S. 13.
94 Goebel, Kriegsbewirtschaftung.
95 Schmidt, Entwicklung, S. 346.
96 Goebel, Kriegsbewirtschaftung, S. 118.

97 Schmidt, Entwicklung, S. 346. Ein anderes typisches Kriegsprodukt der Seidenweber waren Läppchen für die Zünder, sogenannte Zündertuche. Goebel, Kriegsbewirtschaftung, S. 94.

98 Goebel, Kriegsbewirtschaftung, S. 305.

99 Schmidt, Entwicklung, S. 346.

100 Schmidt, Entwicklung, S. 346.

101 Wagner, Bernd. J., 27. Januar 1963: Die erste Bielefelder Stadträtin Clara Delius stirbt im Alter von 75 Jahren, abrufbar unter https://historischer-rueckklick-bielefeld.com/2013/01/01/01012013/ (Abruf am 7. März 2022), Bielefeld 2013.

102 Wagner, Januar. Siehe auch Hinweise auf ihre Kandidatur in den Steuerunterlagen von Herbert Delius aus den 1920er-Jahren, in: Unternehmensarchiv Delius, Karton Nr. 7.

103 Paul Delius war seit dem 3. August 1914 Präsident der Handelskammer Bielefeld, vgl. Schmidt, Entwicklung, S. 355. Über die Aufgaben der Kammer im Krieg vgl. Eröffnungsansprache des Vorsitzenden [Paul Delius] in der Handelskammersitzung am 7. Januar 1916. Westfälisches Wirtschaftsarchiv Dortmund, K3 Nr. 473. Zu den Aktivitäten der ostwestfälischen Handelskammern vgl. Wixforth, Ostwestfalen, S. 80ff.

104 Schmidt, Entwicklung, S. 351. Zudem wirkte Herbert Delius im Jahr 1919 bei der Gründung des Westfälisch-Lippischen Wirtschaftsbundes mit.

105 Angaben hier nach Heike Knortz, Wirtschaftsgeschichte der Weimarer Republik, Köln u.a. 2010, S. 33.

106 Für die Verbände in der Seidenindustrie vgl. auch van de Kerkhof, Seide, hier 161ff.

107 So Wiedemann, Organisation, S. 111.

108 Vgl. Wilhelm Schütze, Zur Zusammenschlussbewegung in der deutschen Textilindustrie, Frankfurt a. M. 1927, S. 57ff., S. 66, S. 108f.

109 Wiedemann, Organisation, S. 111.

110 Stephanie Tilly, Arbeit – Macht – Markt. Industrieller Arbeitsmarkt 1900–1929. Deutschland und Italien im Vergleich, Berlin 2006, S. 210ff.

111 So ein Rundschreiben der Flachsspinner von Anfang März 1919, zitiert nach Wiegmann, S. Textilindustrie, 123f. mit Anm. 24.

112 Wiegmann, Textilindustrie, S. 167f. mit Anm. 16.

113 Carl Severing, Mein Lebensweg, Köln 1950. Siehe auch Wixforth, Bielefeld, S. 216f.

114 Wixforth, Bielefeld, S. 216.

115 Wiegmann, Textilindustrie, S. 146.

116 Herbert Petzold, Die Bielefelder Textilindustrie. Ihr Aufbau, ihre Entwicklung und ihre Stellung im Rahmen der dortigen Gesamtindustrie, Rostock Univ. Diss. 1926, S. 19.

117 Wiegmann, Textilindustrie, S. 122.

118 Vgl. einen entsprechenden Eintrag im Betriebstagebuch: Geschäftsnotizen des Privatkontors, in: Unternehmensarchiv Delius, Karton Nr. 7.

119 Das geht aus den Steuerunterlagen von Herbert Delius für das Geschäftsjahr 1920 hervor, Unternehmensarchiv Delius, Karton Nr. 7, „Persönliche Steuersachen".

120 Wiegmann, Textilindustrie.

121 Wiegmann, Textilindustrie, S. 228f.

122 Vgl. Statuten für den Arbeiter-Ausschuss sowie Fabrik-Ordnungen für die Mechanische Seidenweberei von C. A. Delius & Söhne, Große Kurfürstenstraße, 1897; Niederjöllenbeck 1902, 1910. Der Arbeiter-Ausschuss hatte der Fabrik-Ordnung zugestimmt. Unternehmensarchiv Delius, Karton Nr. 10, Mappe „Firma".

123 Carl-Ludwig Holtfrerich, Die deutsche Inflation 1914–1923, Berlin 1980; Peter Czada, Ursachen und Folgen der großen Inflation, in: Harald Winkel (Hg.), Finanz- und wirtschaftspolitische Fragen der Zwischenkriegszeit, Berlin 1973, S. 10f.; Otto Pfleiderer, Die Reichsbank in der großen Inflation, die Stabilisierung der Mark und die Aufwertung von Kapitalforderungen, in: Deutsche Bundesbank (Hg.), Währung und Wirtschaft in Deutschland 1876–1976, Frankfurt 1976, S. 157–202; Gerald Feldman, The Great Disorder: Politics, Economics and Society in German Inflation 1914–1923, New York 1993.

124 Langfristig konnten solche Inflationsgründungen jedoch nicht rentabel wirtschaften – und auch meist nicht die Qualität erreichen, die die Kundschaft mit dem Gütesiegel der „Bielefelder Wäsche" bis dato verband. So Petzold, Textilindustrie, S. 21. Vgl. auch Wixforth, Bielefeld, S. 219. Zur Qualitätsverschlechterung vgl. Roman Köster, Seidensticker. Eine Unternehmensgeschichte 1919–2019, Essen 2019, S. 44.

125 So Petzold, Textilindustrie, S. 20.

126 Dies war die Voraussetzung für den Wettbewerbsvorteil deutscher Produkte auf dem Weltmarkt, der darin bestand, dass die Wechselkurse meist schneller fielen, als die Inlandspreise im Vergleich zum ausländischen Preisniveau anstiegen, vgl. Holtfrerich, Inflation. Siehe auch Wiegmann, Textilindustrie, S. 153.

127 Unternehmensarchiv Delius, Karton Nr. 10, Sammlung „Firma", darin Typoskript des Abteilungsleiters Ramrath.

128 Mark Spoerer/Jochen Streb, Neue deutsche Wirtschaftsgeschichte des 20. Jahrhunderts, München 2013, S. 44.

129 Unternehmensarchiv Delius, Karton Nr. 7: Geschäftsnotizen des Privatkontors 1883–1970, S. 22.

130 Petzold, Textilindustrie, S. 20.

131 Vgl. auch das „Betriebstagebuch", Unternehmensarchiv Delius, Karton Nr. 7: Geschäftsnotizen des Privatkontors 1883–1970.

132 Hans Schmidt, Bunte Welt der Seidengewebe, unveröff. Manuskript, ca. 1960, in: Unternehmensarchiv Delius, ohne Signatur, hier S. 3.

133 Wixforth, Bielefeld, S. 237. Siehe auch G. Gerke, Das Geld der mageren Jahre. Als alle Milliardäre waren. Bielefelder Notgeld 1917–1924, Bielefeld 1998. Dabei habe Clara Delius, so heißt es in einer internen Firmenchronik, der Notgeldemission kritisch gegenübergestanden. Schmidt, Welt, S. 2.

134 Zur Inflation in Bielefeld vgl. Wixforth, Bielefeld, S. 218ff.

135 Wiegmann, Textilindustrie, S. 163f.

136 Vgl. Steuerunterlagen Herbert Delius, Unternehmensarchiv Delius, Karton Nr. 7. Seinen eigenen Anteil von 25 Prozent gibt er mit 720.298,70 Goldmark an.

137 Unternehmensarchiv Delius, Karton Nr. 7: Steuerunterlagen Herbert Delius. Siehe auch Schmidt, Leinen, S. 344. Aus der Ruhegehaltskasse wurden Ruhegehälter für die Angestellten sowie Unterstützungen für Witwen und Waisen gezahlt, vgl. auch Satzung der Ruhegehaltskasse Paul-Delius-Stiftung für Angestellte der Firma C. A. Delius & Söhne, 23. April 1929, in: Unternehmensarchiv Delius, Karton Nr. 12.

138 Wixforth, Bielefeld, S. 220.

139 Wixforth, Ostwestfalen, S. 99–102.

140 Siehe auch Stephan Lindner, Den Faden verloren. Die westdeutsche und die französische Textilindustrie auf dem Rückzug (1930/45–1990), München 2001, S. 20. Gleichwohl genoss die deutsche Textilindustrie handelspolitischen Schutz. Vgl. Wiegmann, Textilindustrie; zeitgenössisch vgl. auch Willy Mamier, Die Konjunktur der deutschen Textilindustrie nach dem Kriege, Heidelberg 1930.

141 Van de Kerkhof, Seide, S. 169.

142 Karl Schürmann, Die Struktur der deutschen Textilindustrie und ihre Wandlungen in der Nachkriegszeit, Bonn/Köln 1938, S. 183f. Siehe auch, S. 61, S. 64.

143 Mamier, Konjunktur, S. 64 und S. 69f. Der Produktionswert der deutschen Seiden- und Kunstseidenindustrie belief sich im Jahr 1913 auf rund 490 Millionen Reichsmark, 1927 auf etwa eine Milliarde Reichsmark.

144 Statistisches Jahrbuch für das Deutsche Reich, Bd. 1933. S. 108.

145 Spoerer/Streb, Wirtschaftsgeschichte, S. 49ff.

146 Zitiert nach Lindner, Faden, S, 31.

147 Siehe unten, Kapitel 2.2.

148 Schmidt, Leinen, S. 343.

149 Schmidt, Entwicklung, 348.

150 Schmidt, Welt, S. 8. Zum 60-jährigen Dienstjubiläum des Prokuristen Kipp im Jahr 1923 vgl., Unternehmensarchiv Delius, Karton Nr. 7, Geschäftsnotizen des Privatkontors, S. 28.

151 Abteilungsleiter Ramrath erwähnt, die Umsätze seien im März und April 1925 auf 200.000 Reichsmark gestiegen, ohne Details zu nennen – genaue Zahlen über den Geschäftsgang der einzelnen Abteilungen sowie über die Unternehmensorganisation und die Zahl der Abteilungen liegen leider nicht vor. Unternehmensarchiv Delius, Karton Nr. 10, Sammelmappe „Firma“, darin Aufzeichnungen von Anton Ramrath.
152 Schmidt, Welt, S. 8.
153 Schmidt, Welt, S. 12.
154 Der Verbrauch sei von 10.000 Kilogramm auf rund 60.000 Kilogramm monatlich gestiegen. Der Verbrauch an Reinseide blieb bei etwa 4.000 Kilogramm. An Baumwolle verarbeitete man 10.000 bis 20.000 Kilogramm im Monat, so Schmidt, Welt, S. 10f.
155 Zur Geschichte der Verseidag vgl. van de Kerkhof, Aufbruch.
156 Aufzeichnungen von Anton Ramrath, in: Unternehmensarchiv Delius, Karton Nr. 10, Sammelmappe „Firma“.
157 Schmidt, Welt, S. 9f. Vgl. auch interne Notizen „Bericht zum Buch vom Leinen zur Seide“, in: Unternehmensarchiv Delius, Karton Nr. 10, Sammelmappe „Firma“.
158 Anton Ramrath in rückblickenden Notizen über die 1920er-Jahre, in: Unternehmensarchiv Delius, Karton Nr. 10, Mappe „Firma“ (Typoskript).
159 Anton Ramrath in rückblickenden Notizen über die 1920er-Jahre, in: Unternehmensarchiv Delius, Karton Nr. 10, Mappe „Firma“ (Typoskript).
160 Wixforth, Ostwestfalen, S. 55–58, S. 105–107.
161 Schmidt, Leinen, S. 335.
162 Schmidt, Welt, S. 4f. Zur Vorgeschichte des Werkes in Spenge vgl. auch Typoskript „Bericht zum Buche ‚vom Leinen zur Seide‘“, in: Unternehmensarchiv Delius, Karton Nr. 10, Mappe „Firma“. Im Laufe des Jahres stiegen die Beschäftigtenzahlen wohl auf 178 Personen an, vgl. August Wehrenbrecht, Spenge 1918–1983, in: Wolfgang Mager (Hg.), Geschichte der Stadt Spenge, Spenge 1984, S. 287–396, hier 308.
163 Übersicht: Entwicklung der Belegschaftsstärke in Spenge, Fotoalbum Spenge 1930er-Jahre, in: Unternehmensarchiv Delius, Sammlung Bilder.
164 Unternehmensarchiv Delius, Karton Nr. 7, Geschäftsnotizen des Privatkontors 1883–1970, S. 32/33.
165 Fabrikationsprogramm und Absatzmöglichkeiten der Abteilung 9, 1925–1933, in: Unternehmensarchiv Delius, Karton Nr. 10, Mappe „Firma“.
166 Wixforth, Ostwestfalen, S. 100.
167 Jan-Otmar Hesse, Roman Köster, Werner Plumpe, Die Große Depression. Die Weltwirtschaftskrise 1929–1939, Frankfurt a. M. 2014.
168 Wiegmann, Textilindustrie, S. 216; zu den Tarifsenkungen ebd., S. 249.
169 So Schmidt, Welt, S. 14.
170 Landesarchiv NRW, Abteilung Ostwestfalen-Lippe, D 3 Bielefeld Nr. 354, darin C. A. Delius & Söhne an das Gewerbeaufsichtsamt Bielefeld am 12. August 1931 sowie am 3. Februar 1932.
171 Auszug aus vorbereitenden Unterlagen für die Chronik von Hans Schmidt, Unternehmensarchiv Delius, Karton Nr. 10.
172 Die Zahl der Beschäftigten war um 27,5 Prozent geschrumpft, die Zahl der Betriebe um 18 Prozent. Statistisches Jahrbuch des Deutschen Reichs 1937, S. 159 sowie Statistisches Jahrbuch des Deutschen Reichs 1934, S. 116; vgl. auch Gerd Höschle, Die deutsche Textilindustrie zwischen 1933 und 1939. Staatsinterventionismus und ökonomische Realität, Stuttgart 2004, S. 130f.
173 Christoph Buchheim, Zur Natur des Wirtschaftsaufschwungs in der NS-Zeit, in: ders./Michael Hutter/Harold James (Hg.), Zerrissene Zwischenkriegszeit. Wirtschaftshistorische Beiträge Knut Borchardt zum 65. Geburtstag, Baden-Baden 1994, S. 97–119.
174 Schmidt, Welt, S. 14.
175 Schmidt, Welt, S. 15.
176 Schmidt, Welt, S. 16.
177 Unternehmensarchiv Delius, Karton Nr. 10, Sammelmappe „Firma“, darin Fragmente aus Unterlagen für die Chronik Schmidt.
178 „Fast jede der Delius-Abteilungen“ habe einen Jahresumsatz von etwa 5 Millionen Reichsmark erhalten, heißt es bei Schmidt, Welt, S. 16.
179 Die Eigenkapitalrentabilität der Seidenindustrie sank von 10,2 Prozent im Jahr 1928 auf minus 15,7 Prozent 1930, minus 26,5 Prozent 1931 und minus 25,8 Prozent 1932, was für erhebliche Einbrüche während der Krisenjahre spricht. Vgl. Höschle, Textilindustrie, S. 321, Tabelle 37. Siehe auch ebd., S. 222, 279f.
180 Stimmungsvoller Rundgang durch einen Großbetrieb, Städtebeilage Bielefeld zum Hannoverschen Kurier vom 4. November 1932. Vgl. auch „Flamisol“ und „Hammerschlag“, in: Eberhard Wadischat, Expert-Praxislexikon für Textilkunde, 20083.

2.2. *Mitarbeitende im Blick*

181 Angaben nach Schmidt, Leinen, S. 343.
182 Zu den Beschäftigtenzahlen des im Aufbau befindlichen Werkes in Spenge finden sich für das Jahr 1925 unterschiedliche Angaben. Die hier genannte Zahl ist vermutlich der Jahresdurchschnitt oder der Status Quo zum Halbjahr 1925, zum 31. Dezember 1925 belief sich die Belegschaftsstärke bereits auf 139 Mitarbeiterinnen und Mitarbeiter, Übersicht: Entwicklung der Belegschaftsstärke in Spenge, Fotoalbum Spenge 1930er-Jahre, in: Unternehmensarchiv Delius, Sammlung Bilder.
183 Schmidt, Leinen, 344.
184 Schmidt, Leinen, S. 344f. Siehe auch Bericht der Deutschen Arbeitsfront über die Siedlung der Firma Delius & Söhne an das Reichs- und Preussische Arbeitsministerium am 11. März 1936, Bundesarchiv, R 3901, Nr. 21177.
185 Schmidt, Leinen, S. 344f.; ders., Welt, S. 4.
186 So die internen Aufzeichnungen über Spenge: „Bericht zum Buche ‚Vom Leinen zur Seide‘“, in: Unternehmensarchiv Delius, Karton Nr. 10, Sammelmappe „Firma“.
187 Bericht der Deutschen Arbeitsfront über die Siedlung der Firma Delius & Söhne an das Reichs- und Preussische Arbeitsministerium am 11. März 1936, Bundesarchiv, R 3901, Nr. 21177.
188 Schmidt, Leinen, S. 345.
189 O. V. Patentlösung der sozialen Frage, in: Die Volkswacht, 29. November 1929, S. 1f., in: Unternehmensarchiv Delius, Karton Nr. 10, Mappe „Firma“.
190 Christian Kleinschmidt, Rationalisierung als Unternehmensstrategie: die Eisen- und Stahlindustrie des Ruhrgebiets zwischen Jahrhundertwende und Weltwirtschaftskrise, Essen 1993; siehe auch Tilly, Arbeit, S. 354.
191 Vortrag von Herbert Delius am 3. Februar 1930 vor dem Verein ehemaliger Seidenwebschüler Zürich und Angehöriger der Seidenindustrie, in: Unternehmensarchiv Delius, Karton Nr. 7, Mappe „Lehrverträge Jahrgang 1926“.
192 Vortrag von Herbert Delius am 3. Februar 1930 vor dem Verein ehemaliger Seidenwebschüler Zürich und Angehöriger der Seidenindustrie, in: Unternehmensarchiv Delius, Karton Nr. 7, Mappe „Lehrverträge Jahrgang 1926“.
193 Vorstand des Deutschen Textilarbeiterverbandes-Jugendsekretariat (Hg.): Arbeiterausbildung der deutschen Textilindustrie, [Berlin] 1928, S. 39.
194 Martin Fiedler, Carl Arnhold, 1884–1970, in: Wolfhard Weber (Hg.), Ingenieure im Ruhrgebiet, Münster 1999, S. 318–343; Heidrun Homburg. Rationalisierung und Industriearbeit: Arbeitsmarkt – Management – Arbeiterschaft im Siemens-Konzern Berlin 1900–1939, Berlin 1991, S. 322ff.; Kleinschmidt, Rationalisierung, S. 270.
195 Für den zeitgenössischen Kontext der „sozialen Rationalisierung“ u.a. Arthur Mayer, Die soziale Rationalisierung des Industriebetriebes: ein Beitrag zur theoretischen Grundlegung einer Sozialpsychologie des Industriebetriebes. München 1951, S. 19ff.; vgl. Tilly, Arbeit, S. 358; Kleinschmidt, Rationalisierung, S. 23.
196 Vgl. die Lehrverträge für das Jahr 1926, in: Unternehmensarchiv Delius, Karton Nr. 7. Siehe auch Vorstand des Deutschen Textilarbeiterverbandes-Jugendsekretariat (Hg.): Arbeiterausbildung der deutschen Textilindustrie, [Berlin] 1928, S. 45f. Für Kritik in der sozialdemokratischen Presse vgl. Volkswacht am 29. November 1929 sowie am 11. Dezember 1929, in: Unternehmensarchiv Delius, Karton Nr. 10, Sammelmappe „Firma“.

197 Fuhrmann, Jöllenbeck, S. 549.

198 Schmidt, Entwicklung, S. 339. Siehe auch Hinweise in Unterlagen zur Vorbereitung der Firmenchronik, in: Unternehmensarchiv Delius, Karton Nr. 10, Sammelmappe „Firma".

2.3. *C. A. Delius & Söhne im „Dritten Reich"*

199 Vgl. dazu Bernd Wagner, 6. März 1933: Am Bielefelder Rathaus hängt erstmals eine Hakenkreuzfahne, abrufbar unter https://historischer-rueckklick-bielefeld.com/2008/03/01/01032008/ (Abruf am 7. März 2022).

200 Schriftliche Erklärung von Clara Delius am 10. März 1933 (Wortlaut ihrer Stellungnahme in einer Bürgerblockversammlung am 9. März 1933), Westfälisches Wirtschaftsarchiv Dortmund, K 13, Nr. 994.

201 Schriftliche Erklärung von Clara Delius am 10. März 1933 (Wortlaut ihrer Stellungnahme in einer Bürgerblockversammlung am 9. März 1933), Westfälisches Wirtschaftsarchiv Dortmund, K 13, Nr. 994.

202 Zu den Vorgängen in Bielefeld vgl. Reinhard Vogelsang, Geschichte der Stadt Bielefeld, Bd. 3: Von der Novemberrevolution 1918 bis zum Ende des 20. Jahrhunderts, Bielefeld 2005, S. 163ff.

203 Birgit Potthoff-Edler und Thorsten Schneider, „Schützen im neuen Staat". Die Schützenfeste in Blomberg, Lemgo und Bielefeld 1933, in: Werner Freitag (Hg.), Das Dritte Reich im Fest. Führermythos, Feierlaune und Verweigerung in Westfalen 1933–1945, Bielefeld 1997, S. 99–115. Vgl. auch Jan-Willem Waterböhr/Harald Klein, Inszenierung der Volksgemeinschaft auf dem Johannisberg: Die Weihung der Adolf-Hitler- und Hindenburg-Eichen, abrufbar unter https://spurensuche-bielefeld.de/spur/inszenierung-der-volksgemeinschaft-auf-dem-johannisberg-die-weihung-der-adolf-hitler-und-hindenburg-eichen (Abruf am 7. März 2022).

204 Höschle, Textilindustrie, 28f.

205 Jonas Scherner, Die Logik der Industriepolitik im Dritten Reich. Die Investitionen in die Autarkie- und Rüstungsindustrie und ihre staatliche Förderung, Stuttgart 2008, 163–184.

206 Gerd Höschle, Die deutsche Textilindustrie zwischen 1933 und 1939. Staatsinterventionismus und ökonomische Realität, Stuttgart 2004, S. 315ff.; Julia Schnaus, Kleidung zieht jeden an, Berlin 2017, S. 103ff.

207 Höschle, Textilindustrie, S. 17.

208 Christoph Buchheim, Unternehmen in Deutschland und NS-Regime, Versuch einer Synthese, in: Historische Zeitschrift, Bd. 282, 2006, S. 351–390, hier 386ff.

209 Vgl. Höschle, Textilindustrie, S. 172; S. 299. Rückblickend kann man feststellen, dass das Investitionsverhalten der Branche 1936/38 insgesamt nicht wesentlich hinter dem der anderen Industriezweige zurückblieb.

210 Werkszeitung C. A. Delius & Söhne, November/Dezember 1934, S. 8, in: Archiv der Familienverbindung Delius, A 988.

211 Buchheim, Natur, S. 97–119.

212 Die Bestimmung der Umsatzzahlen für diesen Zeitraum ist mit großen Unsicherheiten behaftet. Schmidt, Welt, S. 19 schreibt von einer Steigerung von 174 Millionen auf 184 Millionen Reichsmark, was angesichts der bisherigen Entwicklung und anderer Quellenhinweise sowie Umsatzzahlen von publizitätspflichtigen Seidenwebereien in vergleichbarer Größenordnung nicht überzeugend erscheint. Plausibel erscheint hingegen, von etwa 17,4 Millionen im Jahr 1932 auszugehen, was sich auf 18,4 Millionen Reichsmark im Jahr 1933 gesteigert haben kann. Auf dem Binnenmarkt war der Umsatz 1933 im Vergleich zum Vorjahr um etwa 9 Prozent angewachsen und der Exportumsatz um 16 Prozent gefallen, Schmidt, ebd.

213 Wixforth, Ostwestfalen, S. 123. Siehe Schmidt, Welt.

214 Schmidt, Welt, S. 20.

215 Übersicht: Entwicklung der Belegschaftsstärke in Spenge, Fotoalbum Spenge 1930er-Jahre, in: Unternehmensarchiv Delius, Sammlung Bilder.

216 Karteikarte C. A. Delius & Söhne, Bundesarchiv, R 13 XIV, Nr. 361.

217 Höschle, Textilindustrie, S. 42ff. C. A. Delius & Söhne erhielt z. B. Sondergenehmigungen für die Fertigung von Krawattenstoffen in zwei Schichten im Weihnachtsgeschäft 1937, Landesarchiv NRW, Abteilung Ostwestfalen-Lippe, Detmold, D 3 Bielefeld Nr. 354. Nach Beginn des Krieges wurde in zwei Schichten gearbeitet, vgl. ebd., Weiterhin blieb die Absatzfreiheit erhalten (mit Ausnahme der Bastfasern). Gemäß Faserstoffverordnung durften bei Rohstoffmangel Arbeitskräfte entlassen werden, wenn die Arbeitszeit nicht auf über 36 Stunden erhöht wurde, vgl. Hoeschle, Textilindustrie, S. 53ff. sowie 59f.

218 Der genaue Zeitraum ist unsicher, vermutlich in der zweiten Hälfte der 1930er-Jahre, vgl. Schmidt, Welt, S. 23 sowie Hinweis von Alois Werny, Gutachtliche Äußerung über die Entwicklung der Geschäftsergebnisse der Fa. C. A. Delius & Söhne ab September 1933, in: Unternehmensarchiv Delius, Karton Nr. 7; siehe auch Landesarchiv NRW, Abteilung Rheinland/Duisburg, NW 1073 Nr. 177.

219 Schmidt, Welt, S. 18.

220 Schmidt, Welt, S. 19, 23.

221 Der Umsatz soll 1936 das Dreifache von 1932 betragen haben, Schmidt, Welt, S. 19 und 24. Dies steht im Widerspruch zu Angaben der Wirtschaftsgruppe Textilindustrie, die Anfang 1939 den Umsatz von C. A. Delius & Söhne für das Jahr 1937 mit 20 Millionen Reichsmark veranschlagt, Rheinisch-Westfälisches Wirtschaftsarchiv, RWWA Bestand 338, Akte Nr. 338-170-4, Schreiben der Wirtschaftsgruppe Textilindustrie vom 14. Januar 1939. Laut Alois Werny soll sich der Umsatz im Export verdreifacht haben zwischen 1932 bis 1936.

222 Schmidt, Welt, S. 23.

223 Schmidt, Welt, S. 23.

224 Schmidt, Welt, S. 24; siehe auch Hinweise von Alois Werny, dass die großen Eigendruckereien neue Absatzmöglichkeiten eröffnet hätten, Werny, Gutachtliche Äußerung über die Entwicklung der Geschäftsergebnisse der Fa. C. A. Delius & Söhne ab September 1933, in: Unternehmensarchiv Delius, Karton Nr. 7; siehe auch Landesarchiv NRW, Abteilung Rheinland/Duisburg, NW 1073 Nr. 177.

225 Schmidt, Welt, S. 24.

226 Schmidt, Welt, S. 23. Über seine Erfahrungen mit den Automatenwebstühlen in Mährisch-Trübau berichtet Herbert Delius in seiner Skizze über Mährisch-Trübau, Unternehmensarchiv Delius, Karton Nr. 7.

227 Hinweise von Alois Werny, Gutachtliche Äußerung über die Entwicklung der Geschäftsergebnisse der Fa. C. A. Delius & Söhne ab September 1933, in: Unternehmensarchiv Delius, Karton Nr. 7; siehe auch Landesarchiv NRW, Abteilung Rheinland/Duisburg, NW 1073 Nr. 177.

228 Geschäftsnotizen des Privatkontors 1883–1970, S. 56, in: Unternehmensarchiv Delius, Karton Nr. 7. Siehe auch Schmidt, Welt, S. 31.

229 Rheinisch-Westfälisches Wirtschaftsarchiv, RWWA Bestand 338, Akte Nr. 338-170-4, Schreiben der Wirtschaftsgruppe Textilindustrie vom 14. Januar 1939. Der jährliche Umsatz in Teppich- und Möbelstoffen belief sich 1937 auf etwa 860.000 Reichsmark.

230 Angaben nach Schmidt, Welt, S. 18.

231 Höschle, Textilindustrie, 319.

232 Im Zuge dessen entwickelte sich der Celler Betrieb im Laufe der 1930er-Jahre nach massiver staatlicher Intervention von einer kleinen Firma zu einem Unternehmen mit 670 Arbeiterinnen und Arbeitern und damit größten Arbeitgeber vor Ort. Hier war auch die „Reichsforschungsanstalt für den Seidenbau" angesiedelt, Celle galt als „Stadt der deutschen Seide", vgl. zur Unternehmensgeschichte der Celler Spinnhütte, Christopher Manuel Galler, Die Spinnhütte Celle im Nationalsozialismus. Arbeit und Rüstungswirtschaft in einem Musterbetrieb von 1934 bis 1945, Bielefeld 2012. Laut Entnazifizierungs-Fragebogen war Herbert Delius seit 1930 Mitglied im Celler Seidenbauverein, vgl. Landesarchiv NRW, Abteilung Rheinland Duisburg, NW 1073, Nr. 138.

233 Galler, Spinnhütte, S. 17; siehe auch van de Kerkhof, Seide, S. 179.

234 C. A. Delius & Söhne an Lippische Landesregierung am 22. Oktober 1935, in: Landesarchiv NRW, Abteilung Ostwestfalen-Lippe, L 80.16, Nr. 754.

235 Vgl. Reichsluftfahrtministerium an Lippische Landesregierung am 4. März 1936, Landesarchiv NRW, Abteilung Ostwestfalen-Lippe, L 80.16, Nr. 754.

236 Vgl. Reichsluftfahrtministerium an Lippische Landesregierung am 4. März 1936, Landesarchiv NRW, Abteilung Ostwestfalen-Lippe, L 80.16, Nr. 754. Der Geschäftsführer der Fachgruppe Seidenindustrie habe sich noch im Mai 1935 gegen einen Seidenbau in Deutschland ausgesprochen.

237 Oberregierungsrat Friedberg, Regierungspräsidium an Reichs- und Preussischen Wirtschaftsminister am 20. Mai 1935, Landesarchiv NRW, Abteilung Westfalen – Münster, K001 Nr. 5025.

238 C. A. Delius & Söhne an Reichsbankpräsidenten Schacht, 4. Oktober 1935; C. A. Delius & Söhne an Reichsbankstelle Bielefeld, 4. Oktober 1935, abgedruckt in Schmidt, Welt, S. 27f. Reichsbankpräsident Hjalmar Schacht war ab Juli 1934 auch Reichswirtschaftsminister.

239 Die Studie zur Dresdner Bank im Nationalsozialismus (Einzelbände: Johannes Bähr, Die Dresdner Bank in der Wirtschaft des Dritten Reichs, München 2006; Dieter Ziegler, Die Dresdner Bank und die deutschen Juden, München 2006, Harald Wixforth, Die Expansion der Dresdner Bank in Europa, München 2006, Klaus-Dietmar Henke, Die Dresdner Bank im Dritten Reich 1933–1945. Ökonomische Rationalität, Regimenähe, Mittäterschaft, München 2006) hat das Spannungsfeld zwischen ökonomischer Rationalität, Regimetreue und Mittäterschaft, in dem sich Unternehmen in der Zeit des Nationalsozialismus bewegten, deutlich herausgearbeitet. Vgl. zusammenfassend Klaus-Dietmar Henke, Dresdner Bank, S. 11ff. Siehe auch Buchheim, Unternehmen, S. 351–390. Zur Haltung des Seidenverbands vgl. van de Kerkhof, Seide, S. 184.

240 In den Akten sind sieben Schreiben der NSDAP-Reichszeugmeisterei an C. A. Delius & Söhne erhalten, NSDAP-Reichszeugmeisterei an C. A. Delius & Söhne am 15. Februar 1936, 11. Mai 1936, 26. Mai 1936, 10. Juni 1936, 22. Juni 1936, 28. August 1936, in: Landesarchiv NRW, Abteilung Rheinland/Duisburg, NW 1073 Nr. 176.

241 Die Deutsche Arbeitsfront Reichsbetriebsgemeinschaft 2 Textil, Zentralbüro an C. A. Delius & Söhne am 13. Mai 1937; Gauleitung Westfalen Nord an C. A. Delius & Söhne am 3. September 1937; Die Deutsche Arbeitsfront Zentralbüro, Reichsbezugsquellen-Archiv an C. A. Delius & Söhne am 22. Januar 1938; Fachgruppe Seiden- und Samtindustrie der Wirtschaftsgruppe Textilindustrie C. A. Delius & Söhne am 6. Mai 1938, in: Landesarchiv NRW, Abteilung Rheinland/Duisburg, NW 1073 Nr. 176.

242 Ben Wubs, International Business and National War Interests: Unilever between Reich and Empire, London/New York 2008, S. 52f.; „Friedhelm Wittenberg, Eduard und Paul Wertheimer und die Seidenweberei J. Wertheimer & Co“, in: Jupp Asdonk/Dagmar Buchwald/Lutz Havemann/Uwe Horst/Bernd J. Wagner (Hg.), „Es waren doch unsere Nachbarn!“ Deportationen in Ostwestfalen-Lippe 1941–1945 (Bielefelder Beiträge zur Stadt- und Regionalgeschichte, Bd. 24), Bielefeld 2012; Minninger, Generationen, S. 269–287.

243 Angaben hier nach Jochen Rath, Bielefeld – eine Stadtgeschichte, Regensburg 2019, S. 136. Vgl. Wixforth, Ostwestfalen, S. 125; siehe auch Vogelsang, Anfänge.

244 Vgl. dazu unten.

245 Landesarchiv NRW, Abteilung Ostwestfalen-Lippe, Detmold, D 20 A Nr. 7279.

246 Betriebsordnung vom 1. Juli 1934, in: Unternehmensarchiv Delius, Karton Nr. 12. Zur nationalsozialistischen „Betriebsgemeinschaft“ vgl. T. Mason, Arbeiterklasse und Volksgemeinschaft, Opladen 1975; A. Barkai, Das Wirtschaftssystem des Nationalsozialismus, Frankfurt 1988, S. 117ff.; für die Werkzeitung vgl. Familienarchiv Delius, A 988. Wie hoch der Anteil der NSDAP-Mitglieder an der Belegschaft war, lässt sich nicht rekonstruieren.

247 Herbert Delius an Kreisleitung der NSDAP am 21. Dezember 1938, in: Unternehmensarchiv Delius, Karton Nr. 10, Ordner „Christa“, Mappe „Bad Meinberg“.

248 Herbert Delius an Kreisleitung der NSDAP am 21. Dezember 1938, in: Unternehmensarchiv Delius, Karton Nr. 10, Ordner „Christa“, Mappe „Bad Meinberg“.

249 Vgl. Schmidt, Welt, S. 21f.

250 Vgl. Bericht des Sozialamtes der Deutschen Arbeitsfront über C. A. Delius & Söhne am 1. März 1936, in: Bundesarchiv, R 3901/21177.

251 Vgl. Bericht des Sozialamtes der Deutschen Arbeitsfront über C. A. Delius & Söhne am 1. März 1936, S. 10, in: Bundesarchiv, R 3901/21177, S. 174.

252 Vgl. Geschäftsnotizen des Privatkontors 1883–1970, S. 53, S. 59, 63, in: Unternehmensarchiv Delius, Karton Nr. 7.

253 Vgl. Werkszeitung der Betriebsgemeinschaft C. A. Delius & Söhne, Ausgabe vom Februar 1939, 6. Jahrgang, in: Landesarchiv NRW, Abteilung Ostwestfalen-Lippe, D 3 Bielefeld Nr. 354.

254 Z.B. die Einweihung der Neubauten an der Goldstraße am 4. Januar 1937, vgl. Geschäftsnotizen des Privatkontors 1883–1970, in: Unternehmensarchiv Delius, Karton Nr. 7.

255 Herbert Delius über das Kameradschaftshaus in Jöllenbeck, Oktober 1941, in: Unternehmensarchiv Delius, Karton Nr. 10, Sammelmappe „Firma“.

256 Landwirt Meyer zu Drewer verkaufte das Haus an Adolf Kralemann, einen Schlachtermeister aus Bielefeld, der im August 1938 die Genehmigung für den Abbruch beantragte. Architekt für den Umbau war Hermann Ellerbrake, vgl. Stadtarchiv Bielefeld, 108,005 Bau oA, Hausakten Nr. 4397 Theesen Nr. 1.

257 Herbert Delius über das Kameradschaftshaus in Jöllenbeck, Oktober 1941, in: Unternehmensarchiv Delius, Karton Nr. 10, Sammelmappe „Firma“.

258 Vgl. Flyer zur Geschichte des Bauernhauses, in: Unternehmensarchiv Delius, Karton Nr. 10.

259 Frank Becker/Daniel Schmidt, Industrielle Arbeitswelt und Nationalsozialismus. Der Betrieb als Laboratorium der „Volksgemeinschaft“ 1920–1960, Essen 2020; Chup Friemert, Produktionsästhetik im Faschismus. Das Amt „Schönheit der Arbeit“ von 1933 bis 1939, München 1980; Hasso Spode, Arbeiterurlaub im Dritten Reich, in: Carola Sachse/Tilla Siegel/Hasso Spode/Wolfgang Spohn, Angst, Belohnung, Zucht und Ordnung. Herrschaftsmechanismen im Nationalsozialismus, Opladen 1982.

260 Schmidt, Welt.

261 Wixforth, Bielefeld, S. 274.

262 Herbert Delius an die Deutsche Arbeitsfront, Amt für Soziale Selbstverantwortung, am 5. April 1941, in: Unternehmensarchiv Delius, Karton Nr. 10, Sammelmappe „Firma“. Auch zitiert in Schmidt, Welt, S. 45.

263 Schmidt, Welt, S. 45.

264 Notizen Herbert Delius, Unternehmensarchiv Delius, Karton Nr. 7.

265 Notizen Herbert Delius, Unternehmensarchiv Delius, Karton Nr. 7.

266 Schmidt, Welt.

267 Notizen Herbert Delius, Unternehmensarchiv Delius, Karton Nr. 7. Er datiert in seinen Notizen die erste Reise nach Mährisch-Trübau zunächst in den März 1938, was in dem Gesamtkontext nicht stimmig ist, später spricht er stets von 1939, so auch die Chronologie in den fragmentarischen Unterlagen für die Chronik Schmidt, in: Unternehmensarchiv Delius, Karton Nr. 10, Mappe „Firma“.

268 Der Betrieb findet sich in einem Verzeichnis jüdischer Betriebe der Dresdner Bank, Filiale Reichenberg, „aus der laufenden Bearbeitung ausscheidende Objekte“, „arisierte“ bzw. liquidierte Betriebe, vgl. Jörg Osterloh, Nationalsozialistische Judenverfolgung im Reichsgau Sudetenland, München 2006, S. 611ff., hier 617.

269 Zu den Verfolgungsmaßnahmen im Sudetengau vgl. Jörg Osterloh, Die „Arisierung“ im Sudetenland, in: Harald Wixforth, Die Expansion der Dresdner Bank in Europa, München 2006, S. 175–195.

270 In einer internen Zusammenfassung über Mährisch-Trübau, vermutlich verfasst von dem Buchhalter Peichl, werden 35 Webstühle erwähnt, die man aus der stillgelegten Weberei Eisenberger gekauft habe, Ordner „Mährisch-Trübau", Unternehmensarchiv Delius, Karton Nr. 7.

271 Vgl. Osterloh, „Arisierung", S. 176.

272 Ziegler, Dresdner Bank, S. 229.

273 Auf der von der Dresdner Bank erstellten Liste 115 jüdischer Textilunternehmen findet sich nur eine Seidenweberei in Hradsko, Osterloh, Judenverfolgung, S. 618.

274 „Aus der laufenden Bearbeitung ausscheidende Objekte", „arisierte" bzw. liquidierte Betriebe, Stand August 1939, in: Osterloh, Judenverfolgung, S. 611ff.

275 Wixforth, Expansion, S. 110.

276 Zum Spannungsfeld zwischen Reichsinteressen und Behörden vor Ort vgl. Osterloh, „Arisierung", S. 184f.

277 Dresdner Bank (Hg.): Volk und Wirtschaft im Sudetenland, Berlin 1938, S. 44.

278 Geschäftsnotizen des Privatkontors 1883–1970, S. 66.

279 Im Unterschied dazu hatte der kommissarische Leiter des Werkes in der Nowakgasse, Herr Fi[e]ber, den Verkauf an Delius zu verhindern versucht, so rückblickend Margit Hofmann an Delius, in: Unternehmensarchiv Delius, Karton Nr. 7, Ordner „Mährisch Trübau"; siehe auch Herbert Delius über Mährisch Trübau, ebd.

280 Herbert Delius über Mährisch Trübau, in: Unternehmensarchiv Delius, Karton Nr. 7. Vgl. auch Zusammenfassung über Mährisch-Trübau, vermutlich verfasst von dem Buchhalter Peichl, in: Unternehmensarchiv Delius, Karton Nr. 7, Ordner „Mährisch-Trübau".

281 Herbert Delius über Mährisch Trübau, in: Unternehmensarchiv Delius, Karton Nr. 7. Vgl. auch Zusammenfassung über Mährisch-Trübau, vermutlich verfasst von dem Buchhalter Peichl, in: Unternehmensarchiv Delius, Karton Nr. 7, Ordner „Mährisch-Trübau".

282 Geschäftsnotizen des Privatkontors 1883–1970, S. 66f. Siehe auch Herbert Delius über Mährisch Trübau, S. 9, in: Unternehmensarchiv Delius, Karton Nr. 7. Die Samtwebstühle wurden für 40.000 Reichsmark veräußert.

283 Vorlage von C. A. Delius & Söhne für Baumeister Johan Swatek am 16. September 1948, mit Bezug auf eine Schätzung der Gebäudewerte im Jahr 1943 für die Feuerversicherung, in: Unternehmensarchiv Delius, Karton Nr. 7, Ordner „Mährisch Trübau". Die Zahlen für die Grundstücke fehlen. Die Kriterien für die Bewertung sind nicht benannt.

284 Vgl. zur Forschungsdiskussion Ingo Köhler, Werten und Bewerten. Die kalte Technik der ‚Arisierung', in: Dieter Ziegler/Hartmut Berghoff/Jürgen Kocka (Hg.), Wirtschaft im Zeitalter der Extreme. Beiträge zur Unternehmensgeschichte Deutschlands und Österreichs. In Gedenken an Gerald D. Feldman, München 2010, S. 317–336.

285 Köhler, Werten, S. 324. Zur Diskussion von Wertbestimmungsfragen in dogmengeschichtlicher Sicht vgl. auch Tobias Quill, Interessengeleitete Unternehmensbewertung. Ein ökonomisch-soziologischer Zugang zu einem neuen Objektivismusstreit, Wiesbaden 2016.

286 Köhler, Werten, S. 335. Zur Schwierigkeit der Quantifizierung der Bewertung des arisierten gewerblichen Vermögens vgl. auch Ziegler, Dresdner Bank, S. 423; S. 426ff. Siehe auch Dieter Ziegler, Erosion der Kaufmannsmoral. „Arisierung", Raub und Expansion, in: Norbert Frei / Tim Schanetzky (Hg.), Unternehmer im Nationalsozialismus. Zur Historisierung einer Forschungskonjunktur, Göttingen 2010, S. 156–168.

287 Herbert Delius über Mährisch Trübau, in: Unternehmensarchiv Delius, Karton Nr. 7.

288 Schmidt, Welt, S. 34.

289 D 20 A, Nr. 7274, Landesarchiv NRW, Ostwestfalen-Lippe, Detmold.

290 Schmidt, Welt, S. 34.

291 Vgl. Notizen von Margit Hofmann, in: Unternehmensarchiv Delius, Karton Nr. 7, Ordner „Mährisch Trübau".

292 Peter Melichar, Neuordnung im Bankwesen, München 2004, S. 412f. Gemäß einem Eintrag im Wiener Handelsregister von 1937 löste Storfer Johann Schur und Dr. Siegfried Goldschmidt – also den Neffen und den Schwiegersohn des Firmengründers Moritz Schur – als Bevollmächtigte der „Samt- und Seidenweberei AG vormals Rudolf Reichert & Söhne Repräsentanz Österreich" ab, vgl. Wiener Stadt- und Landesarchiv, Handelsarchiv B 20, 2.3.3.B77.20.117.

293 Peter Melichar, Neuordnung im Bankwesen, München 2004, S. 412f. Berthold Storfer starb 1944 in Auschwitz, Gabriele Anderl, Storfer, Berthold. In: Österreichisches Biographisches Lexikon 1815–1950, Bd. 13 (Lfg. 61, 2009), S. 329f.

294 Vgl. dafür Angaben von Margit Hofmann sowie die Aufzeichnungen, die vermutlich aus der Feder des Buchhalters Peichl stammen, in: Unternehmensarchiv Delius, Karton Nr. 7, Ordner „Mährisch-Trübau". Siehe auch Brief von Margit Hofmann an Herrn Delius im Jahr 1985, ebd., Die Leitung des Betriebes in der Nowakgasse habe bis zur deutschen Besetzung bei Direktor Alexander gelegen, einem österreichischen Juden, der „Trübau verlassen musste und dessen Haus, Garten und Park, die auch Firmenbesitz waren, an den Spediteur Piffl verkauft wurden", so Herbert Delius, vgl. Herbert Delius über Mährisch-Trübau, ebd.

295 Herbert Delius erinnerte sich, mit dem Reichenberger Rechtsanwalt Dr. Rudolf Schicketanz über den Kauf verhandelt zu haben, der nun dem neu gebildeten, nazifizierten Verwaltungsrat der Böhmischen Escompte-Bank angehörte. Er schreibt den Namen „Schecketanz", vgl. Herbert Delius über Mährisch-Trübau, in: Unternehmensarchiv Delius, Karton Nr. 7.

296 Wixforth, Expansion, S. 391; Herbert Delius über Mährisch-Trübau, in: Unternehmensarchiv Delius, Karton Nr. 7.

297 Wixforth, Expansion, S. 70ff.

298 Dennoch ist anzumerken, dass die wirtschaftshistorische Forschung eine große Bandbreite von „Arisierungsfällen" und -verläufen herausgearbeitet hat, die eine Identifizierung eines „statistischen Normalverlaufstypus" nicht zielführend erscheinen lassen, vgl. Ziegler, Dresdner Bank, S. 253ff. sowie Köhler, Werten, S. 318ff.

299 Schmidt, Welt, S. 37.

300 Bericht über Mährisch-Trübau, vermutlich vom früheren Buchhalter Peichl, Unternehmensarchiv Delius, Karton Nr. 7, Ordner „Mährisch-Trübau".

301 Herbert Delius über Mährisch-Trübau, Unternehmensarchiv Delius, Karton Nr. 7, Ordner „Mährisch-Trübau".

302 So Schmidt, Welt, S. 38, vgl. auch die Wehrstammbücher von Johann Daniel und Wolf Delius, in: Bundesarchiv, Militärarchiv Freiburg, Pers. 6 Nr. 37650 sowie Pers. 6 Nr. 34655. Zum Führungskreis der Firma in Bielefeld zählten die Herren Werny, Rex und Lepper. 1942 kehrte Wolf Delius in die Geschäftsführung zurück, während sich Herbert Delius aus der Teilhaberschaft zurückzog, damit eine von ihm gewährte Bürgschaft keine Relevanz für die Firma entfalten konnte, vgl. Geschäftsnotizen des Privatkontors.

303 Vgl. die Auszüge aus den Wehrstammbüchern von Wolf und Johann Daniel Delius in Bundesarchiv, Militärarchiv Freiburg, Pers. 6, Nr. 37650 sowie Pers. 6, Nr. 34655 sowie Hinweise in den Entnazifizierungsakten, Landesarchiv NRW, Abteilung Rheinland, Duisburg, NW 1073, Nr. 176, 177.

304 Während des Krieges stieg die Anzahl der Beschäftigten in Mährisch-Trübau wieder auf 302, davon 200 Frauen. Bundesarchiv, R 3/1815, Verzeichnis der Firmen im Sudetenland, Stand September 1943.

305 Schmidt, Welt, S. 38, vgl. auch Herbert Delius über Mährisch-Trübau.

306 Schmidt, Welt, S. 38.

307 Vgl. Fragment aus der stichwortartigen Chronologie für die Kriegszeit, vermutlich basierend auf den Kriegstagebüchern des Prokuristen Lepper in Vorbereitung der Chronik von Hans Schmidt zusammengestellt, in: Unternehmensarchiv Delius, Karton Nr. 10, Mappe „Firma".

308 Schmidt, Welt, S. 43f. Siehe auch: Unternehmensarchiv Delius, Karton Nr. 10, Mappe „Firma".

309 Notizen des Leiters der Futterstoffabteilung über die Kriegszeit, in: Unternehmensarchiv Delius, Karton Nr. 12, Ordner „Firma".

310 Jochen Streb, Das Reichswirtschaftsministerium im Kriege, in: Albert Ritschl (Hg.), Das Reichswirtschaftsministerium in der NS-Zeit. Wirtschaftsordnung und Verbrechenskomplex, Berlin 2016, S. 533–610, hier 579f.; siehe auch Schnaus, Kleidung, S. 106.
311 Schmidt, Welt, S. 41.
312 Für die Praxis der Verlagerung von Rüstungsaufträgen vgl. die Studie von Elena Dickert, Die „Nutzbarmachung" des Produktionspotentials besetzter Gebiete durch Auftragsverlagerungen im Zweiten Weltkrieg. Staatliche Regulierung und Verlagerungsverhalten von Maschinenbau- und Automobilunternehmen, Dissertation der NTNU Trondheim 2014:52, S. 29ff.
313 Vgl. z. B. Wolfgang Braumandl, Die Wirtschaft und Sozialpolitik des Deutschen Reichs im Sudetenland, Nürnberg 1985, S. 510, 516. Siehe auch Fachgruppe Seiden- und Samtindustrie an die Wirtschaftsgruppe Textilindustrie am 8. November 1943, in: Rheinisch-Westfälisches Wirtschaftsarchiv, 338, 94–1. (Ich danke Stefanie van de Kerkhof für den Hinweis auf diese Akte).
314 Beispielsweise brachte die erhöhte Geschwindigkeit des Kampfflugzeugs JU 88 gegenüber der JU 55 andere Anforderungen an die Fallschirmtextilien mit, Technische Abteilung der R. G. F. 4. März 1944, Bundesarchiv, R 13-XIV, Nr. 314.
315 Vgl. für kriegswirtschaftliche Aufträge diverse Industriebelegungspläne der Fachgruppe Seiden- und Samtindustrie von 1943–1945, in: Bundesarchiv, R 13-XIV, Nr. 314. Delius war eine von vier Seidenwebereien, die Zulieferungen für Geräte des „Jägerprogramms" ausführten, vgl. Leiter des Sonderausschusses A 13 an Fachgruppe Seiden- und Samtindustrie am 29. März 1944, Bundesarchiv, R 13-XIV, Nr. 314. Vgl. auch „Schnellaktion Versorgungsabwurf" vom 25. Januar 1943, ebd.
316 Es handelte sich um den Sonderausschuss A 13 im Hauptausschuss Flugzeugausrüstung beim Reichsminister für Rüstungs- und Kriegsproduktion. Vgl. stichwortartige Chronologie für die Kriegszeit, vermutlich in Vorbereitung der Chronik von Hans Schmidt zusammengestellt, in: Unternehmensarchiv Delius, Karton Nr. 10, Mappe „Firma". Die Firma Delius arbeitete mit den Seidenwebereien im Rheinland zusammen, z. B. in Fragen der Beschaffung von Seide, Schmidt, Welt, S. 41.
317 Schmidt, Welt, S. 42.
318 Aktennotiz der Fachgruppe Samt- und Seidenindustrie für die Wirtschaftsgruppe Textilindustrie am 27. September 1944, in: Bundesarchiv, BA R 13 XIV Nr. 200.
319 Angaben nach einem Erinnerungsskript von Margit Hofmann, der Tochter des früheren Betriebsleiters Viktor Stapels, Unternehmensarchiv Delius, Karton Nr. 7, Ordner „Mährisch-Trübau".
320 Fachgruppe Seiden- und Samtindustrie, Abteilung Ostmark, am 8. Juli 1940 an die Industrieabteilung der Wirtschaftskammer Wien, Rheinisch-Westfälisches Wirtschaftsarchiv, 338, Nr. 94-1.
321 Herbert Delius bekundete über die Fachgruppe Seiden- und Samtindustrie Interesse, die Firma Max Delfiner zu erwerben, diese antwortete am 1. März 1940. Neben Delius waren auch Conze & Colsman daran interessiert, dieses Unternehmen zu übernehmen. Die Fachgruppe Seiden- und Samtindustrie fragte im September 1940 bei der Firma Delfiner an, wie weit die seit zwei Jahren laufenden „Arisierungsverhandlungen" gekommen wären, vgl. Rheinisch-Westfälisches Wirtschaftsarchiv, 338, Nr. 94-1. Der Inhaber Max Delfiner habe Wien 1938 in Richtung Frankreich verlassen, so Andrea Hurton, „Der Jude ist in der Modeindustrie durchaus ersetzbar". Zur Strategie und Praxis von Ariseuren in der Wiener Bekleidungsbranche, in: Christine Schindler, Dokumentationsarchiv des Österreichischen Widerstands Wien Jahrbuch 2009, S. 278–294, hier 293.
322 Vgl. stichwortartige Chronologie zur Kriegszeit, vermutlich basierend auf den Kriegsnotizen des Prokuristen Lepper, in: Unternehmensarchiv Delius, Karton Nr. 10, Mappe „Firma", (Textfragment). Hier heißt es auch in einem Eintrag zum 31. Juli 1944, man habe „mit Wiener Wehrmachtskreisen Fühlung genommen, ob J.D. Delius in Wehrmachts-Wirtschaftsbehörden berufen wird. Wird bejaht."
323 „Es wurde versucht, an der Pfälzischen Textil-Industrie Otterberg und an der Lindener Samt-Weberei Interesse zu nehmen. Die Bemühungen kamen nicht zum Zuge, weil Lindener Samt-Weberei vernichtet wurde, und Otterberg mit einem Schweizer Millionen-Kredit belastet war, der nicht abgetragen werden durfte", hieß es in stichwortartiger Chronologie zur Kriegszeit, in: Unternehmensarchiv Delius, Karton Nr. 10, Mappe „Firma", (Textfragment).
324 Vgl. auch van de Kerkhof, Seide.
325 Rolf-Dieter Müller, Der Manager der Kriegswirtschaft: Hans Kehrl: ein Unternehmer in der Politik des „Dritten Reiches", Essen 1999, 104ff.
326 Vgl. Herbert Delius, Bericht über den in Russland verlebten Kriegswinter 1942/43, Anlage an Herbert Delius über Mährisch-Trübau, in: Unternehmensarchiv Delius, Karton Nr. 7.
327 Der Rückzug erfolgte im Juni 1942. Geschäftsnotizen des Privatkontors 1883–1970, S. 73, Einleger, in: Unternehmensarchiv Delius, Karton Nr. 7. Vgl. auch seine Ausführungen dazu in der Entnazifizierungsakte, in: Landesarchiv NRW, Abteilung Rheinland-Duisburg, NW 1073, Nr. 138.
328 Schmidt, Welt, S. 42.
329 Kriegstagebuch des Rüstungskommandos in Bielefeld, Eintrag vom 25. Januar 1941, BA Militärarchiv Freiburg, RW 21-7 Nr. 4 sowie für 1943 RW 21-7, Nr. 12.
330 Bundesarchiv R 13 XIV Nr. 200; BA Militärarchiv Freiburg, RW 21-7 Nr. 4, 11, 14.
331 Geschäftsnotizen des Privatkontors, S. 77, in: Unternehmensarchiv Delius, Karton Nr. 7.
332 Schmidt, Welt, S. 55. In Berichten des Sicherheitsdienstes der Reichsführer wird 1939/40 erwähnt, dass die Firma 120 Weberinnen und Weber entlassen hat sowie beim Arbeitsamt einen Antrag stellte, weitere 1.200 Arbeitskräfte zu entlassen, vgl. LA NRW, Detmold, M 1 I P, Nr. 636.
333 In den Lagerlisten der Stadt Bielefeld aus dem Jahr 1943 findet sich kein Hinweis auf C. A. Delius & Söhne, vgl. Michael Bermejo-Wenzel, Ergebnisbericht 2020, in: Unternehmensarchiv Delius. Im Bericht der Rüstungsinspektion (Frühjahr 1944) findet sich auch kein Hinweis auf Delius, LA NRW Detmold, D3 Bielefeld 108. Siehe auch Hans-Jörg Kühne, Kriegsbeute Arbeit. Der „Fremdarbeitereinsatz" in der Bielefelder Wirtschaft 1939–1945, Bielefeld 2002.
334 Vgl. stichwortartige Chronologie zur Kriegszeit, vermutlich basierend auf den Kriegsnotizen des Prokuristen Lepper, in: Unternehmensarchiv Delius, Karton Nr. 10, Mappe „Firma".
335 Köster, Seidensticker, S. 78. Das Luftwaffenbekleidungsamt in Bielefeld beschäftigte circa 50 Zwangsarbeiterinnen, siehe auch Frank Wellenbrink: Luftwaffenbekleidungsamt Bielefeld – Eine Fotodokumentation, Bielefeld 2010.
336 Schmidt, Welt, S. 53; siehe auch stichwortartige Chronologie zur Kriegszeit, vermutlich basierend auf den Kriegsnotizen des Prokuristen Lepper, in: Unternehmensarchiv Delius, Karton Nr. 10, Mappe „Firma".
337 Rath, Stadtgeschichte, 143.

3. *Wandel und Wachstum*

3.1. *Vom Wiederaufbau zum Wirtschaftswunder*

338 Vogelsang, Novemberrevolution, S. 325f.
339 Im letzten Friedensjahr hatte die Einwohnerzahl 126.000 betragen. Vgl. Vogelsang, Novemberrevolution, S. 334.
340 Siehe zur unmittelbaren Nachkriegszeit in Bielefeld auch Wixforth, Bielefeld, S. 314f.
341 Von den 1.173 Delius-Mitarbeitern, die zum Kriegsdienst eingezogen worden waren, waren 262 als gefallen gemeldet, nicht zurückgekehrt 235, 34 vermisst. Schmidt, Welt, S. 58.
342 Schmidt, Welt, S. 58. Siehe auch Unternehmensarchiv Delius, Karton Nr. 7, „Geschäftsnotizen des Privatkontors ab 1923–1970/71" von C. A. Delius & Söhne, S. 76f.

343 Siehe Unternehmensarchiv Delius, Karton Nr. 7, „Geschäftsnotizen des Privatkontors ab 1923–1970/71“ von C. A. Delius & Söhne, S. 76. Siehe auch Schmidt, Welt, S. 54. Zu den Folgen des Bombenangriffs vom 30. September 1944 vgl. genauer in Kapitel 2.

344 „Die Webereibetriebe standen in Spenge und Jöllenbeck acht Tage“, heißt es im Betriebstagebuch, Unternehmensarchiv Delius, Karton Nr. 7, „Geschäftsnotizen des Privatkontors ab 1923–1970/71“ von C. A. Delius & Söhne, S. 77.

345 So der Rückblick in einer Notiz für Herrn Geheimrat Hagemann (Sachwalter der Stadt Berlin für die Abwicklung des ehemaligen Reichswirtschaftsministeriums, Reichsstelle für Kleidung und verwandte Gebiete, Abwicklung) am 26. Oktober 1945, in: Bundesarchiv Berlin, R 8/II, Nr. 31. Vgl. auch Unternehmensarchiv Delius, Karton Nr. 7, Geschäftsnotizen des Privatkontors ab 1923–1970/71 von C. A. Delius & Söhne, S. 76–78.

346 Vogelsang, Novemberrevolution, S. 329f.

347 Unternehmensarchiv Delius, Karton Nr. 7, Geschäftsnotizen des Privatkontors ab 1923–1970/71 von C. A. Delius & Söhne, S. 78.

348 Die Stoffe befanden sich beim Ausrüster Windel in Windelsbleiche, Unternehmensarchiv Delius, Karton Nr. 7, Geschäftsnotizen des Privatkontors ab 1923–1970/71 von C. A. Delius & Söhne, S. 78.

349 Schmidt, Welt, S. 60.

350 Genauere Hinweise dazu lassen sich aus den verfügbaren Unterlagen nicht gewinnen. Leider sind für die Zeit von 1945–1958 keine Jahresberichte aus den Abteilungen oder andere quantitative Daten erhalten.

351 Schmidt, Welt, S. 61.

352 Die ersten drei Firmen, die in Bielefeld ihre Produktion fortsetzen durften, waren die Asta-Werke, die Westfalenfleiß GmbH und Gassel, Reckmann & Co. Vgl. Wixforth, Bielefeld, S. 315. Siehe auch ders., Ostwestfalen, S. 138.

353 Schmidt, Welt, S. 59.

354 Wixforth, Ostwestfalen, S. 138.

355 Notiz für Herrn Geheimrat Hagemann (Sachwalter der Stadt Berlin für die Abwicklung des ehemaligen Reichswirtschaftsministeriums, Reichsstelle für Kleidung und verwandte Gebiete, Abwicklung) am 26. Oktober 1945, in: Bundesarchiv Berlin, R 8/II, Nr. 31. Vgl. auch Unternehmensarchiv Delius, Karton Nr. 7, Geschäftsnotizen des Privatkontors ab 1923–1970/71 von C. A. Delius& Söhne, S. 76–78.

356 Bernard Montgomery war bis Ende Januar 1946 Militärgouverneur der britischen Zone, also der Oberbefehlshaber der britischen Besatzungstruppen in Deutschland. Er wohnte in dieser Zeit in Lübbecke in der Villa August Wilhelm Blase sowie im Gut Ostenwalde in Oldendorf im Landkreis Osnabrück. Zu den Besatzungsstrukturen vgl. u. a. Siegfried Großekathöfer, Besatzungsherrschaft und Wiederaufbau. Staatliche Strukturen in der britischen Zone, Göttingen 2016, S. 19.

357 Schmidt, Welt, S. 63.

358 Landesarchiv NRW, Abteilung Ostwestf. Lippe, Detmold, D3 Bielefeld 354, Schreiben vom 4. Oktober 1946.

359 Vgl. z. B. Willi A. Boelcke, Der Schwarzmarkt 1945–1948. Vom Überleben nach dem Krieg, Braunschweig 1986.

360 Detlef Gaastra, Sjoerd Gaastra 1921–2013. Ein Leben für die Krawatte, Leipzig 2015, S. 76. Sjoerd Gaastra, begann im Jahr 1939 bei C. A. Delius eine kaufmännische Lehre mit dem Schwerpunkt Außenhandel und blieb über 25 Jahre im Unternehmen.

361 Schmidt, Welt, S. 63.

362 Schmidt, Welt, S. 64.

363 Lindner, Faden, 83.

364 Das Viskosewerk Küttner in Pirna hatte spinnfähige Kunstseidengarne geliefert, die IG-Farben AG hatte an ihren Standorten in Premnitz und Landsberg seit 1942 Perlon produziert, Schmidt, Welt, S. 71.

365 Schmidt, Welt, S. 65.

366 Vgl. auch Unternehmensarchiv Delius, Karton Nr. 7, Geschäftsnotizen des Privatkontors ab 1923–1970/71 von C. A. Delius & Söhne, S. 81f.

367 Das Straßen-Verkehrs-Amt sei „uns übel gesinnt“, heißt es. Vgl. auch Unternehmensarchiv Delius, Karton Nr. 7, Geschäftsnotizen des Privatkontors ab 1923–1970/71 von C. A. Delius & Söhne, S. 81f.

368 Vgl. u. a. Wolfgang Benz, Potsdam 1945. Besatzungsherrschaft und Neuaufbau im Vier-Zonen-Deutschland, München 20054; Irmtrud Wojak, Entnazifizierung. Geschichte und Interessen, München 2015; Clemens Vollnhals, Entnazifizierung. Politische Säuberung und Rehabilitierung in den vier Besatzungszonen 1945–1949, München 1991; Hanne Leßau, Entnazifizierungsgeschichten. Die Auseinandersetzung mit der eigenen NS-Vergangenheit in der frühen Nachkriegszeit, Göttingen 2020; siehe auch Wolfgang Krüger, Entnazifiziert! Zur Praxis der politischen Säuberung in Nordrhein-Westfalen, Wuppertal 1982.

369 Schmidt, Welt, S. 59.

370 Vgl. z. B. die Entnazifizierungsakte von Wolf Delius, in: Landesarchiv NRW, NW 1073, Nr. 176.

371 Landesarchiv NRW, NW 1073, Nr. 176.

372 Vgl. Wissenschaftlicher Dienst des Deutschen Bundestages am 27. September 2011 WD 1 – 072/11: Die Entnazifizierung, S. 6, abrufbar unter https://www.bundestag.de/analysen oder https://www.bundestag.de/resource/blob/414744/78fc7c8a664a0d7d-87621bd9ebc4ed40/WD-1-072-11-pdf-data.pdf (Abruf am 19. Mai 2021); siehe auch Vollnhals, Entnazifizierung.

373 Siehe Unternehmensarchiv Delius, Karton Nr. 7, Geschäftsnotizen des Privatkontors ab 1923–1970/71 von C. A. Delius & Söhne, S. 82.

374 So der Einreihungsbescheid vom 23. Juli 1947, in: Landesarchiv NRW, NW 1073, Nr. 176.

375 Landesarchiv NRW, NW 1073, Nr. 176, darin Kopie des Briefs von Wolf Delius an Außenhandelsstelle für Niedersachen am 20. Oktober 1934.

376 Vgl. Landesarchiv NRW, NW 1073, Nr. 176, darin diverse Briefe der Reichszeugmeisterei von Februar bis August 1936. Siehe auch Schreiben der Deutschen Arbeitsfront, Reichsbetriebsgemeinschaft Textil von Mai 1937; von der Gauleitung Westfalen Nord der NSDAP aus dem September 1937, der Deutschen Arbeitsfront, Reichsbezugsquellen-Archiv vom Januar 1938.

377 Rund 30 Zeugen nahmen Stellung, zudem benannte Delius noch weitere Kontakte, vgl. Landesarchiv NRW, NW 1073, Nr. 176.

378 Leßau, Entnazifizierungsgeschichten, S. 134.

379 Berechnet nach den Zahlen von Vollnhals, Entnazifizierung, S. 333.

380 Alfred Catts an C. A. Delius & Söhne am 5. Mai 1947, in: Landesarchiv NRW, NW 1073, Nr. 176.

381 In der Entnazifizierungsakte werden gesundheitliche Gründe dafür angeführt. Anscheinend hat Herbert Delius für den SS-Mann Klare Bürgschaften in erheblicher Höhe übernommen, Klare war dann wohl später in SS-interne Intrigen oder Machtkämpfe verstrickt. Im Zuge dieser Schwierigkeiten, die Herbert Delius im Entnazifizierungsverfahren als Erpressung durch Klare schildert, hat Herbert Delius sein Vermögen auf seine Frau Clara übertragen. Möglicherweise diente sein Rückzug aus der Geschäftsführung der Sicherung des Gesellschaftskapitals. Unternehmensarchiv Delius, Karton Nr. 7, Geschäftsnotizen des Privatkontors ab 1923–1970/71 von C. A. Delius & Söhne, S. 73 sowie 82f.

382 Vgl. die Entnazifizierungsakte von Johann Daniel Delius, in: Landesarchiv NRW, NW 1073, Nr. 177, darin: Einreihungsbescheid vom 23. Juli 1947.

383 Vgl. z. B. die Stellungnahmen von H. Wienskowitz oder Albert Minzenmay, in: Landesarchiv NRW, NW 1073, Nr. 177.

384 Vgl. die Entnazifizierungsakte von Herbert Delius, Landesarchiv NRW NW 1073, Nr. 138. Auch das Betriebstagebuch nimmt zu den Entnazifizierungsverfahren Stellung und deutet an, dass es im Laufe des Verfahrens mit dem Vorsitzenden des (deutschen) Ausschusses Probleme gab, die man mithilfe „neutraler englischer Stellen“ und „sozialdemokratischer neutraler Männer“ überwinden konnte, vgl. Unternehmensarchiv Delius, Karton Nr. 7, Geschäftsnotizen des Privatkontors ab 1923–1970/71 von C. A. Delius & Söhne, S. 82.

385 Unternehmensarchiv Delius, Karton Nr. 7, Geschäftsnotizen des Privatkontors ab 1923–1970/71 von C. A. Delius & Söhne, S. 82.

386 Vgl. Werner Abelshauser, Deutsche Wirtschaftsgeschichte seit 1945, München 2004, S. 67–74, S. 88f.

387 Das genaue Datum konnte nicht rekonstruiert werden, wahrscheinlich um 1946. Schmidt, Welt, S. 66.

388 Schmidt, Welt, S. 67. Leider liegen über die Investition keine Unterlagen vor, die über Details der Investition und Transaktion Aufschluss geben.

389 Vgl. zur Kritik am Marshallplan Werner Abelshauser, Deutsche Wirtschaftsgeschichte nach 1945, München 2004, S. 130–153. Zur weiteren Diskussion siehe auch Helge Berger/Albrecht Ritschl, Die Rekonstruktion der Arbeitsteilung in Europa. Eine neue Sicht des Marshallplans in Deutschland, in: Vierteljahrshefte für Zeitgeschichte 43, 1995, S. 473–519; zur Funktionsweise siehe Gerd Hardach, Der Marshall-Plan. Auslandshilfe und Wiederaufbau in Westdeutschland 1948–1952, München 1994.

390 Die im Rahmen des European Recovery Program (ERP) angesammelten „Counterpart-Funds" speisten das ERP-Sondervermögen und bildeten die Grundlage für Investitionskredite, die in Engpasssektoren fließen sollten. Siehe auch von Michael von Prollius, Deutsche Wirtschaftsgeschichte nach 1945, Göttingen 2006, S. 78 (basierend auf Angaben nach U. Uffelmann).

391 Mehr als zwei Drittel der Marshallplan-Einfuhren bestanden aus Rohbaumwolle. Lindner, Faden, S. 83. Abelshauser, Wirtschaftsgeschichte, S. 131.

392 Der monatliche Garnverbrauch erhöhte sich von 26.900 Kilogramm im Jahr 1947 auf etwa 60.000 Kilogramm am Vorabend der Währungsreform. Schmidt, Welt, S. 65; 67.

393 Vgl. auch Unternehmensarchiv Delius, Karton Nr. 7, Geschäftsnotizen des Privatkontors ab 1923–1970/71 von C. A. Delius & Söhne, S. 81.

394 Vgl. auch Unternehmensarchiv Delius, Karton Nr. 7, Geschäftsnotizen des Privatkontors ab 1923–1970/71 von C. A. Delius & Söhne, S. 81.

395 Zitiert nach Wixforth, Ostwestfalen, S. 139.

396 Zur Kriegsfinanzierung vgl. Willi Boelcke, Die Kosten von Hitlers Krieg. Kriegsfinanzierung und finanzielles Kriegserbe in Deutschland 1933–1948, Paderborn 1985; Mark Spoerer/Jochen Streb, Wirtschaftsgeschichte des 20. Jahrhunderts, S. 156–207 bzw. einschlägige Literaturhinweise dort; siehe auch Tim Schanetzky, Wirtschaft und Konsum im Dritten Reich, München 2015, S. 193ff.; Karl-Heinrich Hansmeyer/Rolf Cäsar, Kriegswirtschaft und Inflation (1936–1948), in: Deutsche Bundesbank (Hg.), Währung und Wirtschaft in Deutschland 1876–1975, Frankfurt 1975, S. 367–429.

397 Pro Kopf sahen die Bestimmungen eine „Kopfquote" von insgesamt 60 D-Mark zum Kurs von 1:1 vor – die noch ausstehenden 20 D-Mark wurden im August ausgegeben. Zur Währungsreform in Bielefeld vgl. Monika Dickhaus/Stephan Grimm, 50 Jahre Deutsche Mark: die Währungsreform von 1948 in Bielefeld und Gütersloh, in: Der Minden-Ravensberger 70, 1998, S. 28–36.

398 Mieten, Preise und Löhne wurden im Verhältnis von 1:1 umgestellt. Zudem konnten Bürgerinnen und Bürger 40 Reichsmark gegen 40 D-Mark eintauschen, weitere 20 Reichsmark im August. Weitere Guthaben wurden nach und nach umgestellt; für das endgültige Umtauschverhältnis spielte das „Festkontengesetz" vom Oktober 1948 eine entscheidende Rolle. Vgl. für die Währungsreform z. B. Christoph Buchheim, Die Errichtung der Bank deutscher Länder und die Währungsreform in Westdeutschland, in: Deutsche Bundesbank (Hg.), Fünfzig Jahre Deutsche Mark, Notenbank und Währung in Deutschland seit 1948, München 1998, S. 91–138. Ders., Die Währungsreform 1948 in Westdeutschland, in: Vierteljahrshefte für Zeitgeschichte 36, 1988, S. 189–231; Dieter Lindenlaub, Die Errichtung der Bank deutscher Länder und die Währungsreform von 1948, in: ders./Carsten Burhop/Joachim Scholtyseck, Schlüsselereignisse der deutschen Bankengeschichte, Stuttgart 2013, S. 297–319. Hans Möller, Die westdeutsche Währungsreform von 1948, in: Deutsche Bundesbank (Hg.), Währung und Wirtschaft in Deutschland 1876–1975, Frankfurt 1975, S. 433–483.

399 Zitiert nach Wixforth, Ostwestfalen, S. 142.

400 Vgl. für die Formulierung Wixforth, Bielefeld, S. 315, mit einer kritischen Einordnung der „Legende".

401 Gesetz über Leitsätze für die Bewirtschaftung und Preispolitik nach der Geldreform, 24. Juni 1948. Über die Preisentwicklung vgl. Irmgard Zündorf, Der Preis der Marktwirtschaft. Staatliche Preispolitik und Lebensstandard in Westdeutschland 1948 bis 1963, Stuttgart 2006.

402 Für Umstellungsprobleme auch in Bielefeld vgl. Wixforth, Bielefeld, S. 316.

403 Waren die industriellen Produktionsanlagen vor der Währungsreform nur etwa zu einem guten Drittel ausgelastet, so erreichte der Auslastungsgrad im zweiten Halbjahr des Geschäftsjahres 1948 etwa 51 Prozent und stieg in den Folgejahren weiter rasch an. 1949 betrug der Auslastungsgrad 61 Prozent, 1951 über 80 Prozent. Siehe Werner Abelshauser, Wirtschaft in Westdeutschland 1945–1948, Rekonstruktion und Wachstumsbedingungen in der amerikanischen und britischen Zone, Stuttgart 1975, S. 118. Siehe auch die Studie des Deutschen Instituts für Wirtschaftsforschung (DIW) Rolf Krengel, Anlagevermögen, Produktion und Beschäftigung der Industrie im Gebiet der Bundesrepublik von 1924 bis 1956, Berlin 1958, S. 76f. Vgl. auch Spoerer/Streb, Wirtschaftsgeschichte, S. 215.

404 Der Firmenchronist betont die „weitsichtige Vorarbeit der Unternehmer", die „sichere Linie der heimischen Regierungspolitik (Adenauer)" und die „Einsichtigkeit der Besatzungskräfte" als entscheidende Voraussetzungen des Wiederaufbaus. Schmidt, Welt, S. 68.

405 Schmidt, Welt, S. 68f.

406 Die Angaben beziehen sich auf den Zeitraum vom 21. Juni bis zum 31. Juli 1948, vgl. Schmidt, Welt, S. 69.

407 O. V. „Kriegszeit", unveröff. Manuskript, um 2012, in: Unternehmensarchiv Delius, ohne Signatur, S. 6.

408 Zitiert nach Schmidt, Welt, S. 70.

409 Die Zahl der Gewerbebetriebe wuchs von circa 4.500 im Jahr 1945 auf 9.000 im Jahr 1950, vgl. Wixforth, Bielefeld, S. 319.

410 Vgl. für die Konjunkturen in der Textilindustrie nach 1945 auch Dominik Lutz, Zusammenbrüche in der deutschen Textilwirtschaft. Krisen und Insolvenzverfahren in Produktion und Einzelhandel unter Konkursordnung, Vergleichsordnung und Insolvenzordnung, Münster 2021, S. 78ff.

411 Norbert Jäger, Strukturpolitik und regionaler Wandel in der Bundesrepublik, dargestellt am Beispiel der Textilindustrie, Bonn 1985. S. 48.

412 Lutz, Zusammenbrüche, S. 78. Siehe auch Lindner, Faden, S. 84.

413 Vgl. dazu Abelshauser, Wirtschaftsgeschichte, S. 164. Die Steueränderungsgesetze von 1948 und 1949 schufen mit § 7a EStG die Möglichkeit, bei Ersatzbeschaffungen ausgemusterter Anlagen o. ä., Kapitalgüter bis 100.000 D-Mark schon in den ersten beiden Jahren nach Anschaffung zur Hälfte abzuschreiben.

414 Carl-Ludwig Holtfrerich, Die Deutsche Bank vom Zweiten Weltkrieg über die Besatzungsherrschaft zur Rekonstruktion 1945–1957, in: Die Deutsche Bank 1875–1995, München 1995, S. 409–578, hier 564f.

415 Lindner, Faden, S. 86–89.

416 Spoerer/Streb, Wirtschaft, S. 219; siehe auch von Prollius, Wirtschaftsgeschichte, S. 89ff.

417 Vgl. Index der industriellen Nettoproduktion der Textilindustrie 1950–1956, Statistisches Jahrbuch 1958, S. 237.

418 O. V. „Kriegszeit", unveröff. Manuskript, um 2012, in: Unternehmensarchiv Delius, ohne Signatur.

419 Davon entfielen etwa 90 Prozent auf Viskose, Schmidt, Welt, S. 72.

420 Die Rheinische Kunstseide Krefeld war eine Tochterfirma der Hamburger Parix GmbH und lieferte Viskose-Kunstseide, Schmidt, Welt, S. 71.

421 1925 wurde die Firma Glanzstoff-Courtaulds GmbH durch eine Vereinbarung zwischen der Vereinigte Glanzstoff-Fabriken AG (Wuppertal-Elberfeld) und der britischen Courtaulds Ltd. gegründet. Seit 1928 produzierte man am Standort Köln-Niehl Kunstseide, später Zellwolle, der Standort gab 1966/67 den Betrieb auf.

422 Schmidt, Welt, S. 71.

423 Schmidt, Welt, S. 73.

424 Die Konsumgüterindustrie verzeichnete 1950–1954 Zuwächse von 10,3 Prozent, die Investitionsgüterindustrie von 16,1 Prozent; der Durchschnitt der gesamten Industrie lag bei 11,3 Prozent. Vgl. dazu Lindner, Faden, S. 85. Siehe auch Konrad Neudörfer, Krisen der Textilindustrie in der Bundesrepublik Deutschland, in: Friedrich-Wilhelm Henning (Hg.), Krisen und Krisenbewältigung vom 19. Jahrhundert bis heute, Frankfurt a. M. 1998, S. 29–48, hier 34.

425 Abelshauser, Wirtschaftsgeschichte, S. 165; siehe auch Lindner, Faden, S. 85.

426 O. V. „Kriegszeit", unveröff. Manuskript, um 2012, in: Unternehmensarchiv Delius, ohne Signatur, S. 7.

427 Vgl. Karl Borromäus Murr, Textilindustrie, publiziert am 20. Februar 2018, in: Historisches Lexikon Bayerns, abrufbar unter http://www.historisches-lexikon-bayerns.de/Lexikon/Textilindustrie (Abruf am 28. Mai 2021).

428 Siehe auch Peter Donath, „Wir machen Stoff". Die Gewerkschaft Textil Bekleidung 1949–1998, 2021, S. 26.

429 Schmidt, Welt, S. 76.

430 Wixforth, Bielefeld, S. 320.

431 Stephan Lindner, Textilindustrie zwischen „Wirtschaftswunder" und Erdölkrise, in: Konrad Jarausch (Hg.), Das Ende der Zuversicht? Die siebziger Jahre als Geschichte, Göttingen 2008, S. 49–67, hier 53. Siehe auch Lindner, Faden, S. 114.

432 Wixforth, Ostwestfalen, spricht vom „Abschied vom früheren Führungssektor" der ostwestfälischen Wirtschaft.

433 Die Beschäftigtenzahlen in der Textilindustrie stiegen auf rund 650.000 an, vgl. Statistisches Jahrbuch 1960, S. 170; siehe auch Lindner, Faden, S. 90.

434 So eine zeitgenössische Studie, zitiert nach Lindner, Faden, S. 90.

435 1956 waren die durchschnittlichen Kosten für eine Arbeitsstunde in der Textilindustrie in der Bundesrepublik höher als die entsprechenden Kosten in den Niederlanden und Italien, zugleich niedriger als in Frankreich, Großbritannien, Belgien und der Türkei, vgl. Lindner, Faden, S. 91.

436 So die Angaben der Gewerkschaft Textil und Bekleidung, Verwaltungsstelle Jöllenbeck, zitiert nach Donath, Stoffe, S. 26f.

437 Schmidt, Welt.

438 Schmidt, Welt, S. 72f.

439 Vgl. zur Bedeutung der Kaufhäuser nach 1945 Ralf Banken, "Everything that exists in capitalism can be found in the department store": the development of department stores in the Federal Republic of Germany, 1949–2000, in: Ralph Jessen (Hg.), Transformations of retailing in Europe after 1945, Farnham, Surrey [u. a.], 2012, S. 147–160.

3.2. *„Seit Jahren auch ohne Organisation Geld gemacht" – Vorbild Amerika?*

440 Unternehmensarchiv Delius, Karton Nr. 1, darin: Alphonse Perren, Bericht über die betriebswirtschaftliche Überprüfung der Firma C. A. Delius & Söhne, Bielefeld; 1. Teil, Kaufmännische Abteilungen, S. 33.

441 Perren, Bericht, S. 57.

442 Perren, Bericht, S. 35.

443 Geschäftsnotizen des Privatkontors ab 1923–1970/71, S. 93f.

444 Perren, Bericht, S. 26.

445 Perren, Bericht, S. 7.

446 Perren, Bericht, S. 32.

447 Perren, Bericht, S. 21.

448 Perren, Bericht, S. 21.

449 Der Plan bildete zentralisierte, funktional gegliederte Strukturen ab, die auf die Führungsspitze ausgerichtet waren und legte damit eine klassische „U-Form" nahe. Vgl. zur Entwicklung der Organisationsstrukturen von Großunternehmen die klassische Studie von Alfred Chandler, Strategy and Structure: Chapters in the History of the Industrial Enterprise, Cambridge 200122(Erstauflage 1962).

450 Perren, Bericht, S. 5.

451 Perren, Bericht, S. 6.

452 Perren, Bericht, S. 6.

453 Vgl. zur Leitbildfunktion der amerikanischen Management- und Produktionsmethoden Christian Kleinschmidt, Der produktive Blick. Wahrnehmung amerikanischer und japanischer Management- und Produktionsmethoden durch deutsche Unternehmer 1950–1985, Berlin 2002; siehe auch Susanne Hilger, „Amerikanisierung" deutscher Unternehmen: Wettbewerbsstrategien und Unternehmenspolitik bei Henkel, Siemens und Daimler-Benz (1945/49–1975), Stuttgart 2004.

454 Die wirtschaftshistorische Forschung hat die Vorstellung einer Amerikanisierung im Sinne einer Imitation zurückgewiesen und herausgearbeitet, dass einzelne Impulse selektiv adaptiert wurden, vgl. Kleinschmidt, Blick, S. 308ff.; Hilger, Amerikanisierung, S. 19; Paul Erker, Anpassungs- und Transformationsprozesse zwischen Wirtschaftsboom und Wirtschaftskrisen (1945–1983), in: Johannes Bähr/ders., Bosch, Geschichte eines Weltunternehmens, München 2013, S. 255–395, hier 351ff.

455 Gerd Hardach, Der Marshall-Plan, S. 201f.; Lindner, Faden, S. 93f.; siehe auch Kleinschmidt, Blick.

456 Vgl. z. B. Wilhelm van Delden, Produktivität in USA, München 1953 (RKW-Auslandsdienst, Heft Nr. 20); Erich Donner/Heinrich Euler, Die amerikanische Herrenoberbekleidungs-Industrie, München 1955 (RKW-Auslandsdienst, Heft Nr. 33).

457 Perren, Bericht, S. 22. Er verweist auf die vom Rationalisierungs-Kuratorium der deutschen Wirtschaft herausgegebene Informationsbroschüre: RKW-Auslandsdienst, Heft Nr. 9: Rechnungswesen im Dienste der Werkleitung: Erfahrungen einer englischen Studienkommission in USA, München 1952. Das 1950 gegründete Rationalisierungs-Kuratorium der deutschen Wirtschaft e. V. (Nachfolgerin des 1921 gegründeten RKW) verstand sich als Drehscheibe für die Verbreitung von Kenntnissen, die Produktivität und Rationalisierung in den Betrieben förderten. Schwerpunkt der Schriftenreihe „Auslandsdienst" waren die USA; siehe auch Kleinschmidt, Blick, S. 66ff.

458 Perren, Bericht, S. 27, S. 29, S. 31.

459 Perren, Bericht, S. 39.

460 Kleinschmidt, Blick, S. 221–259; Hilger, Amerikanisierung, S. 183ff.; siehe auch die Beiträge im Sammelband von Christian Kleinschmidt/Florian Triebel (Hg.), Marketing. Historische Aspekte der Wettbewerbs- und Absatzpolitik, Essen 2004, darin vor allem Triebel, Marktforschung bei BMW 1957–1961, S. 67–83, hier 67ff. Die Gesellschaft für Konsumforschung, 1934 aus dem 1925 gegründeten „Institut für Wirtschaftsbeobachtung der deutschen Fertigware" hervorgegangen, avancierte mit der Zeit zu einem führenden Marktforschungsinstitut und stützte sich dabei auf amerikanische Methoden der Konsumforschung, vgl. Harm Schröter, Die Geschichte der Marktforschung in Europa im 20. Jahrhundert, in: Rolf Walter (Hg.), Geschichte des Konsums, Stuttgart 2004, S. 319–336.

461 Eine produktionsorientierte Unternehmensführung z. B. für eine Reihe von Automobilzulieferern bis in die 1980er-Jahre hinein typisch, vgl. Stephanie Tilly, Das Zulieferproblem aus ökonomischer Sicht. Die westdeutsche Automobil-Zulieferindustrie zwischen Produktions- und Marktorientierung (1960–1980), in: dies./Dieter Ziegler (Hg.), Automobilwirtschaft nach 1945. Vom Verkäufer- zum Käufermarkt? Jahrbuch für Wirtschaftsgeschichte 2010/1, S. 137–160. Bei dem Automobilhersteller BMW bestimmten phasenweise technikorientierte Entscheidungen die Unternehmensführung, vgl. z. B. Florian Triebel, Vom ‚Marketingloch' zur Wiederentdeckung der sportlichen Mittelklasse – vom Produktionsregime zur Marktorientierung bei BMW, in: Stephanie Tilly/Dieter Ziegler (Hg.), Automobilwirtschaft nach 1945. Vom Verkäufer- zum Käufermarkt? Jahrbuch für Wirtschaftsgeschichte 2010/1, S. 37–64.

462 Bislang gab es diese nur in der Exportabteilung sowie in Abteilung 9, Futterstoffe.

463 Perren, Bericht, S. 19.

464 Perren, Bericht, S. 40.

465 Die genaue Kundenstruktur lässt sich auf Basis der Daten nicht genau rekonstruieren. In Abteilung 8 (Blusenstoffe etc.) entfielen im Geschäftsjahr 1957/58 über zwei Drittel des Umsatzes auf die Kundengruppe der Konfektionäre, 14,3 Prozent auf den Einzelhandel. In der größten Abteilung (Nr. 9, Futterstoffe) besaßen auch die Konfektionäre das Übergewicht, vgl. Abteilung 9, Jahresbericht 1961, in: Unternehmensarchiv Delius, Karton Nr. 1.

466 Vgl. auch M. Rudolph, Marketing bei mehrstufigen Absatzmärkten, in: Thexis 2/1988, S. 34–37.

467 Vgl. Interview mit Karl-Heinz Herwig, dem früheren langjährigen Personalchef von Delius, im Frühjahr 2021.

3.3. *„Fäden in alle Welt“*

468 Der Branche ging es „bedeutend besser“, so Lindner, Faden, S. 117.

469 So das Bundeswirtschaftsministerium Anfang 1960, zitiert nach Lindner, Faden, S. 117.

470 Lindner, Faden, S. 54 mit Tabelle 6.

471 So der Exportleiter Geks in seinem Nachruf auf Wolf Delius, in: Archiv der Familienverbindung Delius B 990, Artikel aus der Firmenzeitung Ende 1980.

472 Archiv der Familienverbindung Delius, A 992, Nachruf von Kurt Gottschalk auf JDD in der Firmenzeitung 1981.

473 Vgl. die Jahresberichte der Exportabteilungen 1958ff. sowie die Jahresberichte des Unternehmens, Unternehmensarchiv Delius, Karton Nr. 1. Siehe auch die Übersicht über die Umsätze im Anhang.

474 Über die Exporttätigkeit des Unternehmens geben die Jahresberichte der Exportabteilung Aufschluss, die für die Jahre 1958, 1959, 1960, 1961, 1963,1965, 1966, 1967, 1968, 1969, 1970, 1971, 1972, 1976 erhalten sind.

475 Schmidt, Welt, S. 82.

476 Schmidt, Welt, S. 113.

477 Prospekt Delius Möbelstoffe, in: Archiv der Familienverbindung Delius, A 988. Das genaue Datum ist unbekannt, eine Liste mit 93 Ländernamen lässt jedoch erkennen, dass die Broschüre wohl nicht nach 1960 entworfen wurde.

478 Siehe Unternehmensarchiv Delius, Karton Nr. 1, Jahresbericht Abteilung Export/Import 1958, S. 2.

479 Archiv der Familienverbindung Delius, B 990, Zeitungsartikel vom 12. Juni 1953.

480 Schmidt, Welt, S. 87.

481 Archiv der Familienverbindung Delius, B 990, Zeitungsartikel vom 30. Mai 1953.

482 Z.B. im Jahr 1972 bei rund 490.000 D-Mark, siehe Unternehmensarchiv Delius, Karton Nr. 1, Jahresbericht Abteilung Export/Import 1972, S. 18.

483 Unternehmensarchiv Delius, Bestand der noch unsignierten Dokumente, Johannes Delius an Rudolf Delius am 4. März 2020.

484 1958 gingen 44 Prozent, 1959 mehr als 50 Prozent des Delius-Exportes nach Europa. 1965 lag die Quote bei 70 Prozent, 1970/76 etwa 60 Prozent. Vgl. Jahresberichte der Exportabteilung, 1958–1976, in: Unternehmensarchiv Delius, Karton Nr. 1.

485 Vgl. z. B. Jahresbericht Export 1963, S. 33.

486 Stephan H. Lindner, Die westdeutsche Textilindustrie zwischen »Wirtschaftswunder« und Erdölkrise, in: Konrad H. Jarausch (Hg.), Das Ende der Zuversicht? Die siebziger Jahre als Geschichte, Göttingen 2008, S. 49–67, hier 54.

487 Lindner, Faden, S. 55f.

488 Lindner, Faden, S. 111.

489 Zu nennen sind die Abkommen STA („Short Term arrangement on cotton textiles“) von 1961 und LTA (Long term arrangement on Cotton Textiles) von 1962, die es den Importländern ermöglichten, von GATT-Grundsätzen (Meistbegünstigung, Nichtdiskriminierung) abzuweichen und ihre Einfuhren zu beschränken. Vgl. dafür die Studie der OECD (Hg): A New World Map in Textiles and Clothing: Adjusting to Change, Paris 2004.

490 Christian Marx, Die Vermarktlichung des Unternehmens. Berater, Manager und Beschäftigte in der westeuropäischen Chemiefaserindustrie seit den 1970er-Jahren, in: Zeithistorische Forschungen/Studies in Contemporary History 12 (2015), S. 403–426.

491 Vgl. z. B. Gerold Ambrosius, Wirtschaftsraum Europa. Vom Ende der Nationalökonomien, Frankfurt a. M. 1998, S. 73–122.

492 Betriebswirtschaftliche Abteilung, Bericht zur kurzfristigen Erfolgsrechnung am 9. Juni 1967, Unternehmensarchiv Delius, Karton Nr. 1.

493 Unternehmensarchiv Karton Nr. 1, Jahresbericht 1968, Abteilung Export/Import, S. 31.

494 Unternehmensarchiv Karton Nr. 1, Jahresbericht 1968, Abteilung Export/Import, S. 32.

495 In den 1960er-Jahren führte die Bundesrepublik mehr Textilien aus dem EWG-Raum ein, als sie in die beteiligten Länder ausführte. Vgl. den Saldo des Textilaußenhandels, z. B. 1960 und 1969, hier nach Lindner, Faden, S. 119.

496 Vgl. dazu Julia Schnaus, Kleidung zieht jeden an. Die deutsche Bekleidungsindustrie 1918–1973, Berlin/Boston 2017, S. 206, 208ff., hier zitiert nach S. 211.

497 Markt im Netz, in: Spiegel, 13. März 1967, S. 74–77, zitiert nach Marx, Vermarktlichung, S. 403–426.

498 Zudem sei der EWG-Außenzoll höher als die Außenzölle der Bundesrepublik zuvor. Vgl. Lindner, Faden, S. 118 und 120.

499 Vgl. Université de Genève/Institut de hautes études internationales (Hg.): The European Free Trade Association and the Crisis of European Integration. An aspect of the Atlantic Crisis? by a Study Group of the Geneva Graduate Institute of International Studies, London 1968.

500 Vgl. Unternehmensarchiv Delius, Karton Nr. 1, Jahresbericht Export 1960, S. 2f., 29; 1972, S. 14.

501 Vgl. Unternehmensarchiv Delius, Karton Nr. 1, Jahresbericht Export 1968, S. 7, Kundenzitat auf S. 9.

502 Unternehmensarchiv Delius, Karton Nr. 1, Jahresbericht Export 1967.

503 Vgl. Briefwechsel Okunowo/Eduard Delius September 1968, in: Unternehmensarchiv Delius, Fundstücke. Zur Monopolstellung von Delius in Damaststoffen auf dem afrikanischen Markt vgl. Unternehmensarchiv Delius, Karton Nr. 1, Jahresbericht Export 1972, S. 25.

504 Unternehmensarchiv Delius, Karton Nr. 1, Jahresbericht Export 1965, S. 15.

505 Vgl. Jahresbericht Export 1968, S. 4, in: Unternehmensarchiv Karton Nr. 1.

506 Jahresbericht Export 1958, Unternehmensarchiv Karton Nr. 1, S. 5.

507 Manuskript zur Firmengeschichte (ohne Autor), in: Unternehmensarchiv Delius/Unterlagen GUG.

508 Jahresbericht Export 1969, S. 14, in: Unternehmensarchiv Karton Nr. 1.

509 Barry Eichengreen, Vom Goldstandard zum Euro. Die Geschichte des internationalen Währungssystems, Berlin 2000.

510 Siehe auch Jahresbericht der Exportabteilung 1971, S. 12, in: Unternehmensarchiv Delius, Karton Nr. 1. Der Exportleiter erwähnt Neuordnung der Kunstseidenvergütungssätze. Ausfuhrhändlervergütungen waren im Umsatzsteuergesetz geregelt, vgl. z. B. 15. Gesetz zur Änderung des UStG, 19. März 1964.

511 Unternehmensarchiv Delius, Karton Nr. 1, Export 1972, S. 10.

512 Unternehmensarchiv Delius, Karton Nr. 1, Export 1972, S. 10.

513 Der Kurs belief sich in der ersten Hälfte der 1970er-Jahre auf etwa 1 FRF/0,5815 D-Mark, also entsprachen die genannten Summen etwa 20.000 bis 50.000 D-Mark Gewinn.

514 Das entsprach etwa 3,489 Millionen bis 4,07 Millionen D-Mark.

515 Vgl. die Protokolle von ordentlichen und außerordentlichen Generalversammlungen der CAD France aus den Jahren 1974 bis 1977, in: Unternehmensarchiv Karton Nr. 1. Ein Aktienkapital von 501.000 Francs entsprach in den 1970er-Jahren ungefähr 291.000 D-Mark.

516 Vgl. Unternehmensarchiv Delius, Karton Nr. 1, Jahresbericht Export 1976.
517 Unternehmensarchiv Delius, Karton Nr. 1, Jahresbericht Export 1970, S. 15.
518 Unternehmensarchiv Delius, Karton Nr. 1, Jahresbericht Export 1972, S. 14.
519 Vertrag Delius/Cockcroft vom 11. Januar 1974, in: Unternehmensarchiv Delius, Karton Nr. 10, „Cockcroft".
520 Über die Vorgeschichte und den Verlauf dieser Investition von Delius ist kaum etwas bekannt, da nur spärliche Unterlagen überliefert sind. Vgl. dazu eine Sammlung von einigen Geschäftszahlen sowie den Vertrag beider Unternehmen vom Januar 1974, in: Unternehmensarchiv Delius, Karton Nr. 10, „Cockcroft".
521 In D-Mark zum Kurs von Juli 1973 umgerechnet (1 GBP=6,03 D-Mark; 1 D-Mark= 0,165837 GBP) waren das ein Aktienkapital in Höhe von rund 720.000 D-Mark, Bilanzsumme 4,824 Millionen D-Mark, ein Umsatz in Höhe von mindestens 4,143 Millionen D-Mark, vgl. zu den Zahlen John Cockcroft & Son Ltd., Auszug aus dem Bericht der Direktoren für Reinhard, Eduard und Ernst August Delius.
522 John Cockcroft & Son Ltd., Auszug aus dem Bericht der Direktoren, in: Unternehmensarchiv Delius, Karton Nr. 10, „Cockcroft".
523 Vertrag Delius/Cockcroft vom 11. Januar 1974, in: Unternehmensarchiv Delius, Karton Nr. 10, „Cockcroft".
524 Telefonnotiz von John Cockcroft am 23. November 1974, in: Unternehmensarchiv Delius, Karton Nr. 10, „Cockcroft".
525 Vertrag Delius/Cockcroft vom 11. Januar 1974, siehe auch Telefonnotiz von John Cockcroft am 23. November 1974, in: Unternehmensarchiv Delius, Karton Nr. 10, „Cockcroft".
526 Jahresbericht Export 1976, S. 12, in: Unternehmensarchiv Delius, Karton Nr. 1.
527 Jahresbericht Abteilung 12, 5. Mai 1981 (Export), in: Unternehmensarchiv Delius, Karton Nr. 1.
528 Manuskript zur Firmengeschichte (ohne Autor), in: Unternehmensarchiv Delius/ Unterlagen GUG.
529 Manuskript zur Firmengeschichte (ohne Autor), in: Unternehmensarchiv Delius/ Unterlagen GUG.
530 Manuskript zur Firmengeschichte (ohne Autor), in: Unternehmensarchiv Delius/ Unterlagen GUG.
531 Unternehmensarchiv Delius, Karton Nr. 1, Jahresbericht Export 1958, S. 29.
532 Unternehmensarchiv Delius, Karton Nr. 1, Jahresbericht Export 1960.
533 Unternehmensarchiv Delius, Karton Nr. 1, Vgl. z. B. Jahresbericht Export 1963, S. 4.
534 Unternehmensarchiv Delius, Karton Nr. 1, Jahresbericht Export 1970, S. 26.
535 Der Seidenverband registrierte in diesem Jahr ein durchschnittliches Wachstum des Exports von etwa 14 Prozent, Unternehmensarchiv Delius, Karton Nr. 1, Jahresbericht Export 1976, Anhänge sowie Manuskript „Kriegszeit", in: Unternehmensarchiv Delius.

3.4. *„Treffpunkt Delius" – Das Unternehmen und seine Belegschaft*

536 Schmidt, Welt, S. 91.
537 Vgl. die Übersicht der Angestellten und Arbeiter an den verschiedenen Standorten von 1954–1958 in Unternehmensarchiv Delius, Karton Nr. 1, Alphonse Perren, Anlagen zum Bericht vom 4. November 1958, Anlage Nr. 1. Leider enthalten diese Daten keine Angaben über die Zahl der männlichen und weiblichen Beschäftigten.
538 So Ernst August Delius im Interview, vgl. Unternehmensarchiv Delius, Karton Nr. 10, Mappe „Zeitungsartikel", darin Artikel von circa 1975. Siehe auch Manuskript „Kriegszeit".
539 Unternehmensarchiv Delius, Manuskript „Kriegszeit". Siehe auch Unternehmensarchiv Delius, Karton Nr. 10, Ordner „Mitarbeiterzeitung", Besprechungsbericht vom 21. August 1989, darin werden 840 Mitarbeiter erwähnt, 150 in der Verwaltung.
540 So ein Ausbilder in einem Rückblick in den frühen 1990er-Jahren, Unternehmensarchiv Delius, Karton Nr. 10, Mappe „Christa".
541 Unternehmensarchiv Delius, Karton Nr. 10: Mappe „Firma", darin: Hand in Hand, Werkzeitschrift der Firma C. A. Delius & Söhne, Nr. 6/73, Juni 1973, S. 5.
542 Unternehmensarchiv Delius, Karton Nr. 7. Geschäftsnotizen des Privatkontors 1883–1970.
543 So Herr Rösch in den frühen 1990er-Jahren, Unternehmensarchiv Delius, Karton Nr. 10, darin Mappe „Zeitungsartikel".
544 Landesarchiv NRW, Abteilung Ostwestfalen-Lippe, NWO Nr. 42739. Vgl. auch Unternehmensarchiv Delius, Karton Nr. 10, Ordner „Ehrenbürgerwürde EAD".
545 Unternehmensarchiv Delius, Karton Nr. 10, Ordner „Ehrenbürgerwürde EAD Aachen".
546 Zur Ausbildung bei Delius vgl. Unternehmensarchiv Delius, Karton Nr. 10, Mappe „Zeitungsartikel", darin ein Interview mit einem der Ausbildungsleiter aus den frühen 1990er-Jahren; siehe dort auch verschiedene Ausgaben der Werkszeitschrift „Treffpunkt Delius" 1977–1982 sowie Webemuster „50 Jahre Lehrwerkstatt Delius".
547 Unternehmensarchiv Delius, Karton Nr. 10, Ordner „Betriebszeitung", darin Loseblatteinlage „Azubi bei Delius", wahrscheinlich aus den 1990er-Jahren.
548 Unternehmensarchiv Delius, Manuskript „Kriegszeit".
549 Schmidt, Welt, S. 97 sowie Interviews mit den ehemaligen leitenden Angestellten von Delius, Karl-Heinz Herwig sowie Wilfried Stamm.
550 Die frühere Werkzeitschrift, der „Delius-Weber", war zum letzten Mal 1943 erschienen. Nach dem Zweiten Weltkrieg informierte die Postille „Hand in Hand" die Delius-Belegschaften über allgemeine berufsbezogene Themen. Unternehmensarchiv Delius, Karton Nr. 10, darin vor allem Ordner „Betriebszeitung".
551 Die BKK C. A. Delius & Söhne fusionierte zum 1. Januar 2000 mit der BKK Oetker, die seit 2012 am Markt unter dem Namen „Heimatkrankenkasse" auftritt, abrufbar unter https://www.heimat-krankenkasse.de/ueber-uns/historie/ (Abruf am 10. September 2021). Zur BKK C. A. Delius & Söhne im Jahr 1979 vgl. Unternehmensarchiv Delius, Karton Nr. 10, Ordner „Betriebszeitung", darin Loseblatteinlage „Treffpunkt Delius", Hauspost, Ausgabe 79.
552 Schmidt, Welt, S. 98ff., siehe auch Interview mit den Herren Wilfried Stamm und Karl-Heinz Herwig.
553 Schmidt, Welt, S. 95.
554 Unternehmensarchiv Delius, Karton Nr. 1, Übersicht „Besonders erhöhte Aufwendungen im Geschäftsjahr 1960/61 im Vergleich zu 1959/60" in Mappe „Rechnungen".
555 Interview Herr Karl-Heinz Herwig.
556 So das Manuskript „Kriegszeit", in: Unternehmensarchiv Delius.
557 Vgl. Interview mit Karl-Heinz Herwig.
558 Vgl Interview mit dem früheren technischen Leiter und späteren Personalchef von Delius, Dieter Wittland.
559 Zum Engagement von E. A. Delius siehe auch unten, Kapitel 4. Der Bruttostundenverdienst lag in der Textilindustrie 1975 bei 8,21 D-Mark, 1980 bei 10,91 D-Mark, Lindner, Faden, S. 146.
560 Schmidt, Welt.

3.5. *Solide durch die Krisen? C. A. Delius und die deutsche Textilwirtschaft in den 1960er- und 1970er-Jahren*

561 Unternehmensarchiv Delius, Karton Nr. 1, Betriebswirtschaftliche Abteilung, Berichte zur kurzfristigen Erfolgsrechnung, Geschäftsjahre 1965–1969.
562 Spoerer/Streb, Wirtschaftsgeschichte, S. 219. Alexander Nützenadel, Die Stunde der Ökonomen. Wissenschaft, Politik und Expertenkultur in der Bundesrepublik 1949–1974, Göttingen 2005, S. 296ff.

563 Die Umsätze der Unternehmen in der Textilindustrie sanken zwischen 1966 und 1967 von 21.681 Millionen D-Mark auf 20.305 Millionen D-Mark, die Zahl der Beschäftigten von 535.000 auf 482.000. Statistisches Jahrbuch für die Bundesrepublik Deutschland 1971, S. 183; Statistisches Jahrbuch für die Bundesrepublik Deutschland 1972, S. 188. Siehe auch Lutz, Zusammenbrüche, S. 82.

564 C. A. Delius & Söhne, Jahresbericht der betriebswirtschaftlichen Abteilung, 1966/67, S. 2, in: Unternehmensarchiv Delius, Karton Nr. 1.

565 Unternehmensarchiv Delius, Karton Nr. 1, Bericht zur kurzfristigen Erfolgsrechnung Juli/Dezember 1966, S. 2f.

566 Unternehmensarchiv Delius, Karton Nr. 1, Bericht zur kurzfristigen Erfolgsrechnung Geschäftsjahr 1965/66, S. 2–4.

567 Unternehmensarchiv Delius, Karton Nr. 1, Bericht zur kurzfristigen Erfolgsrechnung, Geschäftsjahr 1969/1970, S. 1.

568 Unternehmensarchiv Delius, Karton Nr. 1, Bericht zur kurzfristigen Erfolgsrechnung, Geschäftsjahr 1969/1970, S. 1.

569 Unternehmensarchiv Delius, Manuskript „Kriegszeit“.

570 Zusammengestellt nach Unternehmensarchiv Delius, Karton Nr. 1, Jahresberichte 1958–1993.

571 Unternehmensarchiv Delius, Karton Nr. 1, Manuskript, Kriegszeit. Siehe auch: Unternehmensarchiv Delius, Karton Nr. 10, Mappe „Zeitungsartikel“, darin Artikel „250 Jahre Delius“, wahrscheinlich aus Werkzeitschrift Oktober 1972.

572 Die Umsatzerlöse stiegen, wenn man die alte Umsatzsteuer herausrechnet, zwischen 1966/67 und 1969/70 um rund 13 Prozent, die Kosten um rund 22 Prozent. Vgl. Unternehmensarchiv Delius, Karton Nr. 1, Bericht zur kurzfristigen Erfolgsrechnung, Geschäftsjahr 1969/1970, S. 6.

573 Unternehmensarchiv Delius, Karton Nr. 1, Bericht zur kurzfristigen Erfolgsrechnung 1968/1969, S. 5–12, Personalkosten auf S. 8. Für die Kostenbelastung durch die Minderauslastung vgl. die Halbjahresberichte von 1966 und 1967.

574 Unternehmensarchiv Delius, Karton Nr. 1, Bericht zur kurzfristigen Erfolgsrechnung Juli/Dezember 1967, Vorbemerkung, S. o.

575 Unternehmensarchiv Delius, Karton Nr. 1, Bericht zur kurzfristigen Erfolgsrechnung 1968/1969, Vorbemerkung, S. o; Bericht zur kurzfristigen Erfolgsrechnung 1969/1970, Vorbemerkung, S. 1f.

576 Diese Kennzahl umfasst die Summe aller Gelder, die der Firma innerhalb eines bestimmten Zeitraums zufloss und reinvestiert werden konnte, weil sie nicht die laufenden Betriebsausgaben bestritten, hier ermittelt über den Gewinn nach Steuern, die Abschreibungen sowie die Veränderungen der Pensionsrückstellungen. Unternehmensarchiv Delius, Karton Nr. 1, Bericht zur kurzfristigen Erfolgsrechnung 1965/66, S. 12.

577 Mit 5.784.984,00 D-Mark belief sich die Summe 1969/1970 auf etwa 5,55 Prozent vom Umsatz in Höhe von 104.187.081 D-Mark.

578 Bericht zur kurzfristigen Erfolgsrechnung 1969/1970, S. 14ff.; vgl. auch Fuhrmann, Jöllenbeck, S. 551ff.

579 Lars Nabseth und George Ray, Neue Technologien in der Industrie. Eine internationale Studie über die Verbreitung von acht Produktionsverfahren, Berlin/München 1978, S. 302f.

580 Fuhrmann, Jöllenbeck. Siehe auch Unternehmensarchiv Delius, Manuskript „Kriegszeit“.

581 Unternehmensarchiv Delius, Manuskript „Kriegszeit“.

582 Lindner, Faden, S. 130.

583 Günter Steinau, Strukturwandel und Konjunktur in der Textilindustrie 1960–1978, Opladen 1981, S. 230.

584 Lutz, Zusammenbrüche, S. 78–84. Die Zahl der Beschäftigten sank von rund 620.000 im Jahr 1960 auf 501.000 im Jahr 1970. Zu den Beschäftigtenzahlen vgl. Steinau, Strukturwandel, S. 208, 210.

585 Vormals J. Wertheimer & Co., Wertheimer war emigriert und sein Unternehmen „arisiert“ worden. Unilever hatte das Unternehmen von einem Konsortium zu einem geringen Preis erworben, nach 1949 gab es ein Restitutionsverfahren mit den Erben. Wubs, Business, S. 52f.

586 Geschäftsnotizen des Privatkontors 1883–1970, in: Unternehmensarchiv Delius, Karton Nr. 7.

587 Die Beteiligung umfasste zunächst 75 Prozent, vgl. Geschäftsnotizen des Privatkontors 1883–1970, in: Unternehmensarchiv Delius, Karton Nr. 7, Einträge von Juli 1970.

588 Die Anteile wurden auf 98 Prozent aufgestockt, vgl. Geschäftsnotizen des Privatkontors 1883–1970 (Nachtrag zum Eintrag von Juli 1970), in: Unternehmensarchiv Delius, Karton Nr. 7.

589 Cord Huchzermeyer, 125 Jahre Herforder Teppichfabrik 1853–1978, in: Unternehmensarchiv Delius, Karton Nr. 10, Mappe „Firma“; siehe auch Steinau, Strukturwandel, S. 46; Wilfried Wunden, Die Textilindustrie in der Bundesrepublik Deutschland im Strukturwandel, Basel/Tübingen 1969, S. 171; Hans Osswald, Die Teppichindustrie, Heidelberg 1965; Teppichindustrie 1993/94: Unterschiedliche Entwicklung der Teilmärkte – Fortschreitende Konzentration, Der Wohnmarkt ist stabil geblieben, in: TextilWirtschaft, (1993) Nr. 52.

590 Zu nennen sind z. B. die Entwürfe von Tea Ernst sowie Ruth Hollós-Consemüller, Karin Thönissen, Zu unseren Füßen: Teppichentwürfe der dreißiger Jahre von Tea Ernst für die Herforder Teppichfabrik, in: Historisches Jahrbuch für den Kreis Herford, 109 (2002/2003), S. 113–127 sowie dies., „Design ist kein Beruf, Design ist eine Haltung“: Ruth Hollós-Consemüller und die Herforder Teppichfabrik, in: Der Remensnider, 103, Jg. 27 (1999) S. 14–18.

591 125 Jahre Herforder Teppichfabrik 1853–1978, in: Unternehmensarchiv Delius, Karton Nr. 10, Mappe „Firma“.

592 125 Jahre Herforder Teppichfabrik 1853–1978, in: Unternehmensarchiv Delius, Karton Nr. 10, Mappe „Firma“.

593 Manuskript „Kriegszeit“, in: Unternehmensarchiv Delius.

594 Manuskript „Kriegszeit“, in: Unternehmensarchiv Delius.

595 Lutz, Zusammenbrüche, S. 77.

596 Unternehmensarchiv Delius, Karton Nr. 7, Geschäftsnotizen des Privatkontors, vorletzter Eintrag 1971/72.

597 Vgl. Zeitungsmeldung mit Auszug aus dem Handelsregister HRA 8204 vom 23. Juli 1963, Archiv der Familienverbindung Delius, B 990, Westfälische Zeitung Nr. 172 am 29. Juli 1963.

598 Vgl. Harm Schröter, Von der Teilung zur Wiedervereinigung, S. 351–420, in: Michael North (Hg.), Deutsche Wirtschaftsgeschichte. Ein Jahrtausend im Überblick, München 2000, hier S. 383ff.

599 Lutz, Zusammenbrüche, S. 85. Siehe auch Steinau, Strukturwandel, S. 212.

600 Vgl. z. B. rückblickend über die Glöggler-Pleite Lutz Spenneberg, „Betrüger lasse ich mich nicht mehr nennen“, in: Der Spiegel 44/1984, 28. Oktober 1984, abrufbar unter https://www.spiegel.de/wirtschaft/betrueger-lass-ich-mich-nicht-mehr-nennen-a-053f8f50-0002-0001-0000-000013513361 (Abruf am 1. September 2021).

601 Henner Heyken, Am seidenen Faden. Eine Gemeinde im Sog der Textilkrise. Sendung: Samstag, den 10. August 1974, Köln 1974.

602 Im internen Manuskript („Kriegszeit“), in: Unternehmensarchiv Delius (unsigniert), ist die Rede von einem Rückgang um 150 Personen im Vergleich zum Vorjahr auf 1.450 Personen im Geschäftsjahr 1973. Für 1969 ist aus den Berichten der betriebswirtschaftlichen Abteilung die Gesamtzahl von 1.486 Beschäftigten dokumentiert.

603 Zwischen 1970 und 1976 lagen die jährlichen Preissteigerungsraten durchschnittlich zwischen 5 und 6 Prozent.

604 Zusammengestellt nach den Jahresberichten der Abteilungen für das Jahr 1976. Unternehmensarchiv Delius, Karton Nr. 1.

605 Quellen: Jahresberichte der Abteilungen 9, 7, 6, 5, 12 M, Abteilung Export, Unternehmensarchiv Delius, Karton Nr. 1. Der Gesamtumsatz belief sich 1976 auf rund 140,43 Millionen D-Mark, der Export umfasste rund 29,6 Millionen D-Mark.
606 Vgl. Interview mit Ernst August Delius in der Presse, um 1974, Archiv der Familienverbindung Delius, A 1111: Ernst August Delius. Genaue Angaben zum Publikationsort/Datum fehlen.
607 Vgl. Interview mit Ernst August Delius in der Presse, um 1974, Archiv der Familienverbindung Delius, A 1111: Ernst August Delius. Genaue Angaben zum Publikationsort/Datum fehlen.
608 Vgl. Interview mit Ernst August Delius in der Presse, um 1974, Archiv der Familienverbindung Delius, A 1111: Ernst August Delius. Genaue Angaben zum Publikationsort/Datum fehlen.
609 Schmidt, Welt, S. 79.
610 Bericht zur kurzfristigen Erfolgsrechnung Geschäftsjahr 1966/67, S. 17f., in: Unternehmensarchiv Delius, Karton Nr. 1.
611 Zu Augustdorf in den 1960er-Jahren vgl. Unternehmensarchiv Delius, Karton Nr. 1, Berichte zur kurzfristigen Erfolgsrechnung, Geschäftsjahre 1965-1969.
612 Aktennotiz „Handweberei Augustdorf", 27. März 1975, in: Unternehmensarchiv Delius, Karton Nr. 1, Mappe „Rechnungen".
613 Manuskript „Kriegszeit", in: Unternehmensarchiv Delius.
614 Im Werk Jöllenbeck waren 1961 531 Mitarbeiter, 1991 315 Mitarbeiter beschäftigt, vgl. Fuhrmann, Jöllenbeck.
615 1972 gab es rund 1.600 Beschäftigte, 1973 etwa 1.450. Manuskript „Kriegszeit", in: Unternehmensarchiv Delius.
616 „In den Textilfabriken verstummten die Geräusche der Webstühle, die den rastlosen Takt der Mensch-Maschinen-Symbiose des Industriezeitalters vorgegeben hatten. Moderne Hallen, fast menschenleer, bestimmten jetzt das Bild von zeitgemäßer Industrie" – so Anselm Doering-Manteuffel/Lutz Raphael, Nach dem Boom. Perspektiven auf die Zeitgeschichte seit 1970, Göttingen 20102, S. 54.
617 Lindner, Faden, S. 138f.
618 Lindner, Faden, S. 141ff.
619 Vgl. für die Argumente auch Julia Schnaus, Kleidung zieht jeden an, S. 218, sowie Lindner, Faden, S. 142.
620 Lindner, Faden, S. 143; siehe auch Hauff; siehe auch Schnaus, Kleidung, S. 218.

4. *C. A. Delius & Söhne in der globalisierten Textilwirtschaft*

4.1. *Verhaltene Zukunftsperspektiven: Die westdeutsche Textilindustrie in den 1980er-Jahren*

621 Lutz, Zusammenbrüche, S. 88.
622 In der Teilbranche Textilindustrie ging die Zahl der Beschäftigten zwischen 1980 und 1985 von 320.000 auf 246.000 zurück, in der Bekleidungsindustrie von 227.000 auf 170.000, das entspricht einem Rückgang von rund 23–25 Prozent, vgl. OECD (Hg.), A new world map in textiles and clothing: Adjusting to change, Paris 2004, S. 115. In den nordrhein-westfälischen Textilregionen fiel der Rückgang noch stärker aus. Die Beschäftigtenzahlen der Textilindustrie in NRW sanken von 82.388 auf 59.048, also um etwa 28 Prozent, vgl. die Daten zur Entwicklung der nordrhein-westfälischen Textil- und Bekleidungsindustrie in der interaktiven Veröffentlichung „Stoff aus NRW", Juli 2021, abrufbar unter https://www.giscloud.nrw.de/stoff-aus-nrw.html (Abruf am 15. März 2022).
623 Allein in NRW sank die Zahl der Textilbetriebe im Laufe des Jahrzehnts von 541 auf 421, während ihre Anzahl bundesweit um 1.800 zurückging. Die Zahl der Betriebe im Textil- und Bekleidungsgewerbe belief sich im Jahr 1980 auf 5.392 und 1990 auf 3.526, Angaben nach Peter Donath, Annette Szegfü, „Wir machen Stoff". Die Gewerkschaft Textil Bekleidung 1949–1998, Bielefeld 2021, S. 23. Für NRW vgl. „Stoff aus NRW", abrufbar unter https://www.giscloud.nrw.de/stoff-aus-nrw.html (Abruf am 15. März 2022).
624 Zu dem Zusammenbruch des Konzerns vgl. z. B. Günter Vaartjes, Ruinöser Wettbewerb bedeutete das Aus. Geschichte des Unternehmens van Delden, in: Westfälische Nachrichten vom 14. April 2015, abrufbar unter https://www.wn.de/muensterland/kreis-borken/gronau/ruinoser-wettbewerb-bedeutete-das-aus-1847033 (Abruf am 16. September 2021) sowie Textilindustrie – Konzept verdorben. Alle Sanierungsversuche schlugen fehl: Der Textilkonzern van Delden scheint am Ende, in: Der Spiegel 52/1980, 21. Dezember 1980.
625 Lindner, Faden, S. 148f.
626 Unternehmensarchiv Delius, Karton Nr. 1, Abteilung 7, Jahresberichte 1976, 1977. Siehe auch Abteilungsbericht DOB 1982.
627 Sachverständigenrat zur Begutachtung der gesamtwirtschaftlichen Entwicklung, „Chancen für einen langen Aufschwung", Jahresgutachten 1984/85, abrufbar unter https://www.sachverstaendigenrat-wirtschaft.de/fileadmin/dateiablage/download/gutachten/1002541.pdf (Abruf am 13. September 2021).
628 Textilindustrie: Schlacken weg. Die deutsche Textilindustrie, schon oft totgesagt, macht wieder schöne Geschäfte, in: Der Spiegel 26/1984, 24. Juni 1984.
629 Ebd.
630 Vgl. den Untertitel des Spiegel-Artikels: Schlacken weg. Die deutsche Textilindustrie, schon oft totgesagt, macht wieder schöne Geschäfte, Der Spiegel 26/1984, 24. Juni 1984.
631 Vgl. Lutz, Zusammenbrüche, S. 88.
632 Sachverständigenrat zur Begutachtung der gesamtwirtschaftlichen Entwicklung, „Vorrang für die Wachstumspolitik", Gutachten 1987/88, S. 135; abrufbar unter https://www.sachverstaendigenrat-wirtschaft.de/fileadmin/dateiablage/download/gutachten/1101317.pdf (Abruf am 12. September 2021).
633 Vgl. z. B. Existenzgefahr für den Standort Deutschland? in: Der Spiegel 17/1988, 24. April 1988.
634 In den 1980er-Jahren avancierte die bundesdeutsche Textilindustrie vorübergehend zum größten Textilexporteur der Welt. Karl Ditt, „Passive Sanierung"; Der Niedergang der bundesdeutschen Textilindustrie und die Reaktionen von Staat und Unternehmern am Beispiel von Bayern, Baden-Württemberg und Nordrhein-Westfalen, in: Stefan Grüner/Sabine Mecking (Hg.), Wirtschaftsräume und Lebenschancen. Wahrnehmung und Steuerung von Sozialökonomischem Wandel in Deutschland nach 1945, Berlin 2017, S. 133–148, hier 145f. 1989 lag die Exportquote der bundesdeutschen Textilhersteller bei 29 Prozent, ebd., 1983 war die Bundesrepublik Deutschland mit einem Exportvolumen von 5,38 Milliarden US-Dollar der größte Exporteur, siehe Michael Breitenacher, Anton Gälli, Klaus Grefermann, Perspektiven des Welttextilhandels. Optionen zur Erneuerung des Welttextilabkommens aus der Sicht der Bundesrepublik Deutschland, Südkoreas und Brasilien, München 1986, S. 30, siehe auch S. 31, Tabelle 5.
635 Lindner, Faden, S. 173.

4.2. *C. A. Delius & Söhne zwischen Rezession und Oberstoffboom*

636 Vgl. Unternehmensarchiv Delius, Karton Nr. 1, Jahresberichte der Abteilung für technische Textilien 1976, 1977, 1986, 1987, 1989. Die Angaben zu den Gesamtumsätzen für die 1980er-Jahre zum Teil mit Unsicherheiten behaftet.
637 So der frühere langjährige Leiter der Abteilung für technische Textilien, Eberhard von Barnekow, im Interview im Frühjahr 2021.

638 Cordura war ein Markenzeichen von DuPont, später aus dem Hause Invista. Ab welchem Zeitpunkt die Verarbeitung von Cordura genau begann, muss an dieser Stelle offenbleiben.
639 Vgl. Unternehmensarchiv Delius, Karton Nr. 1: Jahresberichte von Abteilung 6 für die Jahre 1976, 1977, 1986, 1987, 1989.
640 Lindner, Faden, S. 173.
641 Vgl. zu den Kritikpunkten z.B. den Jahresbericht der Abteilung 6 von 1987, schärfer 1989, Unternehmensarchiv Delius, Karton Nr. 1.
642 Unternehmensarchiv Delius, Karton Nr. 1: Abteilung 6, Jahresbericht für 1991.
643 Unternehmensarchiv Delius, Manuskript „Kriegszeit" (noch unsigniert); siehe auch: Ergebnis Vertrieb 1983–1989. Das betriebswirtschaftliche Ergebnis lag 1989 bei 4,926 Millionen D-Mark.
644 Unternehmensarchiv Delius, Karton Nr. 1: Jahresbericht Abteilung 7, 1987.
645 Unternehmensarchiv Delius, Karton Nr. 1: Jahresbericht Abteilung 7, 1986, siehe auch Textilwirtschaft 15, 10. April 1986, S. 72.
646 Unternehmensarchiv Delius, Karton Nr. 1: Jahresbericht Abteilung 7, 1987.
647 1983 wies die Abteilung 12 S 2,645 Millionen Versandmeter aus, 1989 5,237 Millionen. Die Vertriebsumsätze lagen 1983 kumuliert bei 8,315 Millionen D-Mark und 1989 bei 14,9 Millionen D-Mark, vgl. Unternehmensarchiv Delius, ohne Signatur: Ergebnis Vertrieb 1983, 1989.
648 Unternehmensarchiv Delius, Karton Nr. 10: Treffpunkt Delius, 1982.
649 Im Vergleich zum Gesamtgeschäft besaß der Handel kein großes Gewicht – die Umsätze im Handelsgeschäft lagen meist zwischen 1 und 5 Millionen D-Mark, im Durchschnitt wohl höchstens etwa zwei Umsatzprozent. Der Aufwand für die Aktivitäten rechnete sich nicht in jedem Geschäftsjahr, gleichwohl schloss man meist mit fünfstelligen Erträgen ab. Unternehmensarchiv Delius, ohne Signatur: Ergebnis Vertrieb 1983–1989.
650 Unternehmensarchiv Delius, Karton Nr. 1: Jahresbericht Abteilung 7, 1986.
651 Im Jahr 1987 lagen die Futterstoffumsätze bei etwa 82 Millionen D-Mark bei einem Gesamtumsatz von rund 198 Millionen D-Mark, das entspricht einem Anteil von rund 41 Prozent.
652 Unternehmensarchiv Delius, Karton Nr. 1: Jahresbericht Abteilung 9, 1987.
653 Vgl. Unternehmensarchiv Delius, noch unsigniert: Ergebnis Vertrieb gesamt, kumulierte Zahlen 1983–1993.
654 Unternehmensarchiv Delius, Karton Nr. 1, Jahresbericht der Finanzabteilung 1983.
655 Unternehmensarchiv Delius, Karton Nr. 10, Ordner „Betriebszeitung", Wir bei Delius.
656 Unternehmensarchiv Delius, Karton Nr. 1, Abteilung 6, Jahresbericht 1987, darin eingelegt Aktennotiz „Barco" von F. W. Delius vom 19. Februar 1988.
657 Wir bei Delius, 2/Juli 1990. Zur Lage der Textilunternehmen in Ostdeutschland vgl. auch Köster, Seidensticker.

4.3. *C. A. Delius & Söhne in der Textilkrise der 1990er-Jahre*

658 Unternehmensarchiv Delius, Karton Nr. 12, Ordner „Mitarbeiterzeitung", Besprechungsnotiz vom 21. August 1989, S. 4.
659 Die Beträge sind aufgrund des langfristigen intertemporalen Vergleichs in Euro aufgeführt. Die Zahlen beziehen sich auf Betriebe mit mehr als 20 Beschäftigten, ohne Bekleidungsindustrie. Vgl. die Daten zur Entwicklung der nordrhein-westfälischen Textil- und Bekleidungsindustrie in der interaktiven Veröffentlichung „Stoff aus NRW", Juli 2021, abrufbar unter https://www.giscloud.nrw.de/stoff-aus-nrw.html (Abruf am 15. März 2022).
660 Vgl. z.B. die Interpretation von Köster, Seidensticker. Anders Werner Plumpe, Das kalte Herz des Kapitalismus. Kapitalismus: Die Geschichte einer andauernden Revolution, Berlin 2019, S. 526ff.
661 Unternehmensarchiv Delius, Manuskript „Kriegszeit" (ohne Signatur).
662 Unternehmensarchiv Delius, Karton Nr. 10, Betriebszeitung, Wir bei Delius 1/ Februar 1990, S. 2.
663 Unternehmensarchiv Delius, Karton Nr. 10, Betriebszeitung, Wir bei Delius 6/ Dezember 1991, S. 1.
664 Unternehmensarchiv Delius, Karton Nr. 10, Wir bei Delius 11/93; Wir bei Delius, 10/95; siehe auch Interview mit Dieter Wittland, Mai 2021.
665 Wir bei Delius kurz notiert, April 1997, in: Unternehmensarchiv Delius, Karton Nr. 10, Ordner „Betriebszeitung"
666 Der Preis ging zugleich an fünf regionale Umweltinitiativen der Wirtschaft in Bielefeld, Gütersloh, Herford, Minden-Lübbecke und Paderborn/Höxter vgl. zum Umweltpreis und den Preisträgern, abrufbar unter https://www.dbu.de/123artikel2185_2418.html (Abruf am 29. Juni 2022).
667 Interview mit Dieter Wittland, Mai 2021.
668 Philipp Schoeller, Strategien bei standortbedingten Kostennachteilen gegenüber Entwicklungs- und Schwellenländern, Renningen-Malmsheim 1996, S. 183.
669 Lutz, Zusammenbrüche.
670 Vgl. Verbandsschrift „Aktuell" Nr. 42, in: Unternehmensarchiv Delius, Karton Nr. 10, Mappe „Christa".
671 Die Beschäftigtenzahlen in der Textilbranche in NRW gingen seit 1980 um 78,7 Prozent zurück, „Stoff aus NRW", Juli 2021, abrufbar unter https://www.giscloud.nrw.de/stoff-aus-nrw.html (Abruf am 15. März 2022).
672 Im Bundesdurchschnitt ging in der Textilindustrie die Produktion zwischen 1991 und 2010 um etwa 50 Prozent zurück, in der Bekleidungsindustrie um 85 Prozent, vgl. Eric Heymann, Textil-Bekleidungsindustrie: Innovationen und Internationalisierung als Erfolgsfaktoren, Deutsche Bank Research, 6. Juli 2011, S. 2. Siehe auch „Stoff aus NRW".
673 Heymann, Textil-Bekleidungsindustrie, S. 2f.
674 Vgl. die Angaben in Lutz, Zusammenbrüche, S. 102f.
675 Vgl. dazu Köster, Seidensticker, S. 189f.; Frank Broeze, The globalisation of the oceans: containerisation from the 1950s to the present, St. John's 2002, S. 115ff.; siehe auch Plumpe, Herz, S. 523ff.
676 Köster, Seidensticker; OECD, World map of textiles.
677 OECD, World map, S. 36.
678 Unternehmensarchiv Delius, Karton Nr. 10, Wir bei Delius, 1995.
679 Es ist umstritten, ob die handelspolitischen Regelungen im beabsichtigten Sinne wirkten, vgl. Richard Münch, Die Konstruktion des Welthandels als legitime Ordnung der Weltgesellschaft, in: B. Heintz, R. Münch, H. Tyrell, Weltgesellschaft. Theoretische Zugänge und empirische Problemlagen, Stuttgart 2005, S. 290–313, hier 307ff.; für die Entwicklungsperspektiven ab 2005 siehe auch Heymann, Textil- Bekleidungsindustrie, S. 8f.
680 Bei sinkenden Beschäftigtenzahlen und steigenden Bruttoanlageninvestitionen erhöhte sich die Ziffer pro Kopf zwischen 1981 und 1990 um 190 Prozent. Vgl. Schoeller, Strategien, S. 19.
681 Unternehmensarchiv Delius, Karton Nr. 10, Wir bei Delius 9. Dezember 1992.
682 Unternehmensarchiv Delius, Karton Nr. 10, Wir bei Delius 10. Juli 1993.
683 Unternehmensarchiv Delius, internes Manuskript „Kriegszeit", unsigniert.
684 Dieter Wittland, in: Wir bei Delius 12/Dez. 1994, in: Unternehmensarchiv Delius, Karton Nr. 10.
685 Vgl. Friedrich Wilhelm Delius und Rudolf Delius, in: Wir bei Delius 11/Dezember 1993, in: Unternehmensarchiv Delius, Karton Nr. 10.
686 Vgl. z.B. Übersicht in Wir bei Delius 11/1993, in: Unternehmensarchiv Delius, Karton Nr. 10. Siehe auch Lindner, Faden, 158f.
687 Vgl. Interview mit Dieter Wittland sowie ders., Dokumentation zur Firmengeschichte vom April 2021, in: Unternehmensarchiv Delius, neue Dokumente (noch unsigniert).
688 Vgl. Interview mit Friedrich Wilhelm Delius in Wir bei Delius 11/1993, in: Unternehmensarchiv Delius, Karton Nr. 10.
689 Vgl. auch Interview Wittland. Zudem stimmte die GTB als erste Gewerkschaft Mitte der 1990er-Jahre Öffnungsklauseln für Tarifverträge zu, Donath/Szegfü, Stoff, S. 13, siehe auch S. 241ff.

690 Wir bei Delius 12/Dez. 1994, in: Unternehmensarchiv Delius, Karton Nr. 10.
691 Befragt wurden Firmen der Textil-, Bekleidungs- und Mascheninindustrie, vgl. Frankfurter Allgemeine Zeitung, 4. Januar 1994, Nr. 2, S. 14 (gla „Textilindustrie hofft auf bessere Geschäfte").
692 Die deutsche Textilproduktion sank 1993 gegenüber 1992 um rund 11 Prozent, in Frankreich betrug der Rückgang 10 Prozent, in Italien 4,4 Prozent; die britische Textilindustrie steigerte ihre Produktion um 1 Prozent; vgl. Frankfurter Allgemeine Zeitung, 28. Dezember 1994, Nr. 301, S. 11 (gla, „Gewichte im Textilmarkt weiter verschoben").
693 So GTB-Funktionär Hüren, zitiert nach Schoeller, S. 20. Für die Zukunftsprognose von Gesamttextil Vgl. Handelsblatt, 27. Oktober 1993, S. 24.
694 Wir bei Delius 12/1994, in: Unternehmensarchiv Delius, Karton Nr. 10.
695 Redemanuskript Vortrag 2. November 1993, in: Unternehmensarchiv Delius, Karton Nr. 10, Mappe „Christa".
696 Vertriebsumsätze 1984–1997, „Ergebnis Vertrieb", in: Unternehmensarchiv Delius, noch unsigniert.
697 Vertriebsumsätze 1984–1997, „Ergebnis Vertrieb", in: Unternehmensarchiv Delius, noch unsigniert.
698 Vertriebsumsätze 1984–1997, „Ergebnis Vertrieb", in: Unternehmensarchiv Delius, noch unsigniert.
699 Unternehmermagazin der Deutschen Bank: Thomas Mersch, Beweglichkeit aus Tradition. Delius. Neun Generationen fördern den Wandel, in: DB Results 1/2019, S. 12–15.
700 Vortrag November 1993, in: Unternehmensarchiv Delius, Karton Nr. 10, Mappe „Christa".
701 Designierte Nachfolger in der Geschäftsleitung waren Friedrich-Wilhelm Delius und Rudolf Delius, während Johannes Delius Produktmanager bzw. Spartenleiter war, siehe zu den entsprechenden Regelungen im Gesellschaftsvertrag vgl. unten.
702 Wir bei Delius, 12/1994.
703 Vgl. zur Strategie der Technologieführerschaft Schoeller, Strategie, S. 182–195.
704 Mersch, Generationen.
705 Über VBL vgl. z. B. Wir bei Delius 8/1992 sowie 12/1994, in: Unternehmensarchiv Delius, Karton Nr. 10; siehe auch Karton Nr. 2, Geschäftsunterlagen Voss, Biermann & Lawaczek.
706 Manuskript „Kriegszeit", in: Unternehmensarchiv Delius, unsigniert.
707 Manuskript „Kriegszeit", in: Unternehmensarchiv Delius, unsigniert.
708 Vgl. Verträge vom Februar 1994, in: Unternehmensarchiv Delius, Karton Nr. 2.
709 Wir bei Delius 12/1994, in: Unternehmensarchiv Delius, Karton Nr. 10.
710 Vgl. Gesellschaftervertrag über die Prüfung des Jahresabschlusses von VBL zum 31. Dezember 1994 sowie Verträge vom Februar 1994, in: Unternehmensarchiv Delius, Karton Nr. 2.
711 Vgl. Regelungsabrede zwischen der VBL-Geschäftsleitung und dem VBL Betriebsrat vom 27. Januar 1994 als Anlage zu den Verträgen von Februar 1994, in: Unternehmensarchiv Delius, Karton Nr. 2.
712 Wir bei Delius 12/1994, in: Unternehmensarchiv Delius, Karton Nr. 10.
713 Man konnte Marktanteile der ausscheidenden Wettbewerber hinzugewinnen.
714 Vgl. z. B. Geschäftsbericht 1995, in: Unternehmensarchiv Delius, Karton Nr. 2; siehe auch „Großes Problem sind Abwassergebühren", in: Textilwirtschaft, 12. Mai 1994.
715 Zur Insolvenz vgl. unten, Kap. 4.5. Zur Lage früher vgl. Werner International, Berichte VBL aus dem Jahr 2000, Ordner „VBL Beirat", in: Unternehmensarchiv Delius, Karton Nr. 2.
716 Unternehmensarchiv Delius, Karton Nr. 10, Ordner „Betriebszeitung", darin Wir bei Delius Oktober 1995.
717 Wir bei Delius 10/Juli 1995, in: Unternehmensarchiv Delius, Karton Nr. 10; siehe auch Gespräch mit Dieter Wittland sowie Dokumentation Dieter Wittland, Unternehmensarchiv Delius, noch unsigniert. Die Auditierung erfolgte durch die Gesellschaft DQS.
718 Wir bei Delius 11/1993, in: Unternehmensarchiv Delius, Karton Nr. 10.
719 Wir bei Delius 14/1995, in: Unternehmensarchiv Delius, Karton Nr. 10.
720 Wir bei Delius 12/1994, in: Unternehmensarchiv Delius, Karton Nr. 10.
721 Manuskript „Kriegszeit". Vgl. Arbeitszeitgesetz, § 13, Absatz 5. Für den Gesetzestext vgl. https://www.gesetze-im-internet.de/arbzg/ArbZG.pdf (Abruf am 22. November 2021).
722 Manuskript „Kriegszeit", in: Unternehmensarchiv Delius, unsigniert.
723 Über den genauen Zeitpunkt liegen mir widersprüchliche Angaben vor. Das Manuskript „Kriegszeit" deutet 1996 an, während Friedrich Wilhelm Delius erwähnte, die Kurfürstenstraße sei „bis 1997 Webereistandort" gewesen. Zudem wurde ab 1997 die Delfino-Windel dort gefertigt und ein Personalstandsbericht von 1997 listet rund 45 Mitarbeiter dort.
724 Wir bei Delius 14/1995, in: Unternehmensarchiv Delius, Karton Nr. 10 sowie Manuskript „Kriegszeit".
725 Wir bei Delius 12/1994, in: Unternehmensarchiv Delius, Karton Nr. 10.
726 Wir bei Delius 10/1995, in: Unternehmensarchiv Delius, Karton Nr. 10.
727 Wir bei Delius 14/1995, in: Unternehmensarchiv Delius, Karton Nr. 10. Siehe auch internes Manuskript „Kriegszeit".
728 Wir bei Delius 14/1995, in: Unternehmensarchiv Delius, Karton Nr. 10. Manuskript „Kriegszeit".
729 Wir bei Delius 14/1995, in: Unternehmensarchiv Delius, Karton Nr. 10.
730 Vgl. Bericht über die Prüfung des Jahresabschlusses zum 31. Dezember 1996 der C. A. Delius und Söhne, Bielefeld, (Vorjahreszahlen), in: Unternehmensarchiv Delius, noch unsigniert.
731 Delius. Neun Generationen fördern den Wandel („Beweglichkeit aus Tradition"), in: DB Results 1/2019, 12–15.

4.4. *Mit innovativen Produkten in die Zukunft: Das Familienunternehmen C. A. Delius & Söhne seit der 9. Generation*

732 Manuskript „Kriegszeit", Unternehmensarchiv, noch unsigniert.
733 Vgl. für einen Gesellschaftsvertrag aus den frühen 1950er-Jahren Unternehmensarchiv Delius, Karton Nr. 1, Sammelmappe „Rechnungen".
734 Vgl. Gesellschaftsvertrag, Unternehmensarchiv, noch unsigniert.
735 Eduard Delius hatte seinem Sohn Rudolf schon 1973 eine Unterbeteiligung eingeräumt, die 1989 umgewandelt wurde, als Rudolf Delius als persönlich haftender Gesellschaft eintrat. Vgl. Vertragsunterlagen Eduard und Rudolf Delius vom 3. August 1989 sowie vom 21. Dezember 1973, Unternehmensarchiv Delius, noch unsigniert.
736 Gesellschaftsvertrag, Unternehmensarchiv Delius, noch unsigniert.
737 Wir bei Delius – kurz notiert 1/Januar 1997, in: Unternehmensarchiv Delius, Karton Nr. 10, Ordner „Betriebszeitung".
738 Vgl. Bericht über die Prüfung des Jahresabschlusses zum 31. Dezember 1996 der C. A. Delius und Söhne, Bielefeld, in: Unternehmensarchiv Delius; Bericht über die Prüfung des Jahresabschlusses zum 31. Dezember 1997 der C. A. Delius GmbH & Co. KG; Bericht über die Prüfung des Jahresabschlusses zum 31. Dezember 1997 der Delius GmbH.
739 Internes Manuskript „Kriegszeit".
740 Vgl. Bericht über die Prüfung des Jahresabschlusses zum 31. Dezember 1996 Devetex Delius Verseidag Textil GmbH und Co KG, in: Unternehmensarchiv Delius: Karton Nr. 3.
741 Vgl. Vertriebsumsätze 1989–1996, in: Unternehmensarchiv Delius, noch unsigniert.
742 Unternehmensprospekt, in: Unternehmensarchiv Delius, Karton Nr. 3.
743 Vgl. zur Gründung Bericht über die Prüfung des Jahresabschlusses zum 31. Dezember 1996 (Rumpfgeschäftsjahr) der Devetex Delius Verseidag Textil GmbH & Co. KG, Krefeld, in: Unterneh-

mensarchiv Delius, Karton Nr. 3; siehe auch Bericht über die Prüfung des Jahresabschlusses zum 31. Dezember 1997 der C. A. Delius GmbH & Co. KG; Bericht über die Prüfung des Jahresabschlusses zum 31. Dezember 1997 der Delius GmbH sowie Wir bei Delius kurz notiert, 1/Januar 1997, in: Unternehmensarchiv Delius, Karton Nr. 10, Ordner „Betriebszeitung".

744 Das Gesellschaftskapital der Kommanditgesellschaft belief sich auf 20 Millionen D-Mark, persönlich haftende Gesellschafterin war die Devetex Delius Verseidag Textil Verwaltung GmbH, vgl. Unternehmensarchiv Delius, Karton Nr. 3: Devetex Delius Verseidag Textil GmbH und Co. KG, Bericht über die Prüfung des Jahresabschlusses zum 31. Dezember 1996 sowie zum 31. Dezember 1997.

745 Devetex Delius Verseidag Textil GmbH und Co. KG, Bericht über die Prüfung des Jahresabschlusses zum 31. Dezember 1997 sowie zum 31. Dezember 1998, Unternehmensarchiv Delius, Karton Nr. 3. Zudem beteiligte sich die Devetex an den spanischen Textilfirmen Cotexva und Union Textil und erwarb die deutsche Futterstoffproduzentin Bartels Stoffe GmbH. Für die Beteiligungen in Höhe von 60 Prozent an den spanischen Textilfirmen und 100 Prozent der Bartels Futterstoffe GmbH wendete die Devetex rund 2,5 Millionen D-Mark auf; das Investitionsvolumen in diesem Jahr betrug 6,48 Millionen D-Mark. Vgl. dazu Devetex Delius-Verseidag Textil GmbH & Co. Kg, Bericht über die Prüfung des Jahresabschlusses zum31. Dezember 1998, Unternehmensarchiv Delius, Karton Nr. 3.

746 Bericht über die Prüfung des Jahresabschlusses zum 31. Dezember 1997 der C. A. Delius GmbH & Co. KG; Bericht über die Prüfung des Jahresabschlusses zum 31. Dezember 1997 der Delius GmbH, in: Unternehmensarchiv Delius, unsigniert.

747 Bericht über die Prüfung des Jahresabschlusses zum 31. Dezember 1997 der Delius GmbH, Unternehmensarchiv Delius.

748 Eine Personalstandsmeldung zum 1. April 1997 notiert 384 Mitarbeiter, in: Unternehmensarchiv Delius, Karton Nr. 10, Ordner „Betriebszeitung". Der Geschäftsbericht führt für das Geschäftsjahr 1997 hingegen 403 Beschäftigte an, auch Rudolf Delius spricht zum Jahresauftakt von rund 400 Beschäftigten.

749 Bericht über die Prüfung des Jahresabschlusses zum 31. Dezember 1997 der Delius GmbH, Unternehmensarchiv Delius, Unternehmensarchiv Delius.

750 Wir bei Delius kurz notiert, 1, Januar 1997, in: Unternehmensarchiv Delius, Karton Nr. 10, Ordner „Betriebszeitung".

751 Bericht über die Prüfung des Jahresabschlusses zum 31. Dezember 1997 der Delius GmbH, Unternehmensarchiv Delius, Unternehmensarchiv Delius.

752 Vgl. Wir bei Delius – kurz notiert 1/Januar 1997, in: Unternehmensarchiv Delius, Karton Nr. 10, Ordner „Betriebszeitung". Bericht über die Prüfung des Jahresabschlusses zum 31. Dezember 1997 der Delius GmbH, Unternehmensarchiv Delius.

753 Vgl. Bericht über die Prüfung des Jahresabschlusses zum 31. Dezember 1997 der Delius GmbH, Unternehmensarchiv Delius.

754 So Christian Gottfried Dierig, zitiert nach Lindner, Faden verloren, 174.

755 Presseausschnitt, vermutlich Lokalzeitung Bielefeld, „Delius & Söhne in Bielefeld: Ein Unternehmen besinnt sich auf alte Tugenden", 18. Januar 1997, in: Unternehmensarchiv Delius, Karton Nr. 10, Ordner „Betriebszeitung".

756 Vgl. Bericht über die Prüfung des Jahresabschlusses zum 31. Dezember 1997 der Delius GmbH, Unternehmensarchiv Delius. Vgl. diverse Artikel, in: Archiv der Familienverbindung Delius, A 1419.

757 So der Lagebericht für das Geschäftsjahr 1998, vgl. Bericht über die Prüfung des Jahresabschlusses zum 31. Dezember 1998 der Delius GmbH, Unternehmensarchiv Delius.

758 Bericht über die Prüfung des Jahresabschlusses zum 31. Dezember 1997 der Delius GmbH, Unternehmensarchiv Delius.

759 Bericht über die Prüfung des Jahresabschlusses zum 31. Dezember 1998 der Delius GmbH, Unternehmensarchiv Delius.

760 Presseausschnitt, undatiert, wahrscheinlich Neue Westfälische Zeitung, aus dem Jahr 1997. „Im Jahr des 275-jährigen Jubiläums plant man Neuordnung der Innenstadt-Immobilien", in: Archiv der Familienverbindung Delius, A 1400.

761 Hier sollten im Sommer 1996 Rennen starten, Presseausschnitt vom 22. März 1996, wahrscheinlich aus der Neuen Westfälischen Zeitung, „Delius baut in Jöllenbeck ab", in: Archiv der Familienverbindung Delius, A 1400.

762 Bericht über die Prüfung des Jahresabschlusses zum 31. Dezember 1999 der Delius GmbH, Unternehmensarchiv Delius.

763 Bericht über die Prüfung des Jahresabschlusses zum 31. Dezember 1999 der Delius GmbH, Unternehmensarchiv Delius.

764 Artikel „Zukunft der Firma Delius. Standort Spenge wird sicherer gemacht" im Magazin „Blickpunkt", November 1999, in: Unternehmensarchiv Delius, Ordner „Betriebszeitung", Wir bei Delius.

765 1999 beliefen sich die Umsätze für technische Textilien auf 31,6 Millionen D-Mark, vgl. Delius GmbH, Bericht über die Prüfung des Jahresabschlusses zum 31. Dezember 1999, in: Unternehmensarchiv Delius.

766 Westfalen-Blatt Nr. 207, 6./7. September 1997, in: Archiv der Familienverbindung Delius, A 1400.

767 So Westfalen-Blatt Nr. 207, 6./7. September 1997, in: Archiv der Familienverbindung Delius, A 1400; siehe auch Delius GmbH, Bericht über die Prüfung des Jahresabschlusses zum 31. Dezember 1997, in: Unternehmensarchiv Delius.

768 Irene Gerke/Barbara Markert, „Die New Economy der Textiler", TextilWirtschaft 48, 30. November 2000. Zur Produkteinführung von Delimed vgl. Delius GmbH, Bericht über die Prüfung des Jahresabschlusses zum 31. Dezember 2000.

769 Bericht über die Prüfung des Jahresabschlusses der Delius GmbH zum 31. Dezember 1997, in: Unternehmensarchiv Delius.

770 Devetex Delius Verseidag Textil GmbH & Co. KG, Bericht über die Prüfung des Jahresabschlusses zum 31. Dezember 1999 sowie Bericht über die Prüfung des Jahresabschlusses zum 31. Dezember 1997–2003, in: Unternehmensarchiv Delius, Karton Nr. 3. Siehe auch Lageberichte in den Beiratsprotokollen, z. B. Beiratsprotokoll vom 22. Mai 2002, Ordner „Devetex Beiratsprotokolle".

771 Devetex Delius Verseidag Textil GmbH & Co. KG, Bericht über die Prüfung des Jahresabschlusses zum 31. Dezember 1999 sowie Bericht über die Prüfung des Jahresabschlusses zum 31. Dezember 2000–2003, in: Unternehmensarchiv Delius, Karton Nr. 3. Siehe auch Lageberichte in den Beiratsprotokollen, Ordner „Devetex Beiratsprotokolle".

772 Vgl. Aktennotizen zu Gesprächen u. a. mit in Ordner „Devetex, Beiratsprotokolle", Unternehmensarchiv Delius, Karton Nr. 3.

773 Die türkische Weberei Altinsu produzierte im Jahr 1999 mit 56 Webmaschinen 5,8 Millionen Meter im Lohn für die Devetex, was eine Ersparnis von 0,40 D-Mark pro Meter bedeutete. Aktennotiz Devetex vom 22. Februar 2000, in: Ordner „Devetex Beiratsprotokolle", Unternehmensarchiv Delius, Karton Nr. 3.

774 1998 hatten Delius und Verseidag den Familienkonsortien von VBL je weitere 9 Prozent, die Devetex GmbH & Co. KG die übrigen Firmenanteile an VBL abgekauft, vgl. C. A. Delius & Söhne GmbH & Co. KG, Jahresbericht 2002, Unternehmensarchiv Delius. Siehe auch Unternehmensarchiv Delius, Karton Nr. 2, Geschäftsunterlagen Voss, Biermann & Lawaczek.

775 Siehe dazu die Korrespondenz zur Liquiditätssituation der VBL (z. B. Geschäftsführung Devetex an Beirat am 21. September 2001, Protokoll Beiratssitzung am 6. August 2001) sowie Hinweise in den Beiratsprotokollen, in: Devetex, Beiratsprotokolle, Unternehmensarchiv Delius, Karton Nr. 3.

776 Devetex GmbH & Co. KG, Bericht über die Prüfung des Jahresabschlusses 31. Dezember 1998–31. Dezember 2002, Unternehmensarchiv Delius, Karton Nr. 3.

777 Delius GmbH.

778 Beiratsprotokoll vom 23. Juli 2002, in: Ordner „Devetex Beiratsprotokolle", Unternehmensarchiv Delius, Karton Nr. 3.

779 Die Verträge wurden am 25. September 2002 unterschrieben, vgl. Devetex Beiratsprotokolle, Unternehmensarchiv Delius, Karton Nr. 3.

780 50 Jahre Firma Conze & Colsman in Langenberg, Morgen-Zeitung, 21. September 1929; Ein halbes Jahrhundert Conze & Colsman (Langenberger Zeitung 21. September 1929); das heutige Unternehmen Gebr. Colsman führt seine Historie bis ins 18. Jahrhundert zurück, vgl. https://www.colsman.de/unternehmen/weberei-historie.html (Abruf am 9. Dezember 2021).

781 Devetex Delius Verseidag Textil GmbH & Co. KG, Bericht über die Prüfung des Jahresabschlusses zum 31. Dezember 2002, in: Unternehmensarchiv Delius, Karton Nr. 3.

782 Delius GmbH, Bericht über die Prüfung zum Jahresabschluss 31. Dezember 2002, Unternehmensarchiv Delius.

783 Vgl. ein Gutachten von David Rigby associates. Textile strategy and marketing consultants (John Smith) aus dem Jahr 2001, Unternehmensarchiv Delius, Karton Nr. 10, Ordner „Zeppelin".

784 Delius GmbH, Bericht über die Prüfung zum Jahresabschluss 31. Dezember 2002, Unternehmensarchiv Delius.

785 Delius GmbH, Bericht über die Prüfung zum Jahresabschluss 31. Dezember 2002, Unternehmensarchiv Delius.

786 Delius GmbH, Bericht über die Prüfung zum Jahresabschluss 31. Dezember 2002, Unternehmensarchiv Delius.

787 Interview Dieter Wittland.

788 Delius GmbH, Bericht über die Prüfung zum Jahresabschluss 31. Dezember 2002, Unternehmensarchiv Delius.

789 Delius GmbH, Bericht über die Prüfung zum Jahresabschluss 31. Dezember 2002, Unternehmensarchiv Delius.

790 Delcotex Delius Conze & Colsman Techtex GmbH & Co. KG, Bericht über die Prüfung des Jahresabschlusses zum 31. Dezember 2003, Unternehmensarchiv Delius.

791 Delius GmbH, Bericht über die Prüfung zum Jahresabschluss 31. Dezember 2002, Unternehmensarchiv Delius.

4.5. *Die Delius-Textilgruppe ab 2003*

792 Vgl. VDI Nachrichten, Nr. 13, 28. März 2003, S. 14. Zudem hielt das Segment die Umsätze, während die Umsätze der Gesamtbranche 2002 um 7,5 Prozent schrumpften. Vgl. Studien des Zentrums für Europäische Wirtschaftsforschung, hier zitiert nach Manfred Meis, Der Strukturwandel in der Textil- und Bekleidungsindustrie. Vom Flachs zu High Tex, in: Die Kammer, Wirtschaftsnachrichten der IHK Mittlerer Niederrhein, Nr. 4, April 2005, S. 8.

793 So z. B. Christian Rammer vom Zentrum für Europäische Wirtschaftsforschung, hier zitiert nach Manfred Meis, Der Strukturwandel in der Textil- und Bekleidungsindustrie. Vom Flachs zu High Tex, in: Die Kammer, Wirtschaftsnachrichten der IHK Mittlerer Niederrhein, Nr. 4, April 2005, S. 8.

794 Die Wachstumsrate von 20 Prozent bis 2005 bezieht sich auf den Produktionswert von 2000. VDI Nachrichten, Nr. 13, 28. März 2003, S. 14.

795 VDI Nachrichten, Nr. 13, 28. März 2003, S. 14.

796 Bernhard Hertlein, Textilien in Brücken so stabil wie Stahl, in: Westfalen-Blatt Nr. 207, S. 283, wahrscheinlich 2004, in: Archiv der Familienverbindung Delius, A 1400.

797 Arno Ley, Das unbekannte Netzwerk, Neue Westfälische 4. Mai 2010, in: Archiv der Familienverbindung Delius, A 1400.

798 C. A. Delius & Söhne GmbH & Co. KG, Konzernabschluss zum 31. Dezember 2007.

799 Delcotex Delius Conze & Colsman GmbH & Co. KG, Bericht über die Prüfung des Jahresabschlusses zum 31. Dezember 2003–2006, Unternehmensarchiv Delius.

800 Ergebnis-Protokoll zur Beiratssitzung am 23. Januar 2003, Unternehmensarchiv Delius, Karton Nr. 3, Ordner „Devetex Beiratsprotokolle".

801 Die Devetex übernahm die Kundenbeziehungen der Frowein & Co. GmbH, die ihre Produktionsaktivitäten in Elberfeld einstellte. Das Futterstoffgeschäft von Frowein entsprach einem Umsatzvolumen von etwa 3 Millionen Euro, vgl. Bericht über die Prüfung des Jahresabschlusses zum 31. Dezember 2004 der Devetex Delius-Verseidag Textil GmbH & Co. KG, Krefeld, Unternehmensarchiv Delius, Karton Nr. 3.

802 Protokoll zur Beiratssitzung am 16. September 2005, Unternehmensarchiv Delius, Karton Nr. 3, Ordner „Devetex Beiratsprotokolle".

803 Protokoll zur Beiratssitzung am 30. September 2005, Unternehmensarchiv Delius, Karton Nr. 3, Ordner „Devetex Beiratsprotokolle".

804 Bericht über die Prüfung des Jahresabschlusses zum 31. Dezember 2006 der Devetex Delius-Verseidag Textil GmbH & Co. KG, Krefeld, Unternehmensarchiv Delius, Karton Nr. 3. Der Bericht zum Geschäftsjahr 2005 liegt nicht vor.

805 2007 belief sich der Jahresfehlbetrag auf etwa 300.000 Euro. Bericht über die Prüfung des Jahresabschlusses zum 31. Dezember 2006 sowie zum 31. Dezember 2007 der Devetex Delius-Verseidag Textil GmbH & Co. KG, Krefeld, Unternehmensarchiv Delius, Karton Nr. 3. Der Bericht zum Geschäftsjahr 2005 liegt nicht vor.

806 C. A. Delius & Söhne, Konzernabschluss zum 31. Dezember 2007 sowie Devetex Delius-Verseidag Textil GmbH & Co. KG, Jahresabschluss zum Geschäftsjahr vom 1. Januar 2008 bis zum 31. Dezember 2008, abrufbar unter www.bundesanzeiger.de (Abruf am 15. März 2022).

807 Im Jahr 2005 wurde das Beteiligungsportfolio der damaligen Holding, der C. A. Delius & Söhne GmbH & Co. KG neu geordnet. Die Delius GmbH erwarb von C. A. Delius & Söhne GmbH & Co. KG die Beteiligungen an den Krefelder Unternehmen Devetex und VBL.

808 Die außerordentlichen Erträge aus dem Beteiligungsverkauf beliefen sich auf rund 5 Millionen Euro.

809 Vgl. z. B. Delius GmbH, Bericht über die Prüfung des Jahresabschlusses zum 31. Dezember 2005, Unternehmensarchiv Delius. Im Konzernabschluss der C. A. Delius & Söhne aus dem Jahr spricht man von einem Problem, das die Rentabilität der Firma beeinträchtigen kann.

810 Beispielsweise beliefen sich die Rückstellungen zum Jahresende 2003 auf rund 7 Millionen Euro und damit auf über 40 Prozent der Bilanzsumme der GmbH zu diesem Zeitpunkt. Die Bilanzsumme war im Jahr 2003 durch Ausgliederung der technischen Gewebeabteilung um etwa ein Drittel geschrumpft auf rund 16 Millionen Euro. In den Jahren 2005/2006 belief sich der Anteil der Pensionsrückstellungen an der Bilanzsumme der GmbH auf etwa ein Drittel. Delius GmbH, Bericht über die Prüfung des Jahresabschlusses zum 31. Dezember 2003–2006, Unternehmensarchiv Delius.

811 Die Eigenkapitalquote der GmbH lag seit 2004 über 50 Prozent und stieg kontinuierlich an. Delius GmbH, Bericht über die Prüfung des Jahresabschlusses zum 31. Dezember 2002–2006, Unternehmensarchiv Delius.

812 Delius GmbH, Bericht über die Prüfung des Jahresabschlusses zum 31. Dezember 2007–2008, vgl. auch Delius Holding GmbH, Bericht über die Prüfung des Jahresabschlusses zum 31. Dezember 2017–2018, Unternehmensarchiv Delius.

813 C. A. Delius & Söhne GmbH & Co. KG, Konzernabschluss zum 31. Dezember 2007, abrufbar unter www.bundesanzeiger.de (Abruf am 29. Juni 2022).

814 Vgl. Arno Prangenberg, Barbara Liesebach, Chancen und Risiken der Auslagerung von Pensionsverpflichtungen für Arbeitnehmer, Düsseldorf 2004.

815 Vgl. z. B. Deutsche Bundesbank, Perspektiven der deutschen Wirtschaft. Gesamtwirtschaftliche Vorausschätzungen 2008/2009. Monatsbericht Juni 2008, abrufbar unter https://www.bundesbank.de/resource/blob/692730/414368ffecfa80c6e6738741dbd74268/mL/2008-06-perspektiven-data.pdf (Abruf am 12. Dezember 2021).

816 Vgl. Delcotex Delius Techtex GmbH & Co. KG, Jahresabschluss zum Geschäftsjahr 1. Januar 2008–31. Dezember 2008 sowie Jahresabschluss zum 31. Dezember 2010, Unternehmensarchiv Delius; siehe auch C. A. Delius & Söhne GmbH & Co. KG, Konzernabschluss für die Geschäftsjahre 2007, 2009, 2010, abrufbar unter www.bundesanzeiger.de (Abruf am 29. Juni 2022).

817 Für Details vgl. Deutsche Bundesbank, Konjunktur in Deutschland, Monatsbericht November 2008.

818 C. A. Delius & Söhne GmbH & Co. KG, Konzernabschluss zum 31. Dezember 2009, abrufbar unter www.bundesanzeiger.de (Abruf am 29. Juni 2022).

819 Im Jahr 2008 wurden 57 Prozent der Umsatzerlöse im Inland generiert, in der EU 31 Prozent, im sonstigen Ausland 12 Prozent; 2009 entfielen von den Umsatzerlösen 55 Prozent auf das Inland, 33 Prozent auf das EU-Ausland und 12 Prozent auf „sonstiges Ausland"; C. A. Delius & Söhne GmbH & Co. KG, Konzernabschluss zum 31. Dezember 2009, abrufbar unter www.bundesanzeiger.de (Abruf am 29. Juni 2022).

820 Delius GmbH, Bericht über die Prüfung des Jahresabschlusses zum 31. Dezember 2007–2010, Unternehmensarchiv Delius; Delcotex Delius Techtex GmbH & Co. KG, Jahresabschluss zum Geschäftsjahr 1. Januar 2008–31. Dezember 2008; C. A. Delius & Söhne GmbH & Co. KG, Konzernabschluss für die Geschäftsjahre 2007, 2009, 2010, abrufbar unter www.bundesanzeiger.de (Abruf am 29. Juni 2022).

821 C. A. Delius & Söhne GmbH & Co. KG, Konzernabschluss zum 31. Dezember 2009, abrufbar unter www.bundesanzeiger.de (Abruf am 15. November 2021).

822 So die Klarstellung ein Jahr später, C. A. Delius & Söhne GmbH & Co. KG, Konzernabschluss zum 31. Dezember 2010, abrufbar unter www.bundesanzeiger.de (Abruf am 29. Juni 2022).

823 In der Gittergewebeproduktion der Delcotex wurde seit September 2008 kurzgearbeitet, bei den Industriegeweben seit Januar 2009, bei der Delius GmbH auch seit Januar 2009, vgl. Delcotex, Jahresabschluss zum 31. Dezember 2008 sowie Delius GmbH, Jahresabschluss zum 31. Dezember 2008 sowie C. A. Delius & Söhne GmbH & Co. KG, Konzernabschluss zum 31. Dezember 2009, abrufbar unter www.bundesanzeiger.de (Abruf am 29. Juni 2022).

824 Delcotex, Jahresabschluss zum 31. Dezember 2008 sowie Delius GmbH, Jahresabschluss zum 31. Dezember 2008.

825 Delius GmbH, Jahresabschluss zum 31. Dezember 2008, abrufbar unter www.bundesanzeiger.de (Abruf am 29. Juni 2022).

826 C. A. Delius & Söhne GmbH & Co. KG, Konzernabschluss zum 31. Dezember 2009, abrufbar unter www.bundesanzeiger.de (Abruf am 29. Juni 2022).

827 Im Geschäftsjahr 2008 belief sich der Jahresfehlbetrag der Devetex Delius-Verseidag Textil GmbH & Co. KG auf 5,3 Millionen Euro, was einem Plus von 5 Millionen Euro im Vergleich zum Vorjahr entsprach. Vgl. Devetex Delius-Verseidag Textil GmbH & Co. KG, Jahresabschluss zum 31. Dezember 2008, abrufbar unter www.bundesanzeiger.de (Abruf am 29. Juni 2022), der Geschäftsbericht zu 2009 liegt nicht vor.

828 Siehe auch Textilwirtschaft 5 vom 4. Februar 2010, S. 14.

829 Das Insolvenzverfahren begann im Juni 2009, die Stilllegung erfolgte im August 2009. Ordner „Insolvenz Devetex", Unternehmensarchiv Delius, Karton Nr. 3. Siehe auch Delius GmbH, Bericht über die Prüfung des Jahresabschlusses zum 31. Dezember 2009, Unternehmensarchiv Delius.

830 Ordner „Insolvenz Devetex", Unternehmensarchiv Delius, Karton Nr. 3.

831 Die Geschäftsführung lag 2019 bei René Frank, der auch 2007 das Unternehmen geführt hatte, vgl. Devetex GmbH, Jahresabschluss zum Geschäftsjahr 1. Januar 2019–31. Dezember 2019, abrufbar unter https://www.unternehmensregister.de/ureg/result.html;jsessionid=A1D-33B3210CE52B50CB4659546204F72.web03-1?submitaction=showDocument&id=27704659 (Abruf am 14. Dezember 2021).

832 C. A. Delius & Söhne GmbH & Co. KG, Konzernabschluss zum Geschäftsjahr vom 1. Januar 2009 bis zum 31. Dezember 2009, Unternehmensarchiv Delius.

833 Eric Heymann, Textil- Bekleidungsindustrie. Innovationen und Internationalisierung als Erfolgsfaktoren, Deutsche Bank Research, 6. Juli 2011.

834 Eric Heymann, Textil- Bekleidungsindustrie. Innovationen und Internationalisierung als Erfolgsfaktoren, Deutsche Bank Research, 6. Juli 2011.

835 Neue Westfälische 4. Mai 2010, in: Archiv der Familienverbindung Delius, A 1419.

836 Vgl. zur geringen Sichtbarkeit der Zulieferer z. B. Stephanie Tilly, Das Zulieferproblem aus institutionenökonomischer Sicht. Die westdeutsche Automobil-Zulieferindustrie zwischen Produktions- und Marktorientierung (1960–1980), in: dies./Dieter Ziegler (Hg.), Automobilwirtschaft nach 1945: Vom Verkäufer- zum Käufermarkt? Jahrbuch für Wirtschaftsgeschichte, 2010/1, S. 137–160. Für typische Merkmale der sogenannten „Hidden-Champions" vgl. Diskussion vgl. Hermann Simon, „Hidden champions": Speerspitze der deutschen Wirtschaft. In: Zeitschrift für Betriebswirtschaft 60, 1990/9, S. 875–890 sowie ders., Hidden Champions des 21. Jahrhunderts. Die Erfolgsstrategien unbekannter Weltmarktführer. Campus, Frankfurt a. M. 2007.

837 Neue Westfälische 4. Mai 2010, in: Archiv der Familienverbindung Delius, A 1419.

838 Delcotex Delius Techtex GmbH & Co. KG, Prüfung des Jahresabschlusses zum 31. Dezember 2011, Unternehmensarchiv Delius.

839 C. A. Delius & Söhne GmbH & Co. KG, Konzernabschluss zum 31. Dezember 2012, abrufbar unter www.bundesanzeiger.de (Abruf am 15. November 2021), siehe auch C. A. Delius & Söhne GmbH & Co. KG, Konzernabschluss zum 31. Dezember 2013.

840 Delcotex Delius Techtex GmbH & Co. KG, Prüfung des Jahresabschlusses zum 31. Dezember 2011, Unternehmensarchiv Delius.

841 Vgl. C. A. Delius & Söhne GmbH & Co. KG, Konzernabschlüsse 2012ff., abrufbar unter www.bundesanzeiger.de (Abruf am 15. November 2021).

842 Eric Heymann, Textil- Bekleidungsindustrie. Innovationen und Internationalisierung als Erfolgsfaktoren, Deutsche Bank Research, 6. Juli 2011.

843 C. A. Delius & Söhne GmbH & Co. KG, Konzernabschluss zum 31. Dezember 2013, abrufbar unter www.bundesanzeiger.de (Abruf am 15. November 2021).

844 Westfalen-Blatt 14. Mai 2016.

845 https://delius.de/de/referenzen/referenzen-verwaltung-kultur (Abruf am 7. März 2022).

846 Zitiert nach Delius. Neun Generationen fördern den Wandel („Beweglichkeit aus Tradition"), in: DB Results 1/2019, 12–15.

847 Vgl. auch Delius. Neun Generationen fördern den Wandel („Beweglichkeit aus Tradition"), in: DB Results 1/2019, 12–15.

848 Eric Heymann, Textil- Bekleidungsindustrie. Innovationen und Internationalisierung als Erfolgsfaktoren, Deutsche Bank Research, 6. Juli 2011.

849 So die Studie der ZWE, Jörg Ohnemus/Fabienne Rasel, FashionTech – Smart Textiles. Kurzexpertise im Auftrag des Bundesministeriums für Wirtschaft und Energie, Mannheim 2018, abrufbar unter https://www.zew.de/das-zew/aktuelles/die-textilindustrie-gehoert-zur-absoluten-spitzengruppe-der-innovativen-branchen (Abruf am 29. Juni 2022).

850 „Das unbekannte Netzwerk", Neue Westfälische 4. Mai 2010.

851 C. A. Delius & Söhne GmbH & Co. KG, Konzernabschluss 31. Dezember 2012.

852 Auskunft der Personalabteilung von C. A. Delius & Söhne im April 2022.

853 C. A. Delius & Söhne GmbH & Co. KG, Konzernabschluss 31. Dezember 2013.

854 Zitiert nach Friedrich Wilhelm Delius, Gespräch im Juli 2021. Delius Holding GmbH (vormals Delius GmbH), Jahresabschluss 31. Dezember 2017 und 31. Dezember 2018.

855 Konzernabschlüsse von 2014–2016 liegen mir nicht vor und sind nicht im Bundesanzeiger einsehbar. C. A. Delius & Söhne GmbH & Co. KG, Konzernabschluss 31. Dezember 2017.

5. *Fazit: „Beweglich aus Tradition“: Das Textilunternehmen C. A. Delius 1722–2022*

856 Für diese Überlegung vgl. auch Ditt, Hermann Delius.

857 Vgl. Wischermann, Unternehmensgeschichte.

858 Vgl. Schmidt, Leinen, S. 192.

859 Schmidt, Leinen, S. 312.

860 Ditt, Hermann Delius, S. 224.

861 Schmidt, Leinen, S. 359.

862 Vgl. Höschle, Textilindustrie, S. 279f.

863 Die verbrauchten Garnmengen stiegen von 87.525 Kilogramm im Jahr 1933 auf 152.100 Kilogramm 1938, siehe oben, Tabelle „Garnverbrauch“.

864 Jonas Scherner, Das Verhältnis zwischen NS-Regime und Industrieunternehmen – Zwang oder Kooperation? in: Zeitschrift für Unternehmensgeschichte 51, 2006, S. 166–190; ders., Die Logik der Industriepolitik im Dritten Reich. Die Investitionen in die Autarkie- und Rüstungsindustrie und ihre staatliche Förderung, Stuttgart 2008. Siehe auch Buchheim, Unternehmen.

865 Gutachten Alois Werny, in: Unternehmensarchiv Delius, Karton Nr. 7.

866 Die Studie zur Dresdner Bank im Nationalsozialismus (Einzelbände von Johannes Bähr, Dieter Ziegler, Harald Wixforth und Klaus-Dietmar Henke) hat das Spannungsfeld zwischen ökonomischer Rationalität, Regimetreue und Mittäterschaft, in dem sich Unternehmen in der Zeit des Nationalsozialismus bewegten, deutlich herausgearbeitet. Vgl. zusammenfassend Klaus-Dietmar Henke, Die Dresdner Bank im Dritten Reich 1933–1945. Ökonomische Rationalität, Regimenähe, Mittäterschaft, München 2006, S. 11ff. Siehe auch Christoph Buchheim, Unternehmen in Deutschland und NS-Regime, Versuch einer Synthese, in: Historische Zeitschrift, Bd. 282, 2006, S. 351–390.

867 Christopher Kopper: Hjalmar Schacht. Aufstieg und Fall von Hitlers mächtigstem Bankier, Berlin 2007.

868 Schmidt, Leinen, S. 312.

869 Vgl. z. B. Arist von Schlippe et. al. (Hg.): Die zehn Wittener Thesen. Familienunternehmen: Chancen und Risiken einer besonderen Unternehmensform, Witten 2009, abrufbar unter https://www.wifu.de/wp-content/uploads/downloads/2011/04/WIFU-10-Thesen-DEU-09-Einzel.pdf (Abruf im März 2022).

870 Köhler/Berghoff, Familienunternehmen, S. 186.

871 Dies betont auch Schmidt, Leinen, S. 185.

872 Vgl. z. B. einen Überblick über resilienzorientierte Managementansätze im Magazin der Deutschen Bank, Stephan Schlote, „Was uns stark macht“, Deutsche Bank Results 1/2021, abrufbar unter https://www.deutsche-bank.de/ms/results-finanzwissen-fuer-unternehmen/geschaeftsstrategie/01-2021-was-uns-stark-macht.html (Abruf am 19. April 2021). Für die Unternehmensgeschichte siehe Ingo Köhler u. Benjamin W. Schulze, Resilienz. Unternehmenshistorische Dimensionen der Krisenrobustheit am Beispiel deutscher Brauereien in den 1970er-Jahren, in: Jahrbuch für Wirtschaftsgeschichte 57, 2016, 2, S. 91–126.

873 So die Managementtrainerin Jutta Heller, zitiert nach Schlote, Was uns stark macht.

874 Vgl. den Titel eines Porträts über das Unternehmen aus dem Jahr 2019 im Unternehmermagazin der Deutschen Bank: Thomas Mersch, Beweglichkeit aus Tradition. Delius. Neun Generationen fördern den Wandel, in: DB Results 1/2019, 12–15.

6.4. BILDQUELLEN

Unternehmensarchiv C. A. Delius & Söhne GmbH & Co. KG, Goldstr. 16 – 18, 33602 Bielefeld. S. 10, 29, 94, 100, 104, 135, 152, 167, 174, 176, 181, 185, 190, 191, 198, 203, 204, 207, 209, 237, 243: Fotos Matthias Schrumpf. S. 18, 21, 32, 36, 42, 45, 55, 72; 91: Reproduktionen aus H. Schmidt, Vom Leinen zur Seide (Fotograf unbekannt). S. 16: skizziert nach Magistrat der Stadt Bielefeld, Bielefeld. Das Buch der Stadt, bearbeitet von Eduard Schoneweg, Reprint von 1926, Frankfurt a.M. 1978. S. 127 links: Landesarchiv NRW – Abteilung Rheinland – RW 0439 Nr. 55135, Foto: Hansa Luftbild. S. 127 rechts: Landesarchiv NRW – Abteilung Rheinland – RW 0439 Nr. 55138, Foto: Hansa Luftbild. S. 150 links: Landesarchiv NRW – Abteilung Rheinland – RW 0439 Nr. 55147, Foto: Hansa Luftbild. S. 150 rechts: Landesarchiv NRW – Abteilung Rheinland – RW 0439 Nr. 55145, Foto: Hansa Luftbild. S. 220: formwaende, Foto: Fred Dott. S. 222: THDP Ltd, Foto: Beppe Raso. S.228: picture alliance/dpa, Foto: Lindsey Parnaby. S. 230: MádiLáncos Studio

Die Autorin und die Redaktion haben sich bemüht, die Urheberinnen und Urheber aller Abbildungen zu ermitteln. Sollten geltende Rechte nicht berücksichtigt sein, bitten wir um Nachricht.